U0542084

年轮

凝固的 浮云

一个共和国同龄人的四十年人生回忆

吴长生 著

社会科学文献出版社
SOCIAL SCIENCES ACADEMIC PRESS (CHINA)

祖父、祖母与姑姑（左二）、父亲的合影，摄于1924年夏。

祖母（中间坐者）、姑姑、父亲与祖母在北师大第二附属小学三位同事尹蕙清（左一）、李慎纯（后中）和高天民（右一）的合影，摄于1925年。

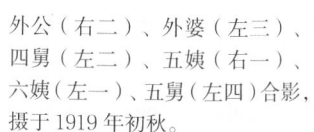

外公（右二）、外婆（左三）、四舅（左二）、五姨（右一）、六姨（左一）、五舅（左四）合影，摄于1919年初秋。

祖母带父亲到邮局接三舅爷的骨灰盒，摄于1936年初秋。

我和弟弟，摄于1953年。

母亲和我们兄弟，摄于1960年左右。

1964年，父亲带我们到碧云寺游览时的合影，左一为与我两小无猜的毛非。

1968年，进藏途经西安时，在大雁塔前的合影。

"大串联"归来。

母亲和在陕北插队的弟弟，摄于1971年左右。

"文革"时期父亲和母亲的合影。

1968年10月，进藏后不久在布达拉宫前留影。

在加查插队的胡绎、刘晓莉和我。

我们和央宗。

刘晓莉和学生们。

到公社加工厂不久，我就熟练地掌握了编筐技术。

1973年秋，采访第一座跨雅鲁藏布江钢筋混凝土拱桥——米林岗嘎大桥通车时的留影。

1986年春在苏州采访乡镇企业。

2012年11月探访百岁杜润生。

自　　序

　　请人为自己的书稿作序，抑或受邀为别人的书稿作序，都是为了"说些好话"，难免言不由衷。因此，我从不求人作序，也从不为人作序。文字已经连串成篇，优劣自有读者评判，既不勉强别人，也不委屈自己。于是就有了这个自己写的开篇引语。

　　我生于1948年5月，严格说不是"共和国同龄人"，但朋友说，从大历史的角度说，可以算是。

　　我们这代人，虽然没有经过枪林弹雨、出生入死的革命战争洗礼，没有一些前辈那般可歌可泣、波澜壮阔的人生，但亲身经历了一个新政权建立后的风风雨雨，目睹了半个多世纪的跌宕起伏，也参与了巨幅画卷的描绘、制作。相对而言，既幸运，也还算丰富多彩。

　　年逾古稀，已经过了孔子说的"从心所欲"之年，经常想起古代哲人提的那三个问题：我是谁？我从哪里来？我要到哪里去？于是静下心来，梳理头绪，想在尚未痴呆的年月里，试着做一做这三道题，用文字写下自己的人生经历，交出自己的答案。

　　1950年代，我的家庭和相关的亲戚家庭在一场接一场运动中，完成着由旧入新的转变，周边的大人们，有的脱胎换骨，有的萎靡潦倒，多数跟着时代洪流融入新社会。1960年代，少不更事的我，体验了"十七年"[①]的精英教育，也经历了各种政治运动。1970年

[①] "十七年"指1949年10月到1966年4月这段时间。"文革"中有"十七年文学""十七年文艺""十七年教育"等说法。此后，"十七年"成为上述领域约定俗成的断代和分期概念。——编者注

代，我在雪域高原度过自己最珍贵的青春年华，插队当过农民，克服了语言、习俗、生理等多种困难，经历过雪崩、泥石流坍方、车祸、罹患雪盲症等形形色色的灾难，也领略到大自然的雄浑与奥妙，感受到不同民族文化的独特魅力，并结交了一批终生心心相印的挚友，铸成了永远难以磨灭的西藏情结。进入1980年代后，我在新闻前辈的"熏蒸"下成长，义无反顾地投入改革开放的大潮，在新闻阵地上，凭借党中央机关报的特殊优势，"上天接地"，尽心尽力地履行职责，为改革开放大业、为广大民众利益，满腔热情地鼓与呼。

当然，从不谙世事的孩童一路走来，和许多同代人一样，我年轻过、迷茫过、狂热过、偏执过、怯懦过，也荒唐过。进入"耳顺之年"后，回顾来路，面对往事，有愧疚，有尴尬，甚至有怨怼。尽管可以用一句新潮的话说"神马都是浮云"，但始终有些"浮云"，久久难以散去。因为那些浓重的"浮云"，不仅属于个人，也属于民族、国家，它们不该被遗忘、不该被湮灭，否则就会再次陷入前路迷茫与困顿。

我写的不是严谨的历史，只是记录下个人的一些经历，但它们又可以算是历史大拼图边缘的一些碎片，为呈现完整的历史图卷贡献一些微薄的色彩。我给自己预定的写作原则很简单，就是当年发生了什么，我做了什么，当时怎么想的，如实写下。对己，无所保留；对人，明长隐短。说实话，写得很艰辛，已经发生了的事情，不能回避，不能回避别人，更不能回避自己。但实际上，七十多岁的我，也不能真的"从心所欲"，预定的写作原则也得松动，许多重要事实，不能不简略，甚至绕开、舍弃，给历史"留白"。请知我者谅解。

我与责任编辑石岩见面不多，但算是相知的忘年交。她的热情、诚挚深深地打动了我。她为这本书付出了很多心血和精力，我衷心地感谢她。

吴长生
2021年春

目　　录

童年往事 ………………………………………………… 1
　我从长沙来 ……………………………………………… 1
　参政胡同的来历 ………………………………………… 4
　启蒙老师是祖父 ………………………………………… 9
　祖母，三位民国女性 …………………………………… 12
　中西混搭的家风 ………………………………………… 14
　外婆家的"大宅门" …………………………………… 18
　宅院内外的旧时风雨 …………………………………… 20
　旧时的"亲上做亲" …………………………………… 22
　大宅门的末世当家人 …………………………………… 23
　"长沙章寓" …………………………………………… 26
　与"1号"沾亲的五位文史馆馆员 …………………… 28
　为待客卖家底儿的二姑婆 ……………………………… 30
　为"糖豆"伤心的九外公 ……………………………… 32
　大宅门里的"丑小鸭" ………………………………… 34
　命运迥异的舅舅们 ……………………………………… 37
　姨妈和姨父们 …………………………………………… 41
　"侯府"托儿所 ………………………………………… 44
　家里的三位保姆 ………………………………………… 46

我与父亲是"校友" …………………………… 49
难忘的"重要政治任务" ………………………… 53
二班由"治"而"乱" …………………………… 56
霍老师的保票 …………………………………… 58
"长大"的馒头 …………………………………… 60
饥荒年代的冷暖人情 …………………………… 61
父亲的业余剧团 ………………………………… 64
听"蹭戏"的诀窍 ……………………………… 66
纯净的人心 ……………………………………… 68
胡同，我们的露天游乐场 ……………………… 70

少年风雨 …………………………………………… 73
四中，卧虎藏龙 ………………………………… 73
老师和同窗 ……………………………………… 76
"半玩半读"上初中 …………………………… 78
困难时期的伙食 ………………………………… 81
主动放弃中考的同学 …………………………… 85
他们不能考高中 ………………………………… 88
令人敬佩的江一真父子 ………………………… 90
"斋"里奏响《骑兵进行曲》 ………………… 93
山雨欲来 ………………………………………… 94
政治教育、劳动教育 …………………………… 100
京城的"最后"棺葬 …………………………… 103
不知道为何而欢庆 ……………………………… 106
群众自己闹革命 ………………………………… 109
走在串联的大路小路上 ………………………… 115

骑车去天津取经 …… 124
成为"不三不四"派 …… 126
河南的"最新革命形势" …… 129
在新疆见证氢弹爆炸 …… 131
长沙观战 …… 134
"怎么能忘记呢" …… 137
六姨父曾列席中共五大 …… 140
再见四中，再见北京 …… 144

西藏岁月 …… 148

"传言"促我决心赴藏 …… 148
曲折进藏路 …… 150
10个月军营生活 …… 154
还"上山下乡"吗？ …… 157
26岁的中央候补委员 …… 161
安家落户，挥镰割青稞 …… 165
藏族农家的"开门七件事" …… 169
跨越千里的盐粮交换 …… 174
独特的婚葬礼俗 …… 177
三人分上新岗　同伴各奔东西 …… 180
碰壁的"烧炭改革" …… 183
编筐缝纫　做豆腐养猪 …… 187
出差探故知 …… 189
"电"带来的惊喜 …… 192
多种经营的尝试 …… 195
终生愧疚的拦路"打劫" …… 199

亲历"一打三反" ……………………………………… 202
告别东来 …………………………………………… 208
父亲的"功"与"罪" ……………………………… 212
偶遇"北京老乡" …………………………………… 215
成为新闻学徒 ……………………………………… 217
亲如手足的室友 …………………………………… 222
第一次采访 ………………………………………… 225
苦涩笑话：火腿"长枪" …………………………… 227
学徒挑重担 ………………………………………… 230
两军对峙下的亚东 ………………………………… 233
到阿沛家做客 ……………………………………… 234
赴藏北"蹲点采访" ………………………………… 236
三闯"生命禁区" …………………………………… 239
草食动物也"吃荤" ………………………………… 242
可可西里18天 ……………………………………… 245
这里曾经是海底 …………………………………… 260
高原春风迟迟来 …………………………………… 262
巧遇老布什，笑"怼"托马斯 …………………… 266
大学梦碎，赌气赴昌都 …………………………… 268
川藏线上一天经"四季" …………………………… 270
茶马古道第一镇芒康 ……………………………… 275
类乌齐驯养马鹿 …………………………………… 277
丁青："玛尼世界" ………………………………… 278
亚塔打破"大锅饭" ………………………………… 281
记者行路难 ………………………………………… 282
探访险恶之地三岩 ………………………………… 288

康巴流行的婚姻形式 ………………………… 293

被雪灼伤 …………………………………………… 298

一方土地养不了一方人 ………………………… 302

牧区的宰杀季 …………………………………… 306

1980，转折之年 ………………………………… 308

协助"钦差"调查 ………………………………… 312

曾经的第二敦煌萨迦 …………………………… 315

远眺珠穆朗玛，近观希夏邦马 ………………… 319

樟木偶遇"小叛匪" ……………………………… 321

离藏前的忧思 …………………………………… 326

为改革开放鼓与呼 ……………………………… 331

"辍学"12年的学生们 ………………………… 331

"春意盎然"的报社大院 ………………………… 333

国内政治部的"政治" …………………………… 337

保山"新伤"引旧痛 ……………………………… 338

无声巨浪迎面来 ………………………………… 342

谦和、睿智的老李 ……………………………… 345

新兵也"通天" …………………………………… 347

前辈的"熏蒸" …………………………………… 349

在新乡重逢刘源 ………………………………… 353

"逼"省委书记接受采访 ………………………… 355

随行杜润生 ……………………………………… 361

乡镇企业："十全大补丸" ……………………… 364

两岸"三通"始于民 ……………………………… 367

"农""工"合组经济部 …………………………… 369

漫行、漫记西双版纳 …………………………………… 371
农村遍地是"八仙" …………………………………… 373
倔强的草根 …………………………………………… 375
体验下乡"收猪难" …………………………………… 377
市场经济和"饭票新闻" ……………………………… 380
创刊纪念会上的尴尬 ………………………………… 382
"规模经营"乱象与杜润生的智慧 …………………… 383

童年往事

如果从曾祖母吴柳氏"北漂"进京算起,我属于"京四代"。七十多年前,我还没出生,"参政"与"门楼"就与我结缘了。前者曾经有我父亲的家,后者则是母亲的出生地。旧北京城的两条老胡同,留下了我童年、少年和青年的斑斑足迹与难忘记忆。那个年代,政治运动频仍,亿万人裹挟其中,我像一株小草静悄悄地在时代的风雨中成长。这段记忆中既有没落"大宅门"的逸闻,老胡同里的故事,同龄伙伴的经历,形形色色新旧人物的碎影,也有一个孩子眼中看到的一场场运动的潮起潮落。那是我的童年,也是共和国的童年。

我从长沙来

吴长生,是祖父起的名字。很简单,我是1948年5月4日出生在湖南长沙的,比我整整大了一个"甲子"的爷爷得讯,就给长孙起了这个通俗、上口的小名,原来打算待长大后再改"更正规"的,但不知为什么,直到成人,也没再提改名的事,就这么一直叫下来了。后来得知,祖父给我拟的"大号"是吴能,字希贤;弟弟是吴勇,字希英。吴家我们那一辈人的名字中间都是"希"字,但我和弟弟这两个"大号"都没用过,弟弟因生在湖南永兴县而一直叫永生。

父亲一辈名字中间是"崇"字。祖父三兄弟共育八男二女,分别是伯祖父的二男一女、我祖父的二男一女和叔祖父的四男。我亲姑姑叫吴崇一（1921～1929），我的父亲叫吴崇厚（1923～1996）、叔叔叫吴崇慈（1942～　）。

为什么生在湖南？因为父亲大学毕业后不久即赶上抗日战争结束，动荡中辗转多地，先是东北、天津，1947年被当时的国民政府资源委员会安排到湖南工作。已经怀孕的母亲贾栾1948年春也从北京到了长沙，并于当年5月生下了我，次年9月生下弟弟。

在湖南，我只生活了三年多，1951年秋天就回到北京祖父母身边了，但孩童时的一些"碎片"仍牢牢地储存在脑海中，时时浮现在眼前。

其一，我的湖南家。那是湘南矿务局下属的湘永矿区，宿舍是一长溜平房，我家是其中的一套。门朝南开，有五六级台阶，宽大的正室后面是灶房，后面还有个小院，烧的是柴和煤。门前台阶下是一条土路，路南侧是一大片荒地。应该是1950年冬天吧，我领着一岁多的弟弟到草地里去玩，发现几丛直立的草秆顶着一个小小的鸟窝，里面有两个青白色的小鸟蛋！我让弟弟一手一个拿着鸟蛋，往家走。没想到他只顾手里的鸟蛋，没注意脚下，一不小心摔了个大马趴，手里的鸟蛋都碎了。六七十年过去，那浅黄的草秆、青白色的蛋壳，还历历在目。

其二，戏水。一个夏天的傍晚，父亲带着我们全家到宿舍附近的河里去玩水。母亲带着我、弟弟和小保姆梅文，坐在河边的浅滩水里嬉戏。河底的小卵石清晰可见，还不时有小鱼游来游去。父亲则在七八米外的深水处游泳，还露着头向我们招手。

其三，看杀虎。一天上午，门外突然有人往西跑，有人喊：猎户打到老虎了！听说打到了老虎，矿机关的工作人员都跑去看，父母亲一人抱一个，带我们也来到了杀虎现场。几十人的圆圈中间，几个头上包着布巾的大汉正围着一只已经开了膛的老虎剥皮。我是骑在父亲的肩头看到这一场景的。

其四，弟弟被扔在路边。一次矿上放电影，邻居的大孩子抱着一岁多的弟弟，拉着两岁多的我一起往俱乐部走。走到半路，那个十来岁的大孩子抱不动弟弟了，就把他放在路边，拉着我继续走。

我不肯走，他们就撒腿跑了。我不知怎么办，就守在弟弟身边哭起来。母亲闻讯赶来，问明情况，把我们领回了家。

其五，火车上扔拖鞋。1951年8月，母亲带着我和弟弟坐上了去北京的火车。是最普通的硬座车，在硬板木条座椅上，我和弟弟上蹿下跳，惊奇地看着车窗外飞驰而过的景物。在湖南、湖北境内，天气不冷，母亲带了临时穿的木板拖鞋。为了"检测"火车的速度，我和弟弟趁母亲不注意，把一只拖鞋从半开的车窗扔了出去，眼看它瞬间就没了踪影。母亲歇息片刻后伸脚找鞋时，发现画着油漆花纹的拖鞋只剩一只了。我们只好承认是我们扔出去了，是想看看它能"跑"多快。

至于湖南的人，只记得小保姆叫梅文，样子却一点儿也不记得了。对据说曾非常喜欢我们兄弟的"黄妈妈""洪伯伯""洪妈妈"，我一直记得他们的模样，直到十几年后重逢，但人家怎么喜欢我们，却没有半点印象了。初到北京，我一口湖南乡音，"吃饭"说成"恰反"，"取"说成"酋"。一口京腔的曾祖母，不止一次地给我纠正发音。很快，湖南长沙留在我身上的印记就淡下去了，但"长生"这个名字已经伴随了我七十多年。

2018年底，翻看老照片时，母亲第一次说了当年回北京的缘由：1951年，湘永矿区开展了"三反"运动。解放时接管矿区的矿领导没什么文化，不懂政策，不讲证据。矿上的管理人员只要与财、物沾边，就被列为打击对象，一律按涉及财、物总额的20%确定"贪污"数额。不承认就逼供，不光有举着重物罚跪、上"老虎凳"，还发明了"喷水冷冻法"——把怀疑对象押到台上，先浑身上下喷水，然后用风扇对着猛吹。大冷天里，把人冻得瑟瑟发抖。还要求所有职员观看，不去都不行。很短时间里，矿上好几个人被逼得跳河、自杀。父亲也被"按比例"定了"退赃"数额，家里没钱，就用结婚戒指和衣服、皮鞋等稍微值钱的实物折价抵顶，连好些的被面都拆去抵款"退赃"。感觉实在不对头，母亲就以"探亲"为借口离开矿区，到长沙"上访"。在长沙，母亲找到矿务局的一位刘局长（女），如实反映了下面的情况；然后就回北京要求调动。刘局长很快到矿区调查，纠正了乱抓乱整之风，平反了冤假错案，"赃物"全部退还。

母亲说，对你父亲来说，平反有用处，一年后调北京时，档案中的所有诬陷材料全部拿出、销毁；而对那些已经死了人的家庭，又有多少用呢？男人被整死了，一家人失去了经济来源，就是补点钱，也无济于事。有的女家属不得不靠在矿上挑煤养家度日。

参政胡同的来历

到北京后，我就住进了祖父的家：西单参政胡同2号。此后直到1965年祖父离世，我的童年和少年乃至部分青年时光，都与它密不可分。

参政胡同是宣武门内大街西侧一条南北向的胡同，北端与手帕胡同交接，手帕胡同东口外就是西单闹市。长安街东西端路口北侧原来各建有一座牌楼，虽然两座牌楼已经在1920年代拆掉了，但北京民众仍然习惯地称那个路口为"西单牌楼"。而西单路口当时还是丁字路口，长安街西口的马路对面是密密麻麻的民房，只有两条并行的小街通到最西面的"复兴门"（1940年代日占时期拆城墙开出的豁口，抗战胜利后被命名为复兴门；与之相对的是"建国门"，"两门"形成、命名时间相同）。1950年代后期，西单牌楼对面的旧刑部街和报子街之间的民房被全部拆掉，长安街于是从西单向西延伸，原来的丁字路口也由此变成了十字通衢。

到北京后不久，祖父带我去中山公园，祖孙两人沿着长安街步行。那时长安街上还有有轨电车，双向的铁轨中间是花草隔离带，接近天安门两侧的长安街上立着两座大门，分别叫长安左门、长安右门。

左门又被称作"龙门"，右门被称作"虎门"。清代科举最高一级的考试要在紫禁城内的保和殿举行，称为"殿试"，凡考取进士的人，都要在殿上传呼姓名，然后把姓名写入"黄榜"，张挂在长安左门外临时搭起的"龙棚"内。由于参加科考的读书人一旦金榜题名，便如"鲤跃龙门",长安左门就被称作"龙门"。

每年农历八月中旬,皇帝派刑部官员会同各大臣,在长安右门南侧的西千步廊前举行会审。接受审判前,兵丁押解着刑部监狱内的死罪犯人,至长安右门下车,次第从南门洞进入,排成一字形跪在公案桌前,听候审问。此时的犯人犹如进入"虎口",长安右门于是得了个"虎门"的名号。

1950年代,扩宽长安街和扩大天安门广场时,长安左门、右门,天安门与正阳门中间的大清门(民国时改为中华门),统统被拆掉了。

我们的2号在胡同最北端,是一个有着倒下坡门楼的不规则四合院。外院有四间南房,西南的小偏院还有东西屋各一间;屏门北侧的里院,有带前廊的北房三间,东西厢房各两间,北房东西各有一个小跨院,东院是原来的厨房和水表房,西院有三间小屋,两北一东。

相邻的1号院和4号院住的都是回民,穿过1号东侧的小巷就是东西走向的手帕胡同。参政胡同北口斜对着的是一座清真寺。我从清真寺门前路过无数次,但从来也没进去过。3号院的大门口挂着"广慈医院"的牌子,住在里院的是一位姓徐的西医大夫,小时候祖父带我到那里去请徐老先生看过病。大概是在社会主义改造时,3号成了新华社的宿舍。而后门的车房里住着的伍姓男子,继续当徐家的包月车夫。5号院是一个煤铺,门前很大一块空地,都是堆煤场,我是从小看着摇煤球长大的。家里日常燃料和冬天取暖,都是就近"叫煤",工人会按约送货上门。再往南就是东铁匠胡同的东口,南侧的参政胡同6号,母亲说过去是首善医院,后来也改成了单位宿舍,院子很大,里面还有一个带假山、水池的花园。7、8号都是东向的住宅院,8号的南边,就是北京女八中(后改名鲁迅中学)的后围墙和东围墙了。胡同南口外是石驸马大街。

女八中的校舍是原来的京师女子师范,鲁迅在那儿教过书,我的祖母也曾是这所学校的学生。京师女子师范东北侧二百米外有一座大府邸,有传言说,那里曾经是明代权奸严嵩的府邸,无可考证;

而有文字可考的，这里是北京唯一留存的明代翰林院旧址。清初改建为敬谨亲王尼堪王府。尼堪是清太祖努尔哈赤长子褚英之三子，因有战功，并战死沙场，谥号"庄"，此府亦称"庄王府"。1905年停科举，各省建学堂，为统一管理全国学堂事务，这里被征用，改为新设立的学部衙门；辛亥革命后，改为教育部，鲁迅曾在那里担任教育部佥事。新中国成立后那里成为驻扎公安部队的"公安大院"。

小时候没怎么多想，上中学后突发奇想：这条二三百米长、只有十几个院落的小胡同，因何起了个"参政"的大名呢？与它连接的四条街道，教育部街，是因教育部得名；石驸马大街，是因中部有座传说的石姓驸马爷的府邸；东铁匠胡同和手帕胡同，很直白，肯定与铁匠、手帕密切相关。唯独这参政胡同，我从没听说这里出了什么有资格参与国政的显赫人物啊。

不过，别看我祖父居住的2号院很不起眼儿，它却有着不一般的经历。小院是1920年代末买下的，离当时祖母任教的师范二附小直线距离不足百米。我十五六岁时，曾经看过那份附有蓝图的房契。房契上赫然写的原房主名字居然是日伪时期的大汉奸王揖唐！是他的一位姨太太经手卖给吴家的。

由于旧时代没有退休养老金制度，像祖父母这样祖上没有留下资财的工薪阶层，都是省吃俭用，"从牙缝里抠钱"，青壮年时购买一些房产，将来收房租作为养老之用。参政胡同的房子就是这样买下的。为了多收些房租，祖父母一家一度住在西边的小跨院里，把大院里的正房、东西厢房都租出去。此外，祖母还买了西长安街上的七间临街房，租给了"大陆春"饭馆（后改为全聚德分号）。1950年代中，我跟着祖父去那里收过房租。

参政胡同2号，不光与王揖唐有过牵连，还有一段被强占的屈辱历史。日本占领北京时期，它被日本当局征用过，作为日本人的宿舍。听家里的大人说，那些新式的玻璃门窗就是日本人换的。1950年代初，我曾在空房子角落里看到过几只日式木屐和木制、竹制日式军刀。日占那些年，祖父一家只能到外面借住，直到抗战胜利才迁回。其间，从育英中学毕业后考进辅仁大学的父亲，在祖父的支持下，与几个志同道合的朋友潜出北京，前往大后方的重庆，转入西迁的复旦大学继续读书。祖父说，虽然儿子还不满20岁，但不愿让他在占领军的枪口下当"亡国奴"。抗战胜利后，2号院差点儿被当作"敌产"没收。

2号院里院东屋前面有一棵枣树，是父亲小时候种的，到1950年代中期已经有近30年树龄，每年硕果累累。秋天打枣，是我童年最快乐的节目，一年一度。开始几年，六十多岁的祖父还能登高甚至上到房顶去挥杆打枣，我们则在地上捡拾；后些年，我们就是打枣的主力了。那枣特别酥脆、甘甜，有些树梢高处的，落地就被摔裂了，为此，打枣时祖父指挥人拉开大被单在树下兜接。枣树是吴家的，产品自然属于吴家，但院里的房客也都能分享一些。祖父以此为傲，还要给亲友们分送一些。外院的西南偏院还有一棵，也是枣树，但那结的果没有里院树好吃，我们虽然每年也去打枣，但收获不多。祖父对其疏于"看管"，听任小孩子们在枣子没熟时就偷打"尝鲜"了。此外，家里还种了四棵石榴树，是栽在大花盆里的。它们春天开花、秋天结实；入冬前，祖父都要带着大家把它们抬到廊子上防冻过冬。

里院正房北侧的夹道里，是厕所，就是一个茅坑。小时候上厕所，绝对是一件痛苦的事，冬天还好，夏天简直就是受刑。气味熏人不说，雨后茅坑里积了很多水，"大方便"一次往往要溅上一些污水。每隔几天，都有专事清理的粪车和背着硕大粪桶的淘粪工来院子里掏大粪。当然，院子里有厕所，也是一种"福气"；没厕所的人家，只能在自家屋里预备马桶，或跑出上百米甚至几百米，去公共厕所方便。

由于院子没有排水系统，厨余的脏水都要先存放在泔水桶里，待桶满时抬到几百米外东铁匠胡同的公共下水井去倒。倒泔水，成了我七八岁后最惧怕的活儿。夏天，那泔水桶气味儿呛人，我和叔叔（后来有时是和弟弟）抬着它，捂着鼻子去倒泔水；在泔水井边，往往是匆匆倒掉，抬起空桶就跑。冬天，臭味儿倒是不大了，但泔水井四周结满了冰，一不小心就要滑倒在那片脏臭的冰面上。

不大的小院，除了房主，还挤住着7家房客40多人。里院的东厢房住的是王伯伯一家，王伯伯是北京医院的职工，一家三代六口——王爷爷、王奶奶、王伯伯夫妇和两个姐姐。西厢房靠北那间的租户姓姜，有四五个孩子，外院的青家搬走后，他们家就搬到外院去了，王伯伯家搬到了西边两间（西房比东房大些）。里院的西跨院住的是张家，夫妇两人和五个孩子，老大比我大两岁，老二好像与我同年，另外是三个小的弟弟妹妹。外院住着四家，紧靠院门的是王家，城市贫民，王奶奶以帮人洗补等杂活为生，与一个智障儿子一起生活。贾家租了两间房，贾爷爷、贾奶奶和二姨、老姨住在西南偏院东屋，他们的儿子夫妇带两个小孩住在外院中间的南房。西侧的两间是青家租住，两夫妇加三个大孩子，青妈妈在舞蹈学校工作，三个孩子中的老大是女的，两个男孩也比我大。西南偏院西屋的那家姓刘，也是夫妇两人带着一堆小孩。这个住了不到五十人的小院中，小孩子就占了多一半。

年纪稍微大些后，得知院里的这些住户，除了住在院门旁的王奶奶家，其他几乎都"有问题"：外院贾家和里院王家，爷爷奶奶都是秦皇岛那边的地主，土改后跑到北京来避难的；姜家、张家、刘家都是小资本家，开着铅笔、木材加工类的小厂子，也属于"剥削阶级"。青伯伯则有"历史污点"。"文革"中，他们各有劫难，但在我这个小孩子眼中，他们都是和蔼可亲的长辈，反倒是"无产阶级"出身的王奶奶，整天沉默无语，对我们几乎没什么笑脸。

2号院曾经与大汉奸、日本鬼子"结缘"，还曾经收留了那么多"污垢"，实在不一般。

2019年初，我在网上搜集资料时，无意发现了有关参政胡同的一段文字："日军侵华时期任伪华北政务委员会委员长的大汉奸王揖唐，因其在袁世凯的参政院任参政时曾住于此，所以这条胡同就叫了参政胡同，而且竟然一直叫到今日。日本人多田贞一在1944年出版《北京地名志》中说，参政胡同是北京用活着的人名作为地名的唯一的例子。"① 此说不确，其实不是用活人的名字，而是以其职务作地名。不过，几十年的谜团终于解开，原来"参政"二字出自王揖唐。王是1914年担任参政的，也就是说，"参政胡同"是那之后叫起来的，而且王揖唐的家很可能就是我们的那个2号院！

启蒙老师是祖父

吴姓的一个起源地是江苏无锡梅里，那里有供奉吴姓始祖泰伯、仲雍的泰伯庙。但我们吴家这支是从哪儿来的，我至今说不清楚。

听长辈说，曾祖父时，吴家还是个"挺像样"的大户，曾祖父是个有功名的读书人。小时候，在祖父的弟弟（我们叫三爷）家里，看到过堂屋正上方有一幅曾祖父侧身坐着读书的大照片，算是一个佐证。曾祖父大约1890年代中就病逝了，当时能照相的不会是普通人家。另一个佐证是三位祖父书卷气十足的名字：吴汉三（1886～1950）、吴羡亭（1888～1965）、吴翰忱（1893～1971）。祖父曾对伯祖父的名字做过这样的解释：汉三，就是汉初三杰（萧何、韩信、张良）。小时候，祖父让我用伯祖父留下的一支狼毫毛笔练写大字，笔杆上刻着"吴汉三定制"的字样。对自己和叔祖父的名字，他从没解释过，但我知道他姓吴名建，字羡亭；但"名"基本不用，所有人都只知道他叫"吴羡亭"。

据说，曾祖父去世后，年轻守寡的曾祖母吴柳氏忍受不了族人的歧视与欺辱，便带着三个幼小的孩子（伯祖父十来岁，祖父六七岁，叔祖父只有两三岁）从家里出走，辗转来到了北京。缠足的曾祖母靠在教会医院当洗衣工抚育三个儿子。从小在教会医院生活的伯祖父和祖父，居然自学成才，分别成为西医和药剂师。这段经历，祖父从来没对我讲过。在他嘴里，也从没出过"老家""吴家

---

① 除网络上的记载，《北京市西城区二龙路街道简史》（二龙路街道简史编辑委员会编，1990）第308页也提到，因北洋政府时期，参议院院长王揖唐宅第在这条胡同，故胡同被命名为"参政胡同"。——编者注

老亲"这类词,甚至连他父亲、我的曾祖父的名字也没说过。显然,这是他刻骨铭心的伤痛。对于自己的其他经历他也很少说,我只是偶尔听他说自己在冯玉祥部队当过"少校医官",后来军阀混战,他就回家了。1920年代,他还在山西大同普仁医院当过一段时间的院长。

祖父没上过正规学堂,但在我的印象中,他算盘打得很精。家里的日常用度,由他一手掌管,出入都有用毛笔书写的详细账目。他中文功底深厚,能背诵许多诗词名篇。遇到历史方面的疑难问题,他也是我的第一老师,一般能给出令我满意的回答。我很小的时候,他就针对我汗毛重的生理特点,说苏东坡就是连鬓络腮胡子,这小子像苏东坡,还念出了苏东坡与苏小妹相互讥讽的诗句。稍大些,我开始看《三国演义》,祖父与我交流心得,他能够熟练背出张松对曹操"战无不胜"的那段精彩揶揄。他不仅熟读《三国演义》,而且能指出小说哪些地方与陈寿的《三国志》不同。我读《水浒传》时,他又告诉我"金批"《水浒》比"全本"的内容少了不少。家里堂屋正中悬挂着一副冯恕(民国时著名书法家)的对联:"寸地尺天皆入贡,秋月春风各自偏",他认为下联改为"春风秋月各自偏"更合适。清朝共设"八个半"总督,八个分别是直隶、两江、闽浙、湖广、两广、云贵、陕甘和四川总督,执掌地方军政要务,那"半个"是专门负责治理黄河的河道总督,权限小些。这也是祖父告诉我的。

家里曾经悬挂着沈兼士(曾在京师女子师范任教,知名教授)写给祖母施镜彝的条幅,是杜甫的一首诗。我问祖父,那上边的"镜彝女史"是什么意思?他回答:镜彝是祖母的字,女史是对女士的尊称。

四大名著,我是小学时在家里看的。《石头记》还是线装的,而另一部线装的《纲鉴易知录》我只翻了翻,枯燥,看不大懂。大本的字帖,倒是"刷描"了不少。祖父的案头,总放着一部线装的《康熙字典》。很小的时候,我就学会了怎么查阅。"一二子中,三丑寅,四卯辰巳,五午寻,六在未申,七在酉,八九十余戌亥存"

的口诀，就是祖父教给我的。每逢冬季，祖父都要自制一幅"九九消寒图"，逐日用毛笔填充，记录气候变化情况。

祖父发明了一种简单的练字法，让四五岁的我们用干毛笔刷描字帖，因为年龄太小用毛笔蘸墨汁练字有困难。我每天上午要跪在方凳上，手执干笔，认真刷描木板夹着的大本字帖，有时跪得腿痛、刷得腕酸，却因此大获他的赞赏，有时他还会奖给一些小零食。七八岁，我开始研墨练字，他对好字或好的部位，画红圈肯定，并向来访的亲友展示；还对我说，现在年纪小，还用不上家里那方歙石的墨海，将来会用上的。

夏天他给我们每人预备一个苍蝇拍和一个装死蝇的小纸盒，鼓励我们扑打苍蝇，然后按死苍蝇的数字发奖。奖励常常是逛公园。故宫、中山公园、天坛、北海、太庙等，都是小时候祖父带我去的，而且边逛边讲。我很小时，就知道社稷坛是做什么的，三大殿（太和、中和、保和）各自的主要用途是什么，三宫（乾清、交泰、坤宁）的主人都是谁；日晷、铜壶滴漏等，也是祖父现场解说。

大概因为与医沾边，祖父有很好的卫生习惯。从外面回来，先要在廊子上把身上的灰尘用掸子抽打一遍，进门后的第一件事则是仔细洗手。他自己这样做，也要求家人这样做。他很注意口腔卫生，不光早晚刷牙，而且每次进食后都要认真漱口。他从不用牙膏、牙粉，就是蘸食盐刷牙漱口。一直到77岁时，祖父满口牙没脱落一颗，连松动的都没有，吃起铁蚕豆来仍然是"嘎嘣嘎嘣"的。对我们的一些小毛病，他都用自己的办法医治。三角柜里常备着红药水、紫药水、碘酒和止血粉，那是给我们治外伤的。胃酸，吃小苏打片；消化不良，吃酵母片；上火便秘，则喂难吃的蓖麻油。每年，他都要买些驱虫药，给小孩子们"打蛔虫"。祖父还很注意锻炼身体，早晨很早就起床"遛早"，有时我也跟着去，大都是去宣武门城墙根一带遛弯儿，顺路买些刚出锅的贴饼子。

晨曦中，城墙根下的狭长地带，有不少晨练人，打拳，舞剑，跳绳，还有的一边压腿一边"啊啊啊，咦咦咦"地喊嗓。祖父说那些是唱戏的在练功。春秋天，甚至夏天的下午两三点，他经常光着上身在廊子上日光浴。晚饭后，祖父还要出去遛遛，目的地多是教育部街口的电料行，掌柜鄂爷爷是祖父的挚友；来回散步加聊天，是祖父的固定"晚课"，无论寒暑。

上学不多，但各种知识不少的祖父，可以说是我的启蒙老师。

祖母，三位民国女性

1951年刚到北京时，我曾经不解地问：我怎么有三位奶奶呢？大人说，等你长大就知道了。当时第三位奶奶还在，而堂屋的柱子上端一北一南，分别悬挂着第一位奶奶和第二位奶奶的大照片。每逢春节或者相关人的生日，除了要给健在的长辈磕头行礼，还得分别给两位去世的奶奶磕头。

第一位祖母姓施名贞，字镜彝，是祖父的原配，我父亲的生母。出生于1887年的她比祖父年长一岁。祖母原籍浙江绍兴，祖上进京做官，遂迁居通州。父亲说，施祖母双亲早丧，因长嫂欺虐，被迫出走，投考了清末中国开办的第一所女子师范学校——京师女子师范学堂（1908年创办），成为中国最早一批女师范生之一。从老照片上看，她有一双"解放脚"（裹脚后又放开）。毕业后，施祖母进入师范学堂的附属小学教书，一教二十多年，后期成为学校的管理人员。

那时的女学生绝对算文化人，从家里残存的一些字画、书籍能够看出这一点，它们是施祖母学识和人际交往的记录。她的两个弟弟，也都是国内知名大学的毕业生。她的大弟弟、我的三舅爷施贲专攻法律，1930年初去美国深造、创业；小弟弟施畸，字天侔，著名文体学专家，曾先后在兰州大学、华东师范大学任教授。

父亲一直以祖母为骄傲，对她的自强、勤勉、简朴赞不绝口。据父亲说，参政胡同和西长安街的两处房子，主要是靠她的薪金收入（每月90块大洋）和节俭持家积攒买下的。在参政胡同2号，自家住西北跨院的小屋，把大房子出租，也是她的主张。祖母对自己很"抠"，对亲友却很大方。比如，她二哥的女儿，我的表姑施德勤，自幼父丧母疯，身世悲惨。施祖母就把她接到自己家里，与儿子一起抚养。表姑接受了良好系统教育，1940年代毕业于北京师范大学，而后终生从教。由于乐善好施，施祖母在学校、在亲友圈里，赢得了众人的爱戴与尊重。1937年初病逝后，往南城的法源寺送灵那天，天降大雪，冒雪步行数里送她的人有好几百。

施祖母的中风病倒，与她的大弟弟施贲罹难有关。在兄弟姐妹中，他们姐弟俩感情最好。临去美国前，姐姐给予了弟弟丰裕的经济资助，弟弟则以部分房产作为回报（购买西长安街房子时，施贲出了部分资金）。没想到的是，已经在大洋彼岸事业有成的施贲，不幸遭遇车祸身亡。噩耗传来，施祖母哀痛不已。一段时间后，施贲的骨灰由朋友寄回。施祖母带着父亲亲自到前门东侧的邮政局迎取。在邮局大门的台阶上，祖母、父亲还照了一张相。没想到那张照片，成为施祖母的最后留影，站在弟弟骨灰盒旁的她，一脸悲戚之色。父亲捧着骨灰盒，与施祖母一起乘三轮车回家，而就在半路上，过度悲伤的她突发病症，中风偏瘫！卧床半年后去世。

第二位祖母叶鸿志也出身于书香门第，施祖母去世后两年，三十五六岁的老姑娘嫁给祖父当续弦，据说娘家的陪嫁丰厚，光房子就有两所（两个小院子，日占时期，为维持生计先后卖掉）。关于叶祖母，祖父和父亲都说得不多，只听父亲说叶祖母对他很好。但有关叶祖母的去世情况，给我留下了非常深刻的印象。由于是高龄生育（40岁），又患有心脏病，她分娩后七天就去世了。据说怀孕七个月时，叶祖母出现流产征兆，被送进医院后，医生对祖父说，高龄、体弱加心脏病，生产的危险性很大，恐怕只能保一头。接着就问祖父：如果真是这样，是保大人还是保孩子？祖父居然回答：保孩子。很快叔叔降生了，七个多月的早产儿，只有二斤多重，立即被放进保温箱养育，叶祖母却气息奄奄。叶祖母神志稍微清醒时，护士想让她看看新生的宝宝，她却摇头说：不看，这孩子是要我命的。几天后，叶祖母就带着满腹怨恨离世了……

叶祖母去世大约一年后，祖父又续弦第三位祖母全兰茹。她也是未婚的老姑娘，已经近40岁，在一家医院当护士。后来她与我们有了更特殊的"亲上加亲"关系：她与我继外婆是表姊妹，经她俩撮合，我母亲嫁给了我父亲，表外甥女做了儿媳妇。就因为有这么一层关系，我的舅舅、姨都称我祖父"四姨父"（全祖母在娘家排行第四），而不叫姻伯父。

1951年秋到1953年秋，我与全祖母一起生活了两年时间。白天她照顾我吃穿，夜晚与我同床睡觉。她患有严重的哮喘病，不能平躺，每天晚上都是趴在三四个摞着的枕头上睡觉，有时咳喘剧烈，整夜无法安眠。当过护士的她，经常给自己注射止咳定喘的针剂。那些装药瓶的小纸盒，开瓶口的小锯子，成为我的玩具。稍微大些后，全祖母每天给我一点零花钱——200元（1955年币制改革前100元相当于新币1分），让我自己到离院门不远的小摊去买山楂糊、酸枣面类的小零食吃。

1955年初，全祖母病重时，一向只信西医的祖父破例请施今墨（北京四大名医之一）来家里为她诊治。当时施老先生的出诊费是十元（当时中学生一个月的伙食费才五六元钱）。但名医也无回天之力，没多久，全祖母就去世了，虽然只有52岁，但在三位祖母中，她是享寿最长的。

三位祖母合葬在西便门外自家的坟地里，坟地在天宁寺塔北侧一百多米处，原与一个教会墓地为邻，约有半亩；大约1956年夏天，教会墓地迁移时，祖父嫌新址太远，没随着一起迁走，于是三位祖母的墓成了孤坟。"文革"中，父母去了河南的五七干校，我和弟弟分别去西藏、陕北插队。待到1980年代我们回到北京时，那片地上建起了新的厂房，祖母的坟也没有了踪影。

中西混搭的家风

从懂事时，我就发现参政胡同2号院的北房整体微微向东倾斜，给人一种不安的感觉。虽然到1965年我们离别2号院之前，它没倒塌，但还是发生过一次险情。

大约1963年夏天一个周六的傍晚，与祖父一起吃过晚饭的我，开始斜躺在西侧房间的大床上唱歌，看看快到了父母乘班车从东郊回来的时间——平时父母和弟弟都住在东郊管庄建材院宿舍，只有周末进城来探望祖父和外婆，我就起身外出，到西单路口东侧去迎候他们。就在这短短的十几分钟里，在北房东间休息的祖父听到西间突然哗啦一声巨响。他赶忙过去查看，只见西山墙内侧倒塌了，碎砖头把紧贴山墙的大床整个压垮、盖住！几分钟前我还在床上躺着唱歌呢！祖父高喊我的名字，还没等他叫人挖刨"救人"，我就慢悠悠地从屏门外走进里院。前后只有十几分钟，我躲过了一劫，祖父虚惊了一场！山墙很快就修好了，但倒塌的阴影挥之不去，后来听说1976年唐山大地震时，那房子果然塌了。

曾祖母享寿八十七，在那个时代不多见。按传统习俗，如此高寿的人去世，办的丧事叫"大喜丧"。我与曾祖母只相处了不到两年，从见第一面到她去世，我从没见她下地走过，白天也一直在床上倚坐着。中午吃饭时，全祖母把盛着饭菜的托盘放到床前的小桌上，已经没什么头发的老太太还要喝点儿小酒。拿酒盅、斟酒，经常是我这个重孙子的任务。而一次全祖母给她洗脚时，我惊异地指着她变形的缠足小脚问：怎么是这样啊？

1953年夏天，在"危房"里，我们送走了曾祖母。参政胡同2号办了隆重的丧事。里院搭起全覆盖的大蓝布天棚。像睡觉一样的曾祖母被停放于堂屋正中，面容安详的她唇间衔着一个红纸包，里面包的是茶叶。

外婆是第一个前来吊唁的外姓亲戚。进屏门时，她还微笑着与廊子上迎候的全祖母打招呼，可一进屋门，就拿着手绢高声哭叫起来："亲（这里念庆）娘唉，您怎么就这么走了呐，亲娘唉……"哭叫一阵后，外婆在全祖母的劝说下归于平静，坐下与祖母说起话来。一旁的我很纳闷：外婆怎么变得这么快啊？进院子时笑，进门哭，现在又没事儿了。

曾祖母入殓那天天降大雨，祖父捧着曾祖母的头，叔祖父端着脚，几个孙辈搭手一起把老太太放进棺材。盖棺上钉之后，灵柩放在了堂屋的中门位置，棺前的廊子上设了供桌。由于曾祖母、祖父都信奉基督教，供桌上没有中国的传统香烛等供奉，摆放的是两尊蜡台形状的台灯和一个小小的鲜花花环。亲友送来供品，祖父一律按基督教的礼仪，禁止摆放。附近圣公会基督教堂的神职人员到灵前做了祷告。可吴家的三代后人，并没按基督教的方式佩戴黑纱，都按中国传统规矩为老祖宗穿戴了全套的白布丧服，用白布蒙包的鞋后帮还缀着红布。

曾祖母中西兼备的葬礼也是家风的体现。祖父信奉基督教，但又极其刻板地讲究传统的"老规矩"。他要求，对长辈或长者、生人，言必称"您"。出门前或返家后，必须先与家里的长者"打招呼"，禀告准备去什么地方、做什么、什么时候回来或报告"已经办完事回来了"。如果说话时误把该说"您"的说成"你"，外出前后没有"禀告"，大人交谈间小孩子乱插话，或吃饭时先于长辈落座、动筷，进食发出"噪音"、误用左手执筷等，他都会毫不留情地面斥。他还经常告诫我们，在人前坐要有坐相：在客人或长辈面前，不能大叉着两腿，也不能跷二郎腿；接受邀请时，要保持尊严，"席不正不坐"。

每次吃饭前，祖父都要默默地向天主祷告，其他人不能出声；祷告结束，他动筷子别人才能动筷子。小时候，我和弟弟如果做了错事，他就用竹制的戒尺打手板。就是被打红了，我们也得强忍住，不许哭。比我顽皮的弟弟，没少挨板子。一次弟弟在床上蹦跳，惹恼了祖父，他抄起皮拖鞋就抽打，把弟弟的屁股、大腿打出了红红的鞋印。

逢年过节或亲人生日，小辈要给长辈逐一拜年、拜节、拜寿、贺喜，除了口中的"词"，更有膝下的"跪"。最让人烦恼的是，遇到自己的生日，也得给祖父、父母磕头贺喜。春节期间，我们这些孙子，磕头磕得晕头转向。除夕晚上、年夜饭后，要给祖父祖母（连照片上的两位）、父母亲、叔叔，磕头"辞岁"；大年初一早饭后，还要磕同样数目的头拜年。当然，头也不白磕，每年祖父都要给我和弟弟每人一块钱"压岁钱"，那时的一块可不是小钱。

喜庆日子要磕头，清明节、下元节（农历十月十五）也得磕头，还得去外面磕。每年这两节，祖父都要带着叔叔、我们兄弟，到西便门外、天宁寺北的自家坟地去上坟。没有中式的烧纸、上香、摆供品，祖父只是肃立默默地祷告，我们则是下跪磕头。而且按要求，要趴在墓碑前磕12个。祖父说，这里葬着三位奶奶，每人四个。给活人磕头是三个，给逝者磕头是四个。后来那块坟地西侧修了一条路，经常人来人往，当着路人磕头，年纪小时，还不大在意，到十几岁上中学后，就很不自在了。但有祖父在一旁监看着，谁也不敢怠慢。

大约是1965年春节吧，母亲提出改叩拜礼为鞠躬。祖父一下脸色就变了，没对母亲说什么，却大声喝道：长生，给你妈磕头拜年！没辙，还得照样磕！

祖父是西医，但从来都着最标准的中装，就是夏天外出也要一丝不苟地打好裤脚的绑腿，过年待客时还要穿长袍、马褂。中西兼备，新旧混搭，这就是我的祖父。大概这也是那个特定时代（从清末到新中国成立）不少城里人的共同特征。就像清末民初时一些人穿西服戴礼帽，脑后却还留着小辫子一样。

由于家里经济并不宽裕，为了办曾祖母的丧事，祖父卖掉了西边的小跨院。

1950年代中期，城市开展社会主义改造运动，资本家的产业都搞了公私合营（小业主和资本家的"分界线"是资金2000元），私房则按标准搞了"经租"①——出租15间以上的，都收归国家统一经营，原房主像公私合营资本家领定息那样按月领取一定数额的"租金"。祖父名下出租了15间（西长安街7间加参政胡同8间），刚好"够标准"，从此，除5间自住房仍属于私产外，其余15间都改姓"公"了，每月领取18元多"经租"。

祖父生命的最后两年明显衰老、体质转差，生活得越来越艰难，行

---

① 1956年1月18日，中共中央同意并批转了中央书记处第二办公室《关于目前城市私有房产基本情况及进行社会主义改造的意见》，《意见》提出对私人房产改造的形式之一是"国家经租"，即"由国家统一进行租赁、统一分配使用和修缮维护，并根据不同对象，给房主以合理利润"。——编者注

走不便的他每天只能脚不离地一步步蹭着出去买菜，回家自己做饭。记得他不止一次愤愤地说："前后娶了三位太太，本来是为了伺候我的，没想到都被我伺候死了。"这生动反映了他骨子里的重男轻女意识。第三位祖母全兰茹，因患严重的哮喘病1955年初离世。发丧时，父亲没接正在托儿所整托的我回家，主要是怕传染。祖父很气愤地责怪说："奶奶去世发丧，不让孙子回来磕头，真不像话！长孙胜次子啊！"

1965年8月祖父去世后，五间自住房由于没人常住（父母亲已经于1958年夏搬往管庄单位分配的新居，叔叔工作后住在单位集体宿舍；我和弟弟住校），以1500元卖掉（父亲分得的一半，1966年3月邢台大地震后捐给了灾区）。参政胡同2号，经过近40年风雨，与吴家"断绝"了关系。

1999年夏天，鬼使神差，到附近办事的我顺路去看了看"老宅"。没想到那里正在拆旧、平地，一台大型推挖机械恰恰在"2号"施工，旧房子已经推成断壁残垣，那棵父亲童年手植的枣树，也已经被连根拔起。"2号"，同1996年春天逝去的父亲一样，从此消失。但它和他，都深深地留在我的记忆中。

外婆家的"大宅门"

与西单参政胡同2号相比，外婆家绝对是个大宅院。1951年秋回北京的第二天，母亲就带着我和弟弟乘人力车去了外婆家。从教育部街口往南，出宣武门，过校场口，到菜市口转西，进路南的西砖胡同，再拐进东西向的醋章胡同西行一百多米往南拐，就是门楼胡同了，胡同西侧的1号是个高台阶的大黑门，那就是外婆家的宅院。

这条不长的胡同里，只有这么一个大宅院，外婆家姓贾，于是附近的住户又把门楼胡同称为"贾家胡同"。西侧与门楼胡同平行的，是又宽又长的教子胡同；东侧是同样南北向的西砖胡同；教子、西砖胡同南端都通到南横街，只有门楼胡同南端与法源寺北侧的一条东西向胡同相交。

走进1号大门，是一个南北长东西窄的大院子，迎门的影壁前有一棵枝繁叶茂的老槐树。北侧是几个小院落，有东跨院、东小院以及马厩、水井院等，各院有不等数量的房子。南侧是一个 L 形的大院落，俗称南大院，有东房、南北房各三间；西端则别有洞天：北房三间，南房是西洋式建筑，也是三间，镶嵌着五彩玻璃窗。南大院里种着不少花草树木，梨、桃、桑、丁香，还有牡丹、竹子等。母亲说那里原来是花园。上小学时养蚕，我到那里去采过桑叶。

与大门影壁并排的北侧是二道门，那里面才是正宅。二道门是开在回廊东墙的，进门就是正宅的第一进院落（俗称前大院），南北各有带前廊的两排高大房屋，西侧的回廊已经改建成一排住人的小屋；东侧回廊保持原样，东北角是通往第二进院落的"大过道"，再往北是一个过渡性小院，只有一间西屋，而正对前院北房后门的是垂花门，进门绕过屏风墙，就是正宅第二进院落（俗称正院、里院），北房五间，东西厢房各三间，都带前廊。北房后面还有一个后院，北边是一溜五间后罩房。

从结构看，前院北房正中的那间与里院北房正中的那间，都是有间隔墙的，前半间是待客或起居用的所在，被称作"过厅"或堂屋，隔墙后面开着北门，直通后面的院落。我去外婆家时，前院过厅的前半间已经改作住人的居室，后门长年关着，堆放杂物。里院堂屋依然保持原状，作为待客的厅堂，正中是一个巨大的条案，上面摆放着胆瓶、帽筒、大理石桌屏和一尺多高的锡制五供（一尊香炉、一对烛台、一对花觚）；条案前是八仙桌，桌两侧分列六把硬木靠背椅；条案后的墙上挂着一幅中堂巨画，两边是一副对联；隔墙后则是被改作卧室的"后退堂"。母亲说，小时候，她六伯伯（我的六外公）就住在那间"小黑屋"里。前院和里院的西边，另有一溜布局规整的建筑，被称作"西院"，与前、里院都有小月亮门相通；东边就是前面说的东跨院等几个不太规整的小院子。

这座宅院，是 1893 年外曾祖父贾璜（1848～1906）买下的。原籍山西夏县的外曾祖父，青少年时在老家读书，而后应科举考试，先后考中光绪乙亥科（1875）举人、丙子科（1876）贡士、丁丑科（1877）进士，曾任宝源局帮办、工部郎中、琉璃厂监督、督理北京五城街道事务等职，是四品官。他的胞兄贾瑚，是咸丰己未科（1859）

进士，曾任湖北学政、山东登州知府等职，也是四品官。所不同的是，贾瑸一直担任京官，而贾瑚至少两次外放。他俩还有一位兄弟贾璋，是光绪年间的河南候补道，后回到老家夏县务农。

我的外高祖父贾益谦（1811～1874，清道光甲午科举人），虽没中过进士，与左宗棠一样是举人"大挑"①出身，但所任官职要高过他的两个儿子。外高祖父做过松江知府（当时上海是其下辖的一个县）、署理江苏省按察使（臬台），殁后还被追加布政使衔、二品顶戴。1992年我到山西运城出差，抽空前往夏县探访，在县志办公室，查阅了两个版本的县志，上面都记有外高祖和外曾祖的事迹，对外高祖父的记载更加详细。其中一个细节令我感佩。围剿太平天国和捻军时，外高祖父正在江苏任职，他反对曾国荃们大杀俘虏的做法，力排众议，坚持严办首领、宽待胁从，赢得上下一致赞誉。在署理江苏按察使期间，他参与了清末"四大奇案"之一"刺马案"（时任两江总督马新贻被刺）的审理。

几十年后，母亲说，她的二姑、我的二姑婆曾经回忆起当年（约1898年）自己出嫁时的盛况：迎亲的花轿径直从里院出垂花门，经前院过厅，绕回廊出二道门，"不见天"。"回门"时也是如此。显然，二姑婆很为旧时官宦人家的排场骄傲。

1951年秋天我初次去外婆家时，西院、后院和东跨院、东小院已经卖给外姓，除里院五间北房、一间东房、前院两间北房自住外，其余三十多间分别租给了房客。昔日的贾府已变成了居住着几十家人的大杂院。1958年1号院被征用办工厂，十几年后又被整体拆除改建了居民楼。一个大宅院就这样消失了。

宅院内外的旧时风雨

我小时候很爱去外婆家，除了院子大，玩耍的天地宽而外，有

---

① 清代从举人中选官的一种制度，始于乾隆十七年（1752），每六年举行一次，十取其五。选取者分为二等，其中一等的以知县用，二等的以教职用。参见郑天挺、谭其骧主编《中国历史大辞典》，上海辞书出版社，2010，第109页。——编者注

神秘感也是一个原因。那里有几个紧锁的门，我从来没见打开过。里面有什么，我没问过，扒在细小的门缝探看，黑洞洞的什么也看不见。再加上大人们讲的鬼故事，我天黑后哪儿都不敢去。

一天夜静更深，与外婆同睡在里院正房靠北墙大铺上的我突然被一阵箫声惊醒。我循声一看，只见五六米外的窗前，正有一人背倚着书案吹箫，那个人的剪影还随着节拍微微晃动。迷蒙中，我不知道这是怎么回事，赶忙把头缩进被窝并蒙得紧紧地……早晨问外婆和其他大人，他们都摇头说，你是在"撒癔症"吧？可我分明听到了箫声，看到了人影。还有那光线暗暗的东厢房角落里，摆放着一架黑色的陈旧钢琴，那是谁曾经弹过的？奏出过怎样的幽怨之声？没人告诉我……

其实，不只是我，母亲说，她十几岁了，天黑后也不敢一个人在那些院子里随便走。

1958年，政府征用1号院办工厂，外婆家被安排搬往珠市口西的西柳树井22号。在大人们收拾东西的忙碌、混乱中，我却在搜寻黑暗中的"秘密"：原来就是一些旧木料和一些存放旧物的旧箱柜。而作为垃圾准备扔掉的几只绣着精致图案的小尖鞋底，给我留下了极深的印象：分层次的蓝色浪花托着升起的鲜红太阳，那显然是缠足的女性长辈们留下的，虽然至少是几十年前的旧东西，但色彩依旧鲜丽。不知为什么，看着里院外院，大人们忙着翻箱倒柜、挑挑拣拣的场面，刚刚十岁、看过《红楼梦》的我，不由自主地联想起宁荣二府被抄家的情节。

门楼胡同离菜市口很近，这一带是清末著名的"会馆区"。门楼胡同里有一个新安会馆，东边的烂缦胡同、丞相胡同都会馆密集，如湖南会馆、江西会馆、天门会馆、南海会馆、徐州会馆、休宁会馆、东莞会馆等等。附近还有不少名人的旧居。曾国藩、左宗棠、李鸿藻、孙毓汶、陈宝琛、龚自珍、杨锐、秋瑾、蔡元培、徐乾学、洪亮吉、毕沅、康有为等都在这一带住过。李大钊任总编辑的晨钟报社，也在这里。

菜市口也曾经是清政府处决犯人的刑场。清咸丰皇帝"八大顾命大臣"之一的肃顺和著名的"戊戌六君子"都是在这里被杀的。对于1861年和1898年的这两次行刑，都有文字记载。由于慈禧太后给肃顺加了不少罪名，老百姓把英法联军侵占北京、烧杀抢掠的账全都记到了他头上，认为他是误国卖国、招致京城陷落的罪魁祸首。几十年后，菜市口再次血光映天。"戊戌六君子"悲壮赴死。

旧时的"亲上做亲"

相比之下，外曾祖父的岳父家门第更加显赫。外曾祖父贾璜的夫人，我的外曾祖母，是晚清重臣张亮基（1807~1871）的女儿。张亮基是做过湖南、贵州巡抚和湖广、云贵总督的封疆大吏。

在有关曾国藩的诸多记载中，都有张亮基、曾国藩最初交往的文字。1853年初，时任湖南巡抚的张亮基，为了击退太平军对长沙的猛攻，邀请在湖南原籍丁忧的兵部侍郎曾国藩一同商议"御寇"大计。在张亮基的鼎力支持下，曾国藩把从湖南各地招来的团练（民间武装）编到一起，称为"大团"，让他们和长沙城内的正规军八旗、绿营共同训练。后来的"湘军"就是在此基础上成形的。因此，张亮基被视为曾国藩一生所遇的五大"贵人"中的第一位。而早年在云南任知府的张亮基，是受到林则徐的"密荐"而得重用的。左宗棠，则是张亮基任湖南巡抚时的幕僚。

外高祖父贾益谦与张亮基，大约是在1860年代初结识、结交，进而结为儿女亲家的。此后贾张两家三代做亲，从1860年代末一直延续到1929年。外曾祖母嫁入贾家20年后的1890年前后，又一位张家闺女嫁进贾家：外曾祖父、外曾祖母的长子贾景份（1874~1944，我的六外公，大排行第六，清末做过七品官），迎娶了外曾祖母的亲侄女；六外婆嫁进贾家之后40年的1929年，外曾祖父的孙女，我的五姨贾筠（1913~2007，我外公贾景侗长女，大排行第五；贾景侗为贾璜第三子，1884~1941，大排行第八）嫁给了张亮基的重孙子张东生（1908~1985）。

正像《红楼梦》里那样，那个时代"亲上做亲"的情况很普遍。对于贾张两家三代做亲，从没听老人们表示过异议。对于另一桩亲事，不少人却不以为然。这就是六外公的次子贾延祖（约1902~1960，大排行第二）与二姑婆的女儿吴澄远结为夫妻之事，老人们说哥哥的儿子娶妹妹的女儿，是犯忌的"骨肉还家"！幸好二舅夫妇没有生育，否则真是不知会发生什么。而六外公与六外婆、五姨夫妇的结合，都留下了不同程度的"后遗症"：六外公的一个儿子腿有残疾，一个孙子患有精神方面的疾病；五姨夫妇的四个子女中，两女没有生理异常，两男却都有先天眼疾，连大表哥（五姨的长子张宗博，1930~2014）的一对子女也都先天视力不佳。近亲结婚的弊病，由此可见。

"亲上做亲"，是旧时代的一种特殊现象，除"荣辱与共"的政治联姻外，也与"大宅院"文化密切相关。受社会封闭、交通阻隔以及宗族礼法等因素限制，人们的交往圈子就那么大，就近联姻合乎情理。别的不说，我所知道的上述"亲上做亲"，就都与门楼胡同1号有关，所涉及的当事人，全部在那个大院里生活过，多数是生于斯长于斯。

"亲上做亲"，造成了许多"身份重叠"，比如表哥兼姐夫、姨妈兼婆婆等。当然，与"亲上做亲"共生的还有一些类似《红楼梦》中的风流、龌龊事，本着为长者讳、逝者讳的原则，就不详述了。

大宅门的末世当家人

我有两位外婆：亲外婆姓钱，在生我母亲的当天就去世了；继外婆姓董，据说原名是董玉环，可后来的户籍名字是"贾本董"。这个怪名，是五舅给起的，贾家的当家人娘家原本姓董的意思。

从记事起，在我眼中，董外婆就是一个既威严又很和善，在大家族里一言九鼎的老太太。我曾目睹她训斥舅舅们的场景，挨训的人绝不敢辩解。而在我们面前，她就是位慈祥的外婆。

小孩子一年一蹿个儿，记得我没上学那几年，每年初冬，外婆都要亲自选料、亲手剪裁，为我和弟弟缝制新棉袄。每到外婆家，我和弟弟都是和大人们一起"上桌"吃饭，而舅舅的孩子们都不能"上桌"。

一次过年，我和弟弟在外婆家里院放鞭炮。没想到弟弟点着了砖头支着的二踢脚后，那二踢脚斜倒了，爆响第一声后横着飞了出去，正好在击中北房的大玻璃窗时爆了第二响！玻璃碎了，玻璃碎渣直溅到了五六米外的大铺上。一向冷面对人的五舅，气得青筋凸起，一边怒吼一边要责罚弟弟。眼看重重的巴掌就打下来了，这时董外婆出声了："不许打！大过年的，外孙子在外婆家，不就得这样嘛！"一场危机就此化解，外婆忙着和我们一起趴在铺上清理碎玻璃渣。

1958年，门楼胡同1号的大宅院被政府征用，因为那所宅院大，适宜兴办街道工厂。其中自住的八九间私房算是收购，给了3000块钱的房款，加上处理一些新住处无法摆放的家具，贾家共收了大约4000元"变卖"祖产钱；按老一辈的四房均分，每房大约1000块。母亲他们兄弟姐妹一致的意见是，这钱不分，全部留给董外婆当"棺材本"。几年之后，就用这笔钱给董外婆买木料，制作了一口上好的大寿材。当时，政府正在大力推广火葬，即将上中学的我便问董外婆："为什么不响应政府号召死后实行火葬？"她笑着说："我可不火葬，那火一烧，滋溜滋溜地冒油多难受啊！"人死了，还能感觉难受吗？但面对近70岁的老人，我能说什么呢？

其实，那时董外婆已经有些痴呆了，记忆力很差，经常是同一个问题短时间里反复问，不过这也让她免吃了很多苦头。

1966年8月，举国陷入大"破四旧""横扫一切牛鬼蛇神"的风暴，外婆家也不能幸免。一天下午，我来到前门外珠市口西侧的外婆家，只见大门口站着两个气势汹汹的红卫兵，院子里外婆家的门廊上也站着戴红袖章的造反派。我假装成"看热闹"的外人往里探看，只见里面正在开批斗会：被剃了"阴阳头"的外婆跪在中间的空地上；三舅捧着祖先牌位弯腰低头站在一旁；几个红卫兵粗声大气地申斥着，不时还用皮带抽打。红卫兵问我"是干什么的"，我还没回答，就被身后的一个人拉开了。住在另一侧的吴六舅（吴六舅，吴之远，母亲的表哥，1920年代留学法国，邮电部退休干部）家的老保姆高妈把我拉到六舅屋里。六舅激愤地说："这是在干什么呀？满处打砸，随便抓人、抄家。连八舅母这样的老太太也不放过……"说着就用手横着在脖子前比画："我真想自杀！"

我得知那些红卫兵都是五舅任职的北京长辛店铁路技校的学生，就安抚他说，外婆是受了五舅的牵连，估计不会有大事，他们批斗批斗就会走的。

闹了一阵后，那些人就撤了。五舅母赶忙给外婆后背的伤口上药，安排她卧床休息。据说，在挨斗时，在搓板上跪得难受的外婆不时哀求："求求你们啦，让我起来吧，我的腿实在太疼了……"她根本不知道这是为什么，是怎么回事。当天半夜里外婆翻身，突然感到后背疼痛，就对在旁边守候的五舅母说："你看看我的后背，是被什么咬了吧，怎么这么刺痛啊……"而次日早起，外婆还像往日一样对着梳妆台梳洗。发现镜子里的她变了样子，外婆就又叫来五舅母问道："你来看看，我这头发怎么变成这样啦？"

健忘免除了外婆的精神痛苦，不过她有时候还保持着特别的清醒。就在挨批斗之前一两天，"破四旧"风声越来越紧，为了防备抄家，五舅母把家里收藏的祖先画像（老人都称之为"影"。外曾祖父贾璜和夫人的立轴彩色画像，分别穿戴着清朝补服、顶戴花翎和凤冠霞帔）撕碎后，放在炉子里烧。因怕外人看到，只好把火炉搬到屋子里，弄得满屋烟气腾腾。外婆却对五舅母说："祖宗的影怎么能烧呢？就是烧也不能这样撕碎了烧，得整轴烧啊！"她认为，烧也要维护祖宗的尊严。五舅母无奈地说："炉子这么小，没法整烧，只能这样了。"当了大半辈子家的外婆，这次没能当家做主，那年她74岁。

被批斗几天后，街道造反派们又来家里"破四旧"——强行抬走外婆的寿材时，执着坚持死后棺葬的外婆，面无表情、沉默无语，冷眼看着人们把自己的寿材抬走。三年之后，外婆去世，只能通过她所畏惧的熊熊炉火走向另一个世界。外婆仅有的一个亲生女儿，

17 岁病逝，作为继母，她把所有的爱都给了前房的子女和诸多孙辈，为风雨飘摇中的贾家操持了大半生。

"长沙章寓"

母亲说，门楼胡同 1 号大门的两个门柱上，很早就挂着两块木牌，一边是"山西贾寓"，另一边是"长沙章寓"。因为大约从她记事开始，住在门楼胡同 1 号的就不光是贾家，还有章家。我母亲的三姑和他的先生章华（在章家也排行第三）和章华的弟弟章鼎住西院，章华的哥哥住东院。

章华（约 1871～1930），字缦仙，亦字曼仙，号啸苏，室名倚山阁、淡月平芳馆，清光绪二十一年进士，曾任翰林院庶吉士、军机章京、邮传部侍郎等职，为清末有才气的诗人，与陈宝琛、叶恭绰等交往较多。

虽然与西院只隔着一道院墙，还有月亮门相通，但我母亲从来没见过她三姑父，因为三姑婆太厉害，母亲根本不敢到西院的亲姑姑家去。只是在三姑公去世后大办丧事时，五六岁的母亲去那边看过热闹。连母亲都没见过的三姑公，我自然更是无缘谋面，但年轻时经常打骂母亲的三姑婆我见过。1957 年她从南京搬回北京时，已经偏瘫并痴呆，是被保姆高妈背进门楼胡同老宅的。一年多后，77 岁的她便离世了。

我见过三姑公的弟弟章鼎，因排行第四，人们都管他叫"章四老爷"。章鼎（字味青，1874～1959），清末曾在江苏任知县，民国时先后在京汉铁路局、盐务署、铨叙局任职；日占时期，不仕敌伪；擅长文史研究，1950 年代被聘为北京文史馆馆员。祖父带我去看望时，让我叫他四爷爷。他的太太，别人都称"四姨太"，父亲却让我叫四姨婆。当时不明白是怎么回事。长大懂事之后才知道，原来她是原配夫人去世之后章四老爷续娶的姨太太，是一位裁缝的女儿。因出身卑微，加上"续弦正太太会损寿"的说法，四老爷一直没把这位姨太太扶正。因此大院里的人都习惯性地称她"四姨太"，连孩子们也都随着叫了。而我父亲没沿用这个带有歧视性的称谓，称她为四伯母。为此，这位被人歧视惯了的长辈很是感动，夸赞父亲"有文化，就是不一样"。

其实"有文化"的不只是父亲，祖父就讲过一件事，恰好与西院的章家有关。新中国成立后，担任中央文史馆馆长的大儒章士钊（字行严，1881～1973）是西院章家的近亲（章华、章鼎的堂叔），相比章四老爷，他辈分大、年龄小，而且小不少。走亲戚时，怎么称呼？祖父说，有学问就是有学问啊！章士钊称四老爷为"四先生"！直呼其名，合礼数，但不合情理，虽然是叔叔叫侄子，但年龄毕竟小了六七岁，叫"四先生"，既合礼，又合情。"四"是排行，"先生"至少有两解，理解为尊称可以，理解为客观描述也行，年长六七岁，就是先出生了六七年嘛。

章四老爷的女儿章红，小名小美子，我们称她小美姨，是章家与我母亲走得最近的。小美姨是播音员，曾任北京广播电台播音部主任。她的先生蓝荫海，在北京人艺工作，当过演员，后来是编剧，他的作品《风雨同仁堂》等获过大奖。在老北京文化方面，小美姨父绝对是专家。其实，这位姨父也属于"近邻"，他也曾经在菜市口一带住过，与我的七舅还是北京六中的同班同学。

三姑公的大哥叫章同，我虽然没见过，但在大人们的嘴里没少听到他"章大老爷"的名号。章大老爷，字觐瀛，光绪末年任山西崞县知县，宣统元年接任丰镇厅抚民同知。据《绥元通志稿》卷八十八记载："丰多忻、崞人，习闻其政声，至事群情欢蹈，下车即询民疾苦。惩强暴以安良善，勤听断以清讼狱。衙内街道，向不整齐，大事修治。力倡卫生，调练巡警，整顿学堂，均增广其额而严课之。立自治事务所、劝学所、习艺所，改良看守各所与城内高等小学，皆现式建筑。规制一新，更为开通风气，创置模范女学、简易识字塾处，设四乡区巡以稽查奸宄。在任数年，教化大行，凡有兴作，收支必委商绅，不经衙署，以防弊实。"1911年，革命党劝其反清，章同不为所动，言三代深受皇恩，于是辞官进京当了寓公，后来住进了门楼胡同1号的东院。

我小时候，大人们提起"章大老爷"，全是因为他留下的三位姨太太。三位姨太太分别姓王、段和卢。我去外婆家时，章大老爷已经去世多年，前两位姨太太已经不在那里，我只见过卢姨婆。大人说他们，主要是说章大老爷给他们留下了多少资财。母亲说，除了珠宝首饰，三位姨太太每人都有一套整堂的红木家具……

从地方志的记述看，章同应该算是一个好官，比较开明。但生前的富裕生活、身后的遗产，再次证明了"三年清知府，十万雪花银"的说法。

章大老爷和三姑公都没有后人，只有章四老爷子孙满堂，一直在西院住到1958年大院被征用，并与贾家一起搬到西柳树井，可谓"共进退"。

与"1号"沾亲的五位文史馆馆员

与门楼胡同1号有关的，还有十一姑婆（我外公的表妹），姓张，外曾祖母的亲侄女。母亲说十一姑婆的先生和十三姑婆的先生，都是做过大事情的人。十一姑公姓刘，湖南人，毛泽东早年在湖南活动时，曾经得到过他的帮助。因此，尽管新中国成立时十一姑公已经过世多年，但毛泽东对他的遗孀、我的十一姑婆特意关照，将其聘为中央文史研究馆馆员。

中央文史研究馆是毛泽东亲自倡议设立的。北京解放前夕，毛泽东对他的老师符定一说，共产党对德高望重、生活困难的老学者的生活应有一个安排，要设立一个机构。1949年12月2日，毛泽东致柳亚子的信中又提到"文史机关事"已交周恩来总理办理，"便当询之"。嗣后，毛泽东、周恩来请符定一、柳亚子、章士钊诸位先生参加筹划事宜，并指定林伯渠、齐燕铭具体负责办理此事。1951年7月29日，时任政务院副总理董必武郑重宣告"政务院文史研究馆成立"。符定一为第一任馆长；1958年符定一逝世后，章士钊继任第二任馆长。

十一姑婆张祖馥在文史方面颇有造诣。小时候我去外婆家时，她就住在里院正房的东侧两间,与住在西侧的外婆一家共用中间的正厅。我印象中的十一姑婆气质很高雅,不像一般北京老太太那样梳个拢在脑后的圆纂,而是把头发拢在头顶,盘成一个大发髻。尽管已经上了年纪,但她每天都要认真地化妆,扑粉、描眉、涂唇,夏天穿旗袍,冬天着棉袍。她没有生育,刘家侄媳妇和侄孙刘秋森与她一起生活。

十一姑婆的妹夫,十三姑公关赓麟(1880~1962),是位近现代名人。他1904年中进士,后赴日留学;归国后,历任国民政府财政部秘书,交通部路政司司长兼联运处处长,铁路总局提调,京汉铁路会办、总办、局长,川粤汉铁路督办,铁路部参事,交通史编纂委员会委员长、交通法规编订委员会副主任委员、平汉铁路管理局局长等职,还担任过交通大学校长。1937年"七七事变"后,关赓麟坚拒利诱,不与日本人合作。抗战期间,他致力于民族铁路运输业,支持抗日。十三姑公不仅是我国近现代著名的实业家、教育家,铁路交通业的奠基人之一,而且还是我国近现代杰出的词学家、诗人之一,有诸多著述。新中国成立后,十三姑公被聘为中央文史研究馆馆员。

我没见过这位可敬的长辈,只是在三年饥荒中,听看望十三姑公回来的舅舅说了他的一件闲事:为了应对家里的财政危机,十三姑公出售了一部宋版的《楚辞集注》,书价800元!当时的800元,堪称天文数字,一部书居然值这么多钱,实在让人吃惊!大约也是那段时间,我祖父卖了一个锦盒装着的清中期官窑粉彩花瓶,古董商才给了8块钱。

也是张家的女婿,与母亲同辈的邢家表姨父,也是一位颇有名望的人。他姓邢名端,字冕之,号蛰人(1883~1959),是外曾祖母的侄孙女婿、母亲的表姐夫。小时候,常听长辈说邢家如何如何,但从没见过这位表姨父。网上资料显示,邢端,笔名新亭野史,贵州贵阳人,1901年辛丑科举人,1904年甲辰科进士,毕业于日本大阪高等工业预备学校及东京法政大学。清末民初时,他历任翰林院检讨、奉天八旗工厂总办、天津工业学堂监督、北洋政府工商部金事、图书馆主任、农商部技监；1917年9月起，历任农商部矿政司司长、工商司司长、普通文官惩戒会委员、善后会议代表、井陉矿务局总办。1928年后赋闲。1951年7月被聘为中央文史研究馆馆员。

邢端长于山志掌故，精书法，工楷、行书，多有著述。他在日占北平时期，很有民族气节，不与敌伪往来，经常赋诗明志。1960年其家属将其遗稿厘为诗、文、游记三类，合成一集，订名《蛰庐丛稿》，线装出版。

母亲说，这位邢家表姐夫为人很好，热心助人，五姨父失业后的工作就是他帮助找的。外婆在门楼胡同居住时，他太太年年来家里拜年。

张祖馥、关赓麟、邢端，加上前面说的章士钊、章鼎，1950年代的中央文史馆馆员和北京文史馆馆员加起来也就五六十位，其中居然有五位与门楼胡同1号的外婆家有着直接或间接的亲戚关系。

为待客卖家底儿的二姑婆

在外婆家，一位可尊敬的老太太是我母亲的二姑，我的二姑婆贾郁芬（1878～1965）。她绝对是她那个时代少有的开明老人。她二十来岁嫁给浙江余杭吴正声做继室，不到三十岁即守寡，独自将二子一女抚育成人，其中二子均出国留学，成为专才，女儿也大学毕业。

1960年夏，原来长时间与女儿吴澄远夫妇居住在南京的二姑婆回到北京，我才见到这位已经80多岁的老人。她裹的小脚上穿着特制的黑皮鞋，发胶把脱落的灰白头发，整齐地齐额粘在头顶（那时我还没见过假发头套，像她这样粘头发已经属于很时髦了）。这样的打扮让她显得年轻不少。二姑婆笃信佛教，每天清晨即起，梳洗之后便做早课，在佛像前点上檀香，捻着佛珠念一段经文，在拜垫上向佛像磕几个头，如此反复。据从二十来岁就照顾她的保姆高妈说，老太太几十年都是这样，每天早上的一个多小时中要磕三百多个头呢。有信仰、肯坚持、心慈悲，是二姑婆健康长寿重要原因。

吴六舅是二姑婆的长子，虽然已经年逾六旬，可二姑婆还像对孩子一样动辄严厉训斥他。为了他嗜酒的习性，二姑婆经常发脾气，反复教训他"少喝，少喝"。因为六舅很胖，血压经常在150/200之上，二姑婆担心这个唯一在身边的儿子突然因酒发病"走在她前面"。她的女儿已经在南京离她"先去"了，小儿子（吴荫远，我叫八舅）在新中国成立前就去了香港。

二姑婆对身边的儿子爱"恨"交加，对孙子却深以为傲。吴六舅年轻时留学法国，1940年代曾任上海邮政局局长。那时二姑婆跟着儿子生活在上海，孙女吴经训、孙子吴经灿也是她看着长大。经训表姐在圣约翰上大学时就参加了地下党活动，1950年参加志愿军，赴朝鲜当翻译，回国后在复旦大学外语系教书，曾任《英汉大词典》编委。经灿表哥1948年考大学，同时被复旦、燕京录取，六舅希望他上复旦，经灿则坚持要去上燕京（据说是因为他得知燕京在政治方面更激进）。争执不下的当口，二姑婆支持了孙子，认为应该尊重孙子的志向。冒着国共两军激烈的战火，经灿北上燕京报到。行装都是二姑婆亲手打点的。可让这位奶奶没想到的是，仅仅一年之后、上海解放不久，她的宝贝孙子就响应组织召唤随军南下上海了。二姑婆曾经对我说，经灿回来前一天，我做了个梦，梦见经灿跟着观音菩萨向我走来。我一高兴，就醒了。结果第二天经灿就突然回来啦！想必是奶奶思念孙子深切所致，又恰巧碰上了特别时点。二姑婆讲的这些，对我独立思考能力的养成有帮助。在所有亲戚中，我们这辈人里，年轻时就投身革命的仅有经训、经灿（后担任上海《支部生活》主编）两人。虽然那时我还没见过他们，但已经把他们当成学习的楷模。

新中国成立后，吴六舅被调到北京，担任了邮电部国际联络处的处长。得知我喜爱集邮，他就把国际友人（主要是苏联和东欧国家）赠送的一些邮票和我们自己新出的纪念邮票送给我。其中有不少精美的体育方面的纪念邮票，而最珍贵的是1959年纪念新中国成立十周年的那五套纪念邮票，整整一个邮折，包括一张一套的《开国大典》。遗憾的是，这些宝贝在十年动乱中全部遗失了。

由于辈分最高、经济比较宽裕，二姑婆回北京后，她的家便成为贾家聚会的"常所"，加上擅长烹饪的高妈，不仅逢年过节，隔两三个星期，那里就会觥筹交错。记得堂屋悬挂着一副清末名臣翁同龢撰写的对联，是写给贾家某位长辈的。上联是：呼酒燃花谈旧事，下联是：公子王孙齐上堂。

经常准备聚餐的食材，也是不小的经济负担。光靠六舅一百几十元的工资是不行的，尤其是六舅退休后，退休金减到了不足一百元。怎么办？既好客又顾面子的二姑婆就靠出售"家底"维持。一次，我像往常一样径直推门进了二姑婆的房间，只见她正在与一位生人谈话，而面前的八仙桌上赫然摆放着一只十多厘米口径的白玉碗。二姑婆看了我一眼，打住了话头。我赶忙知趣地退出了房门。那是她正与上门的古董商谈价钱。

除了应付日常开支，二姑婆也为自己的"后事"做了充分准备。与我外婆一样，也是用八百块钱请人代购上好木料，制作了一口盖、帮、底都超过半尺厚的大寿材；并精心缝制了装殓用的"三铺三盖"和里外衣服，还有一领披风、一顶绣着佛像的头冠。1965年前的两三年中，二姑婆和董外婆的两口寿材都停放在三舅的睡房里，各自的迎面板上贴着一张大红纸的寿字。而由于"走得是时候"（1965年4月，享年87岁），二姑婆的寿材如愿地用上了，董外婆的寿材则在1966年被"破了四旧"。

为"糖豆"伤心的九外公

我的外公大排行第八，他有三位亲兄弟，分别行六、七和九；但七外公、六外公和我外公分别于1905年、1944年、1941年去世了，我只见过九外公贾景佐（1893~1972）。

与另外三位属于"旧人"的外公不同，九外公是1938参加抗日的老革命，新中国成立后曾任建工部设计院办公室主任。而提起当年,九外公说,他那时参加革命不是因为有多高的思想觉悟,有很大偶然性。那年他去南方办事,恰好北边中国军队和日本军队打起来了,回不了北京,被截在半道上了。出于对侵略者的仇恨,同行的人一合计,大家就一起上了太行山。

在我的印象中,这位和善的老人有两"爱":特别爱开玩笑,特别爱喝酒。与同辈、晚辈,包括我们这些孙辈,经常开玩笑,他乐,别人也乐。但他也有悲伤和发怒的时候。三年困难时期,在一次亲人聚会的饭桌上,酒醉的他竟伤心地哭了,边哭边说:"我这三八式老革命还不如我当中学老师的女儿啊……"

这是为什么呢?是因为当时中央出台了一项政策:给部分"有贡献"群体一定的物质补贴。其中,行政13级以上的干部,每月可以凭证到特供点购买一定数量的食油、肉和香烟;14—17级的干部,每月可以购买一斤白糖、两斤黄豆。于是有了"油肉干部"和"糖豆干部"的戏称。九外公是14级,只能享受"糖豆",而好几个晚辈都享受"油肉",其中他的女儿、我的七姨贾效励(1919~2000),因是中学二级教师(属于高级教师),按规定也享受"油肉"。

九外公的怒气经常是在家里发的。他的女婿,我的七姨父王治平曾在国民政府任职,新中国成立后,被安排到荣宝斋工作。由于有国民党的"历史污点",翁婿间发生口角时,九外公就经常生气地说:"我们之间是国民党与共产党的敌我斗争!"这种尴尬场面,我就碰上过。

用嗜酒如命形容九外公,恰如其分。三年饥荒时,口粮都不够,做酒的粮食就更少,白酒基本断了供。为了解"酒瘾",我不止一次受差遣到大栅栏的同仁堂药铺去排队为九外公和舅舅们买药酒(虎骨酒、茵陈酒、五加皮酒,不是每天供应。卖时,每人只能排队买一瓶)。一次,一位亲戚通过内部"门路"弄到了一坛(大约50斤)白酒,给包括九外公在内的几位"酒鬼"平分。分到十来斤白酒的九外公乐得合不上嘴,像抱刚出生的婴儿那样把装酒的大玻璃瓶子抱在怀里,专门雇三轮车运"宝"回家,一路上还不停地叮嘱车夫"慢点儿,稳点儿,千万别大颠"。

大概是深知政治斗争之凶险,九外公很少公开谈论政治。唯一一次大约是在1964年中,他与几位长辈在里间屋小声议论,"怪了,怎么能叫一个17级干部给几千比她级别高得多的干部做报告呢?""一说好几个钟头,她不吃饭,别人也别吃""搞什么'扎根串连'?好像现在到基层工作,比解放前白区的地下工作还难……"已经上高中的我,在外屋静静地听到这些,猜测这指的是王光美在人大会堂向在京一定级别以上干部做报告、介绍"桃园经验"的事。

"文革"中,女儿(教学骨干)和女婿(有"历史问题")都成为批斗对象,离开工作岗位多年的九外公反而没受到什么冲击,但亲人的遭遇,也常常让他揪心。在政治风云变幻无常的年月,经常"泡"在酒里,除了嗜好,大概也有避世的意思。

大宅门里的"丑小鸭"

母亲贾栾出生在门楼胡同1号,并在那里度过童年、少年、青年岁月,一直到1947年春与我父亲结婚,方才离开,整整22年。母亲对门楼胡同1号的记忆,虽有"甜",但更多的是"苦辣酸"。这与母亲一出生就遭遇不幸有关。

我的亲外婆,与我外公于1908年前后结婚,育有三男三女,我的母亲贾栾是最小的女儿。当时,外婆已39岁,生产大出血,小女诞生的当天,她就去世了。为此,我母亲70岁以前一直不"做寿",理由是"我的生日就是我母亲的死日啊"!

令人意想不到的是,刚刚呱呱落地就痛失母爱的小姑娘,非但没有得到家人的怜爱,反而遭受到冷酷的歧视与欺虐,成为大家庭里的"丑小鸭"。在诸多人眼中,是这个"命硬"的姑娘"克死"了亲娘!失去母亲的小女孩儿被丢给奶妈抚养,很少有人怜顾。母亲说,她长大后听家里的用人说,她小时候一直和奶妈一起睡在佣人的"下房"里,热天身上长了痱子、生了疮,家里的大人也不管不问,有时伤口溃烂处,都有小虫子乱爬……从小到大,没穿过一件新衣服，全是捡哥哥姐姐穿剩下的旧裤褂。

母亲说过的几句伤透心的话令我久久难忘："从我记事，到你外公1941年去世，那年我16岁，我父亲从来没给过我一个笑脸。而对别人，他经常笑容满面。""外公去世前最后一次过生日，大家轮流给坐着的外公磕头拜寿，别人磕头时，他都是笑呵呵的。而我磕完抬头一看，他脸上却一丝笑容也没有，我忍不住掉下了眼泪。接着就遭到大家的一通训斥。"

小时候，母亲没少挨打挨骂，最让她伤心的是，这些打骂，都来自至亲，有时还遭到无端诬陷。面对指责，她就是不肯承认本来就没有的"错处"。因此落下了"死犟"的名声，招来更多的打骂。尤其是她的三姑，总看着母亲"不顺眼"，母亲说："她有时推着我的头，让我把脸往墙上贴，边推边说'鼻子那么塌，看看与墙之间有缝吗'？"

母亲还在襁褓中，外祖父就续了弦，董外婆（1892～1970）担负起持家的重任。母亲5岁时，38岁的董外婆生了一个女儿，我的九姨贾珍（1930～1947）。之后，家里一些人为了讨好董外婆，事事向着九小姐，八小姐（我的母亲）更加不受人待见。

不幸的遭遇与家人的欺虐，促使母亲从小养成自强、不屈的性格，用行动宣示"我并不比别人差"。在丞相胡同小学读书时，她不光各门功课成绩优秀，而且练出了讲演的才能。在中山公园举行的一次全市小学生讲演比赛中，夺得了冠军，荣获了一枚银盾和一套白铜制作的精美文具。

初中毕业后，母亲考进了高等职业学校，虽然无冬历夏每天要起早贪黑地从菜市口西骑着除了铃不响哪儿都响的"娘娘架"（对破旧自行车的俗称。那时北京的马路大都是坑洼不平的砂石路面，柏油路面很少）到鼓楼东边去上学，但她从不叫苦、从不落课；带的午饭经常是一个冷贴饼子加咸菜。因此，虽然母亲在六个同父同母兄弟姐妹中年龄最小，但学历最高。

1941年外祖父病逝时，母亲还上学，六姨"顶替"外公进铁路系统当了一名职员。两年多后，高职毕业的母亲也考进了铁路系统，开始分担养家责任。多次听她讲第一次领薪水之后的开心事：全数上交董外婆后，得到了"返还"的一点儿零用钱，就用这些钱，请小伙伴们"开了一次斋"——每人两套烧饼夹炸干辣椒！大家伙儿吃得可香啦！

1937年到1945年的日占年月，正是母亲的成长时期。对于那段屈辱的历史，母亲讲得不多，但有四个情节给我留下深刻印象。一是"七七事变"。母亲说，那时她还在上小学，正放暑假。那天（应该是7月28日，日军与中国军队发生激战的日子），她正带着两个小外甥在胡同里买零食，就听到西边和南边不断传来密集的枪炮声，还能看到一些火光，吓得他们赶忙往家跑。不久，就得到"中国军队和日本兵大打起来了""日本兵要进城了"的消息，外公立即带着外婆和其他女眷投奔到东交民巷附近一个朋友家躲避。几个舅舅则在家留守，他们把窗玻璃上都贴了米字纸条，防止炮声震碎玻璃；把几个方桌排在一起，晚上在下面打地铺睡觉。一个多月后局势大体平静，母亲回家时，已经与大家一样成为日军枪口下的"皇民"。二是三姨父的死。日占时期，三姨父被以"抽大烟"的罪名抓了劳工，押往东北，被折磨死后，连尸首都没见，带回的只有几片指甲。三是拉嗓子的"混合面"。日占后期，粮食供应越来越差，一般老百姓最后连发霉的棒子面也吃不上了，"配给"的只有玉米芯、豆饼、麦麸、橡籽等粉碎的"混合面"，不仅粗糙、有怪味儿，而且掺着头发茬等乱七八糟的东西，只能凑合着捏饽饽，吃到嘴里难以下咽，拉嗓子。四是光身跳舞的日本男人。门楼胡同1号对门的新安会馆曾被日本人占据，一些日本男人经常只在裆前挂一块"遮羞布"在胡同里跳舞，吓得女人、孩子们都不敢出门。

1941年外公病逝后，用铁路职员工薪支撑这个大家的支柱轰然倒塌。二三十口人的生计，只能靠四舅、五舅、六姨的微薄收入勉强维持。母亲说，一边是经常"入不敷出"、进当铺，一边还雇着专门做饭的厨子、拉车的车夫。其实那几年，除过年那几天外，家里很少吃大米、白面，经常是窝头、炒素菜，顶好是肉末炒雪里蕻。厨子还有什么可做的啊？

这就是没落的"大宅门",已经"捉襟见肘"了,可"架子"还得硬撑着。

命运迥异的舅舅们

俚语用"七大姑八大姨"形容亲戚多,我真有七位舅舅、八位姨,而且都是血缘关系很近的。我外公亲兄弟四个,共养育了九个女儿七个儿子,由于是一爷之孙,他们按年龄"大排行",其中四舅、五舅、六舅和五姨、六姨、九姨是嫡亲的,其他是叔伯的。

三位亲舅舅都继承了外祖父的嗜好:喝酒。1960年代到1970年代,物质极度短缺,食物少,酒也少。四舅贾延祓喝的都是红薯干酿制或酒精勾兑的劣质白酒,多数时候以几粒蚕豆下酒,有时是少半个剩麻花,极少时有些猪下水之类的下酒菜。有一次,我对他说,这么差的酒,还没菜,有什么喝头儿啊?四舅很认真地说:我就靠这点儿酒提气呐。四舅还有一个很怪的习性:白天酒醉睡觉时,必须把身边的收音机打开、并调到震耳欲聋的最大音量。1974年冬天,我到唐山去看望他,不知道他的这一习性,一次看到酒后的他已经酣然入睡,我就把收音机关掉了。没想到,收音机刚关,他就醒了,问是谁关的?四舅母马上走过来重新打开收音机,他才倒头又睡了。如此好酒贪杯的四舅,居然做了好多年唐山钢铁厂的财务科科长,而且一次错误也没出过。

五舅贾延祉,1940年代曾经在青岛警察局工作过,有此"历史污点",新中国成立后,他一直在北京长辛店铁路技校教书。所有舅舅中,我与五舅接触最多。小时候,不光我,几乎所有孩子都怕他,因为他经常板着脸训人,喝过酒那样子更是吓人。我曾经想,这是不是和他先当警察后当教师有关?——都是"训人"的职业。五舅学问好,字也写得好。我长大以后,因为学习成绩一直不错,他很喜欢我,还给我认真写了钢笔字帖,指导我习字。我再大些,他指着墙上悬挂的陆机《文赋》(清末文学家、书法家端木埰书写)给我讲解,还给我讲《易经》。他和母亲都说过外公的一个嗜好:经常把写毛笔字当作"下酒菜"。那时，一大家子人都主要靠外公的薪金生活，排场撑着，但实际经济总是紧巴巴的，嗜酒的外公每天都要"喝两盅"，无论酒好酒差，也不管有没有佐酒的菜肴。最艰难时，下酒"菜"只有几粒花生米。外公先把花生米掰开，一粒掰成八瓣，摊放在一个小碟里。然后研好墨，铺好纸，舔好笔。饮一小口酒，用筷子尖蘸一瓣花生米送进嘴，再拿起毛笔写几个小楷字……如此反复，直到酒尽。五舅承继了外公的这一"酒习"，晚年也是每晚必饮，边饮边写，当然佐酒的不再是掰碎的花生米，而是荤素两样小菜。有几次我去看望他，还陪他喝喝、聊聊。每逢正月初一，五舅都要写些春联、条幅，名为"新春开笔"。用于研墨、舔笔的是一方奇特的砚台，五舅说这是一块砖砚，南京鸡鸣寺的半块旧砖。能够研墨的砖，质地细密绝非一般。

大约是1962年春节，我到外婆家拜年，正好赶上五舅"新春开笔"。他在书案上备好笔墨纸砚，刚刚写了几个字，就有重要客人登门拜年了。来的是他的五舅、我的五舅公。落座寒暄一阵之后，五舅便请他的五舅也留点儿新春墨宝。原来五舅公书法功底深厚，在虎坊桥、果子巷一带小有名气，旧时一些店铺的牌匾都是他题写的。五舅公没有推辞，略微沉思后，挥毫在一张红纸上写下了一副对联，上联是：鼠为绝粮调头去，下联是：犬因家贫放胆眠。我看着那些笔力苍劲的字由衷佩服，但对其含义不甚了了。

午饭后，五舅公即告辞回家。和五舅一起送他出了院门后，我迫不及待地问五舅：五舅公那对联是什么意思？五舅笑笑回答：我这位五舅是在发牢骚呐！你想想，老鼠都因为家里断粮而扭头走了，人还有多少吃的呢？夜间本该抖起精神看家护院的狗，因为主人家太穷，没什么好被贼偷盗的，放着胆子睡大觉啦！原来如此。听母亲说，五舅公原来家境很好，吃香喝辣，还娶比他小二十多岁的姨太太，解放后失业，坐吃山空没几年就贫困潦倒了。

六舅一直在天津工作、生活，接触不多。他酒后总是笑眯眯地说笑话。

四位堂舅，更是命运迥异。大舅曾经在国民政府里做过官，娶过三位太太（一位原配，清末一位监察御史的女儿；一位续弦，一位侧室），据说还有不少"相好"，并留有"孽债"。用一位表哥的话说就是：大舅走到哪儿就把蛋下到哪儿。

二舅长期在南京工作生活，1950年代精简机构时，他被"退职"。与他结为连理的四姨（二舅的姑表姐）很快忧郁、病逝。罹患肝病的二舅回到了北京。我在门楼胡同1号见到他时，他已经病得很重了，脸色焦黄；不久后就去世了。他没有子女。长辈说，他一直是个规规矩矩的普通银行职员。

三舅长期寄居在我外婆家（他的婶母）。这位从小腿有残疾的公子哥，与他另外三个亲兄弟相比，最是潦倒，一辈子没做过什么正式工作，一直过着游手好闲的寄居生活。听母亲说，三舅年轻时，六外公家家境还不错，他过着丰衣足食的日子，由于打小腿有残疾，很受长辈宠惯。成人后，他是有名的"帅三爷"，留着油光锃亮的小分头，穿着齐整，不仅寻花问柳，把花枝招展的女人带回家来，还抽过一阵大烟，长辈呵斥也不管用。1958年以前，在门楼胡同旧宅时，一次我到他住的小西屋，看见床铺下面的一个有嘴的瓷物件，就问他这是什么。他回答是夜壶，睡觉时小便用的，冬天特别好用，它可以进被窝接尿。他还笑着说了一句歇后语：尼姑哭夜壶——我不如你。将懂不懂事的我，弄明白这话意思后觉得挺他"流氓"的。

三舅很聪明，自学中医，一度在外婆家附近的一个中药铺坐堂问诊，但没干多久，估计是因为没有正式的行医证书。此外，他还短时间当过自行车看管员，但也没多久，因为怕苦而自己辞职了。年轻时虽说不是锦衣玉食，但也是衣食无忧，因此他很馋。大饥荒之后，经济稍有好转，一些饭馆开始有高价荤菜供应。每次母亲回娘家，三舅都要向她报告附近饭馆又添了什么好菜，鼓动母亲出钱、他跑腿去饭馆"端菜"。我记得有一次，他向母亲介绍新上的"炒鳝糊"时忍不住直吞咽口水。母亲往往禁不住"游说"，掏钱请三舅去"端菜"，孝敬外婆，包括三舅在内的其他人也跟着解解馋，但最多也就一两筷子。这种状态，决定了三舅在大家庭中的地位，别说长辈不待见，就连小辈也看不起他。鄙视之余，我也不时对他心生缕缕怜悯之情。

由于自己没有收入，三舅是个缺酒的"酒徒"。1950年代中，一次在老宅除夕祭祖时，三舅点燃起院子当中空地上摆放的一长串"包袱"（用纸糊的口袋，里面塞满纸钱、纸元宝，口袋上用毛笔写着贾家已逝先人的名讳）后，一手端着一个小酒壶，一手握着一个小酒杯，不断斟酒，往燃烧的"包袱"上淋酒，嘴中还念念有词。我和几个孩子不解地站在一旁观看，他告诉我们：这是给祖宗们送钱、敬酒呐，叫"放焰口"。1967年冬天，病重弥留之际，陷于神志昏乱的他，嘴里不停地还呼叫"酒，酒，酒"。五舅（贾延祉，我的亲舅舅，三舅的堂弟）端着一个小瓷壶，嘴里边说着："酒来了，酒来了"，边一点点地往他嘴里喂。他咂着嘴一口口咽下，一副心满意足的神情。我问五舅："真的是酒吗？"五舅说，这会儿喂酒，不是要他的命吗？！是白开水。尽管受了骗，但三舅是在"满足"中离世的。想起当年他一瘸一拐"放焰口"时的情景，心底不由升起一缕悲凉：他身后，谁还会给他"烧包袱"送钱、敬酒呢？

年龄最小的七舅贾延祁，昵称小松，最不幸也最有幸。11岁时，70岁的老父亲就去世了，他跟着32岁的母亲从南京回到北京，开始过寄人篱下的生活；16岁时，母亲又不幸病逝。上中学的他成为孤儿，由我的外婆、他的八婶抚养。而没过多久，正赶上解放军招兵，小松舅毅然报名参军，而后终生戎装，一直在原总后勤部工作，从最基层干起，一步步提升，最后在师职岗位（大校军衔）上退休。特殊的成长经历加上军官的身份，使他一度与贾家保持着相当的距离，直到"文革"结束，尤其是退休后，他才与亲戚们走得热络起来。由于1980年代中之后，贾家男性长辈只剩下他一位，热心的松舅曾经在自己总后大院的家中，组织了几次家族大聚会，六、七、八、九（外公）的几十位后人欢聚一堂，最多一次有近六十人。

风光一时的旧官僚、中规中矩的小职员、游手好闲的公子哥、少年从戎的革命军人，虽然是一父之子，但四位堂舅的人生迥然不同。

姨妈和姨父们

母亲的嫡亲、堂姊妹共有九个。二姨没有成人，大姨早逝，我都没见过。

三姨是七外公的独女，比我母亲年长两轮（生于1901年）。由于幼年失去双亲，三姨是跟着六外公和八外公（我外公）长大的，与堂姊妹们很亲。成年后，三姨嫁给了清末名臣张亨嘉的孙子。张亨嘉是福建侯官（现福州市区西部和闽侯县的西北部地区）人，光绪九年癸未科进士，先后任庶吉士、湖南学政、翰林院侍讲、太常寺少卿、大理寺少卿、光禄寺卿、都察院左副都御史、兵部右侍郎、礼部左侍郎等职，两度在南书房行走，并担任京师大学堂（北大前身）第四任总监督（校长）。1904年就任京师大学堂总监督时，他发表了史称"最短"的大学校长就职演讲，仅14个字："诸生听训：诸生为国求学，努力自爱"。这一演讲词一百多年之后还被北大学人引用。

1930年代中期，三姨夫妇不幸都染上了毒瘾，几年间就"抽"光了家财，卖光了多处房产，使一家人陷入贫困窘境。

与三姨的女儿一起上学的母亲，一次发现外甥女下学后没走过去的路回家，而是往相反方向走了，就悄悄地尾随而去。原来是三姨夫妇把最后的房子也卖掉了，一家人搬到了一个破旧的大杂院，八口人挤住在两小间屋里，大冬天炕上连褥子都没有！母亲赶忙回家报告给外婆，外婆当即决定把三姨一家接进门楼胡同1号老宅，安排他们住进前院的空房，并送去御寒的被褥和换洗的衣服。为此，三姨感激不已。

困窘之中，三姨把17岁的三女儿许给当时做县长的周先生（已三十多岁，有太太和孩子）当外室（原配不离家，三表姐也不算姨太太）。母亲说，婚后他们住在西四北的毛家湾，房子很讲究，冬天自己烧锅炉取暖，家里有包月车。抗战胜利前后，三姐夫在"介绍人"（他家的车夫）牵线下，与平西根据地搭上了关系。随后，他

"认清大势",果断带着三姐投奔了解放区,加入了革命队伍。新中国成立后,三姐夫妇以"革命干部"的身份回到北京。

1940年代初,三个女儿的出嫁,使三姨家的经济状况明显好转,她对正在上学的我母亲关爱有加,不仅资助学费,还经常给这位小堂妹做好吃的饭食。但日占时期,三姨父被抓当劳工、惨死异乡的事,对她打击很大。1945年,经历坎坷的三姨病逝,年仅44岁。

四姨嫁给四姨父杜成熔当续弦时,不满二十岁。四姨父,贵州人,两届国会议员,参与过曹锟的"贿选"活动。母亲说:"他像个大恶霸,长得凶,做派也凶。那时他们全家住在贾家老宅的前院,可他不让我们去那个院里玩,待人总是凶巴巴的。"四姨不像三姨,对人也不厚道。六外公与用人女儿的"祖孙配",就是她撮合的。母亲认为这是"作孽"。在她的记忆里,六外公是个个头不高的干瘦老头,还抽大烟;而年轻漂亮的继六外婆,只比他的长孙大一岁。这一畸形婚姻到1944年六外公去世结束,那年继六外婆只有32岁,他们的儿子七舅11岁。

五姨和六姨是我的亲姨。五姨父张东生是世家子弟,曾祖父是晚清名臣张亮基,外公家也是清末的官宦人家,其中一位舅舅是内画鼻烟壶大家周乐园(与叶仲三、马少宣、丁二仲并称"京派内画四大名家"),在五姨父家我见过周乐园的作品。由于体质弱,五姨父没上过什么正规学堂,也没怎么长时间做过事,新中国成立前基本靠祖上留下的"家底"过日子,后来在银行找了一份工作。1958年机关精简时,年届五十的他被"下放"当锅炉工,由于实在吃不了那份苦,只好"退职"。这位旧时大宅门的公子哥,对人一点儿架子也没有,不分高低贵贱,一律以礼待人。他是我父亲的"知己",都有京剧爱好,一对连襟经常有说有笑地促膝谈梨园旧事。

五姨只在年轻时短时间工作过,1949年以前,她是阔少奶奶,靠婆家老家的地租、买卖生活;此后几十年一直当家庭妇女。"破四旧"风暴中,五姨在一家电子元件厂当副厂长的大儿子向单位造反派上缴了家里祖传的"四旧",包括硕大的和田玉碗、翡翠首饰和貂皮大衣等。几十年后说起,五姨仍心痛不已。

家境的变化，让五姨变得很"抠门"。1990年代，一次我去她家，发现窗台上还放着我送的月饼盒，打开一看，里面还剩着的几块月饼都长小虫了。那是几个月前我送去的，她舍不得吃，一直留着，还说"没坏"。家里的保姆说，早上我推着轮椅和奶奶一起去附近的市场买菜。她一次只买几只鲜虾，要一只只地仔细挑，反复砍价，以致那些摊贩都认识她了，一看见她就说："抠门儿老太太又来啦！"最可笑的是，保姆擦玻璃，她也再三叮嘱，别总使劲擦，留神把玻璃擦坏了！五姨虽然抠门儿，但对子女的教育却很大方。她的两男两女，除早年参加工作的大儿子，其余三位都是"文革"前毕业的大学生。

六姨的人生起伏跌宕。母亲说，自己小时候是不受待见的"丑小鸭"，六姨则正好相反，瘦小、体弱、聪明伶俐，很受外公宠爱。六姨能写会画，还能唱京剧。1941年外公病逝后，她"顶替"进平汉铁路局当了职员，新中国成立后在铁道部工作。

1949年，34岁的六姨嫁给了接管铁路系统的共产党干部胡步三，成为令人羡慕的局长夫人，过上了优裕的生活。起初他们家住在王府井大纱帽胡同，先是一栋日式带花园围栏的平房，后是一个中式的院落，两处住宅都有客厅、卧室和单独的厨房、带抽水设施的卫生间。六姨父还配有小汽车。当时，这在亲戚中是独一无二的。由于六姨父工资比较高，体弱的六姨不到50岁就提前退休了。那时的六姨家经常高朋满座，我随母亲去她家，总有一种拘束感，与表弟妹们玩耍也放不开。大人们在屋里打麻将，我们也不敢像在外婆家那样去"观战"。

大约在1964年，六姨家搬到了沙滩南边的银闸胡同6号，那也是一个不错的院落，四间北房加东侧两间，还有一栋一楼一底的二层小楼，北屋有前廊，屋里地面铺着木地板。北房与东屋之间是锅炉房，冬天可以烧暖气。但那所房子有些怪，一是北房东山墙是一个斜面，正处于胡同的一个拐弯部位；二是一进朝北开的院门，就是一个窄小的屋角空间，需要右拐进一个小门、穿过黑黢黢的锅炉房夹道才能走进北房前的廊子，给人的不是敞亮感而是一种别扭感。

六姨家在那里只过了约两年平稳日子，"文革"就来了。1968年5月，离休多年的六姨父挨批斗后自杀身亡。六姨父的死，不仅是对六姨，而且是对整个家庭的致命打击，他们一下子从天堂坠入地狱，政治地位、经济状况都一落千丈。诸多亲戚从此不再登门，家庭收入从每月两百多元降到35元（六姨的退休金）。六姨和三个表弟妹，每月人均不到10元的生活费，迫使他们退出了大部分住房，只留了用原来餐厅隔出的两间小屋。精神、经济的双重打击下，六姨身心受到极大伤害，三年多后，1972年初，还没到57岁的她就溘然病逝。

六姨生前曾经对母亲说：家里出事后，亲戚们就都不来了，除了你，就是"四哥"（五姨父张东生，因贾张两家上一代是姑表亲，故六姨称姐夫为"四哥"）隔两个月来家里看看我们，每季度还给15块钱，说是"私房钱"，并叮嘱不要告诉别人。其实当时五姨父已无收入，所谓"私房钱"是从儿女们给的零花钱里省下来的。

六姨年轻时脾气大、个性强，经常为小事责难我母亲，但我记忆中，她老人家是个好人，对我们这些孩子没有分三六九等，统统一视同仁，热情地招呼吃喝；对老人也敬重有加。我祖父在世时，每年春节，她和六姨父都要登门给这位平头百姓"四姨父"（我的继祖母在娘家排行四，是六姨继母的表妹）拜年。1966年8月"破四旧"的腥风恶浪中，我骑车到六姨家报告外婆（她的继母）遭红卫兵批斗、罚跪、抽打、剃阴阳头的消息，她焦虑得痛哭失声。

"侯府"托儿所

大约4岁，我开始上托儿所了。起初上的是日托的"洁如幼儿园"（据说是王光美的母亲董洁如开办的），在西单路口西北侧。每天早晨，祖母给我穿好衣服、梳好头，祖父送我去幼儿园。祖父常以我这个漂亮孙子为傲。我不止一次听他对人说，走在路上，如果谁不多看我这孙子儿眼，我心里就不舒服，认为这人怎么这么没眼力啊？！

日托没多久，我就被送到重工业部所属的托儿所去"整托"了。重工业部托儿所离家也不远，在西城武定侯胡同里，也就是现在金融街核心地带。那是一个大门坐南朝北的大宅院，不光有几个套院、一座二层的小楼，还有花木繁多的花园。是不是原来的"武定侯"（明朝开国元勋之一郭英）府邸？我不知道，但宅院的确很有气派。

与胡同小院比，托儿所是另一番天地，众多同龄的小朋友，有规律的集体生活，营养丰富的餐食，都给人一种强烈的新鲜感。六十多年过去，许多托儿所生活片段还清晰地刻在脑海中。每天早晨六点半，老师准时叫大家起床。起床后的第一件事是，自己把裤子脱下、撅起屁股对着床间走道躬身趴在床上。老师握着一把体温计，逐一插到孩子们的肛门里——测试体温。5分钟后，一位老师拔体温计并读出数字，一位老师用笔记录。第二件事是，所有孩子依次到卧室外面的厕所里去"蹲坑"，有大便最好，没有也要蹲够一定时间，目的是从小养成早晨起来就大便的习惯。老师也要分别做记录。然后才是刷牙洗脸。

早操后是早餐，开始我不爱喝牛奶，得强制，一段时间后就习惯了。上午一般是学习时间，有认字、拼图、图画、音乐等；午饭后午休，睡不着也要静静地躺着。下午起床后先是"点心"，夏天的冰激凌最受欢迎，冬天的蒸胡萝卜最难吃。之后就是游戏时间了：捉迷藏，打"游击"，在地板上搭大积木，在沙坑里掏洞、筑城，用青菜、萝卜喂兔子……托儿所很少外出"郊游"，但也有过几次，就是排队出大门后，沿着胡同往西走，穿过城墙上新开的一个大豁口，到护城河边去看鱼和青蛙、蝌蚪，在河坡上采野花。再往西就是一片热闹非凡的大工地，那里正在建筑"新北京"——后来的西城三里河小区。

不过，"侯府"留给我不光有愉悦，也有深深的伤痛！1957年初，我唯一的妹妹（小名京京），在"侯府"托儿所小班里感冒后被送到儿童医院就医，继而转到北大医院抢救，两天后夭折！1954

年 6 月出生的她，刚刚两岁半！母亲当时正出差，走时女儿还好好的，短短几天时间，电报催她回家后的第二天一早，女儿就没了！我清楚地记得那个寒冷早晨：正放寒假的我刚刚起床，传呼电话的送话人就送来了这样一句话：医院通知你们，孩子不行了，赶快去医院。父母亲闻言立即急匆匆地出门赶往府右街北口的北大医院。我和弟弟还不很清楚"不行了"的准确意思。隔了一会儿，祖父从外面买菜、遛弯儿回来，一进屏门，我就对他说："医院来电话说妹妹'不行了'，叫我爸妈赶快去。"祖父怔在了院子中间，片刻之后扔下菜扭头就快步出门了。下午大人们从医院回来，知道可爱的小妹妹京京已经"走"了，家里哭成一片……闻讯而来的外婆一边掉眼泪，一边劝解痛哭不止的母亲，反复说："这是来要账的，来要账的……"那是农历的腊月二十几，家里没有一点儿准备过年的气氛，整天笼罩在悲痛中。妹妹是在幼儿园洗澡时因水温较低感冒的，在儿童医院治疗无效，转成了肺炎，当时对小儿肺炎还缺少有效药物和治疗技术，患儿死亡率很高。

家里的三位保姆

1957 年初，妹妹"走"后不久，家里来了一位新保姆，姓李，我们叫她李大娘，北京郊区大兴农村的。她有四五个孩子，其中一个最小的女孩叫桂敏，与我京京妹妹的年龄差不多。李大娘把她带在身边，还想把她送给母亲当女儿，被母亲婉拒了。

刚从农村来的桂敏，又黑又瘦，肚子倒是鼓鼓的。祖父说这孩子肚子里蛔虫少不了，得"打虫子"，于是买来驱虫药，接连给她吃了几天，并让她在东小院的空地上拉大便，以便查看驱虫的情况。没想到，那么瘦小的女孩儿，肚子里竟然藏着上百条蛔虫！她每次大便后，祖父都要用木棍拨拉着清数，开始两三次她拉出的竟然全是绞拧在一起的蛔虫，根本没有其他秽物。几天后，驱虫结束，桂敏的肚子瘪下去了，显得更加黑瘦，但饭量明显增大，没多久就胖了起来。那时，像李大娘这样带着小孩当保姆的极少，由于我们家刚刚失去一个宝贝女孩，对她很宽容。而彼时北京还没实行城乡分离的户籍制度，李家母女因此顺理成章地由农村把户口迁到我家，成为名正言顺的市民。

在李大娘之前，我家曾经用过两个保姆，一个是高大妈，一个是郎奶奶。据说，高大妈年轻时曾经给一位旧军官当过姨太太，后来家庭变故沦为城市贫民，曾长期在同仁堂乐家当佣工。由于"见过世面"，高大妈很懂当佣人的"规矩"。隔一段时间，在近郊务农的丈夫会来看望看望她，她却从不准丈夫进里院，而是让他在大门道里待着。她会做两样简单的小菜，端出去放在临时借用的小矮桌上，和丈夫一同坐着小板凳，喝几杯。高大妈满口的牙都没有了（据说是年轻时抽大烟造成的），硬东西吃不了，但又很馋；她就想办法"解决"，我不止一次看见她用擀面杖把五香花生米用力地擀成碎末，然后用小勺舀着吃。她还酷爱打麻将，一次到外院的姜家"夜战"，一夜就把刚领到的15元钱工资，输个精光。她对妹妹很有感情。听说京京"走"了，她专门来家里探望母亲，二人相对大哭了一场。

郎奶奶个子很矮，大概还不到一米四，因此得了个"小老太太"的绰号。她是城市贫民，很少听她谈家世，但唯一的儿子在某农场劳改这件事，连我们这些不懂事的孩子都知道。她也很懂规矩，每天很早就起床做事。

那时没有吸尘器、洗衣机，也没有专门卖切面、馒头的主食店，保姆不光要做全家七八口人的三顿饭，还要打扫五间屋子，洗全家换下的脏衣服。那时的饭菜倒不复杂，主食主要是米饭、馒头、发糕、窝头、面条、烙饼，饺子偶尔包一次；夏秋天，菜多一些，但每顿饭顶多是一荤一素，如果是肉末炒白菜（或其他菜），那就荤素都有了；冬天基本天天都是熬白菜，有时是用肉骨头汤，而多数是放点虾米或虾皮，甚至只放点荤油。鱼虾、鸡鸭和炖肉，只有逢年过节或祖父生日才有。如果吃面条，那就更简单了，热天就是芝麻酱面，冷天就是炸酱面，长辈生日才吃打卤面。在我的印象中，每到冬天，保姆坐在小板凳上，用洗衣板搓洗大盆里成堆衣服或床单、被里,是一件很吃力的活儿。

李大娘很能干,面条擀得好,家常菜也做得好。她很会"废物利用",夏天吃茄子时,她会把削下的茄子皮切成细丝和青辣椒丝一起炒成一盘很下饭的菜。春天,她还会把采集来的嫩榆钱混些干面粉用锅蒸熟,拌上醋蒜,很受大家欢迎。她管这种吃食叫"粑拉儿"。

我经常看着她擀面、烙饼,也由此学会了这些手艺。有一年元宵节,李大娘在家里摇制元宵,让我知道了元宵馅是怎么"进"去的:她先把炒熟的花生仁、核桃仁等碎块与白糖、热猪油搅和到一起,冷却凝固后,切成一个个直径一厘米多的小方块;把几十个方块放在漏勺里快速过一下水,迅速倒进放着干糯米面的圆笸箩,然后双手握着笸箩快速旋转着晃动(摇),让小方块在笸箩里不停滚动;待它们均匀地裹上一层糯米面后,再把它们倒进漏勺快速过水——倒回笸箩——再次滚摇……如此反复多次,待元宵够了"尺寸",便摇制成功。

李大娘也很肯干,吃完晚饭、收拾利索后,她经常用一个大骨棒做成的工具自己捻麻线,还用拆散的旧衣服打"袼褙",然后用自制的麻线,一锥一针地纳鞋底。我那时九岁,弟弟八岁,正是最淘气、最爱动的年纪,特别费鞋,一双新鞋,往往半个月就磨得帮穿底透。因此,李大娘就不停地纳鞋底,给我们做鞋。李大娘还把乡下的丈夫叫来,让他在里院院子当中挖了一口渗井。那时北京胡同里的住宅院,基本没有排水系统,我们参政胡同2号也不例外,每到夏季大雨或连阴雨,院子里都要积水成"湖",少则一两天,多则好几天才能自然下渗、蒸发掉。记得挖到一米五左右时,竟然挖出了一个封闭的小小砖拱室,里面摆放着一个直径约10厘米的石制圆香炉,炉膛里放着一个石球。同住在里院的王伯伯说,这可能是建房时埋下的镇宅之物。当然,李大叔不会白干,每次进城探亲,家里都要送些旧衣物和零食等,让他带给乡下的孩子们。

相比高大妈、郎奶奶,李大娘不太懂"规矩"。本来带着孩子当保姆已经是主家的宽容了,可她还不满足。1958年父母亲搬到东郊管庄单位分的宿舍楼去了,我和弟弟都在学校包伙,叔叔去技校吃住,家里就剩了祖父一人。于是我们不再雇用李大娘,她也不再当保姆,而是到街道缝纫社上班。作为利用空闲时间帮祖父定期拆洗被褥和厚重衣服的报酬,她当保姆时住的东厢房,继续让他们母女俩无偿住着。没想到这位能干的李大娘居然当起了"家贼"。家里有几只旧箱子,一直在东厢房靠后山墙前码放着,里面装着一些不常用的衣物等。李大娘就趁着家里只有祖父一人,她又住在东厢房的机会,让丈夫把箱子里的衣物分批悄悄地"外运"了。就连祖父刚穿了一季的棉裤里的新棉花、冬天盖的厚棉被的新被里,也被她利用拆洗的机会给偷偷调换了。母亲发现时,箱子已经基本被盗空,但因为没有证据,也无法追究,只能找个借口把她"请"走了。

1950年代,北京城里住家保姆的市场价是每月15元,除了家里有事请假,没听说有休息日。而那时北京一个大学本科毕业生转正定级后的月工资是56元,相当于近4个保姆的月收入。

我与父亲是"校友"

北京第二实验小学是我的小学母校。它的前身是创建于1909年的京师女子师范学堂附属小学,女子师范与北平师范大学合并后,改为北师大第二附属小学,简称"二附小",1955年改为现名,并由郭沫若题写校名。而我是1955年9月入学的,可以说是学校改为北京第二实验小学后招入的第一届新生。

我的祖母施镜彝,1910年代初从京师女子师范毕业后,就留在附小任教。1920年代末,我的父亲进入这所小学学习,王光美是高他一级的师姐。而二十多年后,我又成为这里的学生。祖母,父亲,我,祖孙三代,从清末、民国到新中国,半个世纪中都与同一所小学结缘,极少极少。

我进入实验二小经过了严格的考试,入学后被分到一年级二班。当时的副校长陶淑范、教导主任郑云、副主任汪琪和老师贾一之都曾经是施祖母的同事,连负责看校门兼敲钟的田爷爷,也都认识施祖母。由于这层关系，在上学前我就认识其中的一些长辈了。另外还有三位施祖母的师妹加同事，分别姓尹（蕙清）、李（慎纯）和高（天民），那时已经退休。我上小学之前之后，尹、李都到家里来过，高也经常见到。但不知为什么从见第一面开始，祖父就让我管她们都叫"爷爷"。明明是奶奶嘛，为啥要叫"爷爷"？后来得到的解释是：因为她们都是终身未嫁。

我们一、二年级的班主任马英贞，是一位很有责任心的中年女士。她都教了什么，早就记不得了，但两个情节几十年都清晰如初。一个是，每堂课的中间，她都要安排一次几分钟的课间活动——让全班同学起立就地做操，随着她"大公鸡，喔喔啼，小朋友，早早起……"的领诵，大家一边诵读童谣一边做操。另一个是，夏天中午，住家比较近的同学统统要回到自己家里午睡，住家远的则在教室里拼搭课桌休息。而马老师不仅不能午休，还要顶着烈日到各家"巡查"。一次，我和邻居小朋友正在大门口玩耍，突然发现马老师从胡同南端骑车朝我家方向来了！我赶忙跑回家，躺在床上装睡。不一会儿，就看见马老师蹑手蹑脚地走上前廊的台阶，默不作声地趴在玻璃窗上往房间里探看。我一动不动地静躺着，马老师看我午睡"正酣"，就又悄悄地走了。为了不打扰院子里的人午休，她把自行车停在了大门外面。一个中午，马老师要骑车"巡查"近二十家啊！

一、二年级，我是在无忧无虑中度过的，全班四十多个同学，不分彼此，不分高低，没有芥蒂，和睦相处。唯一不太愉快的是，那位教自然课的丁老师特别"厉害"，对于个别同学上课时私下说话等违规行为，他经常板着脸训斥，有时还用教鞭猛力敲打讲台。因此大家都怵他的课。

年近花甲的贾一之，后来是我们的地理兼书法老师。每次上地理课，他都可以自如地用粉笔在黑板上画出好看的地图。上大字课，他都是提前用大白写好字范黑板，拿到课堂上为我们细细讲解字的间架结构和运笔要领。对他的学问和人品，我由衷钦佩。他的侄女贾立丽，就是我的同班同学。一位同学说，他们是犹太人的后裔。

胡慧兰，一位刚毕业的女大学生，当了三年级我们班的班主任。由于是进校不久的年轻老师，个别调皮同学对她"欺生"，而胡老师又缺乏应对"调皮鬼"的经验，恼火起来就训人。她一"厉害"，调皮鬼就更闹腾。不仅给她起了个难听的绰号，还故意搞恶作剧气她。

有一次，几个同学上课时趁胡老师背身在黑板上写字的机会，用皮筋绷纸子弹"打仗"。胡老师发现后很生气，因为这不是第一次了，她已经发出过多次警告。有备而来的胡老师拿出一整张报纸，责令领头"打仗"的张某某：你既然这么爱做这个，那就放开了做！把这张纸都做成子弹，现在就做！

一个纸子弹，只用约三平方厘米的一小条纸就够，一整张报纸能做上百个子弹，那得做多久啊？全班同学都被胡老师的严肃命令惊呆了。可让人没想到的是，张某某居然真的动手做了，但他的做法，再次惊呆了同学们，也气哭了胡老师！只见他两手把那张报纸在课桌上草草地一卷然后一折，一个超大的"子弹"就丢给老师了！"完成了任务"的张某某腿一斜叉、头一歪，等着老师下一步的发落。而胡老师被气得满脸通红、双眼含泪，一句话也说不出来……事后，年级主任面斥了张某某等同学。

在我们无忧无虑地"撒欢"时，神州大地正经历着"反右"风暴。1957年的暑假，我曾经像前一个暑假那样试图到空荡、静谧的学校里去玩耍，但只一次之后，就被拒之门外了。学校的东教学楼楼道里贴满了大字报，上面有不少熟悉或陌生的老师名字。我还没来得及仔细看大字报的内容，便被"请"出了东楼、校门。而后直到新学年开学前，学校一直不让学生们进入。开学后不久，就听说教导主任郑云（人大代表，曾与我祖母同事）被划为"右派"，不久后自杀身亡。而与此同时，在家里不时听到父母亲窃窃私语，"现在千万别多说话"，某某、某某就因为提意见被划成"右派"了……这其中就有我熟悉的十五哥杜干民（四姨的儿子，西南联大毕业生，降级后下放到江苏）、刘秋森（十一姑婆的本家侄孙，精神失常后去世）。同班同学中，也有的同学家长被划成"右派"，发往外地。当时还不懂政治的我,并不知道"右派"问题的严重性。同学之间也没因此产生歧视等情绪,大家还是照常嘻嘻哈哈地打打闹闹。但有的同学明显变"蔫"了。

大约也是从三四年级开始,我知道同校中有不少同学的家长是知名的"大人物"。最开始是比我们大几岁的刘丁丁,他的父亲是刘少奇;后来知道他同父异母的妹妹刘平平(比我低一级)、刘源源(比我低三级,后改名刘源)也在我们学校。再后来,知道的"大人物"越来越多,知道同学中他们的孩子也越来越多。朱老总的孙子、李先念的女儿、薄一波的三个儿子……同班同学中,竟有好几个"部长"的孩子。

尽管知道一些同学的家长是当"大官"的,但同学间好像没有什么高低贵贱的差别。居住在学校附近的"平民子弟"还是占多数,他们的父母是一般干部、知识分子或从事其他职业(统称职员)。包括药店小老板一类家庭出身的同学,也没受到歧视。

1958年"大跃进"时,我们都积极响应党的号召,想方设法为"大炼钢铁"做贡献:结伴到学校马路对面的民族宫工地上去捡废铜烂铁,用绳子拴着马蹄铁去复兴门外的护城河里"吸"碎铁块;还到学校在南操场临时垒砌的"小高炉"旁去帮助"大炼钢铁"。

"除四害",我们也冲锋在前。开始时,麻雀被列为"四害"之一,国家号召全民打"麻雀消灭战"。统一行动那天,全北京城从天不亮就开始大动静地轰赶麻雀。有人敲打簸箕、脸盆等,有人挥动带布条的竹竿。我爬上房顶,跟着大人一起猛劲敲打铁簸箕,手腕子都震肿了。眼看着无处歇脚的麻雀飞着飞着掉落下来,大家齐声欢呼。当然掉落的不光是麻雀,还有乌鸦和喜鹊。我家院里,就坠落了一只奄奄一息的大喜鹊。

爬城墙,是那时我们最方便也最喜爱的"郊游"。离我家和学校最近的城墙是复兴门那段,直线距离只有五六百米。我们经常从复兴门两侧的城墙缺口攀爬上高高的内城城墙。那时周圈20多公里的明城墙还相当完整,十来米高的城墙上是十来米宽的平面,上面长满了矮树、灌木丛和野草，春天有野花，夏天可以捉蝈蝈、蚂蚱、螳螂，秋天的酸枣最吸引人。那时的北京，高楼极少，登上高高的城墙，野趣浓浓，天高云淡，城墙东侧人流如织、市井繁华，西侧工地喧腾、山峦清晰。

难忘的"重要政治任务"

1959年9月刚开学，一次做课间操时，校长、书记陪着几位生人在学生队列中穿行，边走还边指指点点地低声议论着。由于我们学校经常接待前来参观的外宾和观摩教学的内宾，大家都习以为常，毫不在意。

第二天，我和一些同学被叫到教导处，老师告诉我们：同学们被选中，要执行一些重要政治任务。大家七嘴八舌地问开了：是什么任务啊？到哪儿去执行任务？……老师笑着说，你们要作为中国少年儿童的代表，到飞机场去欢迎应邀来中国参加国庆十周年庆典的外国贵宾。

和大家一样，我异常兴奋，感到无上光荣、无比荣耀。被选中的这二十个同学（男女各十名），五年级的不多，大部分是四年级的，其中有刘少奇的女儿刘平平，有李先念的女儿，还有一个男生叫高中。我们班就选上了我一个，我能明显感到同学们投来的眼神里不光是羡慕。因为当时我绝对不是"拔尖"的学生，上三年级时，两批优秀分子加入了少年先锋队，"中不溜儿"的我还轮不上；直到四年级开学，我才戴上红领巾，那时班上都有两个三道杠的大队委、几位两道杠的中队委了。相比之下，我是有些自卑的。

很快，我们就进入了"实战演练"：外交部礼宾司和北京市外办的阿姨，向我们讲述了各种要求和注意事项，教我们怎样行礼、献花……家里的长辈也对我的"中选"感到意外和兴奋。为此，母亲专门到信托商行，为我购买了一双半新半旧的小黑皮鞋（上边统一要求的，白衬衣、蓝短裤是现成的，皮鞋和绸料的红领巾需要现置办）。

第一次去东郊的首都机场执行任务是 1959 年 9 月下旬的一天，一大清早，我们就穿戴整齐乘坐大轿车来到机场。那天阴雨霏霏，气温很低。上午 10 点左右，我们顶着小雨来到停机坪的指定位置列队站好。开始大家还没在意，都压住内心的兴奋，规规矩矩地站着等候。一段时间之后，大人和我们都发觉"不太对劲"了：小雨慢慢淋湿了大家的衣服，孩子们被冻得脸色都有些变了！这时，一辆黑色轿车开到了仪仗队附近，车门打开，走下车子的是周总理！大家又都兴奋起来，忘记了寒冷。更让人没想到的是，周总理环视了一下之后，快步向我们走来。大家都忍不住蹦跳起来。总理走到我们队伍跟前，笑盈盈地问："小朋友们好！""总理好！"接着总理打量了一下我们的装束，关切地问："冷不冷啊？"大家硬撑着回答："不冷！""还说不冷呢，头发都湿啦！"他边说边用手轻轻地摸了摸前排一个男生的头。大家笑了。这时，机场上空传来了"轰轰"的发动机声，总理赶忙转身走去，站到了预定的位置。飞机降落后，总理走到舷梯前与民主德国马特恩副主席热情握手，然后我们一拥而上，分别把鲜花束送到贵宾手中。

　　仪式完成后，我们目送总理和贵宾的车队离开机场。由于下午还要欢迎越南的胡志明主席，我们就在机场里一个房间用餐、休息。大家正在七嘴八舌地谈论、回味与总理见面的情景，一位外交部礼宾司的阿姨突然走进房子，招呼男生赶快过去"试裤子"。在一摞小毛料西裤中，我们很快"试"到符合自己尺寸的一条，换下了原来的短裤。阿姨告诉说，是总理特别交代的，让我们想办法"千万别冻坏孩子们"！大家不由自主地低下头，再次打量身上漂亮的小西裤，一缕甜甜的暖意油然而生……

　　下午，仍然是阴天，但雨停了。我们按要求准时在停机坪一侧列队，等候胡伯伯的到来。前来迎接的是刘少奇主席。专机降落，贵宾下机，少先队队员献花，检阅仪仗队，一切按既定程序进行。而在欢迎仪式将要结束之时，胡志明主席加了一个"自选动作"——快步走向队列最右侧的少先队员们！刘少奇主席也陪同走来。我们高兴地鼓掌、跳跃，胡伯伯面带微笑，双手合十，频频向孩子们祝福，一直走到队尾。我们怀着崇敬的心情，目送胡伯伯缓步离去。这时，刘主席突然停住了脚步，没和大家打招呼，只对站在第二排的刘平平说："平平，和我一起回家吧。"刘平平低声回答："不了，我和大家一起走。"于是刘主席转身走了，我们看着他的背影，多少有些失落感。

令人沮丧的是，那天的寒冷，使我患了重感冒，发烧39度，不得不请假在家躺着，但我的心却不时飞到机场，牵挂着幸福的任务。而病魔好像故意作对，一连几天，体温就是居高不下，连十年大庆都是在床上度过的。节后得知，因为生病，我错过了9月30日最重要的献花活动：欢迎苏联领导赫鲁晓夫，而前往机场的是四大领袖——毛泽东、刘少奇、周恩来和朱德！也是因为生病，原来安排我"十一"当天上彩车参加游行接受检阅，也临时换了别人。

十年大庆，贵宾盈门、锣鼓喧天、举国欢庆。谁也想不到，接踵而至的居然是持续数年的大饥荒！

除了机场献花，我们还在一些重大庆典活动时献花。比如在1959年10月下旬举行的全国群英会上献花。这次大会是人民大会堂建成后第一次召开的盛大会议。参加会议的代表共有六千多人，包括了全国各条战线上的英雄模范和先进人物。也就是在这次会议中，国家主席刘少奇与北京市劳动模范、淘粪工人时传祥亲切握手交谈。

在1961年庆祝建党四十周年大会上向主席台的贵宾们献花，是我参加这类活动的最后一次。由于我已经是临近毕业的小学六年级学生，个头最大，被安排给坐在主席台最后一排的一位领导干部献花。大会主持人宣布献花少先队员入场后，我们从会场后侧排队跑步进入，准备到主席台最后一排献花的我走在了纵队的最前头。在台下等候的那十秒钟，神一样的毛泽东主席，就在我正前方几米处！我激动地仰望着他，突然有一种异样的感觉：他并不像照片和想象中那般神采奕奕；脸部绝不是"容光焕发"，反倒有些呆滞，也没有什么笑容，和主席台上的其他人一样站立着，缓缓鼓掌，欢迎我们这些"祖国花朵"的涌入。

事后，我总想毛主席怎么和想象中的不一样，后来才知道，时值空前未有的大饥荒年代，党和国家领导人的身心同样受着折磨。

到人民大会堂献花，事先都要演练一两次。有一次献花后听说，演练时，按排队次序，轮到给毛泽东主席献花的是一个小男生；可后来组织者做了调整，把一位大领导的女儿换到了那个男生原来的位置，改由那个女生给毛主席献了花。可见，像我这样平民家庭子弟可以获得某些特别的荣耀，但特别荣耀之上还有超越"特别"的待遇。

几十年后，均已年过花甲的一群小学同学聚会时，当年的大队长刘云惠说，那段时间，只要发现你没来上学，我心里就有点儿酸酸的，暗暗地想"肯定又去献花了"。是啊，我既没有显赫的家庭背景，也不是三道杠、两道杠的大队、中队干部，仅凭着"颜值"高一点儿，就参加那么荣耀的活动，怎能不令人羡慕，甚至遭人嫉妒呢？尤其是1959年底以后，全国都进入饥饿状态，而我们每次演练或执行任务，都有美味的面包、饼干等小加餐！

二班由"治"而"乱"

升入小学五年级后，我们的班主任是王某某。相对而言，这位部队干部家属，既比不了模范教师马英贞，也比不了虽然大学毕业不久但十二分用心的胡慧兰老师，于是我们班开始"失序"。也是从那个年纪开始，男女生的"界线"越来越分明，甚至闹到"水火不容"的地步。

班上最出色的王嘉青，学习成绩名列前茅，相貌清丽，品行端正，大队主席，可不知被哪个捣蛋的男生起了个"妖精"的绰号，以致所有男生都"躲着"她。如果有谁不慎与她有点儿交往，哪怕是说一两句话，都可能遭到其他男生的哄笑。一向中规中矩的我，就更不敢"越雷池一步"，别说王嘉青，连其他女生也很少交往。记得有一次，女生宋淮云（学习成绩也属于"第一梯队"，中队委员，其父是当时的国家计委副主任宋养初）在教室一角和我近距离地单独说一件事，弄得我好不自在，她说什么我基本没听清，但引来诸多异样目光却令我记忆深刻。

男女泾渭分明，男生则是拉帮结伙。我与几个男生成为密友，还磕头拜把子，"义结金兰"。沈同、金一之、冯启新是老大、老二和老三，我是老四"赵子龙"。为此，金一之还刻了一块小石膏碑，正面是"结义"两字，背面是我们四个的名字。"结义"，是为了在班里与其他人闹矛盾时能够"相互帮衬"。而实际上，也没发生过什么真正需要"出手"的情况。

由于1958年我父母亲分到了东郊管庄的新宿舍，只在周末回城，从四年级开始，我就成了一个住校生。那时的宿舍就是几个腾空的大教室，里面放了十几张双层木架床，二三十个半大小子住在一室，那个热闹劲儿不言自明。小伙伴相互间除了恶作剧，也有不少喜剧。记得一个叫常希峰的男生，好像是个归国华侨，会拉小提琴。晚上临睡觉前，大家经常请他"拉一段"，他也从不推辞，每每神情专注地为大家献上几曲。兴头上，开朗的他还会哼着曲调，拉着一个同学在睡床空档里，旋转着跳起舞来。

班上绝大多数同学住在学校附近，于是课余到各家玩耍便成为一个"常规"项目。从学校东楼三楼窗户就能俯视看到的祖父家小院，经常接待我的伙伴。在祖父家，大家按书上的办法，用柠檬酸和小苏打自制汽水；在戎四燕（其父是当时的财政部副部长戎子和；她姐姐戎邯生、弟弟戎小五都是实验二小的学生）家，我们一起为学校联欢会画海报；在田维煦家，他哥哥田维熙（也是实验二小的，比我们高两级，曾经获得全国中学生数学大赛一等奖），带着我们用小孔成像原理自制土相机。田维煦还带我们到一间小屋里看香案上供奉的祖宗牌位，田家祖上是一位清末的大官。石鲁家也供着穿戴着朝服、顶戴花翎的祖先像和牌位。

半大不小的男孩子，淘气是很正常的，比较老实的我有时也"出圈"。一次，我和同班的张公育得知硫黄点燃后的火苗是蓝色的，就策划了一次颇为"轰动"的恶作剧。我俩捡了几个废电线瓷瓶，抠出里面的硫黄备用。晚饭后天擦黑时，我们把硫黄放在楼梯拐角暗处用废报纸引着，然后大叫"闹鬼啦，闹鬼啦"！一些刚进楼门的女生听到我们的叫声，再看到蓝色的火苗，也都惊叫起来，四散而逃。为了防备老师的追究,已经实现"惊吓"女生目的的我们,哈哈大笑之后立即"收场",高声招呼大家不要害怕,这不过是一场游戏!由于"见好即收",我们没受到什么责罚。

王老师缺乏教学经验和耐心,致使在不到一年时间里,我们五二班散得"快不成了"。可能是某些家长的背后"工作"起了作用,1960年7月,五年级结束时,学校决定:升入六年级的我们班,由霍懋征老师接手当班主任!霍老师当班主任,是我们梦寐以求的!她是当时北京小学教师中极少的"特级教师"之一,刚刚送出校门的那个班是她从一年级一直跟到六年级的,其中相当大比例的同学考进了北京四中和师大女附中(当时北京两所最好的男、女中学,女附中后改名实验中学)。听到这个消息,班里的同学都忍不住兴奋地欢呼跳跃起来。

霍老师的保票

大家的欢呼是有道理的。霍老师的确有本事,没过多久,六二班就重回正轨。后来想想,霍老师治"乱"的办法主要就是两招:擒贼先擒王,启发加引导。对于班上领头的几个"闹将",霍老师经常给"吃小灶",既严肃批评,也激励正气,而不是一味指责、动辄通知家长。"收服"了几个领头的,其他同学自然也就都顺服了,"毕业班"很快进入迎考"临战"状态。

我有一个切身的例子可以说明这一点。一次,班上的一位男同学因长头癣剃了个大光头,不少男生拿他开玩笑,张某某不光动口还动了手,用手拍了拍那个光头,我也跟着摸了一下。本来就很难堪的"光头"忍不住当众哭了起来,又引来一阵哄笑。

第二天上午课间操前,张某某和我被霍老师叫住了,让我们去一趟教导处。在教导处,汪琪主任严肃地批评说,生头癣、剃光头本来就是一件难为情的事了,你们还拿别人的痛苦取笑,这就不应该了,更不该打他的头。他的妈妈已经告到学校啦!张某某不服地辩解说,根本没打,就是轻轻拍了几下!说这话时,他斜昂着头,还微微颠着叉出去的一条腿。显然他很不服气。汪主任接着说，轻拍也不对。你们应该向他道歉。从教导处回来后，霍老师没有更多批评，只说了一句：你们应该多想想某某某（剃光头同学）的感受。

两位老师的教训，话虽不多，但使我知道了错处，我诚恳地给那个同学道了歉。两位老师对我们止于批评教育，并没有将此事告诉家长。五十多年后，年近九十的霍老师病逝，在八宝山送别她时，被霍老师"整治"过的张某某感慨道：霍老师有一点特别好，就是不向家长"告状"。

霍老师教课是"启发式"的，不是"满堂灌"，经常提问，引导大家思考。绝大多数同学都能在老师提问时踊跃举手、争取发言。课堂气氛很活跃。因此，我们六二班教室的后面，经常坐着一些前来观摩教学的外校老师和教育部门的领导。有一次还"移师"平安里东面的北京电化教育馆，去上示范课。

进入六年级下半学期后，语文和算术课就没有什么新内容了，上课后霍老师就发卷子，进行"模拟考试"；下一节课则对试卷进行详细讲评。那两三个月，我们做了几十次卷子，多种体裁的作文、各种类型的算术题，基本都做全了。而我所在的那一纵行的四个男生，从头至尾，一直保持作文、算术满分的记录，以致霍老师高兴地说：这行的男生，我保证全都能考上四中。

两个月后，霍老师的预言实现，我们四个男生没辜负老师的期望，全都如愿考上北京四中！我得的是"双百"。全班四十几个同学，绝大多数考进了市重点，近一半进入四中和女附中。

小学毕业时，我获得了学校颁发的优秀奖状。同班同学中获此殊荣的，还有王嘉青。在大礼堂举行的毕业典礼上，陶淑范校长向我们颁奖的情况我终生难忘。那奖状上的漂亮的小楷毛笔字是贾一之老师写的。母亲特别买了一个小镜框，把它挂在家里。

暑假里接到北京四中录取通知书那天，我高兴，祖父也高兴得连连夸赞，而且在院子里逢人就说，得意之色溢于言表。而此时的我，对抚育六年的恩师们，对"冲刺"阶段给我们加油的霍懋征老师，充满了深深的感激之情。

"长大"的馒头

除了住校生外，大多数走读同学也在学校包伙吃午饭。按照当时的定量，我们的中午饭是主食四两（200克），吃米饭是一碗，吃馒头是两个。一天中午，我们突然发现馒头比往日明显"长大"了一些。不久后，我听到了有关馒头"长大"的"传言"：刘少奇的儿子刘源源每次周六午饭后（周六半天课）回家不久，就喊饿。连续多次后，母亲王光美就问刘源源，尽管缺油少肉，但午饭吃两个大馒头，也不该这么快就饿了吧？刘源源回答：我们学校的馒头好像比中南海食堂的小不少。王光美有些疑惑，就告诉刘源源，如果下周六中午还吃馒头，就留下一个带回家来，让她看看。刘源源按照母亲的要求带回了学校的一个馒头，王光美把馒头晾干后称了重量，结果是：只有约一两七钱（85克）！照此计算，两个馒头就少六钱（30克）。王光美就此事与校领导面谈，强调：孩子们正值成长发育期，再困难也不能亏孩子！学校立即对伙房进行了检查整改，食堂的馒头随之明显"长大"。为了表达感谢，王光美从中南海小食堂"定额"供应物资中申请挤出四只鸭子，送给学校教工食堂，对老师们表示慰问。在极度缺油少肉的"大饥荒"时期，这是很重的礼物了。

学校领导拿回了鸭子，却没有送到教工食堂，而是决定全校一千多学生和教职工"共享"。为此，还从附近的又一顺饭庄请来了一位大师傅，由他来烹制这四只难得的鸭子。四只鸭子连骨带肉不过十来斤，一千几百人，每人平均三四克！这道菜可怎么做啊？没别的办法，只能炖鸭汤了。那天恰好是我值日，和另外一个同学一起到伙房为大家打饭菜。主食照常，菜则分两次打：先到大锅前盛多半桶素熬白菜，再到一个放着几口中号锅的柜台前，由一位专门的老师傅往菜桶里舀几大勺带着一些碎鸭肉的鸭汤；然后用勺子搅拌匀。带有鸭汤味道的熬白菜，就这样分享到了每位学生和老师的嘴里。

上述"传言"，无从考证真伪，但馒头"长大"和一千多师生共享鸭汤白菜,确是我亲身经历的事实。

"大饥荒"年代,党风、民风都还比较正,基本是上下"共渡时艰"。我们家虽然没有困难到挨饿的程度,但也总"饥肠辘辘"。一次父亲说要去参加一个会议,晚上可以带回"人造肉"给大家吃。从下午我们就盼着父亲,直到快吃晚饭了,他才回家,把一个瓶子里的"人造肉"倒进预先准备好的大盘子。啊?!这就是"人造肉"!一团灰突突、黏糊糊的东西。大家疑惑着用筷子挑起来送进嘴里。一点肉的味道与口感都没有,只有一点儿淡淡的咸味儿。看着大家失望的样子,父亲解释说,"人造肉"是从营养成分角度说的,它与猪肉差不多。是科学家用白菜研制出来的,周总理都亲自尝了。听了这些,大家有些感动。但得知制作这种"肉"的主要原料是白菜疙瘩时,我差点吐出来。

回家后,同学们的伙食会有一些差别,但在学校,无论家庭背景有多大差异,吃的包饭都是一样的。开家长会时,王光美同志也是骑自行车从中南海来学校。

为了弥补食品的匮乏,国家进口了大量伊拉克蜜枣(又名椰枣、海枣),开始觉得新鲜,吃着还挺香。时间一长,就吃腻了。一些厂家采用多种方法"加工",用它蒸枣糕、做冰棍、做点心馅……这种"集中"吃,真是把人吃怕了,以致几十年后,一听到"伊拉克蜜枣"几个字,嘴里就好像泛出那股特别的味儿。

饥荒年代的冷暖人情

三年"大饥荒",对国人伤害很大,尤其是成长中的孩子和老年人。由于营养跟不上,体育课停了一段时间,一些经常"泡"在运动场上的"好动"分子脸上出现了浮肿。极度缺油少肉,导致祖父浮肿得很厉害,脸部和双腿都肿胀得发亮。为了补充营养,他按照街道讲授的办法,用家里闲置的大鱼缸培养小球藻,把用尿液培养的绿汤汤煮开后当"营养液"喝。还到街道卫生站去领少量蜂蜜黏结的麸皮丸子,说是能够医治浮肿病。

在1959年以前，家里平日很少吃纯白面馒头，一般是蒸玉米面加白面的两样面馒头（粮食定量中，四成白面，四成粗粮，两成大米），但在春节前夕，祖父总要蒸上几十个大白面馒头，并点上喜庆的红点放在院子背阴处的大缸里冻着，预备过年自家和来客时吃。从三年饥荒开始，这一惯例就破了，从此家里再没几十个几十个地蒸过"过年"馒头，只在除夕或初一，临时蒸一些自家人吃。连自己的肚子都填不饱，谁家还有富余粮食"待客"呢？至于肉食，那就更可怜了，每人每月半斤定量，一般都想尽办法买猪油或肥肉，以弥补食油的不足。冬天，祖父就用肉票买腔骨（比肉多给一些）。他把腔骨反复熬煮，直到骨头熬成像白色的干柴一样，一点油性也没有了才扔掉；而熬得的多道骨头汤被混到一起，分多次熬白菜用，每次放上几勺。

对于严重的灾难与生活的困苦，祖父颇有微词。一次就焖米饭后刮锅底的事，他给我讲了西汉开国皇帝刘邦封兄长之子为"嘎羹侯"的传说，还随口做了一副对子：自由市场不自由　家家户户嘎羹侯。上联指的是北京在1960年曾经在天桥短暂开设了一处"自由市场"，允许郊区农民进城出售自留地上产的蔬菜和自家养的鸡鸭等。祖父曾经赶去买了一点不要票证的高价肉，可原定的第二个开市日再去时，市场却宣告关闭了。祖父对此很反感，认为政府言而无信、朝令夕改。下联源于刘邦的那个传说。刘邦未发迹时，经常把结交的一伙朋友带到家里混吃混喝，令其长嫂非常不满。一次，刘邦一伙又到家里"赶饭点儿"了，坐等很久也不见上饭菜，于是刘邦不耐烦地敲起了碗筷。没想到厨房方向传来了"嘎吱嘎吱"的回应声——那是嫂嫂用铁铲刮锅底发出的声音，借此告诉他们"锅已见底，没东西吃了"。朋友们听到这种刺耳的声响，知趣地纷纷离去，弄得刘邦很是难堪。刘邦坐稳江山后，大封刘氏宗亲，但迟迟不封自己的嫡亲侄子。一些大臣得知原委，都规劝刘邦不要计较嫂嫂旧过，于是刘邦就勉强封其侄子为"嘎羹侯"——刮锅底残羹的侯爷。祖父在这个时候是用这个民间流传的典故，讽刺大饥荒，弄得百姓家家都在刮锅底。

而此前两三年，祖父对"大跃进""除四害""大炼钢铁"满腔热情，为了支援炼钢，他把院子大门上的门环、家里旧式衣箱上的锁扣都撬下来，与闲置的锅盆等一起捐献了。集中"打麻雀"那天，年逾七旬的他从早到晚与大家一起敲打铁器，轰赶麻雀。只短短三年的"人祸"，就使祖父变得心灰意冷、满腹牢骚了。

祖父对亲友一向热情，"大饥荒"期间也变得"不近人情"了。一天，大伯父吴崇礼（伯祖父的长子，祖父的亲侄子）来家里看望祖父，他先是把水缸加满水，接着又清扫院子。眼看就到午饭时点，祖父竟然对忙活了好一阵的亲侄子说："崇礼，我可是没预备你的午饭啊。"大伯父连说："知道知道，我扫完就走，不在这儿吃。"我脸上一阵发热，但也没办法。当时不仅口粮，包括食油、肉类、蔬菜等所有食物都是凭票定量供应。那时家里只有祖父和叔叔两个人的粮油，祖父每月26.5斤粮食定量、叔叔28.5斤（每月每人按票供应半斤低质糕点，还要冲抵半斤口粮定量），加上缺油少肉，家里人都得严格按量进食，的确没法留客。而且大伯父以饭量大著称，难怪亲叔叔那么不近人情，对亲侄子下"逐客令"

"大饥荒"时期，还有一件事我终生难忘。1957年前后，祖父的老友，原来住在东铁匠胡同的姜爷爷一家十多口人被政府安排到青海垦荒去了。① 大约1960年夏天，年迈的姜奶奶带着一个六七岁

---

① 1955年5月，《中共中央关于垦荒、移民、扩大耕地面积、增产粮食的初步意见》发表。1956年，32万城市贫民、三轮车和人力车工人、临时工人、小商贩和"其他无正常职业的劳动人民"从京、津、沪、冀、豫、晋、鲁等地，迁往边远省份。1958年，全国计划移民50万，其中，省与省之间的远距离移民23万多人，大部是由山东、河南两省移往黑龙江省、甘肃省。省内移民约30万人，多在河北、福建、广东、江西等省。此外，黑龙江、甘肃、青海三省及内蒙古自治区，还决定安置1956~1957两年的移民家属14万余人。很多人到移民点后萌生了去意，不断要求回家，甚至发生逃跑事件，其中不乏带队的队长和积极分子。移民回流与"过度动员"、环境艰苦、当地人的排外等因素有关。参见杨胜群、闫建琪主编《邓小平年谱1904—1974》（中），中央文献出版社，2009，第1232页；祯祥：《建设社会主义的新农村，三十二万城市移民在农村安家立业》，《人民日报》1957年3月14日，第7版；章栋：《今年全国将移民五十多万》，《人民日报》1958年4月21日，第4版；《青海安置移民工作问题》，《内部参考》1956年1月13日，第76页。——编者注

的孙子不远万里来北京找老朋友"想办法"。从她口中得知,由于缺粮少食,姜爷爷已经饿死了,其他人也孱弱不堪。因营养不良浮肿多日的祖父,面对老友的悲惨遭遇,沉默不语。第二天,祖父拿出几斤粮票、五块钱,让我给暂住在东厢房的姜奶奶送去,并告诉她:很不好意思,只能帮她这些了。姜奶奶拿着粮票和钱,连连道谢后,辞别而去。此后,姜家再无音讯。

饥荒伤害的岂止是人们的肉体?

父亲的业余剧团

1958年,父母亲在东郊管庄分到了一套两居室的单元房,母亲也从西郊百万庄的建材部调到管庄的陶瓷研究院,而父亲早几年就已经在那里工作了。

父亲从小酷爱京戏,上中学时学唱青衣,还曾受过名家的提点。他有一位同学、挚友、戏伴儿叫陶汉祥,曾经是四大名旦之一程砚秋的女婿,家道中落后,程女与他分手。父亲曾颇有感触地说,程先生唱了一辈子扶贫济困的戏,没想到自己家里却演了这么一出。

在管庄安家后不久,父亲就担任了管庄大院业余京剧团的负责人,当时大院里有建材部下属的五个研究、设计机构,好几千人,加上家属,总人口上万,京剧爱好者众多,足以撑起一个像模像样的剧团。由于父亲是主要演员,为人又热情,很快就聚拢了各色人才。其中既有资深的工程技术人员,像唱老生的季伯伯、唱花脸的张伯伯、拉胡琴的程叔叔,也有各部门的一般职工,像搞供应的马伯伯、供销社的韩叔叔、食堂的魏叔叔等。一段时间后,连附近常营的农民"戏友"也参加进来,其中三个人还成了剧团的重要成员,分别唱老生、花脸和老旦。

母亲也受父亲的"裹挟",学唱了一些旦角戏,在折子戏中饰演过阿庆嫂、红娘。从小就受到耳濡目染的我和弟弟,不光学了一些唱段,还登台演出过几次,如《空城计》里的琴童,《铡美案》里的冬哥、春妹。事先排练时,总有些胆怯,可真上台后就不知道害怕了，跟着大人走走过场、说几句简单的台词就"圆满成功"。

1950年代末到1960年代中的几年里，尽管物资极度匮乏，但精神方面还挺丰富。出于爱好，也是"苦中寻乐"，我们管庄的家里，经常举办清唱会，可以说是一个单元楼里的"票房"。一些戏友如约来到我们家，拉的拉，唱的唱，时而单唱，时而联唱。那时的"清唱"还有另一番意思：整个晚上，只有清茶一杯，没有任何其他招待。

李爷爷，是玻璃设计院职工的家属，与我父亲的关系特别好。他们不光是台上的搭档（经常是男女主角），也是生活中的密友。李爷爷是天津人，早年工作，1950年代以后就赋闲在家了。他的女儿李姑姑在玻璃设计院工作，女婿林伯伯也在玻璃设计院（毕业于辅仁大学，玻璃纤维专家）。李爷爷家就在我们家对面的楼里，他是我家周末晚间"票房"的常客，由于老年白内障严重，视力很差的他经常由外孙女毛非或外孙毛弟牵着手来。而我只要周六下午去管庄，总要到李爷爷家去串门，向李爷爷学戏（李爷爷演《空城计》里的诸葛亮时，我和弟弟给他当书童；他还教了我《法门寺》《捉放曹》《姚期》里的几个唱段），找毛非、毛弟玩耍。因此，我们家和他们家的所有成员都很熟。孩子们更成了青梅竹马的伙伴。

父亲主持的业余京剧团，不仅在管庄大院的俱乐部礼堂为职工们演出，逢年过节还到附近部队去慰问，有时还到通县县城等地去演出。就是在那个时段，父亲结识了在通县潞河中学教书的欧阳中石先生（奚派老生），并多次合作。此外，父亲还通过朋友邀请梅兰芳先生到管庄演出了一场《贵妃醉酒》，那是我看的唯一一次梅先生的演出，大概也是他登台演出的最后几场之一。还有一次，父亲请来了著名程派传人赵荣琛、王吟秋先生，联袂演出《锁麟囊》。由于年龄关系，又是男旦，这二位的扮相绝对不如我以前看过的李世济，但唱腔和身段，各有特色。

那时，管庄剧团的演员阵容虽然很强，但没有行头（演出的服装和道具），也没有鼓师。因此每次演出都是从前门外煤市街南口里的"三义永"租借行头，从外面聘请鼓师。其中一位鼓师叫李子良，瘦瘦黑黑的中年人。那时请鼓师的报酬很便宜，打一晚上鼓板，好像就是几两粮票、几毛钱。

听"蹭戏"的诀窍

父亲不光带我们看京戏，其他戏也看，像福建剧团进京演出的高甲戏《连升三级》、山东剧团进京上演的柳子戏《孙安动本》、北京越剧团（1960年组建，一年后撤销）上演的《小忽雷》（傅全香、范瑞娟主演）等。可以毫不夸张地说，北京"四城"的大小戏园子，我去过一多半。

由于西单剧场（民族文化宫东侧，已拆）离参政胡同的祖父家很近，那里的曲剧没少看，记得最清楚的是魏喜奎主演的《啼笑因缘》。华北剧场（珠市口西，现丰泽园饭庄西侧，已拆）就在外婆家斜对面，那里的河北梆子也没少看，印象最深的是《杨八姐游春》《百岁挂帅》（又叫《十二寡妇征西》，剧情与后来的京剧《杨门女将》基本相同）。前门外东侧的广和楼、西侧的中和戏院（粮食店街里）、同乐剧院（大栅栏里），东安市场北端的吉祥戏院，护国寺的人民剧场，等等，我都去看过戏。离手帕胡同东口北侧不远，就是著名的长安大戏院。那里每天都有演出，经常有马连良、谭富英、裘盛戎、马富禄、叶盛兰、张君秋、赵燕侠等名角儿登台。开始我只是跟随父母去看戏，或看寒暑假里的儿童专场。稍大点儿后，我的"戏瘾"大增，有时攒够三角钱，买张最后排的票进去看戏，更多时候是想办法"混"进去听"蹭戏"。

"混"的诀窍是眼明、腿快：在观众持票入场的高峰，想办法找到检票人的视觉盲点，仗着个子小不易被发现的优势，趁乱混过检票口。进场之后，先到后排空位坐下，开戏之后再找前排的空位"插"进。幸运时，能在位置很好的座位上一直看完整场。遇上大名角儿的好戏，是很难找到空位的，于是我就提前用"私房钱"买好最便宜的票，进场后，离开座位，凑到台边或不影响别人的"好位置"去站着看戏。记得谭富英先生的《问樵闹府　打棍出箱》，我就是站在长安戏院二楼舞台一侧观看的。"出箱"后疯癫的范仲禹把鞋子甩到头顶上稳稳停住的动作,令我惊叹不已。饰演公差的是名丑李四广、慈少泉。

唯一一次看四大名旦荀慧生先生的演出曾让我心生悲凉。那是1960年代初,我已经上小学六年级了,父亲买票带我去长安戏院看这位大名角儿的拿手戏《金玉奴》。我满怀期盼地坐在第二排中间位置,等待满堂喝彩的热烈场面,可是一直等到锣鼓点响起、大幕拉开,偌大的戏院里,只在楼下稀稀落落坐了两排多人,楼上空空如也!等到金玉奴踏着锣鼓点碎步跑出边幕那一刻,我一下子明白了冷场的缘由。"奴家整二八,生长在贫家"的念词从体态发胖、浓厚脂粉也难遮脸上皱纹的荀先生嘴里吐出,实在让人难受。这就是四大名旦啊?!我小小的心里既失望又悲凉。就是那之后不久,我在管庄随父亲坐在第一排观看了梅兰芳先生的《贵妃醉酒》。由于有前次的经验,加上满剧场的热烈气氛,我心痛得要轻一些。

到上中学时,个子长大了,"混"进剧场听"蹭戏"完全不可能了,只能跟着大人买票去"过戏瘾"。记得上初中时,我曾跟着母亲到护国寺的人民剧场看了马连良先生的演出。那天是马先生的双出,前面饰演《三娘教子》里的老薛保,后面饰演《法门寺》里的赵廉。两个迥然不同的角色,被马先生塑造得特色鲜明。不论唱还是做、念,马先生似乎都很轻松、很潇洒,不像有些演员那么"青筋凸露""声嘶力竭"。那天演三娘的是张君秋先生,贾桂则是马富禄先生。

虽然"蹭戏"听不成了,但也并非完全没有"占便宜"的机会。有时遇到大名角儿的演出,低价的票很早就被抢购一空(名角儿的戏票价格,一般分为1.2元、1元、0.8元、0.6元四档;只有梅兰芳的,最高卖到1.4元)。为了不错过机会,我就在演出的当天晚上早早地到剧场门口去等退票,当然是等低价的退票。真正能等到低价退票的概率极低,多数时候是惆怅而返,但也有意外惊喜。有一次,在我满怀希望等退票的同时,一位叔叔却拿着票在焦急地等"戏伴儿"。可戏都开锣好一阵了,"戏伴儿"还迟迟未到,他终于放弃了等候,决定自己进场看戏,于是多的那张票就送给了我这个小戏迷。还有一次,是星期天,北京工人俱乐部上演《铡美案》,马连良的王延龄,裘盛戎的包拯,张君秋的秦香莲,李多奎的太后。我从西柳树井的外婆家吃过晚饭后返校正好在虎坊桥换车,就不甘心地专门到剧场门口去探看,那时戏已经开场有一会儿了,门口空无一人。我肯定"混"不进去,就失望地准备离开。突然从剧场大门急匆匆地走出一位先生,居然向我走来:"小朋友,想看戏吗?我这儿有两张票,因为临时有急事,不能看了,送给你吧!"我还没反应过来,他已经把票塞在我手里,快步走开了。我连忙一边对几米外的他道谢,一边飞跑着冲向剧场入口。戏正演到"祝寿"一场,马先生没有错过,而裘盛戎、李多奎还没上场呢。

可以毫不夸张地说,与我同龄的人中(从事戏曲专业的除外),像我一样看过那么多传统戏、那么多大名角儿的极少。戏名就不说了,名角儿,除了前面说到的那些,还有李少春、袁世海、厉慧良、俞振飞、高盛麟、李和曾、李宗义、李万春、李金泉、杜近芳、吴素秋、姜铁林、侯永奎,等等。那时,角儿们没什么"京剧名家""著名艺术家"之类的称谓,头衔都是"京剧演员",顶多加"著名"二字的前缀。只有梅兰芳被尊称为"梅大师",但也很少用。

纯净的人心

戏把我和毛非"牵"到一起,激活了两个少年异性相吸的本能,那时我不过十四五岁,毛非才十一二岁。

一次,我隐隐听到两家大人在低声地议论,好像涉及我和毛非的"未来"。为此,父亲还把一方家传的白铜质地、刻有竹兰花纹的精美墨盒送给她家,作为定亲的"信物"。我和毛非懵懵懂懂,但明显相互都有好感。

1963年夏天,父亲带着我们兄弟、毛非姐弟前往香山郊游,还专门拉着我们在碧云寺照了一张合影。在男女交往方面我开窍晚,比较胆怯,比我小一岁半的弟弟比较善交际,很有女生缘。对此,我甚至有点儿嫉妒。他和班上的许多女同学玩得都很好，而我只与毛非比较接近，还怯怯生生的。这就是青涩的"初恋"吗？我不清楚。

1964年，毛非父亲林伯伯调往南京筹建玻璃纤维研究设计院，第二年李爷爷、李奶奶、李姑姑和毛非、毛弟和他们的小妹妹迎迎也都跟随搬到南京去了。17岁的我和15岁的毛非分手时，的确有些依依不舍……

迎迎两岁多时，有过一次"惊险"的经历。一天中午，她用注射器的针头吹着玩时不小心把含在嘴里的针头咽进了肚子，一家人手忙脚乱地把她送到复兴门外的儿童医院。医生给迎迎做了X光检查，发现针头的针尖朝下，已过了食道、贲门，正在幽门的拐弯处，但当时还没有危险，不用开刀取出。医生建议让孩子静静地平躺，如果针尖不刺进胃壁、肠道壁，也许会随着大便排出来；如果发生剧痛，再手术也不迟。一家人暂时松了一口气，按医生安排，让迎迎平躺在楼道的长椅上，不时喂她几口水。傍晚，接诊的女护士姜某某走到他们身边说，我要下班了，家就在这附近，你们干脆到我家去吧，我有些经验，可以给孩子采取点儿辅助措施，万一有情况来医院也方便。一家人接受了姜女士的邀请。到家后，姜女士到附近商店买回了一点瘦肉和韭菜，把猪肉顺丝切成细细的长丝，把韭菜切成寸段。一盘香喷喷的肉丝炒韭菜做好后，他们哄着迎迎大口"吞"下。姜女士说，这些丝在胃、肠道里走得快，会很快"追"上针头，它们把针头包裹住，针头就不会"乱跑"了。熬过一个漫长的夜晚后，第二天一早，姜女士就让迎迎去"蹲坑"。迎迎顺利越过险关：姜女士从一团韭菜中挑出了那个吓人的针头！一场惊险就此化解。事后，林伯伯把这一"故事"写成小稿，发表在《北京晚报》上，对姜女士表示诚挚的感谢。

那个年代，物质是匮乏的，人心是纯净的，不光是我和毛非这样的半大孩子，像林伯伯夫妇与姜女士这样的陌生人之间也有着"不设防"的互信。

毛非随父母、外公外婆南迁后，我们还保持着书信往来，直到

1966年"文革"风暴骤起。

在毛非一家南迁之前，住在我家楼上的近邻也离去。那家的叔叔姓张，是位1950年代初留学苏联的大学生，娶了一位苏联姑娘，中文名字叫张玛亚。回到中国后，他们夫妇都在管庄的研究院工作，还生了一个小孩。我和父母一起到他家参加过张玛亚俄式的生日聚会。中苏关系恶化后，张叔叔不忍与苏联太太分手，就随她一道去了苏联。几年后听说，他家陷入失业、经济拮据的困境，张叔叔年纪不大就病故了……国际风云变幻，也牵连着普通家庭的命运。

胡同，我们的露天游乐场

参政胡同2号里院北房后的夹道西侧墙根，堆放着一些碎砖瓦等杂物。我小时候养蛐蛐的澄浆泥罐，就是从那里找出来的。祖父说，那里面有些是赵子玉做的。赵子玉是谁？我想都没想，更关注的是怎么在潮湿的墙角里，捉土鳖和蜗牛。几十年后，才知道赵子玉是制罐名家。

那时，北京胡同里男孩子的主要游戏是：逮蛐蛐、斗蛐蛐、扇洋画儿、打三角、弹球儿、斗鸡（双人单腿碰撞比赛）、夏天藏猫猫，冬天在胡同里打冰出溜。这些我都积极参与。而女孩子的跳皮筋、跳房子、欻拐等，我就基本不掺和了。

1950年代北京的气候明显与几十年后的现在不一样。夏天经常下雨，有时一连下几天。下雨天，不能到外边玩儿，只能闷在家里。雨大时看着屋檐前一排顺着瓦沟下泻的水柱发呆，雨小时往廊阶下的"湖面"（由于院子里没有排水系统，夏天下大雨经常积水成湖）上放纸叠的小船。天好时，我们经常去爬城墙或"远征"郊区，到铁道两边去逮蛐蛐，因为有"懂行"的人说：铁道边的蛐蛐牙特别硬，它整天在铁轨上磨牙。上小学以后，按照老师的布置，我们亲历养蚕、育蛙的全过程，从蚕籽孵化到茧破蛾飞，从到护城河捕捞蝌蚪到青蛙成长。

那时的冬天好像特别冷，不光房间玻璃窗上经常结冰花，屋檐下经常挂着冰溜溜，而且铁制的门把手经常冻得"粘"手。尽管天气寒冷，我们也很少在家里闲待着，经常不顾刮风下雪，到胡同里去找小伙伴们玩儿，弄得浑身是土，双手又脏又皴。晚上母亲下班后的一件大事就是用热水强迫着我们兄弟俩烫手、退泥，然后涂抹上甘油再放在火炉上烤，弄得手背上的那些小裂口生疼。

除了"刑罚"，母亲还带着我们自己制作小吃——冰糖子儿。她先准备好一个大磁盘，在上面擦抹一层食油，再把一些白糖放进炒勺在炉火上熬；熬到一定火候后，她小心翼翼地把糖水往瓷盘里一点点地倒，倒出一个个扁圆的糖块。待糖块凉透，轻轻一敲，晶莹的冰糖子儿就做成了。有时，母亲还把剥好的松子仁、瓜子仁浇进糖块，做成美味的松子糖、瓜子糖。

小时候我吃的零食种类很多，但多数不是在商店里买的，是走街串巷的小商贩"送货上门"的。芸豆饼、铁蚕豆、爆米花、糖葫芦、半空儿（炒花生，其中不太规整的，价钱低很多）、棉花糖、刨冰……真是五花八门。最受我欢迎的是芸豆饼和铁蚕豆、爆米花，几乎是回回不落。由于母亲爱喝豆汁，隔几天晚上喝一碗送上门的热豆汁，就辣咸菜丝，也是一种享受。

小贩们各有各的吆喝声调，隔着几道院墙，就能听清楚是卖什么的来了。当然，走街串巷的商贩不光是卖零食的，还有卖其他食品、生活杂物或提供某种服务的。他们也是各有各的揽客招数。卖小金鱼、酱豆腐臭豆腐、硬面饽饽的，锔锅锔碗的，焊"洋铁壶"的，是直白地吆喝；卖香油花生油、酱油醋的是敲梆子；剃头匠和吹糖人的，都担着挑子，但前者是划铁响器，后者是打锣；耍猴的虽然也是打锣，但打的节奏和声音与吹糖人的不同；而收旧货的打特制小鼓，那鼓声特别脆；磨剪子锵菜刀的是连吆喝带打响器，动静最大。除了嘴里吃，站在一边、观看锔锅锔碗、焊"洋铁壶"、吹糖人的过程，也是一种"享受"。

稍大一点儿，我可以到两三百米外的教育部街口去自己吃早点。路北是卖烧饼、切糕、艾窝窝、豌豆黄和炸糕的清真摊子，路南是卖豆腐脑、炸豆泡丸子汤的小店。三分钱一套烧饼夹焦圈，二分钱一碗丸子汤，我就吃饱了。那丸子汤是可以免费加汤的。晚上出了街口，往南，路边有馄饨摊，摊主一手托着一摞薄皮、一手用竹签挑馅飞快包馄饨的架势，经常让我着迷。白薯摊，不光卖喷香的烤白薯，还卖淋了蜜糖的炸白薯片。卤煮火烧的大锅，总是咕嘟咕嘟地冒着热气。炸灌肠的铁铛，不停发出滋溜溜的脆响……这些食摊卖的东西虽然不同，但照明的都一样，全是"嘎斯"灯（电石灯），亮得耀眼。

有些小吃，是要到专门的店铺去品尝的。比如，炒肝，要去前门外鲜鱼口里路北的天兴居；灌肠，后门桥北合义斋的最地道；爆肚，老东安市场南门里西侧那家的最出名；至于奶油炸糕，东安市场北端的东来顺，总是在门口支着油锅现炸现卖，那浓浓的香味儿离很远就能闻到；而母亲带我到大栅栏门框胡同，是专门去吃豆铲糕的……

一年一度的厂甸，是名副其实的北京特色小吃"嘉年华"。那不仅是孩子们的最爱，也是大人们的狂欢节。从初一到十五，以琉璃厂为中心，从和平门到虎坊桥，总是拥挤着"逛厂甸"的人流。最吸引孩子的是那一米来长需要"扛"着的大糖葫芦和迎风"呱呱"作响的风车、刀枪剑戟和花脸面具。密密麻麻的小吃摊前总是挤满了大大小小的"食客"，吃食基本都是现做现卖。上中学之前，我是每年必逛，也吃也买，但更多是去享受那种特别的过年气氛。隆福寺庙会、护国寺庙会，我都去过，但都比不上厂甸。

开始几年，逛厂甸都是祖父带着我们去，后来就是叔叔"领班"了。叔叔只比我大六岁，既是长辈，也是玩伴儿，那些男孩子的玩耍项目，大多是他带着我和弟弟参与的。我和弟弟骑自行车，也是在他指导下，用他那辆旧倒轮闸自行车学会的。

上小学高年级以后，平时我也常去厂甸、琉璃厂走走，吸引我的是海王村中国书店里的那些旧书。我不止一次用一两毛钱买回自己喜爱的旧版字帖，可惜在"文革"中都丢失了。

少年风雨

北京四中，是一等一的名校。从系着红领巾的少年到佩戴着团徽的青年，我有幸在那里度过了难忘的青春时光，享受了初中"半玩半读"的幸福，也经历了惊心动魄的狂潮巨浪。突如其来的"无产阶级文化大革命"，改变了包括我在内千千万万同龄人的命运。

四中，卧虎藏龙

我的中学母校是创建于1907年的北京四中，全名北京市第四中学。这所学校在创建时叫顺天中学堂；1912年，更名为京师公立第四中学校；1928年，改名为北平市市立第四中学校；1949年改为现名，是只招男生的"男校"。当时，北京像四中这样的男校还有一些，如北京一中、二中、三中、五中、六中、七中、八中、三十一中、三十五中等，但校名上不加"男"字；相应的还有一些只招女生的中学，却都在校名上加了"女"字，比如北京女一中、女二中、女三中、女四中、女附中……

当时四中的校门开在西什库大街，校门朝东，是灰砖和石块构筑的牌坊式建筑，带有清末民初的风格，由郭沫若题写的校名刻在门楣石头上，涂着红漆。校门的北侧还有一个"老校门"，两边是灰黄色的两个堡垒式"门柱"，顶端还有女儿墙，据说1950年代拍电影时，它做过"日本宪兵司令部"的大门。

四中是名校、老校，但校舍旧得厉害，比实验二小差很多。初一年级的教室在校园南半部，老旧的平房，教室里铺的是小块的长条灰砖,地面不很平整。供全校一千多学生如厕的,全部是旱厕——一排排的大茅坑;只有在教研组小院里,有一个供教师专用的小厕所,分男女,里面有冲水设备。这也是全校唯一的女厕所。校园北半部是一个有 400 米环形跑道的大操场,据说这是北京内城里最大的操场,北京解放初期的一些全市性的重要公众集会都选在这里举行。操场南侧横亘着一栋二层的教学楼,共有 30 来间教室;修建于 1950 年代中。大概是为了节约成本、尽量提高有效面积,这座教学主楼,居然没设厕所。严冬季节,整个学校,无论教室、宿舍、教研室还是实验室,统统靠煤炉取暖,校长室也不例外。位于校园西南角的大礼堂是 20 世纪初的建筑,平时是当学生食堂用,重要集会时是会场;冬天里面只生几个炉子,总是冷飕飕的。而一到冬天,各班值日生每天天不亮就要到校,在教室里点火生炉子。

别看硬件老旧,学校的"软件"着实过硬。一是拥有据说北京中学中藏书最多的图书馆;二是拥有北京中学设备最齐全的物理、化学实验室;三是拥有北京,乃至全国实力最强的师资队伍。当时北京的中学老师中,只有四位特级教师,其中两位在四中,一位是教化学的刘景昆,一位是教物理的张子谔。一级、二级教师也不少。就连小小的体育教研室也是藏龙卧虎:韩茂富、吴济民是国家一级篮球裁判,叶其钧是国家一级游泳裁判,迟文德则是国家一级足球裁判。

超强的师资力量,成熟的教学规范,良好的校风、学风,使四中不断把一批批高质量的毕业生送进名牌大学。当时有一个说法,真正的"清华附中"不在海淀,而在西城,因为西城有四中,四中每年考进清华大学的学生比清华附中多。有一年,四中几十名毕业生考进清华,而西部某大省只考取了一个。

高质量的教育,不仅吸引来了全市的尖子生,也吸引了诸多大干部、名人的孩子。我进校不久,就看到了林彪的儿子林立果、贺龙的儿子贺鹏飞、陈毅的儿子陈小鲁、薄一波的儿子薄熙永、李井泉的儿子李新桅,他们比我高一级或两三级。还有陆定一、徐向前、徐海东、陈昌浩等领导人的儿子。贺鹏飞那时就留着"贺龙式"的小胡子,戴眼镜的李新桅很胖,陈昌浩的儿子陈祖莫是运动健将。

老师们经常用林立果的表现教育其他干部子弟：你们看林立果多有礼貌，见到老师总要行礼、问好；家就住在学校附近（离学校后门几百米的毛家湾胡同），可他总是带饭，饭经常是很简单的炒米饭。而此前从四中走出的还有陈云的儿子陈元、陈毅的大儿子陈昊苏等。

我入学一年后，彭真的儿子傅洋、薄一波的二儿子薄熙来也进了四中，其他部长、将军的儿子还有不少。当时已经有了家庭背景观念的我发现，这所学校的学生主要由两部分构成，一是各级干部子弟，一是知识分子家庭的孩子，真正的工农子弟很少。

其实，我和这所名校也有渊源。我祖母施镜彝的弟弟、我的四舅爷施畸（字天侔），曾经在这里担任过国文老师。1919年五四运动之后，时任四中国文老师潘云超因在《益世报》上发表一系列支持学生运动的署名评论而被捕、判刑后，便推荐他的学生施畸接替其教职。担任了京师公立第四中学国文教师的四舅爷，不仅授课，还保持潘云超老师的志向，继续声援学生，积极参加新文化运动，并与李大钊、邓中夏等建立了长期联系。

当时的四中学生冯至在《冯至忆施畸》一文中回忆：施先生给学生讲《庄子》文章汪洋恣肆的气势；他给学生讲外国文学流派，讲古典主义、写实主义（即现实主义）、象征主义等。我对外国文学的粗浅了解，是从这时开始的。他常说写文章要简洁，不要拖沓。有一次我写了一篇作文，力求"简洁"，自以为一定会得到好评，想不到作文簿发下来后，打开一看，有这样的评语："写得上气不接下气，什么事催得这样忙。"我一时真是大失所望，再转过来看一看这篇力求"简洁"的文章，才渐渐认识到这样的评语是份所应得的。因此我对施先生更增加信任。

"五四"以后，全国各地的新文化刊物如雨后春笋般成长起来。冯至和同学看到这个盛况，经过多次商量，在1920年寒假后也决定办一个小刊物，取名"青年"。冯至回忆："那时，我们不知天高地厚，只觉得自己有话要说，不愁没有文章，最大的困难就是印刷费从何而来。……唯一的办法就是拿着募捐簿向教师们募捐。我们先找校长，校长写下了四元，然后各位老师纷纷写三元或者四元。最让我难忘的是一天晚上,我和另一个同学走到国文教师施先生(施畸)的屋里,向他说明了来意,他毫不迟疑,拿起笔来在簿子上写了'十元'。施先生只教我们一班,教师中他的工资是比较低的,他这样做,是对我们极大的支持,我们很受感动。"

同样也是四中学生的毕奂午回忆说,施(天侔)先生思想解放,一个学生在日记写"施天侔渺小",并把日记给他看,他不仅不生气,不批评,还送一部《文史通义》给他。

1920年9月,在直隶高师任职的施畸与进步学生联名致函省教育厅,抗议直隶高师校方的专横行为,要求撤换校长,改派开明进步、适应社会发展潮流的新校长,取得成功。1921年初,新校长正式聘请邓中夏担任高师的新文化教授。在邓中夏的影响下,施畸又参与组织了新文化研究会、新教育协进会等进步社团;在课堂上公开讲解《共产党宣言》和十月革命的意义。之后,施畸先后担任武汉大学哲学系教授、山东大学中文系主任、中山大学师范学院国文系主任、兰州大学历史系主任,新中国成立后担任华东师范大学历史系教授,有《中国文词学研究》《中国文体论》《文学方法论》《科学的文学建设》《修辞学》《科学》《顷自》《文章组织论》《文章组织论(续)》《孔子未尝学〈易〉考》《庄子哲学不是相对主义》《〈吕氏春秋〉非杂家及黄老学派之首要作品辨》《哲学之名实辨》等诸多著述。

对于中学老师的重要作用,冯至做出这样的评价:"中学老师对学生的影响,往往很大很深远。因为中学生的可塑性非常强,又开始明事理,他们心目中的老师偶像无形中起着引导作用,第一印象不易消失。""潘(云超)、施(天侔)二位老师给我打下了初步的文学基础,当时中学里也设数、理、化、博物等自然科学课程,而我终于走上了文学的道路,不能不说是受了两位老师的影响。"

老师和同窗

我们初一五班的班主任是位女老师,叫史涵华,戴眼镜,梳两条长辫子。历史老师是王桂,一位说话带口音的老先生。盛老师是位中年女士,教地理。政治老师也是女的,叫宁文英,大家都有些怕她。音乐老师是凌青云,很洋派。书法课的老师是霍庭显,这位老先生不仅自己能写一手好字,而且与许多大家多有交往。他曾经把清室后裔、著名书法家溥雪斋先生请来给我们讲"永字八法"。进校没多久,学生们景仰的张子谔、刘景昆老师就退休了,学校在阶梯教室为他们举行了隆重的欢送仪式。

上初二时,我们的班主任是教语文的岳柏龄,后来又加了一位新毕业的程美至(南京大学中文系高才生)。初三换成教俄语的陈文翰。这位学俄语的老大学生,写得一手漂亮钢笔字,是很规整的隶书。教我们几何的漆士芳,是著名的模范教师。

我们班比较特殊,四十多个学生,居然没有一个大干部(部长以上)的孩子,大部分出身于一般干部和知识分子家庭,少部分家境不佳。王某,据说家里过去是开棺材铺的,就住阜成门外。他是回民,对清真食品津津乐道,对炒麻豆腐情有独钟。在他嘴里,羊尾巴油炒麻豆腐再淋上辣椒油,就是一道绝美的佳肴。而我一听到"羊尾巴油"就发怵。杨翼和孙振宇的家庭经济情况也比较差,从穿着就可以看出来,三年间,除了夏天,几乎没见过他们穿不带补丁的衣服。杨翼是得力的足球后卫,但多数时候,下午一下课,他就急匆匆地回家照顾生病的母亲和幼小的弟弟妹妹。

虽然同学们全部属于"平民子弟",但班里一度还是出现了团团伙伙现象,某人的父亲是个中层领导,他就"仗势欺人",还有人真拍他的马屁。我和一些同学对"恃强凌弱"很不以为然,不屑与那些"强者"为伍。

课余时间,我经常到汪工家里去玩耍。那时他家住在石驸马大街西段路南的一个很好的院落中。门外的墙上嵌着一块石牌,上刻"静生生物调查所"几个大字。范静生是民国时的一位教育家。汪工家客厅正面墙上挂着一幅中堂,是郭沫若写给汪工父亲的。我这才知道汪工的父亲汪志华在中国科学院工作,是计划局的局长,他的母亲张璧华是新华社记者。一次,汪工指着从他家屋门前走过的一个矮个子老头儿悄声说,他住在后院,叫胡先骕,是个生物学家,但挨过鲁迅的骂,也在科学院工作。那时,我们听说"挨过鲁迅的骂",就认定那位老者"不是什么好人"。半个多世纪后,我在庐山植物园看到了胡先骕的墓,才知道他是一位了不起的植物学家、教育家,中国植物分类学的奠基人。他与秉志联合创办中国科学社生物研究所、静生生物调查所,还创办了庐山森林植物园、云南农林植物研究所,发起筹建中国植物学会。继钟观光之后,他开展了大规模野外采集和调查中国植物资源的工作,与郑万钧一起发现并定名水杉。胡先生一生实践自己"科学救国、学以致用;独立创建、不仰外人"的主张。

刚上初中的我,对人、对事,评价都很简单——非好即坏,就像对胡先骕。殊不知,世间无论人和事,都是极其复杂的多面体,"两极"之间,是异常广阔的"中间状态"。

"半玩半读"上初中

虽然上的是名校,但我读得很轻松,从没感到有什么学习压力。班上的绝大部分同学也如此,课余时间基本是玩儿,踢球、游泳、看小说、学书法。我同时参加了两个课外活动小组,一个是北京少年之家(在北海公园里的阐福寺)的语文小组,一个是北京少年宫(在景山公园寿皇殿)的射击队,两小组每周分别活动一次。用小口径步枪射击时,那靶子就立在寿皇殿后面的红墙前。

那时,上午是整整四节正课,下午一般是一节正课、一节自习。自习课其实就是留给学生们做作业的时间。绝大多数同学上自习比上正课还"用心",因为只有在自习课完成了作业,才能下课后放开了玩儿。每到自习课快结束的时候,就有"值班生"做好了"冲刺"的准备,只要听到下课铃声,便箭一般"飞"出教室,奔向操场去抢占足球或篮球场地。足球场只有一个,低年级的很难抢到;篮球场有好几个,抢占要容易得多。除了爱玩儿球的,还有一些同学酷爱单双杠。有的同学真是令人佩服,单杠引体向上能一气来上百次!

球类我样样参与,但样样不精。跑跳还凑合。每年学校运动会,我都代表班里参加400米接力,跑最后一棒;在跳高、跳远方面,我也取得过不错的成绩。

1958年,学校有了校办工厂,从初一开始我们一周在那里上一节劳动课。工厂有三个工种:一是钳工,给工厂的主要产品钢丝卡子,套丝、开口;二是木工,主要是修理学校的课桌椅等家具;三是锻工,打造一些金属配件。三个工种我都干过,技术性最强的是木工,由张师傅教授(张陞,曾经是学校的高级教师,被打成"右派"后被剥夺授课权利,发配到校办工厂当木工)。他教我们识别木工的各种工具,教我们怎样使用锯、斧、刨、锛、凿。新锯条使用前需要掰齿,刨木料必须端平刨子、用全身力气往前推等要领,直到几十年后,我仍然没有忘记。他曾经让我掂一掂一个长刨子的分量,那条黑紫色的木头居然沉得压手。张师傅说,这是紫檀木的,扔到水里会沉底。锻工最辛苦,守着熊熊炉火,在师傅的指点下抡大锤,对于十四五岁的城里孩子,可不是轻松活儿。就是寒冬时节,在简陋的工棚下,不一会儿也累得满头热汗。在那里,我知道了打铁的套路,弄懂了什么叫淬火。钳工活里,用板牙套丝技术性较高,弄不好就会损坏价值很高的合金板牙,因此一般不让学生干。学生干的最多的是用钢锯给螺丝杆开口。把一根近10毫米直径的螺丝杆固定在台钳上,然后用钢锯在螺杆中间锯出一道约三厘米长的直缝。衡量劳动成果的标准,不光是数量,还有两条,一是口子开得直不直,斜度超标就得报废;二是用一根锯条能锯出多少螺杆,锯出的螺杆越多,说明使用钢锯的技术越高。几十年过去了,我还记着师傅叮嘱的要领:用钢锯锯东西,只能端平了向前推,不能像用木锯那样来回拉,否则会毁了锯条。

除了校内日常活动,学校还组织有趣的校外活动。1963年夏天,学校组织了一次军事夏令营活动。出发那天早晨,已经连续下了一天一夜的大雨还在下。我们冒着大雨排队从学校出发,步行前往几公里外的西直门火车站搭火车。从平安里到新街口,再到西直门内大街，一路都变成了长长的"河道"，路边一些副食店门口堆放的西瓜，随着雨水漂到马路当中。事后得知，北京、天津和河北一些地方，创出了日降水 400 多毫米的纪录，永定河、海河等都超过警戒水位，造成京津冀地区历史上罕见的洪涝灾害。而我们乘火车抵达京西的苹果园车站时，大雨还没停，我们只能冒着雨往位于半山腰的宿营地法海寺走。

那时，法海寺除正殿封闭（保护殿内的珍贵明代壁画），其他房屋都被山下的北京九中占用，作为学生宿舍。天公作美，傍晚我们安营扎寨时，大雨终于停歇。大家纷纷拿着毛巾跑到寺庙山门外的溪涧中去洗涮、嬉戏。几天中，我们参观水电站，组织急行军，到西郊射击场实弹射击……白天顶着骄阳外出，傍晚回庙住宿。西山的八大处、香山以及一些旷野、山梁、山沟，都留下了我们的足迹。几天时间，同学们被晒得黝黑黝黑的。

我还参加过一次航空夏令营，除了参观航空博物馆、登上舷梯近距离观看战斗机驾驶舱，被吊上几十米高的伞塔体验模拟跳伞，在京郊的良乡机场，还乘坐了一次双翅膀的安－2 型飞机。

课内书就那么几本，课外书可以海量读。我"猛吃"了不少"杂书"，中国古典小说、世界名著，凡是见到并能"黏"住我的，都要翻翻看看。有一段时间，我看武侠小说、侦探小说入了迷，除晚上看到很晚外，还在课堂上"加班"。一次上政治课时，我在同桌的"掩护"下偷看《三侠五义》。正看得入神时，被老师点名回答问题。我连提的问题都没听见，根本不知道回答什么，只能尴尬地站着。宁文英老师严肃地批评了几句，给了个"3 分"后让我坐下了。我深深低头，满怀愧疚。按说什么都没回答，应该给不及格的"0 分"，可宁老师居然给了个及格的分数。大概是对一向成绩优秀的我疼爱有加吧，因此破例给了"情感分"。尽管课堂提问得了低分，但由于期末考试成绩是"5 分"，我的学期总评分还是"5 分"。为此我由衷地感谢宁老师，她对学生既严格要求，又不伤人自尊心。这是我从小学到中学得的唯一一个"3 分"，虽然它没影响我总成绩的优秀，却令我终身铭记不忘。

初中生，算是大孩子了，除了"玩"，初二、初三，我们还参加了学校统一组织的下乡劳动。一次是去南口农场，住的是新建的养牛大棚，睡在铺着干草的地铺上；干的活儿是给果树挖环形坑和施肥。那坑特别难挖，因为果园是建在旧河滩上的，薄薄一层表土下面全是砂子加鹅卵石，用镐、用锹都不顺手。不一会儿，许多同学的手上都磨出了水泡。另一次是到卢沟桥西侧的永定河滩植树。住的是临时搭起的帐篷，骄阳暴晒之下，不光在里面午睡热得像蒸笼，晚上也不凉快，而且蚊子特别多，咬人特别厉害。不少同学的脸都被蚊子咬肿了。我和郑友增挨着睡，不得不共用一条毛巾被把脑袋全部蒙上，宁可热得捂出痱子，也不愿挨蚊子整宿的"轰炸"。

参加劳动有一个特别的好处，就是能发现一些城里没有的东西，树上挂着的青果子，田里立着的玉米秆……饿得实在难受时，可以"救救急""解解馋"。当然，除了干活儿，也少不了玩儿，抓蝈蝈、逮蚂蚱，在永定河边的小树林里，我还抓到过一条小蛇呐。

"半玩半读"的初中生活，真让人留恋。

困难时期的伙食

上初一时，1961年冬到1962年春，是"大饥荒"最艰难的时段。正处于长身体关键年龄的我们，整天因缺食少油而饥肠辘辘，一些同学因营养不良而得了浮肿病。

学校食堂"巧妇难为无米之炊"，有时晚饭的主食是红薯，为了避免一些大个子学生抢大块的，就包红薯馅的包子。那包子很特别，皮儿像纸一样薄，里面包着一块整红薯，有的是大块红薯分切的，有的就是一个带皮小红薯。因为红薯也是算粮食定量的，所以这包子的皮不能像菜馅包子那样厚。

1962年春天，我们吃了好多天灰色的菜面糊糊。那糊糊里的菜，还是"计划外"的优惠品。学校后门斜对面是一家副食店，负责附近居民的蔬菜供应。10月底，一车车冬储白菜陆续运到副食店，狭小的场地根本放不下。于是副食店就向四中借用篮球场临时存放白菜，每天用平板车拉一部分到副食店，卖给来买菜的居民。那时冬储菜是按人口定量供应的，每人每天半斤，一个月15斤，也就是两三棵大白菜，三个月七八棵。人口多的家庭可以买回四五十棵，人口少的也就十几棵。冬储菜卖完后，副食店把掉下的那些白菜帮子，留给学校作为酬谢，食堂由此得了一大堆"计划外"的食品。食堂把这些宝贵的菜帮子集中到一个篮球场晾晒。没想到的是，一场初雪把原本就没干透的菜帮子弄得更潮了，而此时学校突然接到了有外宾要来参观的通知，食堂职工赶忙用大扫帚把菜帮子扫到一起，匆匆装进大麻袋放进仓库。而后的情况就可想而知了，隔三岔五我们都要"享用"一顿灰色的菜面糊糊，由于那些菜帮子沾着沙尘，很难淘洗干净，面糊糊是灰色的，还有点儿牙碜。但在那个饥荒的年代，有菜总胜于无菜啊。

　　学校食堂有时吃白薯干，值日的同学往伙房打饭路上就能闻到那股怪味儿，因为白薯干在晾晒和储存中，有的已经发霉变质了。

　　四中食堂还有一种主食独具特色——平顶无眼窝头。与一般手工捏的传统窝头不一样，它不是圆锥形的，底部也没有那个圆洞洞，因为它是用专用的铁皮模子"磕"出来的，一个模子一次可以"磕"出几十个圆台形、底部没有圆洞的窝头。1966年9、10月红卫兵大串联时，四中也接待了一批批来京接受毛泽东检阅的外地红卫兵。一次，一个刚到北京的上海女中学生到食堂吃饭，惊喜地发现饭桌上摆放着一大盆黄灿灿的"蛋糕"，于是就抢着用筷子穿了几个，准备慢慢享用。没想到的是，咬了一口后，她发现这不是蛋糕，粗啦啦地难以下咽。

　　由于食堂伙食太差，同学们纷纷"外逃"。有的跑到附近街道居民开办的小食堂去搭伙，那里的费用比学校高点儿，但菜不是用大锅熬的，而是小锅炒的，味道要稍微好些。

　　1961年下半年，北京的一些高档饭馆开始供应一些高价菜肴，并可以分拆出售。母亲就让我带中午饭到学校热着吃。主食虽然不能多，一顿只能严格按定量吃四两，但在西单北边的玉华台饭庄，可以用三角钱买一片肥多瘦少的扣肉。那些可以分拆出售的菜肴都摆在外卖柜台的玻璃柜里,任由顾客挑选。四两米饭加一片扣肉、少许咸菜,就是我的"营养午餐"。而那时学校食堂早中晚三顿饭的餐费只有三角一。

大饥荒时期,家里有时吃一些很怪的东西。一次,母亲的单位发了一包"代食品"——玉米芯粉碎的面面。母亲就在白面里加上一些,给我们烙饼吃。只加了五分之一,做饼时就不能用擀面杖擀了,一擀就裂,只能用手把面团轻轻拍扁放到饼铛里烙。那饼闻着挺香,可掰一块放到嘴里就不对劲儿了,粗粗拉拉的扎嗓子。

饥荒年代有几顿"豪华"的饭,给我留下很深的印象。一次是湖南的洪伯伯夫妇(父母亲在湖南时的挚友)来京,到家里做客。正值隆冬,母亲安排包饺子,除了少量珍贵的猪肉,馅以冬瓜为主,因为家里没有别的菜了。擦冬瓜丝,是我的活儿,先得把冬瓜擦成细丝,用开水略焯一下,再与肉馅和到一起才不出水。猪肉冬瓜馅饺子,我平生只吃过那么一次。而洪伯伯给我们带来的是一大瓶黑褐色的茶籽油,瓶子是装墨水的那种大瓶(1升容量)。那也是非常珍贵的物品。还有一次也是招待外地来的挚友,父母亲在西长安街的全聚德分号请他们吃饭,要了三道鸭子菜,没要烤鸭,还花了近一百元。那时一只烤鸭要70块钱,比研究生、大学本科毕业生的月薪(62块、56块)还多,而全国职工平均月薪只有40多块。

还有两次给长辈贺寿,吃得也比较奢侈。1961年冬天,外婆七十整寿,母亲带我们到王府井北口的华侨大厦一楼的大同酒家,那里刚开始供应高价菜肴和食品。10个叉烧包子,整整70块钱!母亲感叹说,差不多是她一个月的工资。还有一次是祖父的"散生日"(非逢十的整寿),母亲让我和弟弟到西单南面绒线胡同的四川饭店,端回了一份清蒸蹄髈,10块钱,比我一个月在学校包三顿饭的费用还多(每月八元三角)。

缺肉少油,也逼着一些人想办法"改善"生活。1950年代末、1960年代初,父母亲工作的东郊管庄新成立了一所同样隶属国家建材部的硅酸盐工业学院,父亲被调去当老师,他的学生中有不少南洋归国华侨。

大约是1962年暑假中，一天下午，几个华侨学生来到我家"借火"——用我家厨房里的蜂窝煤炉烹制他们刚从附近河沟里抓来的田鸡。我和他们都认识，不好意思拒绝，就任他们在厨房里操作。剥皮、开膛、清洗之后，他们就用小桌上的油盐酱醋做田鸡腿了，炒锅里散发出浓浓的诱人香味儿。不一会儿，田鸡做好了，他们邀我和弟弟一道进食。真香啊！我从没吃过那么美味的田鸡。吃过后，他们道谢后离去。下午母亲下班后，发现被用去了多半瓶食油，心疼地说，用了这么多！好几天的炒菜油没有啦！向他们学习，我和弟弟很快就也开始抓田鸡了，有时晚上打着电筒出去抓，一次能抓回几十只，被蚊虫咬得满身红包也不在乎。可母亲做的炒田鸡总没那天的香，是因为放的油比较少吧。

那时，无论城里还是城外，市民都掀起了"开荒种菜"热。尽管有不准私自开地的"禁令"，但人们根本不理，管庄宿舍区的楼前楼后还是开出了大大小小的"私家菜地"，几乎没有空闲的空间。父母亲也带我们在楼前的路边开出了一窄条"私家菜地"，种了萝卜、红薯等。

西单参政胡同2号院里，也出现了一些小块菜地。里院就祖父和西屋的王伯伯两家，祖父的菜地很小，王家的要大得多。王爷爷、王伯伯，都是种菜能手，不光种的品种多，白菜、大葱、萝卜、胡萝卜等，而且长得好，收获颇丰。一段时间，他们还养了下蛋的鸡和肉用的荷兰猪。祖父也养了几只蛋鸡，春夏秋天，每天能从鸡笼里收获一两个鸡蛋。一到冬天，祖父就要费些事，白天太阳出来后，把关鸡的箱子从屋里搬出去，让鸡在笼子里晒太阳；傍晚再把鸡拢回箱子，搬进屋子放在火炉旁。由于不受冻，祖父的鸡还真争气，隔三岔五下一个鸡蛋，给大家带来惊喜。

记得在南口农场劳动时，农场老职工向我们介绍的"充饥经验"是，饭前先往肚子里灌一大碗酱油冲的汤，再吃饭时，很快就会"饱"啦。其实这"经验"就是骗骗肚子。为了解决肚子"抗议"问题，酱油汤我们没怎么喝，农场庄稼地里的玉米秆嚼了不少。

为了弄到吃的，有一次，我和几个同学在北海公园划船时，悄悄下水，表面是游泳，实际是到湖底的淤泥里去挖蛤蜊。我们憋住气下潜，双脚不停地在淤泥里踩，还真踩到了不少硬邦邦的大蛤蜊。一个猛子扎下去，几秒钟就捧着一个一斤多重的大家伙浮出了水面。每人挖到几个后，我们就兴高采烈地背着"美食"回家了。让人大失所望的是，用大锅煮了半天的大蛤蜊，费好大劲才撬开，而里面的肉老得不行，根本就嚼不动。

觅食有正道也有邪道。在管庄，一个夜晚，有人从公家种植的玉米地旁边路过，听到青纱帐里有"悉悉"的声响，于是就大喝一声："什么人?! 走出来！不然我就扔石头啦！"一阵咋呼，工会主席从里面怯生生地走了出来，手里拿着几个刚掰下的青玉米。这位级别不低的老干部因此被送到了保卫部门，受了个党纪处分。

主动放弃中考的同学

大约1962年年底，我们班来了一名插班生，他叫江上虹，高高的个子，长得很帅气，性格也很豪爽。他比我们大三岁，在福建时留过级，而同时转到四中的、上虹的弟弟江上舟（据说跳过级），比我们高两级，是高一的插班生。

由于原来功课就不好，到四中后，江上虹就更跟不上了，老师专门指定我和汪工负责辅导江上虹学习。辅导主要是利用晚上时间，我们不得不一次次来到宣武门内路西头发胡同的江家。那是一个独立的小院落，主建筑是一栋西洋式的平房，中间是宽敞的客厅，两边是卧室，全铺着木地板。上虹和上舟的卧室在主建筑的后侧。第一次到他家时，上虹的母亲很客气地接待了我们。一旁坐着的外婆说的是福建方言，一句也听不懂。家里还有几个小弟弟、小妹妹。从福建刚到北京，正赶上隆冬季节，尽管屋里都有不小的煤球炉子取暖，但他们都穿着厚厚的棉衣，小孩子的手上都长了红肿的冻疮。

在江家，我们主要在上虹的卧室里活动，汪工和我费尽口舌给他补课，可上虹总是心不在焉，嘻嘻哈哈地开玩笑，甚至把我抱起来转圈，让人急不得恼不得。那时汪工是班长、班里仅有的两名共青团员之一，而我是学习委员，正在积极争取入团。我们是把帮助上虹当成重要任务完成的，一点儿也不肯马虎。有两次是放学后就去江家了，他母亲还热情地请我们一起吃晚饭。和他父亲一个桌上吃饭，多少有些拘束，但那餐食很普通，好像没什么荤食，两三样简单的炒菜，几小碟咸菜，小馒头加玉米面粥，多的是有些蒸熟的胡萝卜和土豆。作为客人，我和汪工很节制地简单吃了几口。而上虹饭量很大，吃的比较多。上虹也到参政胡同的祖父家来过两三次。祖父很喜欢这个爱说爱笑的阳光大男孩儿。他按福建的习惯管祖父叫"老爹"。

后来知道，上虹的父亲江一真，是从福建某领导岗位上调进北京的，担任农垦部副部长，而该部的部长是大名鼎鼎的王震。尽管父亲是"大干部"，但从穿着看，江上虹就是一个普通学生，抵御冬寒的是一件灰色的旧棉外衣。

上虹学习不行，体育却奇佳，单双杠都练得很好，游泳特别棒，不仅速度快而且动作优美、有力，发达的肌肉令人羡慕。有同学说他是上肢发达的"倒三角"体型。由于体壮，人又豪爽仗义，上虹很快就把少数仗势欺人的同学给"震"住了。

一年多之后，尽管我和汪工费了很多功夫，但上虹的学习成绩一直没有大的进步，后来他竟然无声无息地"消失"了。过了一段时间才听说他厌倦读书，磨着父亲找"关系"去当兵了。

江上虹是因为对读书没兴趣而不考高中，而学习成绩优秀的汪工也放弃考高中，上了半工半读的红旗学校。原来，汪工的父亲汪志华，正好负责落实刘少奇提出的教育改革思想，具体抓北京的试点单位——新建的红旗学校。为此，汪伯伯率先垂范，不让自己的儿子考普通高中，而是上红旗学校。和汪工一起上红旗学校的还有同班的王博生。两年后，随着"文革"的发生，尤其是刘少奇被打倒，红旗学校作为"黑典型"而关闭。1977年恢复高考后，和同龄人一样，汪工重回正轨，考上了北京邮电大学。

初中毕业前夕、准备中考紧张阶段，我也有过一段"不用考普通高中"的插曲。一个周五上午，我被老师叫进教研组办公室，两位外来的生人向我说明了意图：经过翻阅作文本和语文科任老师推荐，我们决定吸收你直升文科班。这个文科班是教育改革的试点，是由北京大学和北京师范大学合办的，设在北京师大二附中里。一共从北京重点中学挑选四十名有文科特长的学生，将来视情况直接上北大或北师大文科系。听了介绍，我有些惊愕，说不清是喜是忧。不用考试，直升北大或北师大，梦寐以求；但喜爱文史，又一心想上清华、憧憬当科学家的我，显然不愿意这么早就以"文"定终身。怎么办？我慢吞吞地表达了上述意思，表示不太愿意去。于是，两位老师讲起了大道理，以理以情说服我。记忆最深的一句是：党和国家，不仅需要钱学森那样的科学家接班人，同样需要撰写"九评"那样重要文章的接班人啊！一直以"无条件听从党召唤"为信条的我，无言以对，犹豫片刻之后，答应回家与父母亲商量一下再给答复。两位老师听了这一"活话"，很高兴地说，我们等你尽快给一个肯定的答复。回家后，向父母亲说明了情况，父亲明确表示反对，并立即给学校领导打了电话，认为不能这么早就给孩子定学文科还是理工科。这就更坚定了我"不去"的决心，周一一早，我就给那两位老师回了"经慎重考虑，我决定不去文科班，谢谢你们"的电话。老师表示了遗憾。那年四中共推荐了七人，除我之外，其余六人都免试进了文科班。不过，与"文革"击碎了汪工上"红旗"的愿望一样，"文革"也击碎了这六名同学的"文科"之梦。

同班的杨翼，是因为家庭经济困难，主动放弃了报考普通高中，报考了铁路技校。那时上技校，既不用交学费，还管吃管住，三年后即可进厂或进铁路当工人。老大哥伍天林（童年时患肺病，动大手术，切除了左侧的肺，休学数年，比我们大两三岁）则没再继续上学，被幸运地留校当了行政后勤部门的教工。身体不允许，是他不考高中的原因。

初三毕业前，面对人生的第一次重要选择，诸多因素，使一些大孩子"自主"地做出了决定。

他们不能考高中

那是 1964 年 6 月中,马上就要填写报名志愿了,同学们都频繁交流,商量那六个志愿怎么填。一天,班主任把我(已经加入共青团,接替汪工担任班长)和汪工(担任团支部书记)叫到教研组办公室,很严肃地告诉我们:班上有两名同学不允许报考普通高中,只能报考技校。

当老师说出两个同学的名字时,我真惊呆了!胡某某、孙某某,一个是学习委员,一个是生活委员!都是好学生。老师说是因为家庭出身问题,政审不合格。同学三年,我们这时才知道,胡的父亲是国民党山西省党部的最后一任书记长(相当于省委书记),在解放军攻克太原城时自杀身亡;而孙的父亲也是国民党要员,是在仓皇出逃时,被解放军抓获后处决的。在父亲死时,这两名同学都还在襁褓之中。

老师带我们去家访,做两位同学及家人的思想工作,让他们"理解党的政策""正确对待"。我特别难堪地跟着老师走进胡某某的家,跟着老师重复一些"言不由衷"的话。灯光下,胡某某当医生的母亲抽泣着说,那时他才一岁,什么都不知道啊……原本就不亮堂的房间,完全笼罩在沉闷黯淡的氛围中。从他家出来后,我们一路沉默无语。

1972 年冬,我与胡某某在什刹海北侧的烤肉季饭馆偶遇。已经技校毕业进厂当了几年工人的他,对我这个刚从农村调到报社的知青,神情惨淡地说了一句话:是某某剥夺了我上高中、继续升学的权利!

其实当时阶级政策在我身上也有体现。大约是 1964 年 5 月间,空军来学校招兵,动员身体好、有志愿的同学听从祖国召唤积极报名,接受挑选。刚刚加入共青团的我报了名。在指定的日子里,我们几十人被专车拉到玉泉路附近一个部队医院进行体检。我第一次知道视力还有超过 1.5 的高标准;第一次在那栋楼里被要求脱光所有衣服（包括三角内裤）光溜溜地进行多项检查；第一次站在一个圆轮子里旋转多圈后被要求尽快站稳分辨方向。参加了两轮体检后，我被通知"不必继续接受体检了"。得知是"政审"没通过后，母亲专门到学校与老师交涉。

在那之前不久，在填写入团志愿书时，就父亲的历史，母亲让我填写了这样的内容：1944年到1945年，在重庆复旦大学读书期间，与五所大学的两千多名学生一起被当局征调到广汉机场等地，给援华的美国空军当了4个月翻译。当时是抗日期间，当局还以此作为大学毕业的必备条件。

那是我第一次得知父亲这一"历史问题"，但并没有太在意，因为一是涉及的人数多，二是父亲是为了美军援华抗日。招兵被"卡"住，真是出乎意料。交涉后，母亲对我说：他们说了，由于是招收飞行员，政治条件超乎寻常的严格，所以你父亲的问题成为障碍，但对其他不会有影响。尽管是这么说，但从此"父亲历史上的污点"在我的心灵蒙上了一重阴影，并随着接连的政治运动不断加重。这一精神包袱，一直到1978年父亲获彻底平反，才最终卸下。

40多人的初三（五）班，至少有6名同学没考高中。江上虹因志不在学而"出走"；汪工勇当教育改革试验品主动不考；杨翼为了尽早支撑家庭而放弃高考；伍天林因身体不合格而"出队"；胡某某、孙某某则因"出身"被打入另册。此外，还有几位同学没上高中，但具体情况不明。

1964年以前，初中三年连续获得优良奖章者，可以获得金质奖章，而金质奖章获得者可以不经考试保送直升高中。本来我是可以获得金质奖章的，但恰恰是从那年开始取消了金质奖章颁发制度，我就和大家一样参加中考了。那年中考的作文题是《我为什么考高中》，我写的是为了长大之后当科学家。

8月中，我如愿收到了母校四中的录取通知书，并被通知提早到校，参与新生的入学接待工作。初中毕业那年，我们都是16岁，但出于各种原因，这些未成年人就"分道扬镳"，自愿或不自愿地进入了不同的人生轨道。

令人敬佩的江一真父子

自1964年春天分别，我没再见过江上虹。直到50年后，才从不同渠道得知他的一些消息。"文革"中的1973年，上虹干了一件"惊天动地"的大事：出于对中央文革小组的强烈不满，他密谋、踩点，准备在钓鱼台附近伺机刺杀那个"旗手"；被同伙告发后，以"反革命武装叛乱集团头子"的罪名被判死刑。在叶剑英的干预下，上虹没被处决，粉碎"四人帮"后获得平反，恢复军籍；复员后工作一段，因身体状况不佳而赋闲；2013年因心梗猝逝于广州，终年68岁。

1990年代初，在一次活动中，我曾经见过从领导岗位退下的江一真，说起二三十年前的事，老人已经没什么印象了。后来得知这位当过福建省省长、卫生部部长、河北省委第二书记、省人大常委会主任的老干部，1959年曾经因坚决抵制"大跃进"、人民公社化运动、浮夸风、"共产风"而被打成反党集团的头子，受了很重的处分。

1959年6月初，时任福建省省长江一真一竿子插到龙溪地区（今漳州）平和县，驻村调研，了解真情。6月10日，江一真根据亲自掌握的材料，并结合另一位省委书记、省监委书记魏金水对云霄县的调查情况，在龙溪地委、县委联席会上，做了题为《接受教训，继续跃进》的讲话。江一真系统地批评了一段时间工作中的严重错误。关于农业，他认为，人民公社化运动有许多问题错了。比如：一、胜利冲昏了头脑，把农民估计过高，过早否定了小集体、小私有。公社问题违反了客观法则。二、人为否定了价值规律，否定等价交换、按劳分配多劳多得的法则，你的就是我的，公私不分，挫伤了群众的积极性，造成了乱子。三、过早过分强调供给制，吃饭不要钱，什么都包下来，超越了经济条件。四、把生产资料都归公，连手表、棺材都要，这些做法太过火了。五、把"人人为我，我为人人"估计过高，其实大多数农民觉悟跟不上，他们的积极性遭到挫折，很多地方更是伤害了中农积极性。公社问题是生产关系问题，生产力、生产关系不适应，一切问题都出来了。总之，因情况估计失误，造成方针和措施都错了。

关于工业问题，他认为，全省来说问题是大的，战线太长，重点太多，重工业太多；基建太多，上马项目太多；总的是急躁冒进，因此需要劳动力多，投资多，出现了像厦门那样有墙没顶、有房没机器、有机器没原料的事情。基建过多，生产也受影响，因为钢材只那么多，搞了基建就挤了生产。工业还影响了农业，抽水机动力（电动机）都拿去炼铁，福建一个化肥厂也没有，一点没为农业办点好事。70万人搞工业，需要几万人搞配套服务：粮食运输、新建厂房、住宅、城市……总之，工业上教训很多。他毫不隐瞒因这些错误而导致干群关系空前紧张。

他指出，不少地方发现，生产队长、干部和群众站在一起反对我们。有人说共产党变质了，朝中有奸臣。他还引用了平和县某些老百姓最为尖锐的议论，如"听党的话，大听大死，全听全死，不听不死""再不改，要来一个第二次革命""30年革命，20年打仗，10年解放的功劳，都被你们一年丢光了。再搞下去，东山炮再响，农民就要用人力物力支持国民党，你们要失败的"，等等（在给江一真定罪时，有关方面竟然把引用农民的话硬加在他头上，作为重要罪证）。江一真还一再告诫干部，共产党人不怕犯错误，也难免犯错误，但要避免做"惯犯"。一次，两次，三次以上不接受教训，就叫作"惯犯"，叫作屡教不改。①

重温江一真的这些半个多世纪前说的话，真如雷鸣耳畔！我不认同"老子英雄儿好汉"，但江家这对父子的确是一脉相承！忠贞、耿直的父亲，大义凛然的儿子！

"文革"后，重新走上领导岗位的江一真，大胆拨乱反正，平反冤假错案，积极推进农村改革，受到中央、群众的充分肯定。1982

---

① 关于此次讲话的记述出自农牧渔业部原副部长肖鹏的回忆文章《忆江老》（《中国钓鱼》1995年第4期）；亦可参见钟兆云、王盛泽《一生求真　江一真传》（中共党史出版社，2008，第262~264页）；其中当时地方干部、群众的议论见《江一真：风雨雷电中的"一根筋"》（《同舟共进》2013年第7期）。——编者注

年9月，江一真在中共十二大上当选为中顾委委员，依旧坦率发表忧国忧民见解。谈及"文革"，他尖锐地指出：对党的过失、对民族的灾难不能正视，不去总结和接受教训，而是采取回避态度，这是自欺欺人的；一个害怕正视过去失误、不愿还历史本来面目的政党，必然还要造成新的悲剧，我们的党和民族要深以为戒。

习近平同志曾称赞："江一真同志始终是一位勇于战胜困难的铁汉子，敢于坚持真理的硬骨头，忠心耿耿为人民服务的好干部。他的高贵品质，是共产党员精神风貌的集中体现。"①

晚年的江上虹与老鬼（作家马波）说起30多年前的那个惊天大案，依然激动不已。说到动情处，哽咽了，泪花闪闪。他说，干这事必死无疑，失败了要死，成功了也要死，而且是秘密处决，绝不会让人知道他的姓名和举动，但他不怕。②

与上虹的性格不同，印象中，他的弟弟江上舟是个与生人说话都脸红的腼腆男生。他学习很棒，1965年从四中毕业后，考入清华大学的无线电系；1978年，"回炉"清华大学无线电系，攻读信息专业硕士学位；而后出国留学。学成回国后，上舟先后担任海南三亚市副市长、海南洋浦经济开发区管理局局长；1997年调到上海，先后担任市经济委员会副主任、市工业党委副书记、市政府副秘书长。他也是中国芯片产业的奠基人、国家大飞机项目的启动者之一。江上舟的夫人吴启迪曾任教育部副部长，之前是"文革"后第一位"民选"的大学校长——同济大学校长。2011年6月，上舟因肺癌病逝，终年64岁。友人们都为江上舟的早逝深深地惋惜。因为江上舟很早就提出并用心抓芯片等核心技术问题，可惜这位杰出的战略科学家走得太早……

---

① 关于习近平同志对江一真的评价，参见张明俊《一生求真、一心为公的好干部——纪念江一真同志诞辰100周年》（《福建党史月刊》2015年第8期）；《江一真：风雨雷电中的"一根筋"》（《同舟共进》2013年第7期）——编者注
② 老鬼曾作《上虹走了》一文。——编者注

"斋"里奏响《骑兵进行曲》

1964年8月底,开始接新生了,我按要求提前住进学校,准备接待陆续到校报到的新同学。

我接待的第一名新同学叫汤池,是北京七中考来的,由于父母在天津工作,他也住校。在阶梯教室填表登记之后,我们坐着聊了几句。不经意间,我突然发现坐在对面椅子上的他,两腿居然悬空着不能着地。别看汤池个子矮,脑袋瓜特别灵,在课堂提问中,他几乎没打过磕巴儿;而他那一手琴艺,更令人叹服。因此我们的学生宿舍里,经常响起优美的手风琴乐曲声。

那时,四中的学生宿舍在教研组小院的南侧,一个东西长南北窄的院子里,南北各有8间平房,玻璃窗户,但顶棚是纸糊的。这些宿舍都叫"斋",从一排到十六,估计是清末顺天学堂开办时主事者起的文绉绉的名字,这不由让人想起郑板桥"衙斋卧听萧萧竹"的诗句。汤池最爱弹,也是大家最爱听的是《骑兵进行曲》。每当那雄壮明快的节奏和铿锵悦耳的琴声,从汤池的手指间飞出时,大家都有一种陶醉感。但似乎与这"斋"舍的称谓又有些不太搭调。

我们高一(三)班,依然是普通干部和知识分子家庭出身的同学占多数,高级干部的孩子不多。张晓彤的父亲崔月犁,是北京市副市长,好像就是本班家长中最大的领导了。军人家庭的有几个,其中张克难的父亲张廷祯是北京卫戍区的副政委、少将;其他人的父亲都是中级的校级军官。詹叶青、詹藤青是孪生兄弟,一起考进四中,还都分到了我们高一(三)班。班上的真正的工农子弟很少,只有赵崇森、杨艺圃、王来福、王子范等数人。城市贫民家庭的郭景祺家境不好,父亲早亡,母亲没有稳定工作,加上兄弟姊妹多,家里很困难。我曾经去过他家,名副其实的家徒四壁。郭景祺享受了助学金。而助学金的"门槛"是:全家人均月收入不足四元七角。

刚上高一时,我是学习委员,班长是31中考来的吕杰。他比我们大一岁多,很有老大哥的范儿。他体育很棒,上肢都是硬邦邦的腱子肉。后来由于父病、陪护等原因，吕杰请辞班长，我接替了他。

与初中不同，当时班上的团员已经有十多个了。住在我上铺的张晓彤，则担任了学校学生会的副主席。我和这位"上铺"关系很好，有两次周末我没回东郊管庄的家，他就叫我一起去他家。那时他家住在崇文门里路东的后沟胡同东端，那是一个有围墙的大院，里面分布着七八栋小洋楼，住着北京市的几位领导。他家占了其中的一栋，其他家人都住在小楼里，晓彤则住在楼北侧的一间平房里，旁边是餐厅和厨师的宿舍。

晓彤的房子里有一张大床，还有书桌等简单家具，北墙上悬挂着一幅水墨画，上面画了几个硕大的桃子，很亮眼。作者是中华全国总工会主席刘宁一，是他画赠晓彤父亲的，上面还有四句诗，可惜我只记住了首句"琼玉山桃大如斗"。晚上，我俩就在"大如斗"的"桃子"下抵足而眠。

为了奖励我考入四中高中，父母给我买了一辆崭新的飞鸽牌全链套28自行车。近200元，相当于他们一个月的工资，还有15张工业券，那是全家几个月积攒下来的。每周周末，我可以骑着它回东郊管庄的家，周一一早再骑回学校。由于当时路上车少，我走得早，骑得又飞快，近二十公里，最快时只用40分钟。可是那辆新车，当年令人羡慕的"三大件"之一（另外两大件是收音机、缝纫机），我只骑了不到两年，"文革"中到北京大学看朋友时被小偷"顺"走了。

山雨欲来

升入高一没多久，高三一些政治敏感的高级干部子弟认为学校执行的阶级路线有问题，"出身不好的干部、教师重点培养出身不好的学生，排斥干部子弟"；还认为"学校忽视政治教育，重视分数，培养学生走白专道路"……他们要响应伟大领袖毛主席的号召，开展阶级斗争，在学校搞教育革命。据说一起闹的还有六中和八中。

刚刚上高一的我，心里忐忑不安：自己不是"红五类"，学习成绩又一直很好，会不会被列入"白专"之列？听说高三一些班的教室里贴了不少小字报，有批判老师利用课堂宣扬资产阶级情调的，也有批判学生走"白专"道路的。最极端的是给同学扣上了"反动学生"的帽子。最激烈的那个班，不仅小字报批，而且在教室里公开揪斗同学。

对于这次学潮，当时上高三的学长王复兴在回忆录中有记述，以下摘录自王复兴回忆录（摘录时对学生的名字做了模糊处理）：

> 在高三（四）班的一次语文课上，革干子弟宋某某批评语文课老教师程先生讲授朱自清的散文《荷塘月色》是宣扬资产阶级情调，并批判朱自清的《荷塘月色》宣扬脱离阶级斗争的世外桃源，散发小资产阶级情感。
>
> 高三（六）班展开了批判本班白专学生鲁生卫（化名——引者注）的斗争。鲁的父亲是国民党起义人员，时任煤炭工业部参事，应属党外的统战人士，但在当时阶级斗争愈演愈烈的形势下被视为国民党余孽。在教室后墙的小字报（栏），周××同学有篇小字报点名批判同班同学鲁生卫，题目是《撕开伪君子鲁生卫的假面具》，内容开头就是一段耸人听闻的文字："鲁生卫这个伪君子在中山公园光天化日之下耍流氓，侮辱妇女，被我无产阶级专政机关实行了无产阶级专政。今天，撕开伪君子鲁生卫的假面具的时候到了……"（以上文字经多方核实，完全是歪曲事实，但很容易把人搞臭）。小字报接着说，鲁生卫"出身国民党反动家庭，资产阶级思想严重，从不注意改造思想，伪装进步"等等。
>
> 接着在高三（六）班的一次语文课上，干部子弟张某某站起来发言，说他的作文得了2分，他念了作文后，质问语文老师："我的作文只值不及格吗？"（该作文政治立场鲜明，但过于简单，且文不对题）鲁生卫的作文得了5分，高干子弟苏某某举手发言，分析、批判了鲁的作文政治立场有问题。接着张某某又站起来拿起自己的作文本，走到鲁的课桌前，愤怒地把

作文本摔到鲁面前，喝问："鲁生卫，你说，我的作文应该得几分？你的作文应该得几分？"在突如其来的事态面前，鲁懵了，没有回答。张某某当时愤怒地大声喊："你站起来。"鲁站起后，仍然没有说话。这时候，周××大喊，"太嚣张了，把他揪到前面去！"说着，就一手拉着鲁的左臂，一手推着鲁的脖子，连推带搡往讲台那边推。另一同学又抓住鲁的另外一臂，两人一同把鲁推到了讲台。他们用力按鲁的头，让他低头。不知所措的焦老师怯生生地说："鲁生卫，你当众做个检查吧。"苏某某站起来说，"鲁生卫，你必须只检查政治问题，不能避重就轻，转移斗争的政治方向。"鲁慌慌张张、语无伦次地做了检查。

一天，庞××同学给鲁写了一页纸的"规劝信"，内容是要鲁认真对待政治运动，要自觉改造，等等。于是鲁从作业纸上撕下一小条，简单地写道"谢谢，一定按照你说的办"。意想不到的是这竟然是庞××下的一个套。庞立刻写了小字报，题目是《和风细雨可以休矣》，把鲁回的纸条贴了出来，称这是鲁抗拒改造，抵触运动的实际行动，主张对鲁采取疾风暴雨的打击。接着，庞向鲁索要他写的"规劝信"原件，称要和鲁的小条对比张贴，鲁说找不到了（已被鲁销毁了）。于是庞协同周××，在下午的自习课上，周厉声呵斥鲁离开座位，他们两人动手搜查了鲁的书包和课桌，当然什么也没有找到。这次被搜查的屈辱令鲁痛不欲生，到了晚年仍难以忘怀。

为收集鲁的"罪证"，六班七八个人一哄而起去鲁宅抄家。据苏某某回忆，去鲁家拿走了鲁的日记本、笔记本。

紧接着，许多班发生了"夺权"。由高干子弟向家庭出身非红五类的团支书、班长夺权，由革干、革军子弟接管团支书、班长的职权。这是仿效农村"四清"运动的夺权斗争。高三年级有六个班，其中三个班出现了"夺权"。

在学潮中曾发生了一件十分新奇、怪诞的事情。几个外班团支部跨班到高三（二）班发展团员，目的是为着贯彻党的阶级路线，发展一名高干子弟入团。高三（二）班的学生李某某

（时任某省委第一书记之子）不怎么求上进，不是团员。据说有的同学与他开玩笑时，摸他的头玩，嘲笑他，于是有的高干子弟同学说这是反映了阶级感情问题，是仇恨干部子弟。为发展李某某入团，高三各班在阶梯教室召开了"联合团支部大会"，由高三几个外班团支部批准李某某入团。而后高三（二）班团支书任小彬再召开团支部会议，批准、补办了李的入团手续。

…………

学潮初起时，高三的一批高干子弟给中共中央写信，反映学校领导贯彻党的阶级路线有问题。他们写了两封信，一封给中宣部、一封给北京市委。发信一周后，北京市委文教书记张文松出面接见了四中高干子弟三名代表。此次接见，张文松主要是听取意见，了解四中高干子弟想法，以便向彭真汇报。紧接着，北京市委由市委书记处书记、副市长万里出面第二次接见四中高干子弟。过了一二天，会议情况陆续传出，据说万里在会上批评他们是"娃娃""瞎胡闹！""不要党的领导，搞非组织活动"。针对他们反映四中领导培养学生走白专道路，万里说："你们说红2分比白5分好，我看还是白5分好。"万里指着一位学生说："你现在应好好学习才对，我会找你爸爸谈谈。"万里宣布：现在出"安民告示"，北京市委将派工作组进四中。

彭真派工作组进四中，目的是终止学潮，恢复学校正常教学秩序。四中工作队由市委文教书记张文松领导，由市教育局局长李晨带队进校、具体负责。

1965年1月初，工作队在阶梯教室召开了高三年级全体学生大会，工作队队长李晨讲了话。笔者只记住了李晨的一句话："这次运动的性质是社会主义与资本主义两条道路的斗争。"

四中社教一开始，工作队便矛头向下，开展了批斗反动学生的运动。工作队把高三（四）班毕某某定为全高三年级重点批判对象。毕某某是笔者所在班的同学，他来自农村，祖父是富农。他重视学习，不大关心政治。全班召开了批判他的会议，工作队有位李同志在场坐镇。同学们批判毕某某走白专道路，还要他交出家里的"变天账"(指1949年土改前的地契),这是学生们从流传的农村"四清"的故事中学来的。工作队李同志也做了批判毕某某的尖锐发言。

在高三四班一次批判毕某某的会上,大家"逼"毕某某交代反动思想,毕交代不出来就过不了关。再三逼迫之下,毕某某开始顺竿爬,胡说八道,他"供"道:"我曾想混进中南海,炸中南海。""你根本进不去中南海,怎么炸?""有的同学有进出中南海的证,我可以借证件。"毕"供"出反革命思想后,大家就"信"了。"逼供信"之后,自然是一片"打倒"之声。会后有的同学跑去找工作队,要求枪毙毕某某。

当时高三其他各班都召开了批判毕某某的批判会。毕某某被工作组定为"敌我矛盾",被戴上"反动学生"的帽子,不让参加高考,毕业后被发配到北京团河农场劳改。"文革"中,农场曾伙同毕家乡的人,差点把毕某某打死。"文革"后,毕某某找到当年工作队队长李晨,李晨说,"孩子,你受苦了"。李晨为他写了平反证明,而后毕某某由四中接收,做基建工作。

中央关于社教运动的新文件"二十三条"① 下达后,四中的社教便紧急"刹车"了。"二十三条"含有两种精神,一方面有着对刘少奇主持制定的"后十条"中过左倾向纠偏的精神,强调团结大多数干部和群众;另一方面又提出:"运动的重点是整党内走资本主义的当权派。"北京市委只抓前者,强调不能扩大打击面。四中通过传达、学习"二十三条",贯彻纠左精神,对运动进行降温、"刹车"。

---

① "二十三条"即《农村社会主义教育运动中目前提出的一些问题》,1965年1月14日,中共中央印发。文件强调社教运动的重点是整"党内那些走资本主义道路的当权派",要依靠群众大多数、干部大多数,实行群众、干部、工作组三结合。规定城乡社教一律简称"四清":清政治、清经济、清组织、清思想。这一文件对解决干部作风和经济管理等方面的问题起了一定作用,但同时也使"左"的错误得到进一步发展。参见熊月之等编著《大辞海·中国近现代史卷》,上海辞书出版社,2013,第513页。——编者注

1965年1月14日"二十三条"通过当天，北京市委召集六个中学高干子弟"训话"，同时让六个学校的校长、党总支书记、团委书记听会。这六个中学是：四中、六中、八中、师大女附中、女一中、女三中。其中四中、六中正在进行社教，八中正在闹学潮。万里在会上讲了三个钟头，对几个中学的学生运动大泼冷水。万里批评高干子弟"自高自大、自以为是、自由散漫、自由主义，不听党的话"，强调："这个运动必须党来领导……没有党的领导还不是洪秀全、李自成？"还说："你们的父母我都认识，别看你们爸爸比我官大，北京市要听我的。""学生的主要任务是学习，学校要有正常秩序，不能乱来。"

1月21日，彭真在人大会堂河北厅做关于"四清"的报告，提到北京中学的学潮说"干部子弟也要一分为二，学校是党领导的""他们要革命，这种精神是好的，但办法不对""浮动、乱斗要停下来"。

1月22日，李晨向四中全体党员宣讲了"二十三条"。紧接着，工作队对全体学生宣讲了"二十三条"。师生们学习、讨论"二十三条"长达一个月。到了3、4月，四中的社教便停了下来，学校恢复了平静。

…………

（但）四中社教留下了一个严重的后遗症。到了社教后期，四中的领导、党员、教师都唯恐在阶级路线上犯右倾错误，因此宁左勿右……高三毕业生的档案里有"政审意见"这一项，由于这项意见写的"不好"，影响了一些德才兼备、学习优秀的毕业生不能升入大学。

幸运的是，高三的学潮没有影响到我们班时，工作组就进校了，"二十三条"传达贯彻，而后局势就发生了变化，否则我们这些非红五类家庭出身而成绩又好的学生处境都很难说。

政治教育、劳动教育

我所在的高一（三）班，没怎么受学潮的冲击，但我的心理压力还是很大的，担心这股"火"会延烧到我们班。随着工作队进校，"学潮"逐步由高走低，直到彻底平息，我的心情也随之放松下来。

升入高二之后，我在班里的地位不降反升，从学习委员到接任班长，再到当选团支部书记，成为班里的"一把手"。我不红不黑的家庭出身似乎对此没有影响。而被我接替的前团支书王某某倒是货真价实的军队干部子弟。好像主要是因为作风散漫，失去了老师的信任和同学们的拥护。

当然，在"狠抓阶级斗争"的大背景下，我们班也有些微小"动作"。一位性格内向的同学就被认为是"问题"学生，班主任告诉我的主要"依据"是他看了一些不好的书（如《少年维特之烦恼》《莎菲女士的日记》等），情调不太健康。而在我的印象中，那位同学的确不太"阳光"，脸上很少有笑容，经常阴沉着，人也少言寡语。

除了上课，高中阶段的政治活动显然比初中时多了不少。那时真是"英雄辈出"，雷锋、欧阳海、麦贤得、王进喜、陈永贵、焦裕禄，一个接一个。我们都有相应的学习活动。

学校频频组织革命传统和革命精神教育，先后请范长江、吴运铎、王崇伦、李瑞环等老革命、英模人物到学校做报告。李瑞环讲话有口音，也有感染力。在学校简陋的旧礼堂兼饭堂里，坐在台上的李瑞环滔滔不绝，台下的学生们不时发出爽朗的笑声。"学了半天费尔巴哈，弄得我眼泪巴嚓"，这是他学哲学的一句体会，意思是学西方哲学家的著作费力而不实用，而《矛盾论》《实践论》既通俗易懂，又能指导实践。

日常的学英雄行动，主要表现在互帮互助和劳动上。在下乡劳动中，最能集中彰显"英雄气概"。上高一一个月后，我们便被安排到西郊的永丰屯公社劳动，与贫下中农"三同"（同吃、同住、同劳动)。白天要跟着"把式"(指干农活的行家里手,北京土话)下地干农活,收白薯和平整土地;晚上接受贫下中农诉苦教育。一次,一位老农诉苦诉"偏"了方向,倾吐的都是"大饥荒"时期挨饿的苦水。而一位成分是中农的"把式"还给我们讲了解放前他在城里拉车时,亲眼看到一个车夫因打赌吃肉包子差点儿"被撑死"的故事。

1964年10月16日发生的两件大事——中国成功爆炸第一颗原子弹和苏联赫鲁晓夫下台,我都是在永丰屯从大喇叭中得知的。寒假期间,张晓彤还组织了一次回访永丰屯活动,十几个同学顶着西北风骑车到村里,和老乡干了一阵子农活,下午又骑车返城。

上高二后的劳动是挖京密引水渠。1965年冬天,我们先背着行李乘火车到顺义牛栏山,然后步行到怀柔的桃山村,行李由马车运。我们吃住的桃山村,离西边的引水渠工地有二十多里远,每天要步行往返到工地上去挖土、抬土。由于冬天昼短夜长,天不亮就起床、吃早饭,然后扛着工具、顶着寒风往工地走。近十点到工地后稍微休息一会儿就干活儿,从渠底挖几锹冻土装在柳条筐里,两个人抬着沿斜坡往上走,把土倒在渠顶外侧,再抬着空筐回渠底。如此反复三四趟,就该吃午饭了。午饭大都是炊事员从二三十里外驻地送来的包子,由于用厚棉被裹着,那包子还是温乎的。午饭后也就再挖抬两趟,三点来钟,太阳偏西时就收工往回走了。到驻地时,天已经大黑。吃过晚饭,同学们就各自返回住户,洗洗睡了。干的活儿不算太累,但往返路程太远,很乏人。

我和几位同学住在一个富裕中农家里。中间是堂屋,东西各一间卧房,靠窗是土炕。房东家的人住在东屋,主妇自然在堂屋东侧的锅台烧火做饭,顺便也烧热了里面的土炕。我们西屋的炕冰凉。为此,我们提意见,上纲上线说富裕中农对劳动的学生缺乏阶级感情。由于炕小人多,大家挤着睡,也没感觉太冷,只是早上起床时冻得挺难受。那次劳动吃饭不限量,平时一顿四两主食的饭量,普遍有增长,二两一个的大馒头、包子或窝头,一般都能吃三个。有人一顿吃了七个窝头;还有人吃六个大包子外加两大碗粥!

劳动中间的休息日，我和几位同学步行二十几里到怀柔县城逛了逛。在去怀柔县城的路上，我们路过一个叫高各庄的村子。那个村历史上可能辉煌过，村里有几个大门楼修得很有些气势。但怀柔县城真小，两条窄窄的街道交会处就是"市中心"。县城里都是小平房，仅有的几家商店，门脸很小，土里土气，商品除了油盐酱醋，就是铁锹、耙子、筐……县政府在一个老院子里，据说是过去的县衙门。县城没多会儿就逛完了。逛的时间比路上时间少得多，但相比两年多前在永定河河滩植树顺带逛宛平县城，还是多用了些时间。宛平县城更加袖珍，东西向一条小街，用不了五分钟就从东头走到西头。大概因为是"七七事变"发生地，城墙得到比较好的保护，矩形的城墙基本完好。

　　也是在高一时，我们班还举办了一次"忆苦思甜"活动，王子范的母亲曾在旧上海纺织厂里做工，她给我们做了忆苦思甜报告。之后我们还特意请学校伙房做了麦麸子的窝窝，每人一个，粗拉拉的麦麸实在难以下咽，整个吃下肚的没几个人。

　　大约是1965年底，通过张晓彤联系，我们还跟时传祥清洁队的队员们去淘了一次大粪。背着空桶走一点儿事也没有，等深入居民院落把厕所里的屎尿都装满桶子，麻烦就大了。由于一点儿经验也没有，加上肩膀力气不够，大桶里的粪水"特别不听话"，随着迈步不断晃荡，粪汤子都溅进了脖颈子。当然，谁也不敢当众说"臭"。而就在这之前，副市长万里、崔月犁等领导也亲自体验过淘大粪的辛苦。

　　为了改善教学、锻炼条件，学校自己动手干了一些事情，最大的举动就是在校门南侧的一块原来的菜地上修建游泳池。由于受周边环境限制，游泳池只有20来米见方体量。我们都参加了挖土，修成后也都享受了劳动成果。池子太窄小，很难游痛快，但毕竟是在自己"家"里，而且是自己动手修建的。难忘的一幕奇景是，教俄语的凌石军老师，多次在狭小的泳池里表演"独门绝技"——仰躺在水面上看报纸，手脚一动不动。几十年过去了，他挺着白肚皮的悠闲神态，还不时浮现在眼前。

京城的"最后"棺葬

1965年,从春到夏,我经历了两次丧事。先是二姑婆(我母亲的姑姑)的。这位年逾八旬的老人1961年从南京回到北京两年后,一次解手坐马桶时不慎坐空,摔断了髋骨,在室内扶杖蹭走几个月后,就不能下床了。终日在床上倚坐的她,坚持每天早课,照常念经,以颔首代替磕头。有时还把桌子放到床前,参与方城之戏。由于活动大幅度减少,二姑婆的身体状况每况愈下,越来越消瘦,但精神一直很好。1965年春天,87岁高龄的二姑婆真是灯油耗尽,一天突然叫老保姆给她洗澡,说"我快要走了"。洗过澡后,老人便进入半昏迷状态,但嘴里还喏喏地念着佛号,直到气息一点点微弱地逝去。保姆高妈说,托起老太太的身子擦洗时,她感到就剩一把骨头了,只有三十多斤重。

老人的丧事办得很隆重。穿戴齐整的老人,先是停放在睡床上,覆盖着淡黄色的经被,接受亲友们的吊唁。入殓那天,诸多至亲在场,老人被平稳放进寿材后,不仅覆盖了三重被盖,而且四周用99个白绸软包塞紧。大家最后一次瞻仰了老人的遗容后,工匠把棺材的子盖嵌进盖槽。在众人的哭号声中,厚厚的棺盖合上,并以燕尾榫钉紧。二姑婆的灵柩在家里停放了七天,除家人每天早晚上香、烧纸、叩拜外,工匠还给棺材上了三道黑漆。出殡正值清明节前后,几十位亲戚前往西郊玉泉山西北侧的贾氏茔地送灵。贾氏原籍山西夏县,祖坟也在那边。西郊的这块茔地是外公那一代购置的,茔地四周全是果树,当时桃花开得正盛。二姑婆的棺材坑就挖在几棵桃树之间。下葬、填土、起坟后,大家一起行礼。看坟的赵德海说,得经过一两个夏天,雨水淋浇,坟上的虚土完全沉实后,再用砖石砌墓、立碑。

茔地里的坟头一律坐北朝南,东南不远处就是巍峨的玉泉山宝塔。不到三十岁就孀居的二姑婆,在度过了漫长的六十年后,是该好好安息了……但没想到仅仅一年后,"文化大革命"的风暴就席卷全国，这片静谧的私家茔地也遭遇"破四旧"的铁锤铁铲，先被夷为平地，几年后盖起了一栋栋楼房。

二姑婆过世仅仅四个月后，我的祖父度过77周岁生日之后两三天，因中风在上厕所时摔倒，随后瘫痪。开始几天，他的弟弟、我的叔祖父坚持请中医施救，想借助名医之术使祖父度过此劫。但诊脉之后，那位老中医默不作声，只开了一丸药的方子，就告辞了。叔祖父看看药方上的"局方至宝"四个字后摇摇头说，看来是真没办法了。

我按方买回药，开水研磨碎后用小勺喂祖父，但他已经不能吞咽。而后，在母亲的力主下，祖父被送到友谊医院抢救，一个星期后，老人离世。原本父母亲、叔叔和我们兄弟的一致意见是实行火葬，但同样有顽固老脑筋的叔祖父不干了，非要棺葬不可。没办法，我们只能顺从，立即分头行动，我陪母亲去选购棺木，准备装裹；叔祖父带着父亲去"老家"落实坟地和下葬事宜。

棺材铺里是两个极端，要么是高档木料的寿材，价格异常昂贵，动辄近千元（当时可以在北京城区买三间房子），要么是几十元的薄板木匣，不堪入目。我们正为难时，一位店员说，请到后边看看，有一个正在赶工的，也许合适。到前店后厂的里边一看，木匠正在对一口棺材做最后清工，样子、质量、170元的价格，都可以接受。于是当即决定购买。一天后，载着祖父灵柩的卡车驶过"祖坟"所在地大兴县采育镇小黑本儿村时，我发现不少人家院门上都悬挂着白纸穗，便不解地问，怎么这个村里也在办丧事？叔祖父回答道：哪还有别人啊，都是给你爷爷"挂孝"呐。原来都是沾点儿边的"老亲"。这次是真的"落叶归根"了。在村子西边的一个水塘旁，一个土坑已经挖好，放进棺材，上盖离地面就只有二三十厘米了。为什么不挖深些？叔祖父说，再深就要出水了。为什么不离水塘远一些？这里的风水好，面对水塘，而水塘那边原来有个戏台……

最上首，是曾祖母的坟头，往下些的右侧是伯祖父祖母的坟头，祖父被葬在了与其相对的左侧。坟头起好后，我们依次行礼。还是叔祖父，行过礼后，对着祖父的坟头说：二哥，我对得起你啦！（指的是遗体没被"火烧")再过些时候,我也会来陪你们。他指了指伯祖父坟头下首的位置说,我在那边。

在二姑婆和祖父"入土为安"后不到半年,"文革"爆发,棺葬被当作"四旧习俗"彻底破除。可以说,二姑婆和祖父的棺葬是北京城市居民"最后"的合法棺葬了。此后城里人虽然还有棺葬,但都是违法的。1971年、1974年,我的叔祖父吴翰忱、大伯父吴崇礼先后去世,一位是用铺板制作的木匣装殓,一位是用家里的大躺箱当棺材,都是自家人深更半夜偷偷摸摸地用平板三轮车拉到大兴县采育镇小黑本儿村,埋进坟地的。而后去世的老人,别说装棺材土葬,就连自家的坟地也都没进了。我外婆那口早早预备下的大寿材,1966年"破四旧"时被街道没收,1970年老人去世后火葬,骨灰被悄悄掩埋。1972年初六姨去世火化后,骨灰被撒进一个公园的湖水中⋯⋯

其实,在二姑婆和祖父去世之前几年,我还见过一位名人的棺材。那是1961年8月,我小学毕业后的暑假中。一天我在什刹海游泳场游泳后回家,路过地安门十字路口东侧的一家棺材铺门口时,发现许多人正聚在一堆围看什么,我也好奇地挤进去探看。大家围着的是一口棺材。几个棺材铺的伙计正忙着给那口不大的棺材挂黄缎子衬里。突然听到人群中有人感叹道:"别瞧这口寿材不大,贵重得很呐,至少得一万多块钱呐!"接着又有人说:"板子不算厚,也就三寸,可是阴沉木的,镶的是金丝楠的里子。"我只听过阴沉木,从没见过,于是仔细端详那棺材的外帮,果然不同,是暗灰色的,透着一点儿墨绿。而其他松柏杉木料制作的寿材,一般都是黄黄的木材本色。梅兰芳病逝了,离我看他演出《贵妃醉酒》还不满一年,那是我唯一一次看他的演出。想到这儿,一缕哀伤不由自主地涌上心头⋯⋯

"文革"中,梅兰芳在碧云寺东侧万花山的墓地也遭到损毁。著名京剧大家马连良1966年"文革"中被迫害惨死,当时无法以回族习俗土葬,而后在梅兰芳夫人福芝芳的关照下,将其骨灰安葬于梅兰芳墓东边的山坡上。

不知道为何而欢庆

随着高三发展第一批学生党员,高二的一些学生干部也"跃跃欲试"。这中间,担任了校学生会副主席、品学兼优的张晓彤毫无疑问地位列第一,而六个班的团支部书记也在被"培养"之列。由于与张晓彤同班又同"斋",我自认为具有"领先优势"。因此在各方面都不放松,全心全意"以实际行动接受党的考察"。本身还不是党员的班主任刘老师,对晓彤推崇有加,对我也经常鼓励。进入高二的我,可以说是同时做着两个梦:中学"入党梦"和考进"清华梦"。如果没有"文革",这两个"梦"都可能实现。

1965年底开始,大气候开始发生变化,以姚文元的《评新编历史剧〈海瑞罢官〉》为导火线,一波波批判此起彼伏。电影《早春二月》《舞台姐妹》是宣扬资产阶级情调和阶级调和论的"大毒草";杨献珍的"合二而一"论是公开反对毛主席的"一分为二";《海瑞骂皇帝》是指桑骂槐恶毒攻击伟大领袖;《海瑞罢官》是为庐山会议被罢官的彭德怀鸣不平、鼓动"右倾翻案风";《李慧娘》则是借"鬼"发泄对党的不满与仇恨;写《燕山夜话》《三家村札记》的都是反党分子……积极争取入党的我,无法也不能置身事外,必须关心政治形势,响应党中央、毛主席的号召,踊跃投入斗争。张晓彤、张浩云和我一起深入挖掘《舞台姐妹》的"反动内涵",认为这部电影不仅是宣扬资产阶级情调,还有恶毒的政治目的,是用"历史舞台"的黑恶影射现实政治舞台上的斗争。为此我们还起草了一篇"深入揭露"的批判文稿,亲自送到四中西侧当时的《解放军报》社,当面向有关编辑陈述了我们的观点。

社会上风起云涌,学校里也不安生。高三的薄熙永等几个同学,当堂对某老师讲课表示不满,公然退场,到操场上踢足球去了!不知所措的老师向校长兼党支部书记杨滨汇报后,杨校长若有所思地说,这肯定是在家里看到有关的中央文件了(指毛泽东与毛远新有关教育问题的谈话纪要)。此外,同学中还私下传着一些"流言",

例如毛主席对中宣部工作不满意、对北京市委"有看法",陆定一的夫人告"黑状"诬陷林彪夫人叶群,《人民日报》前总编辑邓拓"畏罪自杀",等等。总之,政治大气候、暗传的小道"消息",都预示着真是"风雨欲来"了。但何时来、以什么形式来,谁也不清楚。大家似乎都在懵懵懂懂地等待着,等待什么?不清楚。

沉闷,终于被一声炸雷打破。1966年6月1日,《人民日报》发表了《横扫一切牛鬼蛇神》的社论,四中校园里随之迅速贴满了质问、批判学校领导执行修正主义教育路线和"压制革命热情""抵制革命行动"的大字报。我和张晓彤、张浩云不甘落后地率先贴出批判校领导的大字报,署名"吴浩彤"(三人姓名各取一字)。

可是没过几天,随着中央宣布改组北京市委,张晓彤一下子由热情满满变得情绪低沉,因为他的父亲被划进彭真的"黑帮"而"靠边站"了;担任北京实验京剧团领导的母亲,也因在文艺单位而最先受到冲击。面对突然的大变故,我们都猝不及防,不知如何应对。

校领导瘫痪,孔丹、秦晓等高三年级的学生干部,很快联手临时接管了学校。但这种"真空"状态只维持了短短几天,上面便派来了工作组,组长是共青团中央的一位部长,姓刘。有了1964年"社教"的经历,我很期盼工作组进驻;而工作组进校后,运动的确很快就进入"正轨",主要内容是对杨滨为首的校领导开展大批判。与此同时,北京的学校陆续都派进了工作组,随着运动的深入,身边不断发生变化,最明显的是,一些不是军队家庭出身的同学,也换上了不知从哪儿弄来的全身旧军装。有区别的装束,让人感到心中不安。

在工作组领导下,批判修正主义教育路线,自然而然地涉及一些"典型"人物,除了校领导,还有两类典型,一类是公认的业务尖子,一类是家庭出身不好又"与学生为敌"的老师。当然有"历史污点"的老师更逃不脱。

让人没想到的是,就连校医室也成为批判对象。不知哪位"高人"给校医室屋门"装饰"了一番:贴在两边门框的对联是"阿司匹林包治百病,二百二十起死回生",横批是"解方程"(校医姓解,两位护士分别姓方和程)。令人想笑又笑不出来的是屋门正中的那幅漫画:一个学生捂着肚子说:"程护士,我肚子疼。"被丑化的程护士说:"过来,我给你抹点红药水!"此外,还有人揭发说,解某某是原来国民党军队的兽医,是"解放兵",让国民党兽医给新中国中学生看病,是居心叵测。

  学生中的最大变化就是,一些同学成为批判对象。而我则被合乎逻辑地"夺了权"。由于我属于错误教育路线下重点培养的"苗子",家庭出身又不是"红五类",一些人认为我不适合继续担任班干部,应该改选换人。令人尴尬的是,在团支部改选会议上,我虽然没被提名为候选人,但我得的票数仍然高居第二。我坚持退出,完全由"红五类"子弟组成的新团支部委员会得以建立。与此同时,一些班还实施了"火线入团"措施,把那些"受修正主义路线压制"的"红二代",立即吸收进组织。

  退出团支部班子,我是心甘情愿的,一是当时的政治形势已经不容我这样的人继续"掌权",二是家里也"起火"了。我父亲由于是单位业余京剧团的组织者兼主演,运动一开始便受到猛烈冲击。揭发、批判他的大字报调门很高,与我们批判《舞台姐妹》一样,都不是停留在宣扬资产阶级情调、封建主义糟粕的低层面,而是提到了配合阶级敌人翻案、反攻倒算的政治高度。对父亲的挨批,我早有思想准备,也颇有怨气。因此在一次回家时,很不客气地要求父亲"交代问题""认错认罪";还用报纸写了四个大字"低头思过",贴在厨房的饭桌旁边,告诫他正确对待群众,不要抵触、辩解。那时,我是真心认为他有错,该受批判的。同样,也是在这种认识驱使下,我在学校给班主任刘老师贴了一张大字报,认为她执行了修正主义教育路线,重点培养了我,而"排斥"了革命军人出身的王某某。这是"文革"中,我写的唯一一张针对个人的大字报。这张错误的大字报,给刘老师带来深深的伤害。1972年我从西藏回内地休假期间返回四中,想当面向刘老师道歉,可她已经调走了。我只能在心里向她表达深深的歉意了。

几乎与此同时，我还参加了一次"输出革命"：从实验二小一起考进四中的同班同学何某某联系了几位小学校友，回小学支援那里的"革命派"造"当权派"的反。我不好推辞，就和郑友增等几名校友一起回到实验二小。一些年轻老师很激愤地诉说了校领导（校长褚连山、党支书胡汉娟，后者是我上小学时的音乐老师）"压制革命"的"恶劣表现"，决定先"夺权"，然后"逼迫"上级派工作组来学校领导运动。我们支持他们的意见，帮助制定了"夺权"方案。第二天实施"夺权"后，我代表校友在大会上做了简短的发言。而后学校组织了几个小型批判会。但我听了一些批判、控诉发言后，明显感觉带有极强的个人恩怨和心理扭曲情绪。我和郑友增不想介入老师之间复杂的人事纠纷，更不想胡揭乱批，于是就决定不再出声，并尽快撤离。临离开小学时，我对小学的临时负责人说，千万不要胡批乱斗，工作组来后，坚决服从工作组的领导。

6月中的一天，广播中传来了废除高考制度的消息。四中为此再次扬名，因为那封要求废考的信就是四中高三学生（预先得知北京女一中已经上书中央要求改革高考制度，中央有认同倾向性意见）撰写、刘源带回家放在当时主持中央工作的刘少奇的办公桌上的。已经被"革命烈火"烧烤晕乎的我，也莫名兴奋地加入欢庆行列。几个小时站在校门口，不断敲打锣鼓，迎接一拨拨前来祝贺、致敬的兄弟学校的代表。

欢庆什么呢？我不清楚。

群众自己闹革命

"革命"形势逼人，很多事情猝不及防。记得大约是7月29号，校方统一安排全校师生，带着行李到西山林场参加义务劳动。那天下着雨，安顿好住处，已经是下午，冒着蒙蒙细雨，我和几个同学利用晚饭前的空闲时间，到附近"逛逛"。离住处不远有一座清朝王爷的墓园，地面建筑早已残破不堪，唯有高大的墓碑还稳稳地立着（几十年后，知道那是"瑞王坟"，墓主是瑞敏郡王爱新觉罗·奕志,咸丰皇帝的堂兄弟)。

没想到,刚回到住处准备吃晚饭时,就接到了"马上返回学校"的紧急指令。大队人马,冒雨一天往返,真像是部队演练。回校后,很快得知就在前一天,毛泽东下令立即撤出所有工作组,放手让群众"自己闹革命"。

随着工作组的仓促撤离,学校进入无政府状态,几天之后,"老子英雄儿好汉,老子反动儿混蛋"的对联风靡北京,蔓延全国。在一次辩论会上,在沉重的思想压力下,我被迫表态拥护对联、认真改造思想。而初三的牛硕儒(后改名牛耕)跳上台明确反对对联。一名穿军装的干部子弟厉声问道:你是什么出身?!牛硕儒斜昂着头回答:城市贫民。质问者没再发威。我真从心里佩服牛硕儒。

8月4日,又一个重要转折点。我正在教室里和同学议论"文革"形势,突然听到教研组小院方向传来嘈杂混乱的喧闹声,待我跑步赶到时,只见一群穿军装的低年级学生正围着一个人暴打。挤上去一看,发现瘫坐在地上的竟是校长杨滨!她浑身上下沾满泥灰,头发凌乱,脸上多处划伤。四周的皮带和皮靴不断落在她的身上。而后,陆续有二十多个戴上高帽、挂上牌子的校领导和老师等被拉进游斗、殴打行列。其中两个人最引人注目,一是做后勤杂务的工友曹师傅,据说是"漏网地主",也戴帽、挂牌并敲打着破锣,走在牛鬼蛇神队伍中;另一是副校长刘某某,在合唱"牛鬼蛇神歌"时嗓音最嘹亮。谁会想到,一向以校风淳朴、文雅出名的四中,居然开了武斗校领导和老师的先河!

就在四中武斗校长、老师的第二天,与四中一同被视为"男女双排头兵"的师大女附中,发生了将校党支部书记、副校长卞仲耘殴打致死的惨案。

8月18日凌晨,我们得到立即前往天安门广场的指令,大家深夜步行来到广场正中的旗杆下集结。随着天色渐明,学生队伍从四面八方涌入广场。突然,天安门城楼上响起了"毛主席万岁"的欢呼声,一群身着绿军装的人缓缓走向城门楼中央。我睁大眼睛寻找毛主席,终于确定那位也穿了绿军服、频频招手的高个子就是他!

此前我一直在找穿灰中山装的伟人，怎么也没想到他老人家也换装了。欢呼的热浪从城楼上传到城楼下，又传过金水桥，迅速漫向整个广场。大喇叭中间或传出毛泽东那带有湖南腔的"人民万岁！"声。林彪代表党中央发表讲话，"横扫一切牛鬼蛇神"铿锵有力，响彻云霄。站在广场最北沿、金水桥南侧的我，在毛主席的感召、林彪的煽动下，热血沸腾，精神亢奋，决心更加积极地投入这场史无前例的伟大斗争。而在全场欢腾的热浪中，我注意到了身着淡蓝色中山装的刘少奇与毛泽东相隔五六个人站在东侧。这也许就是后来时兴的名词"靠边站"的由来。

接受完检阅回到学校后，大家才陆续得知孔丹、秦晓等学生干部上了天安门。而毛主席支持"红卫兵"的实际举动，不仅使形形色色的红卫兵组织不断涌现，也把"大破四旧、横扫牛鬼蛇神"的飓风从学校推向社会，迅即席卷全国。北京城自此刮起抄家风、武斗风、遣返风。

"文革"中，我参加过"两次半"抄家。那"半次"是四中西侧西皇城根街道的革命派到学校请我们去的，说其他学校的红卫兵先根据群众举报线索，抄了一个旧社会大烟贩子的家，但什么有价值的东西也没抄出来，就把大烟贩子的老婆（烟贩已死多年）遣送回老家了。他们请我们再仔细搜一搜，也许能有大收获。

在他们的引领下，我们走进一个坐西朝东的院落，在"西为上"的几间屋子上下左右反复翻找、敲打，最后锁定最北侧厨房的大灶台。这个七八平方米的小屋里，砌着一个特别大的灶台，中间卧着一口半米多直径的大铁锅，挡住了半个房门，很怪异。没有多少人吃饭，要这么大的灶台干什么？既然没实际用途又挡路，为什么一直放着不拆掉？从它我们联想到《地道战》电影里掩藏在灶台下面的地道口，于是大家一起动手，三下五除二把灶台拆了。很令人失望，灶台下面并没有想象中的"黑洞"，而是硬邦邦的砖地。大家不甘心，继续用十字镐刨砖。终于有发现啦！刨完砖，再刨土，没多深，镐头刨到了一块木板上，发出咚咚的空响。大家兴奋地扩大刨面，一个圆形木盖逐渐露了出来。一名同学等不及了，用力一刨，在木盖上凿了个碗口大的窟窿。用手掏，下面是一口大缸，里面全是黄酱一样的黏稠物，还带有油性。大家七嘴八舌地猜测，难道这里面埋的是枪支弹药，用油脂泡着防止生锈？木盖整个掀开后，一个同学用木棍用力在缸里搅和、捣杵，可没发现什么硬物。突然，一个街道上的中年男人说，这会不会是大烟膏啊？

大家如梦初醒，提出赶快叫派出所来人看看。不一会儿，一位四十多岁的警察走进院子，还没进屋，他就说，肯定是大烟、肯定是大烟，闻闻这味儿就知道了。走到厨房里，他用细木棍挑了一点儿"黄酱"放在香烟盒内层的锡纸上，然后用火柴烧锡纸下部，上面的"黄酱"呲呲发声并冒出缕缕青烟，那位警察一边吸闻一边说，你们闻闻，这味儿多香啊。而站在旁边的我，没感觉有多香，只闻到一股类似炒黄豆的味道。"旧社会，大烟膏与黄金等价，这一缸大烟膏得有上百斤，得值多少钱啊！"警察感叹道。一段时间后，北京展览馆举办了红卫兵"破四旧"成果展，这缸大烟膏作为重要展品，展示了"抄家"的"伟大功绩"。

另外两次抄家，也是应邀去的。一次是同班的一位干部子弟为了表示与父母亲"划清界限"，要求班上同学到他家"搜抄"。我们来到北京站西侧大院里的那座小楼，显然，整个"黑帮骨干"的家已经被北京市的"造反派"们抄过，我们不过是走走形式。两件事让我终生难忘，一是就在我们去的前一两天，被扬言要"遣送回乡下老家"的同学外婆，在小楼的一间房子里自杀了！老太太离家几十年了，那边早就没有了任何亲人，如果真被"遣返"，她根本无法生活……另一件事是，同学的父亲被通知在客厅等候批判，抄家整个过程他都在那里低头站着。我们能批什么呢？也就是喊几句口号，例如"彻底交代反革命罪行""顽固抵抗死路一条"，等等。同学上初一的小弟弟突然把一瓶蓝墨水兜头淋在他父亲的头上，弄得他满脸都是。我实在看不下去这种"划清界限"的实际行动。但无论是同学的"邀请"还是小弟的"泼墨"，都是异常高压下的不得已行为啊。我的一名初中同班同学，据说曾把当过日文翻译的父母亲，吊起来用皮带抽打……

同班的刘某，是个不善言辞的大男孩。他父亲是中央某部的工程师，以前是开办工厂的民族资本家。在"抄家"风暴中，他也主动"邀请"班上同学"帮忙"去抄家，以防被其他社会势力"武抄"。我们走进和平门西北侧一条胡同路南的刘家。那是一个很齐整的小院，"南为上"的三间正房就是刘家。刘某父亲没在，只有他母亲战战兢兢地接待受邀前来抄家的我们。外间屋中间放着一只大箱子，里面是裘皮大衣、皮高跟鞋等，靠南墙的方桌上摆着一个长木匣。刘母把几位同学叫到桌前，并让刘某走开。我们说，就让他一起看看吧。刘母打开盒盖，里面竟是满满一盒金首饰和金条！刘母说，这些东西刘某都没看过，一直瞒着他；这是我们家过去的积蓄，请你们都拿走交给国家吧。我以前最多见过老人戴着的金耳环或金戒指。而眼前的这个盒子里，不仅有一堆金戒指、金项链，还有十几对不同样式的金手镯。靠盒子边的是一溜金条，稍大一些的是金砖。以前我以为金砖真像砌墙的砖头那么大呢，没想到才这么小，也就是四五厘米长、两厘米宽、一厘米厚。怎么办？简短商量后，我们决定衣物就先放在家里，请刘某父亲单位来处理；黄金则由刘某拿着，两位同学陪同一起去附近的银行上缴给国家。我没跟着去银行，据陪同的同学说，银行逐一仔细称重，然后入库，一共有近4000克。银行给刘某打了收据。

这两次受邀的"文抄"中，既没打人，也没发生"私吞"。当时的抄家像这样"温良恭俭让"的极少。打人、毁物、私吞等劣行多有发生。无数珍贵书画、文物被当场焚烧、砸碎，有的名贵手表被抄家者据为己有；很多不甘受辱者被打死打伤，或含冤自尽……四中的一名军队干部子弟，拿着抄来的便携式摄影机（有毛病，不能使用），来到"牛棚"，对着被剪了"阴阳头"的汪含英老师"拍摄"。不堪凌辱的汪老师没几天就与同是四中老师的丈夫苏亭午（数学教研组组长、一级教师）一起喝"敌敌畏"自杀了。

我家虽然没有被抄家，但父亲被编入"牛鬼蛇神"行列，自己每天定时戴上高帽、挂上黑牌，与一些"同类"在单位大院里敲着锣"游街"，接受群众批判。父母亲在家里做了"四旧"清理，把两副精致的麻将牌悄悄扔进粪池，烧毁了沈兼士（民国时的著名教授、国学家）写给祖母的条幅、父亲的大量戏装照片和家里的许多老照片，包括父母亲的婚纱照。

这场以"文化"命名的"大革命"，其实是"文武兼备"，不仅"触及灵魂"，而且"触及皮肉""触及财产"。

据说是"为了制止混乱"，四中的孔丹、秦晓和八中的陈小鲁等人，在8月底发起成立了"首都红卫兵西城区纠察队"（简称"西纠"），接连发布了十号通令……虽然这些"通令"对遏制乱揪、乱斗、乱抄、乱打起了一定作用，但凌驾于所有红卫兵之上的特殊姿态，很快受到多方质疑。其中一个声音是，他们在"镇压革命""打击造反派"。我的同班同学王某某担任了"西纠"的组长。"西纠"之后，"东纠""海纠"也相继成立。对于"西纠"的情况，孔丹等人有详细的记述，没有亲身经历的我就不再做转述了。

煤炭工业部部长张霖之被批斗致死；老舍不堪凌辱跳了太平湖；某某某在批斗中被打断了几根肋骨；真事加传言，使北京城笼罩在一片肃杀气氛中，人人自危。在一次批斗校长杨滨的大会上，一名体育老师指着杨滨厉声说道："杨滨，你胆敢反对解放军！"之后便握拳扬臂高呼"打倒解放军！"全场惊愕，那位老师反应过来后，吓得面如土色，立即弯着腰连说："我有罪，我向毛主席请罪……"豆大的汗珠顺着他的面颊往下滚。

我也有一次类似的经历：在一次小会上，我介绍新近一些中央领导喊出的"新口号"，其中有一句叶群喊的是："誓死捍卫江青同志，谁反对江青同志就打倒谁！"而我说对了前半句，却把后半句误说成了"打倒江青同志！"幸亏是在小范围，我当即改正、检讨，在场的老师只批评了两句就过去了，大家也没抓住不放。但会后好长时间我心有余悸。

让我担惊受怕的还有一件事。一次我和两三位同班同学在宿舍里悄悄议论外面传的一张署名"伊林、涤西"的大字报内容。大字报作者以俄罗斯一个列宁生前极力吹捧，列宁死后又疯狂反对列宁的人为例，认为林彪在做着同样的事情……没想到的是，这一私下的"议论"几天后被人用大字报揭发了。虽然没点名,但暗示很明显,矛头就是指向我的。估计"揭发者"是听的"传言",面对我们几个当事人的矢口否认,也没法进一步深究。从那以后,我更加谨言慎行。

四中高一学生刘辉宣谱写的《红卫兵战歌》"应时而生",那首歌最后一段是:"老子英雄儿好汉,老子反动儿混蛋,要是革命你就站过来,要是不革命你就滚他妈的蛋!"每次合唱,演唱者都会声嘶力竭地不断重复"滚他妈的蛋"。那声响,实在令人难受。别说出身"黑五类"的同学,就是我们这些家庭不红不黑的,一听到那歌声,都不由自主地心里发紧。

"血统论"虽然被周恩来等中央领导公开否定,但实际仍在大范围流行。为了显示血统的高低,一些人以佩戴的红袖章宽度、质地为区别。一般干部、军人子弟佩戴普通宽度、红布的;中级干部、军人子弟佩戴略宽、红绸子的;高级干部、军人子弟佩戴更宽、红缎子的。听说最高级的袖章足有半尺宽,是红呢子的。在这种狂嚣之中,"联动"开始孕育,1966年底到1967年初,接连上演了私设"刑堂""牢房",结队骑车街头嚣闹,数次冲击公安部等一系列闹剧。

走在串联的大路小路上

从8月18日到11月底,毛泽东主席先后8次检阅红卫兵。全国大学、中学学生、教师,源源不断地涌进北京。北京的学校纷纷进入"接待状态",大批判等活动停歇,学生则一批批走向全国各地"传播火种""串联革命"。刚开始,外出串联属于"红五类"的专利,后来很快冲破界限。

我和同班同学赵大生,是较早萌生外出串联念头的,理由是"凭什么只许他们出去,不准我们走",实际是在自觉不自觉地争取一种平等的权利。大约9月上旬,经过几天观察后,我们背着一个书包、毅然跟着外地返乡的大拨学生涌进北京火车站,无明确目的地地挤上了开往西安的火车，经过一昼夜旅途，于第二天傍晚到达西安火车站。一路"顺风"的我们，没想到在出站口遇到了麻烦，由于没有车票，先被检票人员拦下，后被带进一间办公室接受几个当地绿军装红卫兵的盘问："从哪儿来的？""北京。""什么出身？"这一问把我俩问懵了，迟疑片刻后回答："职员。""非红五类不准串联，回北京去！"我们就这样被挡在了车站里，很快被"送"上了回北京的火车。北京西安一个往返，一共三天。尽管被"驱赶"回来，但我们并不气馁，毕竟这是1951年我从湖南进北京后，第一次出北京啊。

在回来的路上，我俩私下嘀咕，咱们就是太老实，如果回答是"工人"或"革干"不就放行了，他们上哪儿核查去？！但是我们一是从没说过谎，二是的确没有说谎的胆儿。如果真被查出是假的，那可就大难临头了。还是老实点儿好。回到北京后，我俩不甘心，就商量着再次"外闯"。几天后我们又出发了，这次一起"外闯"的还有同班的张定诗。记得赵大生说了这样一句话，列宁当年是藏在火车水箱里躲过检查的，我们也得学学这种劲头，想办法出去！

这次是上了直达重庆的火车，有第一次垫底，我们老练了许多。列车路过西安时，我还有一种胜利的自豪感。两天两夜，火车终于开进了重庆车站。随着人流，我们顺利过关出站，出站口的缆车清楚地告诉我们（重庆老火车站，乘坐缆车才能出站）：山城终于到啦！在接待站登记时，我们没有撒谎，家庭出身都填的是"职员"，没受到任何盘问和责难。重庆显然没有西安那么"革命"。

亢奋的情绪，支撑我们不知劳累地四处奔跑：白天到沙坪坝一带的重庆大学等去看大字报，到歌乐山白公馆、渣滓洞去接受革命教育；夜晚到市中心解放碑广场，参加市民集会，聆听大辩论……那时住宿不要钱，接待站的伙食费是每天三角一，顿顿籼米饭，"两菜一汤"基本没荤腥，餐桌上常备佐餐之物是油炸辣椒面。只试吃了一次的"红油担担面"，把我们仨都弄得眼泪直淌，连半碗都没下肚。

重庆的潮湿，实在让人吃不消，衬衣洗后晾三天还是潮的。那三天里，阴沉沉的山城，一分钟太阳也没见。"串联"的主要内容已经完成，我们收起潮乎乎的衣服告别重庆，路经贵阳，奔向广州。在贵阳主要也是"革命串联"，步行十几里去贵州工学院等大学看大字报、听辩论会。幼时跟父母亲在贵阳生活的张定诗，带着我们去远望了一下残旧的贵阳"地标"——甲秀楼。

抵达广州是晚上八九点钟，在火车站大串联接待处的安排下，我们被送到执信中学住宿。为了接待我们三个来自北京的中学生，一名女红卫兵叫来三名出身"黑五类"的"狗崽子"，勒令她们立即"贡献"出三套干净被盖，供我们使用。看着她的蛮横无理和三名"狗崽子"的唯唯诺诺，我真想立马扭头离开。执信中学是广州的一所名校，为纪念辛亥元老朱执信而建。第二天吃早饭时，我们才发现这竟然是一所女子中学！校园很大，除了中西合璧风格的教学主楼，一栋栋庄重的民国老建筑分布在小山、小湖之间，山坡、湖畔、路旁，南国的树木郁郁葱葱。男生借宿女校，加上刚进校时被"热情接待"那一幕，促使我们尽量缩短在学校的时间，从早到晚在外面奔跑。中山大学、华南工学院、三元里、农民讲习所、广州起义纪念碑、中山纪念堂、黄花岗七十二烈士墓……有"革命"色彩的地方，我们能去尽去。

除了"革命"，广州的水果也没少享用，尤其是我钟爱的香蕉，还有当场压榨的甘蔗汁；但对第一次见到的木瓜，我却没兴趣，总觉得它像北方的南瓜，不过是个头小些，怎么能生吃呢？对于一家店铺门口小黑板上的告示，我却很感兴趣。那小黑板上清楚地写道：本店要宰杀一头黑熊，请有意购买熊肉者进店登记。待登记斤数达到要求，我店便杀熊分肉。这让我更强烈地意识到，广东人真是什么都敢吃啊！

在广州参观农民运动讲习所时，我们就决定下站去湖南湘潭韶山冲。几天后我们离广州，过株洲，在湘江码头登上了开往湘潭的客船。以柴油机为动力的船不大，但船舱里挤进的人不少，客货两运，与我们挤坐一起的大都是农民，身边几乎都带着大小箩筐或包包，里面装满食物、日用杂品。傍晚，从敞开的两舷吹进江风，颇有凉意，身旁的一位老乡递给我一片姜糖，说含在嘴里可以御寒。到达湘潭后，我们很坦然地接受当地的热情接待，住进了地委招待所，第二天搭车前往伟人故乡韶山冲。

1966年9月底，全国各地的红卫兵还在争先恐后地往北京涌，去接受"伟大统帅"的检阅，到韶山的人还很少。因此，我们受到高规格的接待：韶山当地的几个负责人，全程陪同参观毛主席旧居。在旧居中，只有我们这三个外地"朝圣者"，不仅仔细听取讲解，而且还贸然在主席幼年的睡床上坐了坐。在长沙，我们只抽空坐船去了一下湘江西岸的湖南大学，就是为了看看爱晚亭。看过之后，我们就登车回北京了。

回京后发现，北京更乱了：随着各地红卫兵源源不断涌进，四中变成了大接待站，课桌椅堆到教室一角，地上铺上了草垫子，成了大通铺。食堂也总是挤满来自各地的学生们。北京不能待，就接着"串联"去！

只休整了几天，我又出发了，上次是南下，这回是北进——去黑龙江的大庆。同行者是贾小黎和张钢。一昼夜火车，我们就到了哈尔滨，打听到大庆在"安达"（那时大庆还属于"保密单位"，就是许多哈尔滨人也不知道它的确切位置），我们没停歇，立马就"混"上了去安达方向的列车。那是一趟站站都停的慢车，直到半夜，我们才到达安达站。可车站上冷冷清清的，没什么人，车站外也空空荡荡。不应该啊！想象中的大庆应该是不分昼夜、轰轰烈烈。好不容易找到一个人打听，才知道大庆名义上属于安达，实际位置在萨尔图——安达更西北的一个小站，我们下错站了！没办法，只好进站等候下一趟列车。

这时的安达，夜里已经很冷，但心热的我们，依然买了一根牛奶冰棍，缩着脖子吃了进去。"安达冰棍"很有名。几个小时后，我们再次登车，抵达真正的大庆。果然是热气腾腾！在四角安着取暖气炉的食堂里吃过以高粱米为主的早餐后，我们便被统一安排乘坐大轿车，按既定路线开始参观：钻井平台、采油井站、开拓先锋住过的"地窝子"、展示光荣创业经历的陈列室。而我们居住的还是用黏土夯建的"干打垒",不过这"干打垒"已经"现代化":茅草屋顶改成了铁皮,墙壁里外都抹刷了灰浆,双层玻璃窗挡住北国的寒风,屋里还有喷热的气炉。只停留了一天多,我们就离开了这个工业"圣地",返回哈尔滨,因为去大庆的人太多,与其他红卫兵一样我们也得"吃流水席"——参观完就走。

在哈尔滨军事工程学院,我们看到了那个有名讲话稿:据专家判断"毛主席能活150多岁,林彪副主席能活130多岁"。我们把这当成了天大的喜讯,兴奋地找来蜡纸、刻字笔、油印机、纸张等,连夜刻蜡版,印制了几百份讲话的传单。当天夜里,哈尔滨悄悄地下起了大雪。忙了半夜的我,隔着窗玻璃看外面纷纷扬扬的雪花,突然清醒了一个瞬间:按这个说法,毛主席比林副主席还能多活20年,林副主席还怎么接班呢?也只是"一闪念",我没再多想,就和贾小黎、张钢匆匆忙忙地收拾行囊出发去车站了,因为"化雪更比下雪寒",没带更多厚衣服的我们只能赶快"逃离"黑龙江啦。

夜晚的哈尔滨车站,拥挤不堪,学生们争抢着挤上任何一列往南的火车。我们三人在站台上被挤散,张钢和我挤上了一列到沈阳的火车,而贾小黎眼睁睁地被落在了车下。在火车爬行的十多个小时中,我和张钢也被分挤在两处不能动弹。面对面两人座的小空间里,挤着十多人,别说坐,连站的地方都不富余。时间一长,我的腿麻木了,就拔上来活动活动,再往下就落不到地了,只能顺着别人的腿硬往下踩。小桌上、椅背上、头顶的行李架上,都是人!厕所也用不了,因为里面也被几个人"占领"。我几乎是一个姿势地硬挺了十多个钟头,当然有时也不用费力,尽可以放松地立着,有四周的人拥着,根本倒不了。那车厢里的气味就甭提了,污浊异常,也温暖异常,比比那些没挤上车还站在外面受冻的同学们,我们幸运多啦。总算挨到沈阳了,一下车,我就领略了化雪的威力,那小风真是寒冷刺骨,把提包里所有能穿的衣服都套上,还觉得不行。站在车站门外,我俩商量着下一步的计划,决定先在车站口等等贾小黎,期盼他能挤上下趟来沈阳的火车。

真是苍天不负有心人!在寒风中等待几个小时的我们,终于从出站口等来了贾小黎。二话没说,为了逃避严寒,我们挤上了最近一趟南行大连的列车,于次日清早抵达风和日丽的海滨城市。

安顿好住处,我们迫不及待地赶到海边,尽管已经是11月初,海水冰凉,但我们还是"饥渴"地下海游了一会儿泳。回到住处,换内衣时,我发现衣服上有小虫爬动,只在书上见过虱子模样的我们惊叫起来:这是虱子!肯定是从哈尔滨到沈阳的列车上,人挤人时招上身的。怎么办?立马到附近的一家商店买来一袋"666"粉,然后到锅炉房,用铁桶冲了多半桶浓浓的"666"滚水,把三人的内衣放在里面反复浸泡,直到确信虱子都烫死、药死了,才简单清洗了两道,拧干晾晒。

大连当时好像只有一所大学——大连海运学院,我们"串联"了一次,还参观了旅顺的纪念馆,就搭乘开往上海的客轮,漂洋南下了。在挤满串联学生的轮船上,遇到一次感人事件:半夜里,船上有一个学生得了急性阑尾炎,需要急救,于是轮船临时改变航向,驶向青岛;青岛部队方面则派出快艇迎面接应。晨曦初露时,学生们集聚在甲板上,高呼着"毛主席万岁""解放军万岁"的口号,挥动着手中的"红宝书",送生病的学生从轮船转到快艇上去。那场面很是动人。尽管为此轮船在海上多走了十多个小时,但大家心情激动不已。

第一次到上海,什么都感到新鲜。吃了久负盛名的"阳春面",尽管是只放了一点儿熟猪油和葱花的光面,但很香。令人别扭的是,离弄堂口面摊只几步远的弄堂内,就有一个不设围墙的小便池。男士毫不遮拦地面壁"方便",全不顾身后来往的行人。复旦大学、同济大学、交通大学、一大会址,又是马不停蹄地跑路、串联,每天从早到晚。在偏离核心市区的新肇路一家简陋的接待站住了几宿后,我们决定搭车前往江西,准备上井冈山。

在萍乡稍作停歇,就去安源煤矿,参观了大罢工纪念馆,接着就打听上井冈山的路径。得知至少要走三四天山路,我们就把多余的衣物存放在了萍乡接待站,买了些干粮后,轻装上路,开始了步行上井冈之旅。而就在我们到萍乡的前几天,这里刚发生一起惨剧:

一家鞭炮厂发生了大爆炸,全厂一百多职工,只一名利用工间休息回家给孩子喂奶的妇女幸免,其余全部在爆炸和烈火中罹难。我们看到了一面山坡上白花花的一片,那是死难者的新坟。

告别萍乡,我们激情满怀,一路走还一路做"红色宣传",除散发"毛主席、林副主席长寿"的传单外,还给沿途的老表们演唱毛主席语录等革命歌曲,以实际行动践行"长征是宣传队"的最高指示。有时只有在田里劳作的两三个农民,我们也要给他们唱上几曲。

从萍乡上井冈山的人不多,有时崎岖的山路上,就我们这三个人的小"长征队",显得很孤单。第二天下午,我们走在一段一米多高茅草相夹的山道上,四周静悄悄的,没一点儿声响,让人不免害怕,因为有人说这一段可能有老虎。迎面终于走来一位挑担子的老表,我们问他:"到三湾还多远?"他头也没抬地回答:"一炮。""一炮就是10里。"原来,这里是以旧时开山炸石放炮声能传出的距离为计量单位。还有10里!我们不由加快了速度,争取在天黑前赶到目的地。急匆匆地走了近一个钟头,天快黑时,又遇到一位老俵,我们放慢了步速,想肯定是不远了,就问他:"三湾是不是快到了?"没想到他的回答竟是:"还有一炮路。"啊?!怎么还有一炮?我们不敢懈怠,继续"急行军"。摸黑走了半个多小时,前面有了灯火,走近前一问,就是三湾了。我们不由调侃说,看来前一位老表放的是"大炮",后一位放的是"小炮"。

夜宿三湾,第二天早起参观,然后直奔宁冈,走了红军"会师桥",还绕道莲花县,拜访了甘祖昌将军(自愿回乡务农的解放军少将)。甘将军一身农民打扮,住的是一栋土坯的二层楼。离井冈山中心茨坪越近,红色景点越多,八角楼、朱德挑粮小道、黄洋界……我们上上下下,脚不停步。

在从黄洋界下山时,我终于挺不住,变成了"残疾"——由于穿了一双新球鞋,频繁地走山路,把脚拇指顶伤,再加上连续几个阴雨天,晚上睡铺垫很薄的地铺(有时一点铺垫都没有,就是睡光地板),我不光脚趾疼痛难忍,膝关节也肿了起来,走路很费力。在最后的一段上坡山路上,我让贾小黎和张钢不要陪着我磨蹭了,在前面先走，而我则拄着一根竹棍，慢慢挪动，直到天快黑了才熬到茨坪，狼狈之极。而在茨坪参观那些革命遗迹时，我也是一寸寸地挪步。在拥挤的大食堂，我们吃上了久负盛名的"红米饭、南瓜汤"，还在烈士纪念碑前留了一张三人合照。

下山实在不能步行了，我们便一起搭汽车到山下的吉安，再到有铁路的新干，挤火车到萍乡取回存在那里的东西。

在新干火车站站台上，挤满了等待上车的红卫兵，而过路的列车全部塞满了人。我目睹了很特别的一幕：一列火车进站刚刚停稳，等着上车的人便迫不及待地敲开车门和车窗，虽然车上的人不想开门、开窗，但车下不少人挥舞着从井冈山上带回的竹扁担，扬言再不打开就用扁担砸玻璃。车门口已经挤着不少人，底下的人便把刚刚登上台阶的人合力往里推；车窗前也是如此，爬上窗棱的人，除自己奋力往里继续爬，车下的人也帮着往里"塞"。突然一个车窗前起了冲突，车里的人坚决不让人再往里爬了，而底下的人不答应。怎么办？一个拿着扁担的学生转身进了站台一侧的厕所，一两分钟后，他举着一端沾满屎尿的扁担来到车窗前，用那扁担"开路"。这招还真见效，车里的人拼命躲"秽物"，车下趁机往里送人。几趟车我们都没挤上去，直到半夜才搭上了一趟西行的超载列车。

我是相隔一个多月，第二次到长沙，而贾小黎和张钢则是第一次。因此我还陪着他俩又一次去韶山"朝圣"。这次可与一个月前大不一样啦！别说专人接待、陪同，人流多得不容停脚。从汽车站就开始排去故居参观的长队，足有一里多长。在故居里只能随着行进的队伍按既定线路走一趟，基本不能停留，那床连摸都不让摸。我暗自庆幸自己10月初的"捷足先登"，否则只能这么匆匆走一趟。

这第二次"串联"（加上白跑西安，就是第三次），整整40天，回到北京时已是12月初。在我离京串联这一个多月里，家里接待了不止一名外地进京接受检阅的红卫兵，母亲还按上级要求为南方来的孩子们捐了一些御寒的衣服。也是在这一时段，父母亲所在的研究院和许多单位一样，停发了"牛鬼蛇神"的工资，每人每月发十几块钱的生活费。不知这是否标志"文化大革命"又深入了一大步。

到了1966年12月,学校里已经没有了外地住宿的学生,放满草垫子的教室,变成了各种红卫兵组织的"总部":既"办公",又住宿。我和张晓彤等人也拉起了一个山头,起名"韶山红"红卫兵战斗队。四中,已经不再是老红卫兵的一家天下,呈现各路诸侯竞相争强的新局面。而"自立山头"的我们,除了在学校里与其他组织交流,还走出校门,到周围兄弟学校、到海淀新老朋友那里"串联",交换信息和看法。

一次听说中央文革小组的戚本禹晚上要去清华附中与学生座谈,我蹬起自行车就往圆明园东侧的清华附中赶,想听听"中央"的"最新精神"(当时中央文革小组成员都被视为中央领导)。气喘吁吁地爬上三楼,挤进一间灯火通明的教室,只见身穿军大衣、戴着白框眼镜的戚本禹很随便地坐在里三层外三层的学生中间,一脸严肃地听着大家七嘴八舌的发言。

一个同学很激动地报告了最近"联动"肆意"打砸"的情况,没想到戚本禹的插话居然是:"他们打你们,你们也可以打他们嘛。"本来是想来听中央"最新精神"的我,不由小声嘀咕:"这不是挑动武斗吗?"挤在身边的一位军装女生对我的看法表示认同。报过"家门",得知她叫郑永安,是北大附中高一的学生。我们就这么认识了。

而后不久,我们又都参与了八一学校的"联动"罪行展览和"12·26"北京展览馆剧场声讨批判"联动"大会的筹办工作。这期间,在多次争论中,我们都持基本相同的观点,对其中夹杂的名利争斗很反感。例如,在一次敲定声讨批判大会一些细节的小型会议上,一些人对"上主席台"看得很重,发生了比较激烈的争执。在现场的我俩冷眼旁观,最后干脆提前退场。而12月26日那天,我和郑永安也"上"主席台了,不过不是在主席台就座,而是攀爬到侧幕后面的铁架子上俯视会场。会议的前半段都是按既定议程进行,几个代表接连上台发言,声讨、批判"联动"的罪行;后半段则乱了套,一伙"老兵"狂喊着"江青阿姨真爱我,我给阿姨送沙果"等口号冲进剧场，还有人对着主席台放了一个"二踢脚"，在巨大的毛主席像前炸响，引起更刺耳的喊叫声，向上冲的与反击冲的两拨人搅在一起，全场乱作一团。会是肯定开不下去了，看着底下混乱的场面，"高高在上"的我们心情挺复杂，气愤之余，更觉得那些把心思放在"上台"方面的人实在可笑。"革命"闹成这种样子，让本来已经糊涂的我，更加懵懂了。

当然，无论是外出串联，还是在北京本地串联，也有不少收获，不光让我走了不少新地方，增加了见识，大开了眼界，也结识了不少新朋友，有的成为终生挚友。

骑车去天津取经

1966年12月16日，我参加了在北京工人体育馆举行的首都中学生"批判资产阶级反动路线"大会，主题是批判"血统论"。会议的阵仗很大，除了毛主席、林彪，周总理以下的政要全数出席，中央文革小组成员一个不差。代表红卫兵发言的居然是我的同班同学汤池！陈伯达代表中央讲话，关锋充当他闽南话的"翻译"。陈对毛泽东思想使用了多个顶级形容词，其中"战无不胜的"勉强可以听懂，"光焰无际的"五个字，我完全没听出是什么。

也是那段时间，我还去工人体育场看了一场批斗彭罗陆杨的大会。"牛鬼蛇神"都穿着一色的蓝棉衣棉裤，被几个人押解着上台，然后被强撅双臂、强按着脑袋"坐喷气式"。

1967年初，上海搞了"一月夺权"，引发了全国上下的"夺权"风潮，四中也不例外，由一些后起的红卫兵组织整合成立的"新四中公社"效法上海，宣告对原校领导班子夺权。而当时学校还处于山头林立、诸侯混战的局面。我们对这种形式上的"夺权"很不以为然，于是就搞了一次恶作剧：在这之后不久的一天夜晚，也以某造反派组织的名义与口气，在校长室西侧的大字报墙上，贴出了一份"夺权宣言"，宣告要"接收原校领导班子的一切权力"。这一举动，引起了"新四中公社"负责人的高度重视，一些人做出了激烈反应，贴大字报称"这是敌对势力的挑衅与反扑"，并扬言"要坚决予以回击、粉碎"。我们暗暗发笑之余，没有任何后续动作。几天后，一些聪明人才悟出，这不过是有人嘲讽"夺权"的恶作剧。

对于学校此时的大批判，我已经基本失去了兴趣。校园里的大字报绝大多数是批判修正主义教育路线的老调重弹，没什么新鲜内容，还有一些是老师两派之间的相互"揭批"。其中一个极具"爆炸性"的事件，给我留下了深刻印象。教导处副主任赵某某，揭发杨滨校长在"文革"爆发前后的一次校党支部支委会上，对林彪、叶群有过不好的"议论"（1930~1940年代，在延安时，杨滨曾经与叶群同事）。当时，林彪夫妇正"如日中天"。赵某某的这一揭发，立即掀起了轩然大波。但杨滨矢口否认，支委会记录也有涂改的痕迹。于是围绕这一事件，老师和同学分成了"保杨""反杨"两派，"保杨"派坚挺杨滨，认为她是可以结合进革委会的好干部，赵某某是造谣诬陷革命干部的"卑鄙小人"；"反杨"派则力挺赵某某，认为杨滨是从延安时期就反林彪的"坏人"，必须坚决打倒。我属于"保杨"派，对赵某某很反感。这其中夹杂了个人情感，一是杨滨是我小学同班同学宋淮云的妈妈，我对她印象一直很好；二是内心对林彪有"看法"。但这一场争斗，主要发生在学校教职工之间，我们参与不深，结果如何也无从知道。军宣队进驻后，好像也没能做出什么明确的结论。而杨和赵，都没被"结合"进新领导班子，两个进革委会班子的都是搞后勤的干部，一个是管行政后勤的康副校长，一个是总务处的负责人周某某。杨滨，俞汝霖、刘铁岭两位副校长都依然"靠边站"。

1967年3月7日，毛主席在《天津延安中学以教学班为基础实现全校大联合和整顿巩固发展红卫兵的体会》的材料中批示："军队应分期分批对大学、中学和小学高年级实行军训，并且参与关于开学、整顿组织、建立三结合领导机关和实行斗批改的工作。""还要说服学生，实行马克思所说只有解放全人类，才能最后解放无产阶级自己的教导，在军训时，不要排斥犯错误的教师和干部。除老年和生病的以外，要让这些人参加以利改造。"3月8日，中共中央转发了这个批示。此后的一段时间里,各地大、中、小学都酝酿或实施军训。看来,伟大领袖准备出手收拾乱局。

我和郑永安异常兴奋,不知从哪儿冒出了一股劲头,决定骑自行车到天津去实地看一看。3月下旬,乍暖还寒,我、唐新桥(四中初二五班的小学弟)和郑永安、林春生(师院附中高三的老大姐),分别蹬着自己的自行车,东出朝阳门,经通县,沿着京津公路,一路骑去。前半天,我们有说有笑,一路春风;在香河吃午饭时,我就感觉两胯之间磨得隐隐疼痛,饭后上车,疼得更明显,但路程过半,谁也"没打退堂鼓",都硬撑着继续向前奔。骑一会儿后,反倒不觉得怎么疼了,近乎麻木的双腿机械地运动着,居然没有再停歇,直到傍晚时分进了天津市区。见到一名交通警,我准备礼貌地下车问问路,可两脚刚一沾地,双腿就不听使唤地软曲了下去。我们几个都是如此狼狈,瘫坐在马路牙子上,好一会儿站不起来。

天黑前总算找到了延安中学。这里已经成了大接待站,来自各地的"取经"人熙熙攘攘。我们被统一安排吃住,统一听取经验介绍。具体情况,早就忘干净了,只记得那一夜,两条腿木木的,好像没长在我的身上,而胯裆处的剧烈阵痛更是折磨得让人难以入睡。可是第二天,"全凭火力壮"的不光是我和唐新桥两个"傻小子",还有郑永安、林春生两个"傻丫头"。亲眼看了、亲耳听了"真经"的我们,气儿都没多喘一口,就蹬车返京啦!说来也怪,累过了劲儿、疼过了劲儿,我们反而"没感觉"了,还是来的那两百几十里,还是那不时有硬棱颠腚的路,还多了一些迎面的西北风,我们居然顺顺当当地骑回来了。

延安中学经验,到底能不能使局面由乱而治,谁心里也没底。

成为"不三不四"派

毛主席一声令下,军宣队很快进驻四中,由此开始了军训活动。没想到我这个半年多前被"夺了权"的学生干部,不但"复辟",而且还"官升两级",当上了二营(由初一、初二、高一、高二、四个年级、24个班组成；一个年级编为一个连，一个班编为一个排）的副教导员。记得同时担任"营领导"的还有同年级的王祖锷、许健康，老高一的高毅存。

当时的军训，就是在一些军人的带领下搞搞队列、走步等简单活动，对原校领导的批判会，偶尔举行一次。更多的时间是"放羊"式的"自我革命"。我这个副教导员，也没有什么具体的工作职责和任务。不知为什么，尽管"文化大革命"才进行了几个月，我好像已经没有了继续参与革命活动的热情。外出串联、在京串联，听了老革命六姨父回顾延安整风，尤其是得知同学加挚友汪工的父亲汪志华自杀的事情之后，我越来越迷茫，经常冥思苦想，却怎么也得不出能说服自己的结论。

在我的印象中，汪志华伯伯是一位很和蔼的长辈，看见我们时总是笑眯眯的。但家里客厅北墙正中悬挂的一幅中堂（郭沫若专门写给汪伯伯的）和满满的十几架藏书，无声但很严肃地告诉我：他是一位很有学问的长者。1967年初春，我辗转得知他自杀身亡的噩耗，真有点儿发蒙。据说他的遗体是在中关村地区一个马路涵洞中被发现的，离他失踪已经有好几天时间。他是服用大量安眠药自杀的。没有任何"历史瑕疵"的他，为什么要自杀呢？几十年后，在一位科学院老同志的访谈中，我看到了这样的记述：汪志华，计划局局长，原西南联大学数学系的高才生。1956年搞科学规划的时候，有苏联专家参加，他们中有些人对汪志华非常佩服，觉得他见解很高明，工作能力很强。在咨询组里，汪志华、过兴先年龄较大，职位也比较高。杜润生对他们比较倚重，特别是汪志华，被大家看作杜润生的得力助手。"文革"中杜润生受到猛烈的批判和攻击，汪志华也未能幸免。一些品质恶劣的人对汪志华威逼利诱，让其揭发杜润生。汪志华不从，选择了自杀。[①]

---

① 熊卫民：《李毓昌：中科院力学所早年的人与事》，澎湃"私家历史"，2017年2月13日，http://www.thepaper.cn/newsDetail_forward_1613708，检索时间：2018年4月25日。

汪伯伯死后，他的夫人张璧华阿姨和他们的儿女被"扫地出门"，除了简单的随身衣物、铺盖等日用品，只带了少量马恩列斯毛的著作，整整一屋子书籍和大量字画等都不知去向。

此后不久，传出"二月逆流"的消息。接着，清华大学又公开揪斗了刘少奇夫人王光美。那天一得到消息，我立即骑车赶往清华。到清华南门时，那里已经人山人海，根本就挤不进会场，更甭说到主席台前去近观了。我只好在南围墙外面，站在高处远远地"瞭望"被迫穿上旗袍、项挂乒乓球串的王光美。高音喇叭倒是声音很大，乱糟糟的，根本听不清在说什么。王光美都被揪斗了，难道下一个会是刘少奇吗？我暗暗嘀咕，心里有一股说不出的滋味儿。她不光是刘少奇的夫人，还是我小学同学刘平平、刘源的妈妈。

对于那年春天北京中学生中出现的"四三""四四"之争，我从一开始就不太感兴趣。有人问我属于哪派，我调侃地回答：算是不三不四派吧。

所谓复课，对我们来说已毫无意义。高中的大部分课程在高二下半学期就都上完了；以往，高三年级第一学期还有少量新课，第二学期就是复习备考了。再说，高考都废除了，我们还"复"什么课啊？

每天的"早请示""晚汇报"，军代表郑重其事，同学们可是各怀"鬼胎"。一天"早请示"时，我背后的张定诗竟忍不住低声嘀咕："这纯粹是他妈装孙子！"我差点儿笑出声来。

对于我们这些"老三届"来说，"课"虽然已经没什么可"复"的了，但"革命"还是要"闹"。我记得，学校一些革命组织联合搞了两次大批判会。一次是在阶梯教室批判"西纠"负责人孔丹的父亲、时任中联络部部长孔原。矮个的瘦老头，站在台前，面对学生们的揭发批判，低头一言不发。另一次是在四中校门对面的北大医院礼堂，批斗改组后的"新市委"的文教书记雍文涛，陪斗的是团中央书记胡启立。两次批判，不过是造声势、走形式，因为三个批判对象都和四中没什么直接关系，他们的"罪行"我们根本不清楚。所谓批判，更多是空洞地"扣帽子"、激愤地喊口号。其中一个细节我永远难忘。孔原、雍文涛是在批判会前后，由有关部门派车、派人专门送来、接走的，而胡启立则是由四中学生骑车从团中央机关接来的。批判会前，我在一间屋里看到准备出场陪斗的胡启立时，他居然坐在桌前斜靠着椅子悠闲地嗑瓜子！上会场后，他低头站立着接受了一个多小时批斗，而后又由两名同学骑车"护送"回团中央。返回的同学说，胡启立跟没事人似的对我们说，挺冷的，不麻烦你们了，我自己可以骑回去。因为要"包接包送"，我们坚持把他送回了团中央。胡启立两臂趴在车把上，低头猛蹬，我们差点儿跟不上……

河南的"最新革命形势"

大约 1967 年 5 月中，我突然接到一封弟弟的"求援信"。信中说，听说成都打起来了，两派动了真的枪炮，他就赶到那里"观战"去了。由于走得很急，也没敢和父母亲说，随身没带多少钱和粮票，请求我尽快给他寄一些去。好家伙！这个愣小子胆子可真够大的！没办法，谁让他是我弟弟呢，立即想办法"救急"吧。

寄出一些钱粮之后，我向父母报告了这一新情况。父母能说什么呢？只能无奈地说，这孩子真不让人省心。他们没想到的是，我这个让他们省心的"乖孩子"几天后也不辞而别，赶往河南看"大革命的最新形势"去了。

1967 年 6 月，我们去河南，引路的是谢小玲。这位老初三的小妹妹很瘦小，一副营养不良的样子。得知她父亲是大名鼎鼎的谢韬，也就不奇怪了。谢韬曾任中国人民大学副校长，马列专家，1955 年卷入"胡风反革命集团案"后被打成"骨干分子"，受到严厉处置。

我们是冒充河南学生返乡办的火车票，可一出郑州火车站就"露馅"了，那时郑州人的穿着很"土"，我们虽然也不洋，但一看就知道不是本地人。而当时的外地人，尤其是北京学生基本都是支持"二七公社"一派的，与势力更大的"河造总"一派对立。因此我们在郑州路上走，都得小心翼翼，不能亮明观点，否则就可能惹来麻烦。谢小玲告诉我们：如果有人要问"你什么观点，支持哪派"，就回答说"刚到郑州，什么情况都不了解，没观点"。

我们有惊无险地在小玲引领下步行到郊区的河南省粮食学院，这是"二七公社"的一个重要据点。从校门开始，可谓层层设防，戒备森严。出人意料的是，我们一"报到"，便被视为支持"二七派"的铁杆儿，在安排住处的同时，主事者给每人发了一根钢钎、一顶柳条帽，让我们随时准备参加"战斗"。而当天晚上，这些装备便派上了用场。

在正对校门的教学楼里，我亲眼看着几位精壮的大学生，合力发动"土炮"，从已经拆掉窗框的方洞把一块块整砖"射向"进犯者。那"土炮"很简单，就是把苗实的办公桌翻过来，把两条自行车内胎一端固定在前方的两条桌子腿上，另一端装上一个放砖头的兜。这就是一个超级的大弹弓，可以把整块砖头抛出百十米远。那"炮弹"打没打中目标，不得而知，但威慑力是足够大的。

我们在粮食学院停留了两天，第三天一大早就不辞而别，转移到了河南省农学院。在农学院虽然没再遭遇"敌方"的武装围攻，但那里的高音喇叭着实让人坐卧不宁。

当天晚上，我们走到市中心的二七广场去看热闹，据说那里每天晚上都有大辩论，有成千上万人参加。到现场一看，果不其然，晚上8点左右，围绕着二七纪念塔，真是人山人海，大辩论加小辩论，整个广场沸腾着。没想到的是，我们正在纪念塔前侧耳听两拨人围绕"革命形势"的口水战，不知谁突然发现了属于"异类"的我们，听说是来自北京的，一个群众组织头头竟然跳上主席台对着话筒大声说：请来自毛主席身边的北京战友上台来给我们讲讲大好革命形势！接着，我就被蒙头蒙脑地推上了台。说来也怪，我往话筒前一站，熙熙攘攘的广场居然立时安静下来。真是被赶上架子的鸭子，我不说也得说了。于是就结合毛主席的一些"最新指示"，介绍了一些北京的情况，还说了一些"坚决支持河南战友把"文化大革命"推向新阶段"之类的大空话。没想到，这段临场发挥的"演讲"居然赢得了一阵又一阵极其热烈的掌声和欢呼声。十几分钟前还诧异"这么多群众哪来的这么高的热情"的我,也被炽热的气氛所吞没,身不由己地荡漾在大革命的汹涌波涛中……

近午夜时分,才好不容易从广场人海中挤出,在返回农学院的路上,我们的头脑开始恢复正常,回想起刚才的场景,觉得实在有些可笑。普普通通的我们,怎么一下子就成为受到数以万计人热捧的"演说家"了?那些平淡得不能再平淡的话,怎么能让那么多人那么激动?看来,所有人的情绪都进入了"非常"状态,好像服用了兴奋剂。在特定气氛下,我们也一样。

在新疆见证氢弹爆炸

河南的"热闹"看过了,我们决定西去新疆"观战"。是怎么混上开往乌鲁木齐客车的,已经想不起来了。但有一点记得很清楚,就是在车过兰州之后,我们的车厢里突然上来了一批解放军官兵。与以往不同,这些军人都很严肃,不苟言笑,甚至连话都不怎么说,一直整整齐齐地静静坐着。而在半夜路过酒泉以西的一个小站时,他们又都静悄悄地下了车。

到乌鲁木齐后的第二天清晨,一声巨响把我们从睡梦中惊醒,晚上中央台广播宣布中国第一颗氢弹爆炸试验成功。听罢广播,我们突然联想起几天前火车上那些神秘的解放军,他们就是去大戈壁中试验基地执行这次任务的!1967年6月17日,我们在乌鲁木齐亲身见证了这一重大事件。

在乌鲁木齐,我们住在一所中学里,就在教室用课桌拼搭的"床"上睡觉。没想到的是,刚住了一两天,当地的造反派就给我们出了一道难题:一派的群众突然把捆绑着的一个小伙子送到我们的临时宿舍,让我们处理这个"现行反革命"。来人介绍他的"罪行"是:曾经说过"江青魔"三个字。这是反对中央文革的"滔天大罪"。为什么送到我们这儿?因为我们是从北京来的,"政治水平高"。我们能怎么办呢?只好粗声大气地质问了几句后,让一声没吭的他坐在教室一个角落等候发落。后来,我们对学校的造反派谈了我们的看法，认为还是把人交给有关部门吧，群众组织不能自行处置。

在新疆八一农学院等单位，我们看到了他们紧张"备战"的情况，还在夜间瞭望到据说是前来"围攻"农学院的武装车队。其实那就是远处公路上一排行进中车队的车灯，不知他们凭什么断定那就是准备"来犯之敌"的。

我们在乌鲁木齐那段时间并没看见真正的"激战"，倒是在离开乌鲁木齐时体验了一把。由于北京来的学生都是支持两派中的某一派的，而火车站是由其对立面派掌控。我们在办理车票时，暴露了北京身份，刚过了检票口，就有人向我们扔石头。我们赶忙往列车方向跑，石头就追着扔。直到我们上车，大家才算脱了险。火车鸣笛启动那一刻，我们还隔着车窗向石头飞来的方向做得胜的姿势。可万万没想到，人家在前面等着我们呢。

晚间车停鄯善站，突然上来了一伙壮汉子，声言"查票"。我低声提醒大家"咱们有票，不怕查，但都别吭声"（不露北京身份）。大家都这样依次"过关"了。查到车厢另半段时，那伙人揪出了一个没票的年轻学生，听口音是北方人。他们把他连打带踢地往下推，那学生边挣扎边低声申辩。车厢里的其他人对暴力很反感，但都敢怒不敢言。眼看那学生头部被打伤流了血，同行的郑永安终于忍不住出头了，小个子的她站在座位上，厉声喝道："查票就查票，为什么打人？你们要干什么?!"那帮人一下子把目光转向了我们。两个壮汉走过来冲着永安说："你的车票呢？"永安说："我有票，查过了。""那你管什么闲事？"永安说："什么叫管闲事？打人就是不行！"壮汉不再说什么，抬手就要拽我身后座椅上的郑永安。我一看不妙，立即把双手横撑着拦在中间，不让他们把永安拖出去。但他们死抓着永安的臂膀不放，硬从我的胳膊下拖出了永安的上半截身子。由于双方都在使劲，永安外衣的两腋被撕开了两条大口子。我急中生智立即大声嘶喊起来："大家快看看，他们这是要干什么？把一个女孩子的衣服都撕破啦？这哪里是查票，是在欺负人、迫害人！"我这一呼喊，立即点燃了车厢里压抑的怒火。沉默的大多数都发出了强烈的质问、谴责声。开车铃声响起,在上百人的极度愤怒面前,那五六个人服软了,不得不放下永安,悻悻地带着那个没票的学生下车了。

夜深了,车厢里一片寂静。我们回想着刚刚发生的事情,真是惊魂难定。就着车顶的微弱灯光,我们一起为永安缝补被撕破的衣服,那是一件草绿的旧军装。

从乌鲁木齐乘火车三天四夜后,我们回到郑州。几位北京师院附中等学校的朋友带信说要从北京赶过来加入我们的行列。利用等候他们的间隙,我决定抽身去焦裕禄当过书记的兰考县看看。自从看过新华社记者穆青采写的长篇报道,焦裕禄就成了我心目中的真正英雄。

经开封,进兰考,很顺利。除了到焦裕禄的墓地鞠躬致意,还想到农村实地看看。于是我和唐新桥去了离县城最近的韩村。1963年9月,在兰考县召开的全县大小队干部会议上,时任兰考县委书记的焦裕禄把韩村、秦寨、赵垛楼、双杨树的群众代表请到主席台上。焦裕禄将这4个村的经验概括为:"韩村的精神,秦寨的决心,赵垛楼的干劲,双杨树的道路。"当年焦裕禄曾亲自在这里的田地里劳作过。顶着灼人的骄阳,我们和老乡一起在地里翻红薯秧。实在太热,我们就脱下上衣顶在头上遮阳,一直干到天擦黑。一位大娘听说是北京来的学生,特地为我俩包饺子当晚饭。那饺子皮是灰黑色的两样面,小半白面加大半红薯面;馅儿是从地头采来的野菜。大娘把剁碎的野菜放在瓦盆里,往里加了一勺黄酱,然后摘下悬挂在灶头上方的一个黑黢黢的瓶子,往瓦盆里滴了几滴浑浊的油。大娘说,这瓶棉籽油,全家人要吃一整年!6月中,正是一年中最紧巴的时段,头年分的粮食基本吃光了,今年的小麦还没晾晒干。尽管那饺子很不是味道,但我们吃得很香。吃饭时有人来跟大娘低声说了几句话,大娘就对我们说,另一派的对你们北京学生有意见,为了防止他们来闹事,晚上就请你们和我儿子一起到地里看瓜的窝棚去睡。我们感谢大娘的周到考虑,就跟着她儿子去了大田。到窝棚里刚往下一躺,我就本能地"弹"坐了起来,后背疼得像被火烧了似的。大娘儿子用手电筒照着一看说:"都被太阳'咬'出水泡啦!

再热也不能光着膀子弯腰干活儿啊!"没辙,只能在芦席上趴着睡了。一夜无事,天蒙蒙亮时,我们起身去赶回郑州的火车了,没有再去麻烦大娘做早饭。临行时,大娘的儿子说,俺妈让你们到窝棚睡,还嘱咐俺,如果发现什么"动静",就让俺大声喊"捉偷瓜贼哦,抓偷瓜贼"。她就会带着村里人来"解围"。我们为大娘的细心安排深深感动,连连称谢。

全国"文化大革命"如火如荼,但也有例外,从兰考返回郑州,我看到沿铁路行驶的敞篷货车上,"满载"着外出的农民,他们穿着灰黄色的土布衣裤,有的坐在货堆上,有的就扒站在车的侧壁上。他们是结伴外出逃荒的。

长沙观战

北京战友到了,大家决定一起去湖南。此时我们已经是一支十来人的队伍,除了一起来郑州、去新疆的郑永安、唐新桥和我,还有四中高一的廖志杰、三中高三的齐鼎生,北大附中初二的王虹,师院附中高三的林春生、初三的林小仲和肖庆平。

1967年7月18号一早,我们扒上了一列拉农机的敞篷货车,车厢的围帮很矮,只有半米来高。以每小时六十公里速度疾驶的火车,使坐在农机空隙里的我们饱受强风的劲吹,躲都没处躲,再加上阳光的暴晒,那滋味可真不好受。这节车厢前次可能是拉煤的,车厢底板上还留有不少煤末,颠起来的煤末把我们的脸都弄得黑黢黢的。

火车走走停停,直到八点多才到汉口。在漆黑的货车站里,列车停下不走了。我们悄悄地下车,正好碰到一位检修工人。我们装作过路人问他,这趟车是去哪儿的?他边低头敲打边回答说,就到这儿,明天早晨卸货。我们又问,这里有往南去的车吗?我们想搭车"回湖南的家"。他依旧没抬头地回答说,那边好像有趟拉原木的车是去湖南的,你们去那边问问看。道谢之后,我们按他指的方向去找拉原木的车,果然有一趟!而且车头在南边,还冒着白色的蒸汽。就是它了,我们一字排开,一起往装满原木的敞篷车厢上爬。

正在这时，一位巡路工发现了我们，大声喝问："什么人？干什么的？"我一看不妙，就来了个"舍车保帅"——告诉已经爬上车厢的郑永安"到长沙北站会合"，然后叫上没爬上去的唐新桥，与我一起往车尾方向快跑。那位巡查职工果然被我俩吸引，快步向我们追来。而其余七八名战友都安全地趴伏在车厢里，没被发现。待我们跑到离那趟车几十米远亮处时，火车鸣笛几声，缓缓地向南驶去。我俩则像俘虏一样被"押进"一个办公室。对于几个人的反复盘问，我们就一句话：北京的中学生，想扒车去毛主席的家乡看看。大约在办公室被扣了一个小时，那些人确认我们不是对立派的"奸细"，就让我们出站了。此时已经是十一二点时分。货运站外的马路没什么路灯，夜深人静，静悄悄的。我们沿着人行道旁的行道树走了一段，感觉有些不对劲，仔细往树下一看，树下睡满了人！大都只穿了很少的短内衣裤，一排排赤条条地躺在没腿的竹板床上。此时的武汉，正是一年中最炎热的季节，住在路边的居民受不了低矮房屋里的闷热，都搬到道路两旁露天睡了。我们好不容易打听到了客运车站的位置，就信马由缰地摸黑向那里走去，在简陋的候车室里迷迷糊糊地挨到天明。在车站附近的小摊上饱餐了一顿湖北的早点后，我们"想办法"混上了预先看好的一趟南行客车。

下午到长沙，一出火车站就遇上了几辆汽车组成的车队飞驰而过。车上站着的人个个全副武装。打头的敞篷吉普车上一个光着上身的男子一只手挥动着冲锋枪，向路人"致意"。这架势，使我意识到是真到了"一线"了。说来也真巧，我和唐新桥刚到长沙北站（与在汉口失散那拨人约定的会合地点）附近就看到了"接应"我俩的同学。我们兴奋地拥抱在一起，随后来到临时居住地——一所原来的小学、现在的某派据点。

这是一座三层的小楼，楼后有食堂、浴室等附属设施。我们北京来的这帮学生被安排在二楼居住。由于正值酷暑时节，晚上也有30多度，根本用不着铺盖，每人一个没腿的竹床就足够了。

虽然高音喇叭不断播出对立派"要大规模武装来犯"的警告，但我们到长沙的头几天，并没有什么"战事"。没到过湖南的同学提出"去湖南大学看看爱晚亭"的想法，立即被当地的造反派头目否决，理由是"太危险，江面已经被两派火力封锁"几个同学只好作罢，抽空到局势相对和缓的湘潭韶山去了一趟。

正在我们纳闷"怎么还没打起来"的时候，一天夜晚，正在三层楼顶的天台上睡觉的我们，突然被"噼噼啪啪"的密集枪声惊醒，我本能地从竹板床上"噌"地坐起来，还没清醒，就被一位当地大哥摁下了，他厉声喝道："不要命啦?! 趴下!"因为天台的围墙很矮，不到一米高，飞来的子弹很可能打中高过围墙的人。我惊恐地趴在竹床上，听着枪声和子弹从楼顶上空飞过时发出的"嗖嗖"声。直到枪声稀疏一些了，天台上的我们几个男生，才在当地大哥的指挥下，匍匐着爬向下楼的天窗口，走下楼顶。天快亮时，枪声停止。组织负责人向大家介绍说，那些子弹是从几百米外对立派占据的一座楼上打来的。

一般情况下，对方白天是不会打枪、进攻的。我们抓空冲冲凉、补补觉；造反派战士们则各自擦拭枪支，紧张地"备战"。晚饭一过，据点里又紧张起来，几个体力强的汉子，把一挺很重的高射机枪搬运上了楼顶，还抬上去了一箱子弹。我第一次见到高射机枪子弹，大约两厘米直径、十多厘米长。等到十一二点时，对方的枪声果然再次响起。已经做好充分准备的"我方"立即迎战。对方打过来的子弹都是从空中飞过，这边反击也都是朝对面的半空中乱打。看那枪筒向上斜翘的角度，我判断那些子弹根本打不到对方的那座楼。两边似乎约定好了，"激战"了个把小时后，就都"鸣金停战"了。"我方"人员陆续撤下天台，检查武器，准备再战。看着那些平时基本没碰过枪支的"生瓜蛋子"一边现学用枪技术，一边鼓捣手里装着实弹的半自动枪，我真怕一不留神被走火的枪弹伤着。

我的担心很快应验。"激战"的第二天晚饭后，大家又在紧张地"备战"了。一位懂枪的小头头，看到一个"生瓜蛋子"擦枪时不留意地把枪口对着身旁的另一个人，就大声训斥道："跟你说多少次了，擦枪时不能枪口对人!"那人赶忙改正了握枪姿势。让人没想到的是，那小头头转身还没走到房门口，背后就响起"砰"的一声，一颗子弹打在了门框上方的天花板上！走火的恰好是刚刚挨过训斥的那位。小头头脸色煞白地反身喊道："要干什么？真想杀人啊?!"肇事者吓得结结巴巴，连赔不是。

第二天中午，我们正聚在食堂大厅里吃饭，突然闯进来一个全副武装的壮汉。他一下子跳上一张饭桌，端着冲锋枪，厉声嘶喊着一个人名。大厅里的人都愣住了，不知发生了什么事。几个"知情人"很快惊醒过来，立即起身围着那人劝阻。大厅另一端的一个人被吓得缩到了一群人身后的桌子下面。原来，那个"躲藏人"在前几天不慎走火打死了本派的一个战友，刚刚闯进来的汉子则是死者的哥哥。驻守在另外一个据点的他，听说弟弟的噩耗后，忍不住怒火跑到这里来找凶手"讨还血债"。那边，哥哥连哭带喊，声言"非要亲手毙了杀死弟弟的凶手"；这边，误伤自己人的"凶手"被吓得瘫坐在地，两腿间湿了一片。经过众人的好一阵调停，哥哥总算平静下来。而吃到半截的午饭，谁也没心思继续了。

"激战"看过了，是逃离是非之地的时候了。我们赶忙到指定的地点办理了返京的火车票，准备撤退。在离开长沙之前，我去父母亲的老同事、老朋友洪伯伯家去了一趟。一进门，洪伯伯就惊异地说："你怎么这个时候来长沙啊？打得这么凶，你万一有个好歹，可让我怎么向你爸爸妈妈交代呀？"听我讲述了这些天的情况，洪伯伯、洪妈妈不时惊叫、叹息。听说我已经办好了回京的车票，他俩如释重负，连说"谢天谢地，赶快回去"。而后他们还请求我把他们的两个儿子带到北京躲避一段时间。我都想办法做到了，把两个同龄兄弟带回北京，交给他们的祖父祖母。

1967 年 6 月至 8 月，我们实实在在经受了几十天"血与火"的历练。

"怎么能忘记呢"

时隔两个月，从外地回到北京，发现形势最大的变化是，在中南海西墙外的府右街出现了颇具规模的"揪刘火线"。我去探看时，"火线"已经接近尾声，在中央的干预下，"揪刘"夭折，"火线"熄火。但刘少奇的境遇却并未因此改善，反而继续"升级"，除本人被限制行动外，9月中旬，王光美被"正式逮捕"；同日，刘平平、刘源和刘婷婷三人，被逐出中南海，强令到各自学校接受批判。

如果说对刘少奇的批判"升级"还有些思想准备的话，那么一些重量级"红人"的接连倒台，就让我越来越迷糊：先是北京召开大会，声讨武汉的"反动"组织"百万雄师"，像英雄一样欢迎王力；接着姚文元的《评陶铸的两本书》正式宣布了"文革"初期骤然升为中央第四号人物的陶铸的政治死刑；可没过多久，"大英雄"王力和他的伙伴关锋、戚本禹，又被当作"小爬虫"抛了出来……越来越阴晴不定的政局，不断增强我远离政治的意识。

由于在学校里还担任着二营副教导员的职务，尽管内心想继续"逍遥"，但对领导分派的工作任务，也不好一律拒绝。其中有一件事，自以为做得还不错。一天，周某某老师（时任校革委会副主任、二营教导员）找到我，让我去看看刘源，别让他总一个人孤零零地待着，搬回集体宿舍；也做做他们班同学的工作，别歧视刘源，按"可以教育好的子女"政策对待他。

接受任务后，我来到教学楼东端楼梯下的杂物间（过去那是堆放清扫工具等杂物的地方）门口，敲了两下窄小的房门。随着一声"谁呀"的低声问话，刘源掀开了门上小玻璃窗后的报纸，一看是我，就打开了房门。房子很小，只有进门那一平方米多的地方天花板与正常房屋一样高，而右侧就是楼梯下面的那个斜角。斜角里面放了一块铺板，人得头朝外才能趟平，那就是刘源的睡床。屋子没有窗户，大白天都得开着电灯。

我俩挤坐在床头上后，我发现房门后的屋角放着一个很大的玻璃瓶子，里面还盛着半瓶无色液体。"那是什么？""酒精。""从哪儿来的？""从化学实验室拿的。""拿它干什么？""喝。""什么？！喝？你作死啊！那可是有毒的工业酒精！""没多喝，闷得难受时，就喝一点儿。"我们的谈话就是从"酒精"开始的。

由于有同是北京实验二小学生（他比我低三级）的校友关系，他对我戒心不太重。我问了一些他的近况，他述说了不少情况，既有对家庭剧变的不理解，也有对同学们冷面相对的委屈。我除了说些"要正确对待"之类的"官话"外，也以大哥哥的口气，劝他"千万不要自暴自弃""要珍惜身体，振作起来，走好以后的路"，劝他不要"自我孤立"、搬回宿舍去住，并答应去做他们班同学的工作。临走时，我特别要求他"立即把酒精瓶送回去，以后绝对不许再喝，不许这样糟蹋自己"。走出那扇小门时，我头都不愿回，心里有一种说不出的凄凉感。

和刘源的谈话，对他们班同学的工作，很快见了效。但我深知，这只是表面的"见效"，刘源内心的伤痛，我根本无力医治。16年后的1984年春，作为《人民日报》的记者，我到新乡县采访时，与在那里当副县长的刘源重逢。我问他还记得当年的情景吗，他回答"怎么能忘记呢"。

停摆一年多后，北京的中学恢复招生，但所有原来的男女分校都被改为男女统招。已经"年逾花甲"的男四中，从此变成男女生都有的北京四中（原来位于朝阳门外的北京女四中改了名字）。为了迎接即将到来的女生，学校抓紧办的第一件大事就是改造厕所，把原来大通间的几个厕所，都在中间砌起了隔墙，一半为男厕另一半改为女厕。

在实际招生中，发生了这样一段"插曲"。在高考都被废除的大背景下，以往凭统考成绩择优录取的四中，也严格实行了"就近入学"的政策，根据上级统一划定的区域，录取学生。一天，一位首长的秘书来到学校，要求四中录取首长的女儿。负责其事的老师婉言拒绝了这一要求，理由是首长没住在四中的录取区域。那位秘书却强硬地说，首长的住处属于保密范围，他就住在你们管的区域里。就这样，那个女孩被录取为四中的学生。可是造化弄人，没过多久，因父亲"出事"，那女孩被学校"清退"了。

政治热情下降，我就更加"逍遥"。为了脱离众人的视线，我搬出了学生宿舍，在图书馆南侧的偏僻巷子里，找了一间校办工厂的空房子住了下来，同住的还有郑友增和唐新桥。我们找来一些图书阅读，也议论"国家大事"，但与一些自命不凡的人不同。他们不知疲倦地研读报纸新发表的每一篇重要文章，千方百计从中发现一些"新提法"或"新暗示"，分析中央将有什么"新动作"，又有哪些人会被"抛出"。我们则更务实，探讨为什么会发生"文化大革命"，为什么会有现在的局面……

5月中，与我家走得很近的六姨父突然自杀身亡，对我刺激很大。虽然"文革"初期"横扫一切牛鬼蛇神"时，亲戚中也有自杀的，但都是来往很少的远亲。六姨父则不同，他是我母亲的亲姐夫。我从小就经常出入他们家。六姨父的被逼身亡，使我更真切地认识到政治的"无常"与"无情"。

六姨父曾列席中共五大

六姨父胡步三，又名胡谦之。资料显示，胡步三1902年出生于河北阜平县，1920年考入保定第二师范；1923年加入社会主义青年团；1924年转入中国共产党；在第一次国共合作时期，跨党加入国民党，1925年春参加国民党保定市党部工作；同年冬进入黄埔军校学习，毕业后留校，担任卫生队长；1926年12月，被派到哈尔滨，担任中共北满地委军事委员，组织进步群众，采用各种灵活有效的方式开展对敌斗争；1927年2月赴上海，参加上海工人起义，担任南市区工人纠察大队长，指挥工人武装打响了"第一枪"；4月在武汉列席中共第五次代表大会，并负责警卫工作；会后被任命为中共中央军事委员会中央特务工作处下属的匪运股负责人，专门负责联络各种帮会组织；7月，接任北满地委书记；10月，中共满洲省临时委员会成立后，调往沈阳，担任省临委军委书记；1928年到山区做大刀会等山寇工作，未见成效，后因中共满洲省委遭到严重破坏，遂与组织失掉联系。

1929年初至1932年10月，胡步三在东北以店员、店主的身份谋生；之后参加东北抗日义勇军，1933年赴察南参加察哈尔抗日同盟军。1938年，胡步三加入八路军，恢复了党组织关系，曾任河北冀县县长；新中国成立后，在铁道部工作，曾任铁道部统计局副局长等职，1960年代初离休。①

对于他的这些经历，"文革"前我并不很清楚，只知道这位姨父是老革命，曾经上过黄埔军校；一次在他家客厅玩耍时，表弟铁生从书桌抽屉里翻出一份简历，我看到诸多"证明人"的名字中，赫然有周恩来、聂荣臻等大人物。难怪他这位铁道部的一个局长，病重时还惊动了周总理。

我与六姨父的亲密接触是在"文革"开始以后，那时我已是"比较懂事"的高二"大学生"，动乱中不便外出的姨父则把我当成重要的"信息源"。1966年8月到1968年春，只要我在北京，几乎每隔两三天都要去六姨家"报信"，把我了解的最新形势向六姨父报告。他不光听，还让我注意关注哪些人、哪些事。由于资格老，运动初期被揪出的许多"走资派"，他都认识，有些还很熟悉。

随着运动的发展，社会越来越混乱，六姨父也越来越迷茫。对于林彪地位的直线上升，他似乎很不以为然。看到有人把"朱毛会师"改成"毛林会师"，他就不屑地说，轮上我也轮不上他呀，我当连党代表时，他才是见习排长。得知几乎所有老干部都被当成"走资派"揪出来批斗、"坐喷气式"、进"牛棚"劳改，他忧心地说，怎么又重复一次延安"抢救"扩大化的错误？对"文革"中的"不同待遇"，他尤其不能理解。他说，我和H某某都是黄埔军校的，都参加了上海工人起义。大革命失败后，他当了国民党军队的高官，是1950年代初才从香港回来的。可现在，我们这些从没叛党的，都成了被批斗的"走资派"，他却成了重点保护对象（按照毛泽东的指示，宋庆龄、章士钊等一批重要人士被保护起来，不准红卫兵冲击，H也在其中），这是为什么？

六姨父还详细地讲述了1940年代"抢救"时他的一段亲身经历：

---

① 关于胡步三，参见李蓉、张延忠主编《中国共产党第一至第六次全国代表大会代表名单》（增订本），中共党史出版社，2014，第81页。——编者注

开始还好，后来就把所有从白区奔赴根据地的人都当成"清查"对象了。我当时是一个地区负责"清查"工作的三人领导小组成员之一。组长让我负责"清查"一位妇女干部。她只有十七八岁，来根据地前是敌占区某县的妇救会长。"清查"，就是让这些来自敌占区的同志承认自己的"特务"身份并交代"潜藏"在根据地的"特务组织"和其他成员。在我之前，她已经被审问了几次，但都没有结果。如果我再问不出结果，就要对她"上措施"了。那时虽然也申明不许采取打骂、体罚等粗暴手段，但实际中早就"突破"了，有的是轮番审讯，不许睡觉；有的是让人长时间低头、弯腰。更损的是，让两个人背对背、低头弯腰地长时间站在一条长板凳的两端，只要其中一个人熬不住从凳子上栽倒下去，另一个也随着板凳失衡，重重地摔在地上，轻者头破血流，重者筋伤骨折。我向那位年轻姑娘重申了政策，希望她能"认清形势，及早交代"，不要吃"措施"之苦。没想到只一天，她就"老实交代"了，不仅承认了自己的"敌特"身份，而且"供"出了一大串"同伙"。看着那长长的名单，我有些疑惑：怎么这么年轻，就发展了这么多特务？越看我越感觉不对劲，其中不少人名好像在什么地方见过。在认真回想中，我扭头时发现糊窗户的旧报纸上有一排排名字，仔细一看，那是一两年前边区某地表彰劳动模范时在小报上刊登的名单。再一对照，与那位女同志"供"出的"同伙"名单，完全相同！我赶忙叫来年轻的姑娘，追问之下，她痛哭着说：实在没什么可交代的，只好抄这个名单应付……由此，我意识到"清查"已经严重走偏，便找到领导小组组长，以此为例，坦诚地谈了自己的看法，并明确表示，这位年轻姑娘应该没问题。没想到的是，那位组长不仅没接受我的意见，反而当场反问：她没问题，你呢？你有没有问题，我都不能确定。之后，我便被解除了领导小组成员职务，也进入了受审查的行列。感觉到不妙，我立即给周恩来副主席写了一封信，告知了我和下边的有关情况。这封告急信很快有了回音：周恩来副主席亲自给我们地区的负责人写了一封信,明确说"胡步三同志的情况我了解"。我由此解脱,而后整个局势开始发生了变化,中央下达了"刹车""纠偏"的指令。记得公布中央指示的那次大会,是宋任穷同志主持的。他面对全场已经很长时间没洗澡、理发的几百"审查"对象宣布:大家都是可以相信的好同志,我代表党组织宣布结束审查,并向大家道歉……听到这一宣布,会场片刻沉寂,接着跟随一位同志的失声痛哭,全场哭成一片……

1968年春,对六姨父的迫害升级,关键时刻,曾经当过他秘书的人"反戈一击",揭发出他日常流露出的一些"反动言行"。在一次批斗会上,一个原来的"身边人"为了表现"彻底革命",竟然当众打了老人耳光……还有一个致命的问题,就是造反派利用他曾经在周恩来直接领导下工作的经历,让他揭发"伍豪"的"叛党"行为。如果不满足造反派的要求,批斗就要继续"升级"。这位参加革命几十年、有严重腿伤的老人,不愿做出违心的"揭发",也承受不了每天从沙滩挤乘公交车到军事博物馆对面铁道部机关"报到"接受批斗的折磨和凌辱,走上了自杀的绝路。

5月16日早晨,在家门口与六姨、儿女用隐晦的语言做了诀别之后,他先后到外婆家和九外公家与两位长辈"告别",最后搭乘公交车到终点站东郊大山子,在一个果园里上吊自尽。第二天,果园工人发现了他的遗体,那棵无辜的果树四周,扔着许多半截的香烟,衣兜里有七块钱和一张小纸条,上写"……七块火葬,不留骨灰"。

一个从1923年就投身革命的老人、一位中共五大列席代表,就这样结束了自己的生命。死后还被扣上了"畏罪自杀,自绝于党自绝于人民""大叛徒"等罪名。后来,子女上书,周总理做出批示,铁道部才没开除他的党籍。在六姨父之前,他的弟弟胡云初,时任湖南衡阳地委第一书记也因忍受不了折磨而跳楼自杀(另有一说,是被人从窗户扔下楼摔死的)。

10年后,铁道部决定为六姨父平反昭雪。起草悼词的居然是那位曾"反戈一击"的秘书。在铁道部常务副部长刘建章（六姨父的老战友，"文革"中也惨遭迫害）交代悼词口径时，那个秘书对"迫害致死"提出质疑，认为自杀身亡不该说是"迫害致死"。刘建章当即反驳：不是迫害致死是什么？！好端端的，谁想死？是你，还是我？！

1978年9月12日平反昭雪大会在八宝山举行，六姨父的许多老战友出席，包括王任重、吕正操、王鹤寿、任仲夷等。由于没留骨灰，那小小的骨灰匣中，安放了六姨父生前使用过的一个放大镜、一副绑腿。那位红过一阵的秘书，很快染恶疾而亡。

再见四中，再见北京

随着1968年春季征兵的展开，我们这些"老三届"进入等待"最后处理"的阶段。

同班的张克难应征入伍后，京西煤矿、青海"三线"工厂等单位接连来招工。同学们终日惶惶，打探消息、申请报名……对这些，我却不怎么积极，没条件当兵，去工矿兴趣不大，倒是不断传出的去东北、内蒙古、云南兵团的消息，对我比较有吸引力。因为这些"去向"有一个共同点，就是有可能"参战"，北边是"陈兵百万"的苏联、云南境外有受到中国支持的缅共。一个有关西藏的政治传言更具诱惑力。因为自1950年代初的朝鲜半岛战事以后，只有1962年中印边境地区发生了比较有规模的武装冲突。而西藏的神秘和几位志同道合的朋友，更是我向往西藏的特别动力。既然都得走，那就干脆走得远远的。

没课可"复"，没事可做。读书之余，受一些"逍遥"朋友之邀，我也参加了对京郊一些生疏景点的"探游"。

第一个去的是妙峰山。我们先骑车到颐和园西北20多里的北安河，把自行车存放在47中校园里，然后背着一些干粮爬上半山腰的金山寺。寺外有山泉，据说北京最早的汽水就是用那里的山泉做的，叫"金山牌"汽水。寺庙里早就没了佛像、僧人，成为北京大学生物系的一个野外实习基地。

　　暮色中，我们敲开庙门，向开门的看守人员提出"借宿"。荒山野岭，五个大小伙子上门，孤身一人的他不敢不答应。我们被让进西屋，里面有一些简易的行军床，却没有任何铺盖。守门人解释说，只有夏秋两季师生们来时在这里短时居住，铺盖都是自己带来的。寺庙里没电，我们打着电筒把床支架好，就上床睡觉了。前半夜还能凑合，到后半夜就不行了，一身单衣地躺在满是空隙的简易钢丝床上，上下透气，暮春的寒气把我冻醒。坐起来一看，靠墙睡的贾小黎的睡姿差点儿让我笑出声来。看来他早就躺不住了：像鸡睡觉一样，在一条板凳上蜷缩身子、抱头蹲着。都睡不下去了，估摸已经是凌晨4点多，大家就都起身，到山泉边用凉水洗洗脸，趁早赶路了。

　　据说这里到妙峰山"奶奶庙"有40里山道，还要翻过一道山梁。我们按事先问好的路径，借着蒙蒙晨光，沿着弯曲起伏的石板道快步行进。这是一条传统的进香古道，据说旧时每年碧霞元君寿诞之期，在这条道上进香的队伍蜿蜒几十里。

　　上午8点左右，我们就爬到了那道山梁，向西瞭望，可以隐隐约约看到"奶奶庙"了。又走了大约两个小时，我们先下沟再攀爬，终于登上了妙峰山金顶高高的石台。

　　石台上"奶奶庙"的原有房屋大部分倒塌、废弃了，只剩下一座正殿的主体还算完整。站在殿前平台向四周眺望，还真有点"一览众山小"的感觉。尤其让人兴奋的是，在殿宇的外墙上，我们居然发现了抗战时期留下的标语，那是李天焕（1955年被授衔中将）领导的平西抗日武装部队书写的。石台西侧，就是著名的"玫瑰谷"，附近的山民们从很早就开始种植玫瑰了。由于时令尚早，这时的玫瑰树丛刚刚绽绿，离开花还早呢。

　　因为必须原路而返，所以我们不敢多耽搁，急匆匆地就着泉水吃了点儿干粮就开步往回走了。回程一路顺风，路过金山寺南侧的鹫峰时，我们还在大石头上拍了照。骑车回到城里时，已经是晚上九点多了。

　　十三陵西侧的沟崖和房山的上方山云水洞，以前连听说都没听说过。而在那几个月里，我和"逍遥友"们，居然去了两次，而且每次都要在外面住宿一两天，有时不仅带干粮，还带着小锅，在外面生火煮鸡蛋挂面。

去沟崖，我们头一天住在德胜口水库的一间库房里，第二天清晨上山。那一夜，虽然被狂轰滥炸的蚊子咬得"肿了一圈"，但丝毫没影响登山探幽的兴趣。

沿着简陋、崎岖的山道，我们兴致勃勃爬到半山的道观，没想到一进门就看到停放在小院中的一口空棺材。有同伴说，不久前，和我们一样来这里"探险"的一位女中学生，在附近掏老鹰窝时不慎跌下山崖摔死，一起来的同学就把她临时放在这口老道自己备用的寿材里，第二天背下了山。真是乐极生悲啊。

沟崖的山崖特别陡峭，以致我们战战兢兢地爬上朝阳洞时，看着几米外的鹤窝都不敢继续前行，生怕遭到洞口外盘旋着的两只大灰鹤袭击，进而发生坠崖的惨剧。

到云水洞，我们两次都是先从永定门车站搭乘火车到周口店，然后步行三十多里翻"棺材山"进入上方山的后山。在那里，我们住过的一座小庙叫"一斗泉"，以佛殿脚下的一方泉水得名。我们之前，几位北大的学生已经捷足先登，在这里住了几天，与我们共宿一夜，他们就返京了，我们又单独住了一晚。

此前一年曾满怀革命热情"大破四旧"的我们，这回又"破四旧"了——从云水洞口已经被拆掉大半的房屋残顶上抽木檩条，但这次不是为了革命，而是为了进洞点火照明。那时云水洞还没有旅游开发，洞里漆黑漆黑的，除了随身带的手电筒，在大洞里必须生火才能比较清楚地看到壮观的洞貌。

民间有"上方山七十二座茅庵"之说，我们去时，残存的寺庙虽然没有那么多，但的确还有不少，有的殿宇还相当完整。一座已经废弃的殿堂地面上，居然铺满了整齐的木制地板，可见绝非一般乡间简陋的小庙。

为了节省白天时间，我们半夜下探云水洞，拽着铁链，攀登山门附近的"云梯"，四肢并用地爬上近乎圆柱体的摘星坨。不同于以往的公园春游，野游，充满了野趣。已经厌倦了喧嚣的我们，在偏僻的山野中寻找到了难得的安宁。

夏天，在市里统一安排下，学校进行了一次支援麦收活动。我不但参加了，而且担负了一定的组织领导责任。劳动地点是昌平县沙河公社，时间大约是一个星期。割麦子、捆麦子、运麦子的细节，早就忘记了。这是读中学期间，最后一次下乡劳动，也是"文革"中唯一的一次。

相对而言，"文革"初期，我们高二三班比较"蔫"，除了几个同学短期参与了"西纠"活动，其他人都没弄出什么能够引人注意的"大动静"。高二二班却比我们班的能人多、能量大。我进进出出地"大串联"、探访京郊野景时，他们班的几个人居然办起了两份报纸。一份是牟志京主编的《中学文革报》，以发表遇罗克的《出身论》而声名大噪；另一份是张育海、何大明（我的小学同班同学）办的《只把春来报》。这个报的第二期发表了张育海写的《论出身》，与遇罗克的《出身论》相呼应。1968是一个各奔东西的年份。就在我们加紧争取进藏的同时，张育海突然去了云南，先在农场落脚，而后不久越境去缅甸参加了缅共人民军。一年后在一次战斗中阵亡，年仅21岁。

我的高中同班同学、挚友张晓彤决定去内蒙古插队，在这之前一年，他就向我表露了要尽快下乡当农民的意愿。9月7号，我送走了这位我们班第一位去农村插队的同学。

仅仅一个星期之后的9月14日，我们一行十五名北京中学生，登上了西行的列车，奔赴遥远的西藏。北京再见，四中再见！这一走，何时能再见？我不知道，也没多想。

西藏岁月

  1968年,"文革"高潮中,我,一个北京的高中生,与一群"志同道合"的伙伴,自行"闯进"西藏。度过10个月的"编外"军旅生活后,响应伟大领袖"上山下乡"号召,我毅然到雅鲁藏布江畔农村插队,做了三年西藏农民,适应了吃糌粑、喝酥油茶和与虱子为伴的生活,学会了流利的藏话。其间,当过媒体报道的"先进典型",还被安上莫须有的罪名受过"清查";进行过多种改变旧习俗的尝试,也干过拦路"割资本主义尾巴"之类的荒唐事。1972年被调进西藏日报社。8年中,在西藏的50多个县留下足迹,经历过雪崩、泥石流塌方、多次车祸,患过雪盲症,也曾作为"第一个"进入羌塘高原腹地"无人区"——可可西里地区采访的新闻记者,骑马深入"无法无天无官无管"的险恶之地——三岩采访10天。曾目睹天葬、水葬,投宿于"二妻十夫"之家,热情讴歌过"战天斗地"光辉业绩,也体察、反映过终日辛劳不得温饱的百姓艰难。

  1968年到1980年,充满了血与泪、冰与火、爱与恨、善与恶,那是一段我亲身经历的难忘岁月。

"传言"促我决心赴藏

  时隔几十年,已记不清是谁最先告诉我那段有关西藏的传言的了,但伟大领袖的那句话至今记忆犹新:西藏的战略地位重要,如果"文化大革命"后，能有一批红卫兵小将去，那该多好啊！

这段话真是伟大领袖说的吗？我们通过多个渠道想予以证实，都没有结果。但我们从内心坚信这是真的，并因此下定了"去西藏"的决心。为什么会这么坚定？第一，这是伟大领袖的号召，我们理应积极响应；这些话与当时中国要担当世界革命根据地重任的说法完全符合，属于"解放全人类"的具体行动。第二，新中国成立之后，除了抗美援朝，真正的大战事只有中印边界反击战，而从小就以黄继光、邱少云等为榜样的我们，认定只有去西藏才可能成为他们那样的英雄。第三，面临从学校走向社会的我们，也想像一些去内蒙古的先行者那样，以"上最高的山、下最远的乡"的实际行动，带动更多热血青年到西藏去，落实伟大领袖的指示，实现远大的革命抱负。第四，作为家庭出身非"红五类"的我，也实在没有其他更好的出路。

以战友找战友的方式，我们很快就"串联"起了七八个学校的十多个中学生，四中人最多，6个（汤池、贾小黎、胡绎、郑友增、唐新桥和我），北大附中3人（郑永安、刘晓莉、李祖澄），11中2人（李一伦、杨德凤），京工附中（商铁兰）、女三中（郭亚馥）、女九中（李林）和39中（江山美）各1人。

从1968年6、7月开始，我们频繁地往空军学院跑，找在那里办学习班的西藏军区领导和群众组织的负责人，表明我们的想法，反复表达决心，软磨硬泡地争取他们同意我们进藏。但大概因为当时那些人的主要精力都放在"促联合"和筹建革命委员会上，加之"北京学生自愿申请进藏安家落户"是从来没有的事，所以他们有的不明确表态，多数则是态度和蔼地拒绝。

这样"磨"了几个月，几乎没什么进展，弄得大家都有些灰心了，甚至有了另选别处（去云南）的念头。就在这时，郑永安找到了她母亲的一位老战友——西藏军区副参谋长陈子植，尽管陈子植也没有明确答应我们进藏的请求，却"启发"了我们的思路，促使我们下决心"软的不行就来硬的"。既然"获得批准"的大门很难打开，那就不再继续费口舌，干脆"先斩后奏"，自行进藏！

决心下定，主意拿定，我们开始做父母的工作。西藏毕竟太遥远、太神秘了，给一般人的印象，除了冰封雪冻的世界屋脊，展览、电影中野蛮的封建农奴制度、平叛改革，就是大扬国威的中印边界反击战。同意孩子到那里安家落户，家长绝对没想过！但在全国失控的大背景下，各个小家也早都失控了。尽管很不情愿，但多数家长还是表示"支持"孩子的革命行动。当然，也有坚不松口的。比如和我同校的两位同学，胡绎的父母亲是到临上火车的前一天晚上才勉强点头的，弄得连行李都没时间托运，直接扛着箱子上了火车；唐新桥干脆没再与父母亲"废话"，趁他们离家上班，留了一张告别字条，就自己提着简单的行囊去火车站了。他是我们中年龄最小的，当时还不满17岁。

1968年9月14日，一个终生难忘的日子。我们15名北京中学生，自己买车票，从北京站踏上了西行进藏的旅程。我们满怀激情，没有任何杂念，一心去实现从懂事时就"确立"的远大革命理想，为解放全人类奋斗终生，毫无保留地奉献自己的一切。我其至拒绝母亲送站，避免了凄凄惨惨的送别场面。

曲折进藏路

由于没能买到直达甘肃柳园的车票，我们在西安停顿了一天，是刘晓莉姐姐安排的住处，一所学校的教室。激情澎湃的我们，不光参观了与去"西天"取经的唐僧有关的大雁塔，还特意去八路军西安办事处旧址接受革命传统熏陶。一天后，我们乘硬座火车，继续西行。一过兰州，硬座车厢里的旅客就没剩多少了，于是我们的硬座就变成了"硬卧"。

当时青藏铁路还没修，西宁到格尔木的公路路程比柳园到格尔木长，加之路况差别，因此西藏的铁路、公路物资转运点，就设在柳园。内地的进藏物资大部分先由火车运到这里，再从这里用汽车运往西藏。经过几十个小时的漫长行车，我们于9月17日（也许是18日）的夜晚到达柳园。车站灯光很暗，叽叽喳喳下车的我们，打破了小站的寂静。

问明方向，拖着行李，我们疲惫但兴奋地摸黑向军管处进发。柳园本来不大，没多会儿，我们已经站在军管处的小平房里。虽然是 9 月，但这里已经生火取暖了。一个负责的军官，披着大衣，边烤火边听我们陈述，而后很客气地说，先安排住下，是否进藏，得向拉萨汇报。在一位军人的引领下，我们来到不远处的运输站，这里可能是柳园人气最旺的地方了。因为所有进藏的车辆都要停歇在这里，司机、旅客也都食宿在这里。

登好记，一进男生宿舍，傻眼了：好家伙，房子像大车间一样，里面摆满了单人铁架子床，没有百张，也有七八十张，除了狭窄的通道，就是密密麻麻紧挨着的床。

异常兴奋的我们久久难以入睡。一路火车，除了简单洗脸、刷牙，大家都两天没洗脚了。李祖澄捋起裤腿，边吐唾沫，边搓泥，旁若无人。大家为之瞠然，接着就是笑声一片。200 瓦的大灯泡，整宿明晃晃地亮着，加上此起彼伏的鼾声、梦话，没有足够的功力，在这里安睡是很难的。但我们毫不在乎。

第二天，又去军管处"磨"，但没有结果。无所事事的我们只能在弹丸小镇上随意转。简陋的百货公司，只有肥皂、牙膏、毛巾、胶鞋、搪瓷盆……夕阳余晖下的骆驼群过去只在电影中看到，现在近在咫尺了，它们瞪着大眼睛，静静地嚼草。

大概又过了一天吧，军管处负责人和气地说，你们还是回北京吧，现在不具备进藏条件，过一段有条件了，再通知你们。我们知道这是在敷衍，表示坚决不回去，并使出预先准备好的"杀手锏"：如果再不批准，我们就步行进藏，每天走一段，每天给拉萨发一封电报，直到获得批准。军官看我们没有屈服的意思，就说，那好吧，我安排车子，送你们进藏。我们高兴得跳起来，他拿出拉萨的回复电报，大意是，如北京中学生坚决要求，劝阻无效，即准予进藏。原来他早已心中有底，劝说、拦阻只是"例行公事"。

到柳园的第四或第五天，我们兴高采烈地爬上军管处安排的一辆敞篷解放牌货车，向拉萨进发。因为启程较晚，车子开了 100 多公里，就在敦煌歇下了。既到敦煌，如果能去莫高窟看看，该多好！可是，为了防范造反派的"革命行动"，莫高窟已经奉北京的指示严格封闭，停止参观。渴望落空，只好早早上床休息。没想到的是，几个不安分的男同学跑到无法关闭的月牙泉去了，10点多钟才回来！他们讲述了月牙泉的神秘夜色：幽深的湖水、空荡荡的寺庙、阁楼梁柱间残留的"上吊绳索"……大家听罢一致决定，次日早起，抓紧出发前的时间，再探一次月牙泉。

　　第二天，刚蒙蒙亮，大家就不约而同地起身，朝着既定的方向疾走。十多里路，一个多小时就到了。太阳刚出山，连绵的黄沙丘中，隐藏着月牙形的一湾湖水，静静地倒映着湖边的建筑。湖水不深，清澈见底，几个水性好的，忍不住下水游了几下。湖边的建筑群规模依旧，但人为毁坏痕迹明显，匾额碎了，神像倒了，屋顶残了，一些墙上的壁画被涂上了乱色……还真有一绺悬挂的残绳，在风中孤独地摇摆。

　　时间关系，我们告别月牙泉，翻越沙丘回敦煌。赶回运输站，已经是10点多钟了，虽然驾驶员不满意，但"法不责众"，只好憋着火上路。晚9点到达长草沟，太阳还没落。一条岔道，寂静地伸向高原深处，据说那边就是原子弹试验场。太阳刚刚隐到山后，就觉得凉风浸人了，这就是高原气候，太阳底下晒死、背阴处冻死。而戈壁深处却有成千上万人默默地奋斗着。

　　大概也就两三天吧，过当金山口，宿大柴旦，我们驶上了临近格尔木的察尔汗盐湖，俗称"万丈盐桥"，公路笔直，异常平坦。司机特意停车让我们看路边沟里大粒的湖盐。路是建在盐壳上的，难怪那么平整。

　　格尔木，进藏路上最大的中途站，北面柳园来的公路和东面西宁来的公路在这里交会，向南就是直通向拉萨的干线了。这里不仅是西藏最大的物资转运地，也是经青藏线进藏人员的集中地。这里海拔2800米，人开始有高原反应。每年新兵进藏，格尔木是第一道"鬼门关"，有个别刚入伍的战士在这里病故。这里比柳园大多了，不仅有很大的客运站、货运站，比较像样的商店、学校、医院，还有仓库、运输公司、机械修理厂等机构，西藏自治区在这里设有正式的办事处。一栋很不起眼的二层灰色小楼，被称为"将军楼"，在这里很出名。1950年代修建青藏公路时，那是总指挥慕生忠将军的指挥部。1959年庐山会议后，作为彭德怀老部下的他，没能逃脱厄运。人去楼在，小楼成了格尔木的一景。

慕生忠，1930年在陕北参加红军，1950年代初，西南军区张国华、谭冠三领导的18军从四川挺进西藏时，西北军区也组成了以范明为司令员、慕生忠为政治委员的西北进藏部队，从青海进藏。而后，慕生忠先后担任西藏工委常委兼组织部部长、西藏运输总队政治委员等职。1954年春，他主动请缨，在周恩来、彭德怀支持下，带着总理特批的30万元修路经费，19名干部、10名工兵、1200多民工，10辆卡车、1200把铁锹、1200把十字镐、150公斤炸药等物资，开始修建格尔木通往拉萨的公路。仅仅7个月零4天，慕生忠率领的这支队伍，就修成了总长1200多公里、穿越唐古拉山脉的大通道。1954年12月15日，慕生忠带领筑路大军乘车抵达拉萨，成为有史以来第一批乘坐汽车进入拉萨的人。如今，已经没有几个人知道曾被称为"青藏公路之父""格尔木缔造者"的慕生忠了，但当年他给青藏公路沿线起的一些地名，人们还在叫着：不冻泉、五道梁、风火山、开心岭、沱沱河、万丈盐桥……

在格尔木，终于可以休整了，大家都痛痛快快地洗头、洗澡。洗去多日的积垢，顿觉轻松很多。但让人犯愁的是，拉我们的汽车驾驶员不肯继续往拉萨走了，我们得另外找车进藏。当时派性斗争正值高潮，虽然上层已经达成大联合协议，宣布了西藏自治区革命委员会成立，但基层"造总""大联指"两派依然严重对立。运输力量分别归两派组织指挥，办事处、军管会说话没人理。因此，军管会表示有心无力，明确要求我们去找派头头们商量。记得"造总"接待我们的是运输公司的"司令"蒋某，用通常的标准说，那就是个"土匪头头"，在办公室还挎着盒子枪，满嘴脏话。而当时那是最时尚的做派。"蒋司令"对我们挺友好，一说明情况，就爽快地答应安排车子送我们。后来知道，他也是为了争取我们,壮大"造总"的力量。几年后,听说他被以"组织、指挥武斗"等罪名判了重刑。

很快,进藏的车就落实了,司机姓赵,东北人。据说,"造总"为了表示团结协作的诚意,特别组织了几十辆货车的车队,克服沿途食宿艰苦等困难,在国庆节前给拉萨送去过节物资。我们就是沾了这次行动的光,得以随队进藏,否则单车是不敢冒险上路的,主要是怕对立派武力袭击。这次不是敞篷了,汽车加盖了齐整的苫布,我们的行李放在车厢下层,人全坐在行李上,或坐或靠甚至躺下,人、行李全裹堆在一起,车子颠簸时,乱成一团,但大家都不觉得苦。

昆仑山口、纳赤台、沱沱河、五道梁、唐古拉山口……一路昏昏沉沉,这些地图上熟悉而实际生疏的地方,懵懵懂懂地掠过,具体什么样,多数连看都没看,即便看了也没留什么印象。为了遮挡砂石公路扬起的灰尘,汽车苫布后帘一直紧闭着,只要车开,我们就颠簸在一片混沌之中,对外面世界几乎一无所知。有些地方干脆就是夜间经过的。

9月29日,我们终于达到梦寐已久的目的地。整整半个月的曲折、颠簸,尽管满身污垢,但我们精神亢奋。远处布达拉宫的金顶,在太阳照耀下,发出神秘的光辉。

10 个月军营生活

怎么进的拉萨市区,已经没印象了。但对司机老赵"把车开到哪儿去"提问的回答,却记得很清楚——"直接开到区革委会大院去"。门卫在电话请示之后,顺利放行。

在灰石块砌成、铁皮顶的三层办公楼里,工作人员把我和郭亚馥(大家临时推出的"谈判代表"),引进一间朝阳的办公室,介绍给自治区革委会办事组副组长尹志云(他是军区派出的军代表之一,军内职务是西藏军区政治部秘书长,取消军衔前是上校),一位个子不高、有些谢顶的中年军人。他操略带河南味儿的普通话,笑着问我们进藏路上的情况，并让我们把15个人的基本情况写下来。让我们欣慰的是，他很和蔼，虽然没有明确表示欢迎，但也没说要"遣返"我们。

在尹志云的安排下，我们住进了军区东大门外的军区第三招待所，除嘱咐我们先好好休息，等待下一步安排外，他还叮嘱我们千万不要介入西藏的两派争斗。

招待所的主体是一栋老旧藏式建筑，过去肯定属于某位官员或贵族。在招待所的大约一个星期中，一些人来看望我们，记得有在北京就认识了的自治区革委会委员魏治平，闻讯前来"寻亲"的西藏自治区歌舞团的男高音歌唱演员縻若儒。意外的"收获"是，自己进藏的北京中学生钟小定、廖小华（都是原北京女一中的），在这里并入了我们的队伍。

那是等待安排的一周，尽管是10月初了，但高原的太阳很强烈，尤其是中午，太阳能把人晒出油来。酷爱游泳的我们忍不住要到拉萨河里去一显身手。因为河水湍急，为了防止意外，我们做了些准备，比如绳子等。下水前，大家充分活动身子，以防抽筋。可是真一下水，一个水性好的，没游多远慌忙就爬上了岸，累得气喘吁吁，脸青唇紫，半天说不出话。我这个水性一般的就更加狼狈，拴着绳子下水，刚一划拉，就觉得不对劲，岸上毒日高照，水里却冰冷刺骨，两臂划动乏力，抬头换气就猛呛了一口水。大概连五米都没到，我就匆匆上岸了，坐在河滩上上气不接下气地缓了好一会儿。

为什么会这样？一是我们刚到拉萨几天，还没适应高原气候；二是河水都是高山冰川融化的雪水，冰冷异常；三是高原空气稀薄，含氧量比平原低1/3到1/4，按平原的换气节奏供不上体力消耗，加快节奏又会加大消耗，增加心脏供血负担，于是手忙脚乱。从那以后，12年间，我在西藏再没下水游过泳。

下过水了，我们又想爬山。一天，我们沿着河坝林路东行，走过拉萨河大桥，到河南岸去爬山，那是环绕拉萨众山中，离市区最近的山。山看起来不高，可爬起来真费劲。随着高度缓慢上升，拉萨城渐渐展现在我们脚下。那时的拉萨基本保持着古老的格局与面貌。老城区不大，除了人民路一线有些新建筑，其余大都还是传统的藏式小楼或平房，石墙、平顶。以金顶辉煌的大昭寺为中心，以八廓街为圆环，民居向四面铺展。布达拉宫位于老城区西部，几十平方公里的荡荡拉萨河谷地，偏偏就在中心位置隆起了突兀的两座小山，一座是稍高些的布达拉，一座是与其对峙、偏西南点儿的药王山。自松赞干布起，依山而建的宫室，逐年逐代延展，历时上千年，终于形成了现在的规模，虽然只有13层，但借助山威，它显得异常巍峨。

　　登高远望，北部山脚下是拉萨的第二个建筑群，东侧是拉萨三大寺之一的色拉寺，据说鼎盛时常住5500名喇嘛；西侧是西藏军区总医院。它们与老城区之间，分布着机修厂等单位。药王山往西就是青藏公路了，西行十多公里，则是拉萨的第三个建筑群。山坡上是最大的黄教寺院哲蚌寺，也是三大寺之一，据说曾常住喇嘛7700名。那就是一座佛教城池，鳞次栉比的经堂、僧房铺盖了好一片山坡。山下的公路两旁，是军区运输团、水泥厂、空军指挥部等单位；靠近拉萨河的是军区生产部，也就是建设兵团性质的军垦单位，以及附属的八一农场等。拉萨河南岸，只知道有个高炮团。大家指指点点地看着远山近景，爬山的辛苦不知不觉地散去。突然有人惊叫起来："快看，狐狸！"嘿，真是狐狸，一只浑身火红、尾尖白色的狐狸！十几个人一起追撵，狐狸始终像一团跃动的火苗，与我们隔着一段距离，最后消失在高耸的山坡间。

　　为了防止我们介入西藏的两派争斗，自治区革委会很快决定安排我们到西藏军区测绘大队（藏字512部队）锻炼。大队部位于拉萨西郊罗布林卡西侧，那是一片土坯为墙、银白铁皮做顶的建筑。在军营里，我们属于异类，不穿军装，除了按部队规定起床、出操、学习外，主要是打杂：一是帮厨，二是到军区政治部印刷厂车间折页子。军营生活总的来说比较枯燥，但也夹杂着一些欢乐的插曲。在测绘队，我们第一次近距离聆听著名歌唱演员才旦卓玛高亢激昂的歌声（她是来部队慰问的）。在达赖夏宫罗布林卡里，我们与军人赛过几次排球，因为测绘大队的一个中队当时就驻扎在林卡里。在有限的几个节日，部队都举办了联欢会，而我们的"保留节目"一直是汤池的手风琴独奏和郭亚馥的京剧清唱，他们的水平绝对超过一般的专业演员，每次都能赢得热烈的掌声。恐怕也只有在这样的片刻时间里，测绘队领导不把我们当"麻烦"。

还"上山下乡"吗？

在测绘队，除集体活动，平时是不准自由外出的，休息日进城要事先请假，归队后销假。那几个月里，我请假外出只有有限的几次，其中一次是去看一位小学同学。她叫张琪，是北京第二实验小学的同学，比我低一级，1961年我考进了北京四中；第二年她考进了北京师大女附中。1961年以后，我们从来没见过，时隔七年，他乡遇故知。她是来投奔父亲的。她父亲张广泽，是"文革"前从新华总社调到西藏日报任副总编的援藏干部。与我们同样面对上山下乡的她，就和妹妹张小蓉一道来西藏"寻出路"了。由于父亲是站在"造总"一边的，她也倾向"造总"，给我们介绍了不少西藏的有关情况。通过她，还结识了一些"北京老乡"，他们是1961年的高中毕业生，考取了隶属于西藏军区的松宗步校，学校在波密松宗。他们学习的一个科目是印地语。但学习了没多久，中印边界发生了战事，他们就奔赴前线了，成为朝鲜战争后，极少数参加过实战的军人。另外一些伙伴也各自结交朋友，其中不乏派别的领导。有些"关系"无意中埋下了灾难的祸根。

1968年底，毛泽东发出了"知识青年到农村去"的号召，我们也决心积极响应伟大召唤，到西藏农村安家落户。我们请求自治区领导安排我们到农村去搞一次"三同"（同吃、同住、同劳动），很快，我们就来到了拉萨东郊的一个村子。

虽然与测绘大队只隔几十里，但这完全是另一个世界。吃的是酥油茶、糌粑面，住的是老乡土藏房，干的是起羊圈、背粪肥、背石块等农活，听的是藏汉交杂语。

第二年春天,我们又被派到测绘大队的农场去春耕,再次近距离观察农村、农牧民的生活。一次偶然的遭遇,给大家强烈的震撼。一天休息,大家决定到附近的一处温泉去洗澡。温泉在半山坡上,兴致勃勃的我们争先恐后地往上爬。贾小黎、郑友增冲在最前面。可刚爬上去一两分钟,他们就折回往下跑了,还拦住女生们,不让她们上去。怎么啦?"露天的,男男女女都在一个池子里!"啊?!大家惊呆了,不知怎么办。带队的战士找来当地基层干部,说明情况后,那位藏族干部决定把泡澡的老乡"请"出去,换新水供"北京客人"洗。我们一不同意赶走老百姓,二对男女共浴不以为然。得知来洗温泉的都是各种病的患者,我们就更不敢洗了。乘兴而去,扫兴而归。

两次与西藏农村的"零距离"接触,使我们不得不重新思考:在这样的环境下,你能生存吗?你有毅力学习一种全新的语言吗?你能闻惯浓重的牛羊肉膻气加汗味儿吗?完全以糌粑、酥油为食,你受得了吗?"男女混浴"的习俗你接受吗?短暂的忍耐可以,而你能坚持多久?几个月,几年,还是一辈子?……面对这些问号,谁也无法回避。而恰恰也是在这段时间,东北边陲传来了珍宝岛自卫反击战的消息,让我们很自然地又与自身所处的"重要战略位置"联系到一起,引发了进一步的遐想。没来西藏,想进藏;进了西藏,去何处?

大约是 1969 年 6 月初,拉萨已经进入夏季。不甘寂寞的同伴又酝酿着新的动作。一次我在整理铺位时,一位同伴神秘地提醒我"小心"。怎么了?他竟从箱子的缝隙中掏出了两枚铸铁水管做的土造手榴弹!哪来的?记不清了。干嘛用?留着过几天到拉萨河炸鱼去。我忧心地说,哪能放在这儿呢!但大家都埋怨我多虑。我只好沉默。

几天后的一个中午,在家的所有男生,除了我,都要去炸鱼。看拦不住,我就叮嘱说:"千万留神,可别没炸到鱼,却把人炸了。"在连连的"没事"中,他们顶着烈日出发了。也就一个多小时吧,郑永安突然急匆匆地跑了回来,大声说:"不好啦,出事了,郑友增被炸伤了！"看着她土灰的脸色，我如五雷轰顶！急忙跟着她往前面跑，还没赶到卫生室，就看见一辆吉普车绝尘而去。友增被紧急送往总医院抢救了，与他一同受伤的还有李一伦，但他的伤不重，只额头擦破了点皮，友增则被弹片打穿了大腿。他是被刚一出手就提早爆炸的手榴弹炸伤的。

几天后，我到总医院探望已经做完取弹片手术的友增，又心痛又愧疚，因为四中的几位同学都是"跟着"我来的，特别是友增，我们是"发小"，从小学一直同学到中学。今他遭此大难，我怎能心安？！

几天后，因西藏不具备进一步治疗的条件，总医院建议友增回北京医治。很快，友增就被送回北京了（唐新桥等护送）。后来知道，友增的左腿坐骨神经被几乎炸断，别说西藏，就是全国也没几个人能治。通常的办法就是截肢。而友增还算幸运，协和医院的冯传宜教授（神经外科）、乐铜教授（外科）给他做了手术。他们都是国内这方面的最高权威。友增的坐骨神经需要重接，断口不规则部分要先切掉，然后把两个整齐的神经先接上，再缝合外面的神经壳。但切掉断头后，两段神经间出现了半厘米左右的缺损，硬抻着接不行，只能在更长的范围里"找"出缺损的这半厘米。两位大夫把友增的大腿像剖鱼一样，沿神经从大腿根到脚跟剖开一条长口子，然后一点点从两边往中间拨，硬是拨出了半厘米！差不多一整天的手术，神经接上了，友增的腿保住了。而在这之前，协和仅做过两例同类手术，一例成功，一例失败。友增真是非常幸运。

在友增之前，杨德凤已经因"家里有困难"回北京了。那是到拉萨之后没多久的事，杨德凤得了阑尾炎，被送到自治区人民医院治疗。手术后，医生没有用传统办法缝合伤口，而是用一种新技术——胶水黏合。没想到第一次没能粘住，没两天又粘了第二次，还是没粘住，只好改缝合了。但缝之前，需要把伤口两面涂了胶水的表层片掉，否则无法长到一起。杨为此遭受了"二茬罪"。

1968年10月我们到军区测绘大队之后两个多月，北京又来了一批志愿进藏的中学生。他们一行12人，101中的占多数，还有13中、33中的几位。他们是：101中的刘小汉、孙小梅、陈因硕、陈薇、战若英、王增行，13中的王启迤、李孝聪、孙大才、杨万有，33中的梁斌、边孟英。后来还来了个朱嘉明，也是13中的。他们先在自治区第二招待所住，后来被安排到了军区政治部农场。1969年初，天津的一批中学生进藏，领头的任学明还是天津市革命委员会的常委，好像他们是通过正式"组织途径"进藏的，因此与分配进藏的大学毕业生一道被安排到米林正规的部队学生连锻炼。

由于友增被炸，测绘大队领导强烈要求把我们这帮"捣蛋"的北京中学生转走。1969年7月中，我们就告别了藏字512部队，转到了拉萨河南岸的军区政治部农场，与早期到这里的那拨北京学生"会师"。

在政治部农场，有同学夜晚蒙在被窝里"偷听敌台"，从美国之音广播中得知了美国阿波罗11号登月的消息。当他把这一消息在黑暗中低声告诉大家时，似乎并没有引起特别的"热烈"反应。彼时的我们，更关心的是自己"到哪去"，人类第一次在月球表面留下脚印的重大科学突破，实在离我们过于遥远，更何况那还是头号敌人美帝国主义的事。

半年多的"悬空"状态，使我们的思想开始分化：在军营却不是真兵，少部分人萌生了"转正"，入伍当真兵的想法；大部分"出身"不够格的同学不敢动这方面的念头，进机关也根本别想；西藏又没有什么像样的工业企业，务工的机会微乎其微。剩下的路只有两条：一是到军区生产部下属的农场去当农工，二是直接到农牧区公社插队。但两次与西藏农村的"零距离"接触，又使多数原来打算插队的人发生了动摇。

在插队问题上，我坚定不移，认为这是落实毛主席最高指示的实际行动，也是忠于毛泽东思想、毛主席无产阶级革命路线的具体表现。我一直把保尔当成偶像，此时就从心里把不愿下乡的同学们都当成了"冬妮娅"那样的"同路人"，有意疏远了。一起进藏的十几个人，只剩下3人坚持要插队，但我认为我们是"光荣的少数"，是"革命的孤立"。

我出身旧知识分子家庭，从十二三岁争取入团起，就不断检讨与生俱来的"家庭资产阶级思想影响"，刻苦改造世界观，"自觉到最基层、最艰苦"的环境中去接受"脱胎换骨"的改造，几乎已成为我的一种"本能"。背后无大树、头顶没余荫，也"逼"出了我不依靠别人的坚韧性格。依然与我一样坚持要求下乡插队的胡绎、刘晓莉，被我视为志同道合的坚定战友，我决心与他们一道尽快奔赴农村，迎接新的战斗洗礼。

1969年8月初，我们告别政治部农场，奔赴山南地区农村。与我们一起离开的还有朱嘉明，他认为西藏太过闭塞而转回北京了，之后又去了东北生产建设兵团。1980年代，他成为著名的"改革四君子"之一。

26岁的中央候补委员

1969年8月中，按照自治区革委会的安排，我们要到山南地区加查县东来（藏语，先锋）人民公社插队。汉族到西藏农村落户当农民，是历史上从未有过的事情。

在山南地区革委会所在地泽当镇暂停的几天里，我们过江拜访了乃东县结巴公社的次仁拉姆，她是一位模范人物，以带头办朗生（藏语，奴隶）互助组、走合作化道路而闻名，"文革"前就被誉为"百万翻身农奴的榜样"。她对我们的插队举动表示热烈欢迎和支持。

记得是8月18日，经过大半天的汽车颠簸，从泽当启程，经曲松县，翻越海拔4000多米的加查山，我们终于来到了雅鲁藏布江畔的加查县。整整3年前，毛主席在这一天第一次检阅了首都百万红卫兵，现在，我们要在西藏用实际行动落实伟大领袖"知识青年要到农村去"的重要指示，感到无比自豪。尽管那天下着小雨，但热情的社员们还是打出大红横幅，敲锣打鼓地欢迎我们的到来。领头的是东来公社的革委会主任央宗，她是不久前刚刚当选的九大中央候补委员、一位26岁的翻身女农奴。县革委会的领导也到场了。

加查，位于拉萨东南方向，当时离拉萨公路 350 多公里，全县五个行政区，有四个与雅鲁藏布江为伴，其中只有安绕区是跨江的。安绕区下辖三个公社，两个在江北，与县机关为邻的东来公社在江南岸，海拔 3100 米。沿江的四个区（安绕、加查、拉绥、冷达）的沿江台地上有不少核桃树，多数是已有几百年树龄，甚至有上千年的古树。因此，加查素以"盛产核桃"出名，而实际当时每年不过产几十万斤，除了农民自食，外卖的没有多少。当时，加查的核桃，一斤才一角多钱。全县两万多人，绝大多数以农为主。只有不靠江的洛林区牧业比重比较大。

加查在藏传佛教中占据着重要位置，境内海拔近 5000 米的琼果杰湖（又称拉姆拉错）是西藏藏传佛教的圣地。所有大活佛转世，都要到这里履行一个必需的重要程序：观看湖中的倒影，以确定转世灵童诞生地的风貌。而位于我们东来公社夏交村的塔布札仓，是直属拉萨布达拉宫的下院，在塔布地区（加查、朗县、米林一带，也有翻译为"达布"的）很有影响，鼎盛时常住喇嘛 500 多名。

与西藏其他地方一样，当时的加查也是军代表当家，不同的是，除了县武装部的范副政委，还有驻扎在加查区的野战部队 11 师 32 团的李副参谋长。虽同为解放军，但 11 师与武装部"观点不同"，分别支持地方的两派。

我们"落户"的东来公社 400 多人，分为 5 个生产队，全部以农为主，人均耕地大约两克。克是西藏重量单位，又是面积单位，一克谷物约 28 斤；"一克"又指能撒一克种子的土地面积。

除尼夏在洛林山沟里外，东来公社其余的四个生产队都分布在雅鲁藏布江边的台地上，土壤都是黑色的，不是因为特别肥沃，而是形成土壤的山岩原本是黑色的。耕地间布满了大大小小的花岗岩石块，露出地面部分，大的有几十甚至上百立方米，小的则像"拱出水面"的一个个牛脊背。由于大大小小石头的分割，这里的土地零零碎碎，超过 10 亩的地块极少。县机关西侧的一块十来亩的地块曾被视为难得的"宝地"，1959 年民主改革之前，它属于加查最大的领主代理人仲巴家族，民主改革后它成为县机关专用的菜地，被土墙围着。

仲巴，是领主代理人的房名，也就按惯例成为地名，东来公社成立前就叫仲巴乡。仲巴是拉萨某大贵族的下属庄园，因此它的实际掌管人并非贵族（或部落头人），严格说也算是奴隶，但属于高等级的奴隶，受宗主充分信任，并被授权执掌一方重要资产的角色。在西藏的成分划分中，这种人仅比领主低一级，叫代理人，同属于剥削阶级。据《中共西藏党史大事记》记载，1959年平息叛乱之后不完全统计，全藏贵族和大小头人共642户，其中没有参加叛乱的占26.8%；大小寺庙2138座，其中没有参加叛乱的占55%弱；共有僧尼112605人，未参加叛乱的占40%弱；农奴主代理人约4000户，未参加叛乱的占约70%，加查仲巴代理人应当就属于这里面的一户。因未参与武装叛乱，仲巴代理人被认定为统战对象，对其多余财产实行的是赎买政策。庄园的主要建筑，被县机关占用，我们到加查时，那栋颇具规模的藏式建筑中，有武警县中队、县公安局、县邮电局等单位。仲巴家搬到村子西边另外一栋小平房中去了。

民主改革时，除保留一部分口粮田，原属于仲巴"代管"的绝大部分土地被分给了奴隶和农奴。没几年，这里的翻身农奴们组织互助组，而后又很快成立了人民公社。随之，仲巴的旧名被革命色彩强烈的"东来"（藏语，先锋）所代替。成立公社时，包括仲巴在内的成分较高的农户被排除在外。我们知青点的邻居，一个富裕中农户，也没进社。

特殊的地形地貌，为这里开展农业学大寨提供了重要条件。为了改天换地，这里展开了轰轰烈烈的炸石头、扩地块、修大寨田运动。不知用了多少物力、人力，在江边台地边沿处，东来生产队硬是"整"出了两块超过10亩的样板田。尽管"改天换地"的活动年年都有，但因实在太费工费力，我们在东来插队的3年间，就再也没创造出那么辉煌的奇迹了。

加查过去一直是种青稞的，单产一般在250斤到300斤。公社成立后，农业科技部门开始指导农民种植冬小麦，由于水利条件好，光照充足，试种的冬小麦大获成功，单产突破了400斤。但由于这里从来没有冬种过，小麦的麦皮又比青稞厚，不能像青稞那样炒熟磨细做糌粑，只能磨成连着麸皮的粗面，煮面疙瘩或烤饼。相比之下，吃糌粑要方便得多，作为调剂，少量吃小麦还行，但如果大面积把青稞改种小麦，就得大幅度改变生活习惯了，群众一时很难接受。思想有抵触的人，还认为冬小麦生长期长，太"吸肥"，会把地弄坏；"吃冬小麦会腰痛"；等等。习惯、习俗，使冬小麦推广遇到了不小的阻力。但是，为了提高粮食产量，县里把推广冬小麦作为一项政治任务，把对待冬小麦的态度提高到接受还是反对新生事物的高度。在无形的压力下，冬小麦播种面积迅速扩大。在西藏其他地方也是这样。

西藏70来个县的上千人民公社中，社领导当上中央候补委员的，只有东来公社一个。在拉萨、在泽当，就已经无数次地听过央宗的大名，如今见到了本人，哎，不过就是个笑盈盈的藏族大女孩儿嘛！她个子不高，脸色黝黑，眉目清秀，身材匀称，见人总是未言先笑，给人一种天然的亲切感。其实这位跻身中央领导集体的女子，不过比我年长5岁，1969年4月出席中国共产党第九次全国代表大会时，刚满26。

央宗出生于一个农奴家庭，父亲忠厚老实，有点愚钝；母亲据说比较精干，但早几年就病故了。央宗唯一的弟弟，是个弱智儿，只能做到生活勉强自理。因此，央宗很早就成了家庭的主心骨，养成了敢说敢干、泼辣麻利的性格。1959年仲巴民主改革后不久，十七八岁的她就与比自己大几岁的格桑卓嘎一道，积极响应政府"组织起来"的号召，领头办起了互助组；后成为组建人民公社的骨干人物。1964年，21岁的央宗加入中国共产党，后担任了东来人民公社的副社长。与央宗同在东来生产队的格桑卓嘎，当了公社党支部副书记；支部书记是桑木冬队的洛桑。

央宗是名副其实的生产能手。田间，春种、夏管、秋收；场里，连枷打场、扬场；家中，饲羊、喂牛、挤奶。改天换地学大寨，破旧立新种冬麦，她样样走在最前头，可谓"东来"中的"东来"（先锋中的先锋）。"文化大革命"爆发后，充满革命热情的她，也冲锋在前。加上属于县机关"造总"一派，得到了支左主力32团军代表的支持，实现"夺权"、组建新的公社领导班子时，央宗理所当然地成为公社革委会主任。

女性、年轻、翻身农奴、共产党员、"文革"前的先进分子、"文革"中的革命闯将、大联合后的新班子领导，众多因素使央宗先后当选为九大代表和中央候补委员。

央宗不到20岁就与东来公社尼夏队的白马仁增结婚，白马比央宗大十来岁，勤劳、淳朴，是个木匠。在生产水平低下的当地，手艺人是受到尊重的，收入也相对高些。我们到东来插队时，他们的儿子已经七八岁了，两个女儿分别5岁和3岁。这个东来公社"第一家庭"，当时也与一般社员一样靠参加集体劳动、挣工分过日子，央宗只是外出参加会议按天计算领取"误工补贴"，每天只有几毛钱。农忙时节，她七八岁的儿子也加入劳动行列。

1980年我离开西藏后，一直没再回去过，也没有央宗的信息。2011年在一个有关西藏妇女的图片展览上，看到了一幅央宗在田间劳动的照片，图片说明说她是西藏的劳动模范。2013年5月，也曾在西藏工作了多年的《中国妇女报》原总编辑卢小飞，为撰写喜马拉雅山脉沿线一百个村庄变迁的"口述历史"再次进藏采访。得知她要去加查，我特地开列名单，嘱托她去看望。没想到卢小飞带回的消息很令人伤感：央宗已于2012年病逝（虚年70岁），名单上其余的人，县委宣传部的人也"无法找到"。

安家落户，挥镰割青稞

不到十天，我们就搬进与县机关仅一墙之隔的新家了，一栋两层的藏式小楼。后来得知，那是3年多前，仲巴代理人新盖的房子，刚盖好，就爆发了"文化大革命"，新房被公社"没收"，当了储存杂物的仓库，直到我们来插队，它才有了新主人。

小楼底层依然是公社仓库，二楼则是我们的天地。一大一小两间房，小的成了女生刘晓莉的卧房，大的一分为三，朝阳的里间是我和胡绎的睡房，外间算是起居室；阴面是小仓库兼灶房，西侧有一架木梯，直通楼顶。站在平平的楼顶上，往南看，我们小院门前是一棵大核桃树，树东侧是县机关的马圈，前面就是县机关大院，再前就是山，公路从山脚与机关院墙间穿过。往北望，紧靠房子的是东来队社员们的自留菜地；往外是几层农田，再北就是深陷的雅鲁藏布江河谷；隔江是安绕、嘎玉的一层层农田，其间点缀着一栋栋民房和一团团墨绿的核桃树，还有一丛丛的野桃等杂树。江北不是我们这边的黑土，也没有那么多大花岗石，但背后的山却比江南高得多。盛夏时节，山头也隐隐地盖着积雪。

按照政策，我们的安家费和第一年的生活费大约每人350元。我们用少部分钱做了三张木床、一个两屉书桌，余下的就足够一年的日常开销了。因为当时按定量供应的大米、白面、青稞，都是一两角钱一斤，食用清油每斤也就几角。我们自己购置了洗脸盆、铝锅（藏族叫"汉阳锅"，平底、平盖、矮圆柱形，一般人家都有大小不同多个型号的这种锅，分别用来熬茶、煮食）等生活用品。县中队的军人们为了表示对"北京插队知青"的大力支持，无偿赠送了水桶等用具，县机关一些热心的干部还送来了照明用的蜡烛等。我们的新家，很快就像模像样了。公社仓库里一个"破四旧"时收上来的大铜缸折价给我们当了储水器，日用水是从两百米外的沿山水渠挑回来的。由于夏天的渠水很浑浊，县机关食堂的管理员送来了明矾，并教我们怎样用它把浑水"澄"清。由于是空桶上坡满桶下坡，再加上有拉萨近一年军营"打杂"的经历垫底，挑水，下乡的这第一关，我们过得并不艰难。

有了家，就得面对"开门七件事"。第一年的粮油，是政府供应的。茶，这里不产，与百姓一样，也是按定量，到供销社购买，是那种特制的粗茶砖，云南产的，长方形、半斤一坨，二十坨摞成一条，外面用竹篾子包装成约一米的一长条。插队第一年，因为还有政府供应的大米、白面，我们经常做些炒菜，后两年就彻底"藏化"了，基本不炒菜，只用盐，不用酱和醋。真正算是"事儿"的，就是柴和盐，特别是柴。刚开始那几个月，队里安排人去为我们砍,我们用钱买;盐是从供销社买。后来就"自力更生"了。

安家之后,很快就赶上秋收秋种。虽然在北京时也参加过类似活动,但时间不长。过去支援郊区收麦子,是为了接受贫下中农再教育;而现在是以"主人"的身份,为自己挣工分。队里给我们发了收割用的镰刀,不是内地那种长把、基本直直的、刀刃锋利的镰刀,而是短把的弯刀,刃钝钝的。原来藏地割青稞、小麦,不是真正用刀割,而是连拉带勒,把青稞、小麦连根拽起来。收割最紧张的那些天,我们天不亮就起身,到指定的地块集合,趁着没出太阳,先空着肚子干两小时,然后在地头吃第一顿饭,大约7点左右,太阳刚出山。也就半小时吧,大家再次挥刀,直到10点多,第二次休息、打尖。第三次用餐、休息的时间稍长些,因为要避开正午的毒日头。第四次用餐就是下午4点了,第五次则大约要7点左右,直到天全黑透,还要打着火把干一阵,10点以后才收工。两头紧中间松,有其合理性。一早一晚,不光气温低,而且潮气大,人可以少受暴晒之苦,青稞、小麦也可以少折穗、掉粒。

一天十五六个小时,吃5顿饭,我们真是吃不消,第一天就磨得满手水泡,到下午走路直打晃,但不行也得硬挺。藏族老乡很关心也很关照,经常帮助落在后面的我们,后来干脆安排我们干打捆、归堆的活儿。

那些天,从早到晚,累得不亦乐乎,有时回到家和衣倒头便睡,根本顾不上洗脸洗脚;第二天一听到钟声,从床上爬起来就往地头赶。看着脸上一道道汗水、泥痕,满是伤口的双手,阿妈、阿爸和年轻社员们都心痛地连连发出"啧啧,阿妈拉,阿妈拉"的叹息。每到休息、打尖时,大家围坐在核桃树荫下,老乡们都要把带来的核桃、野桃干、炒蚕豆等给我们吃,有时还捏一块新鲜酥油泡在我们的茶碗里。

刚到东来的那个秋收季节,一次一位同年的藏族后生从田里挖出一个圆圆的根茎,有点像荸荠,在水渠里洗净后笑着说,这个可甜了,你们尝尝。胡绎和我一人咬了一小口,刚嚼了两下就发觉不对，赶忙往外吐。身边几个看着我们"上当"的社员前仰后合，已经笑成了一团。舌头又麻又辣，用茶水漱也不管事，好心的阿妈一边指导我们"解毒"：趴在水渠边，用黑泥蹭舌头，再用渠水冲，一边"骂"那个"害"我们的后生。我们被麻得直流眼泪，哭笑不得，满嘴黑泥，狼狈不堪。后来知道那个"荸荠"就是鲜半夏，一味中草药，有微毒。

除了"戏耍"我们，藏族社员间更是"节目"不断，多为男女间的打情骂俏，有时还在众人的起哄中，上演一些"临界"的肢体游戏。他们都很开心，初来乍到的我们却有些尴尬。

那时加查农村还存留着女人只穿藏裙、不穿裤子的旧习惯，一次背筐送肥归途中，正好遇到五六个结伴而行的大姑娘、小媳妇，打过招呼后，我们继续前行了不到10步，就听到背后传来姑娘们"阿来阿来"的清脆呼唤声，我们本能地回头一看，那几位女士竟然整齐划一地撩起藏裙后摆，啪啪地拍着光亮的白屁股向我们"示威"，扭过头后看着我们吃惊的傻相，她们都哈哈地笑弯了腰。领头的是我们的近邻胖洛桑、公社供销店售货员多吉乌珠的老婆。一位同行的藏族小伙子，并无恶意地大声喝道："啊呸，一群'骚货'！"我反应过来后，赶忙转身"逃逸"，反倒像是自己干了什么不该干的事似的，满脸发热。

割倒的青稞、小麦先在田里码垛，等晾晒干了再运到场院脱粒、扬净。当时，紧靠"县城"的东来公社，已经使用马拉石磙子压场，而加查多数地方还是用连枷人工打场。连枷很简单，就是一根长木柄顶端穿一个木制横轴，横轴上拴三根绑为一排的细木棍。人手持木柄，用力抡细棍木排，打击铺在场地上的青稞、小麦，把谷粒打出来。脱壳的谷粒沉在底层，用木耙搂走上面的麦秸，就剩下谷粒和谷壳了，下一道农活儿就是扬场。如果说在打场方面东来已经进步了，那么在扬场环节就仍停留在原始阶段。由于那个季节河谷里少风，这里很少有内地那种根据风向用木锨扬场的场景，也缺少能熟练"使风"的把式。妇女是扬场的主力，最常用的扬场方法是，用小笸箩盛上谷、壳混合物，举至齐眉的前方，就着微风均匀地往下撒。如果一点儿风都没有,那就得人为"造风"——两个年轻力壮的姑娘拉起一块大布,为撒谷者"扇风"。无论有风无风,这种扬场方式,效率都是极低的。从第一次看到这种扬场,我就暗下决心,一定要想办法加以改进。

秋耕秋种,虽说已不是"刀耕火种",但依然落后。耕地是二牛抬杠,拉犁的既不是黄牛也不是水牛,而是牦牛与犏牛。犏牛是牦牛与黄牛的杂交产物,一般比牦牛力气更大。这里的黄牛都比较瘦小,母牛养来生犊、挤奶,公牛肉用。藏式犁很粗笨,一根粗粗的木棍,一端拴在二牛抬的横杠上,一端是犁架,上头是犁把,下头像一只硕大的脚丫,套在"脚丫"前部的犁头是钢板打制成的一个大"钢笔尖"。用这种犁耕地,耕不深,一般就是豁出一道沟。为什么不用内地早已推广的新式铧犁?因为这里的土层大都很薄,新式铧犁容易被"潜伏"的石头镞坏。而在土层较厚的地块,犁深了,牛又拉不动。队里耕地把式给出的这两条理由,前者我认同,对后者一直存疑,两头体型硕大的壮牛,怎么就拉不动小小的新式犁铧呢?内地不过是一头牲口拉啊。这里又不是黏土。我分析,来自习惯方面的阻力可能更大些。

扶犁耕地,不仅需要体力,更需要技巧,得会顺劲使劲,否则不光犁扶不稳,地也耕不好。在这方面,胡绎入门很快,没多久就成为一名合格的犁地把式。当然代价也很明显,由于总得在沟沟坎坎刚犁过的地上奔走,胶底的帆布球鞋不几天就烂得没法穿了,藏族老乡穿的是牢固的藏靴,要耐磨得多。

这里播种还是漫撒,而不是条播。据说是为了充分利用土地。而这种"充分利用",却给田间管理和收割带来了麻烦,好在当时基本没有什么机械,完全靠人工,也就没显出对效率的影响。

藏族农家的"开门七件事"

语言不通,生活习惯不同,这是在西藏插队与内地下乡最大的差别。刚到东来时,我们与老乡沟通很困难。好在东来队就在县机关所在地,因此不少年轻人多多少少都会说一些汉语,而多数人能听懂日常用的汉语。我们就一句一句地向老乡们学藏话。两三个月后,"汉话、藏话加比画",成为我们之间的交流方式。而随着时间的延续,汉话、比画越来越少,藏话越来越多,大约不到一年,我们就完全"藏化",不仅可以与老乡们毫无障碍地交流,而且能附和着说"荤笑话"。

生活习惯方面融入得更顺畅些。头一年,还是半汉半藏:因为有一定的大米、白面供应,我们早晚可以吃"汉饭",白天出工时则是"藏饭"——喝茶、揉糌粑。因为这里是纯农区,集体除了耕牛和少量的羊,没有更多牲畜,所以基本没有畜产品可供分配。日常吃的酥油,多数来自各家饲养的自留畜,没有牲畜的农户,只能靠一年一度的"盐粮交换"获得一些,不够就只有"收紧"嘴巴了。我们就属于后者,比他们优越的是,第一年还可以从县里"按定量"买些酥油,后两年就不行了。巧妇难为无"油"之"茶",整个插队的3年间,我们一直酥油"紧缺",因此尽管家里备有打制酥油茶的精致木筒,但它"服役"的次数实在有限。我们多数时间是在清茶碗里泡一小块酥油,有时甚至是"全清",一点儿油星也不见。

除了酥油,东来还种植少量油菜,可以收获一些油菜籽,用来榨菜籽油,年终分配给社员。榨油可是极苦极累的活儿,插队3年间,我只参加过一次。全公社唯一的那座油坊,在位于洛林沟里半山坡上尼夏村的最高处。当初在那里建油坊,可能是考虑可以就近取柴吧。榨油分四道工序。首先是备柴,一定要备足,而且多数应该是大料。其次是捣碎菜籽,这是最重最累的活儿,先把适量的菜籽放进硕大的石舂窝,然后两个人趴在横杠上,轮流用脚踩粗重的舂槌,那槌头也是石头的,足有二三十斤重。至少得舂捣几十上百次。我们四个壮汉轮番上阵,每次都累得汗流浃背、四肢酸软。第三道是,蒸料,就是把舂碎的菜籽上锅蒸透。最后才是压榨,把蒸好的细碎菜籽,趁热装进专用的袋子,再置于巨石、粗木杠制成的设备里,利用杠杆原理,压出油来。那袋子是用牦牛毛织成的,结实细密,因反复使用,早已经被油浸透,所以压榨时,它本身也

"吃"不进什么油了，清油基本都通过牛毛的间隙流出了。除了备柴，其余三道工序基本是同步进行的，而为了防止沙尘进入、保持菜油清净，油坊几乎是完全密封的，一旦开工，就变成了一间大桑拿房，直到熄火，才能开门开窗。我参加的那次，前后三天两夜，不知出了多少汗，只知进去没多一会儿，就脱得只剩下一条遮羞的短裤。三天里，零散打盹的时间加起来也不够5个钟头。我们一共榨了一百多斤菜籽，收获了三四十斤菜籽油，不夸张地说，我们几个人那两三天"减肥"的分量恐怕都不止这个斤两。

藏族百姓很少炒菜，菜籽油一般用于年节时炸"油果子"，藏语叫"卡塞"，只要不是太贫困，每家每次都要炸几笸箩。我们分得的菜籽油，则间或用来炒菜，更多的是用于点灯照明了。

相比榨油的苦和累，炒青稞、磨糌粑，属于高难度的技术活儿。3年中，我们几乎没独立完成过，特别是炒青稞。炒青稞的炉灶是露天公用的。燃料是本地特有的带刺灌木，它起火快、火力旺，近处就有，因此大家都爱用。割柴要有专门的长弯刀，还要穿戴专门的"防护服"，以防脸、胳膊被刺伤。炒时是两灶齐烧——上面是两个装有细沙子的圆平锅，锅大约40厘米直径，安着一米多的长把；待沙子被烧烫、达到一定温度后，把它倒进另一个装有生青稞的平锅，然后迅速翻炒，一阵噼噼啪啪声中，生青稞在滚热的沙中爆成熟米花。然后把沙子、米花混合物倒进特制的圆漏锅，筛出米花，漏出沙子；米花装袋，沙子上灶继续加热。如此反复，直到把要磨糌粑的青稞炒完。在这里，炒青稞，从头到尾都是妇女完成的，包括割柴。大概是妇女更细致吧，因为掌握火候很重要，沙子不够热，青稞烫不熟、爆得不充分，糌粑不细不香；太烫了，青稞又会被烤糊，磨出的糌粑发苦。迎着刺柴喷吐的火苗，不停翻炒沙子，人脸被灼烤得难受，而反复端、倒大锅，更不是轻松事。在我的记忆中，我们的炒青稞基本都是请人代劳的，从割柴到炒制。刘晓莉的技术和体力，都难以单独承担这项"家务"。

磨糌粑，要到桑木冬队的水磨坊。那是除尼夏外，山下4个生产队共用的唯一磨坊，也是当时我见到的东来公社最先进的设施。

洛林沟的河水顺着从上游几里外筑坝、截流的沿山水渠流到桑木冬磨坊入水口，与洛林河已经形成大约3米的落差，打开闸门，渠水顺槽直冲水磨下端的木制涡轮，涡轮带动上部的一片磨盘旋转，就把从磨眼不断流入的青稞米花磨成香喷喷的糌粑面了。日常看守磨坊的是桑木冬队的一位驼背老人，一旦"磨齿"磨平，他就要请公社加工厂的稍巴帮忙凿刻。水磨的"磨齿"不是像内地石磨那样有序交错的浅石槽，而是遍布磨面的小坑。整修磨齿，就是把磨光的磨面凿"麻"而已。由于有驼背老人的指导，磨糌粑，我们倒是慢慢学会了。

揉糌粑，开始我们是用搪瓷碗，而老乡一般都用木钵或羊皮做的糌粑袋；后来，我们也有了自己的木钵和皮袋。那皮袋是用羊羔皮做的，很柔软，把糌粑面放进去，吃之前，倒进一定量的茶水，抓紧袋口揉搓皮袋片刻，糌粑面就与茶水混匀了。夏天，还可以用青稞酒代替茶水，揉出的糌粑带着酒的清香。与老乡一同在地头吃饭时，我们很快就没有了差别，都席地盘腿而坐，面前都放着茶碗，里面盛着深棕色的茶汁，上面漂着一圈淡黄色的酥油。对于老乡递过来的风干生牛肉，我们也可以毫不犹豫地掰下一块放到嘴里，有滋有味地嚼。干、鲜奶渣、蚕豆、核桃、野桃干，更是来者不拒。这里的老乡还有一种独特的佐食"小料"——"果格"（藏语，佐餐调料），是用核桃仁加干辣椒、盐巴做的，先用内地捣蒜的那种石舂，把三样东西舂碎，然后放在碗里适当加水，搅和成汤汁。吃饭时，用小勺舀着"甩"进嘴里，就着糌粑吃，很开胃。

没来西藏时，就从歌词"不敬青稞酒呀，不打酥油茶呀，也不献哈达……"知道了青稞酒、酥油茶和哈达，但它们到底是什么样子，直到多年后来西藏才弄清楚。"文革"中，"献哈达"被视作"四旧"礼仪而废除，"文革"后才恢复。

酥油茶，顾名思义，是酥油加茶水的混合物。与内地沏茶、泡茶不同的是，藏族的茶水是熬出来的，先把盛满清水的"汉阳锅"坐在火塘上，然后加进一定量的砖茶，为了把茶"熬透"，放茶同时还要加少量碱面。经过大火煮熬，待茶汤成深棕色时，就算熬成了。

除了富裕人家，一般人家，平日是不"打茶"的，只经过筲子，将茶水灌进陶制或铝制的茶壶，再加上适量的盐巴，摇匀，然后分别斟到各人的茶碗里饮用，家里还存有少量酥油的，女主人会在每人的茶碗里放上一小疙瘩。那小指尖般的一点酥油，黄黄的，长久漂浮在茶水表面，直到经过多次添加，把茶"喝足"了之后，它才被和着糌粑吃进肚子。富裕人家，或逢年过节，各家是要"打茶"的。熬好的茶汤，先被篦进特制的酥油茶筒。筒是用纹理平直、没有木结疤的红松木料箍制的，一般一米来高、约15厘米直径，筒外侧均匀地打着几道藤皮或竹篾的箍，讲究的则用白铜甚至白银打箍、镶口、兜底。茶汤进筒后，放进适量的酥油和盐巴，然后就用配套的木柄（上端是光秃的把手，下端是与木柄成直角连体的圆木厚板，中间钻了几个小圆洞）用力"打"，打茶者两腿夹紧茶筒，双手握住木柄，用力上提下压，那木柄就像气缸里的活塞，酥油在它的搅动中与茶汤均匀混合。几分钟后，香喷喷的酥油茶就打成啦，顺着筒口流进茶壶的酥油茶与加奶咖啡一样。灌进茶壶，是为了放在塘火边使茶保持不冷不沸的最佳温度。"打茶"也是技术活儿，力道小了，茶打不匀，力道猛了，又会弄得茶水四溅，得不紧不慢、顺劲使劲，没有多次实践，是"打"不出好茶的。

  藏族老乡出门，一般随身带着自己的茶碗，以便随时可以拿出饮茶；而在村里串门，自己带碗的相对较少，我们则总是空手"游走"。到了老乡家，主人肯定要热情地让座、敬茶。此时千万不能推辞，否则主人会误以为你"嫌脏"，只能恭敬从命。如果家里没有多余的茶碗，主人会从留有残茶的木碗中选一个，先用灶灰（那灶灰是木柴、牛粪的燃后余物）把碗里碗外擦蹭干净，有的再用清水冲一下，有的则直接放在你面前给你斟茶，最难堪的是，有的竟习惯性地朝刚洗完"灶灰澡"的木碗啐上点唾沫然后顶在胳膊肘处旋转一阵，把碗蹭得油光锃亮，而那藏袍的胳膊肘处早已被蹭得光光溜溜！开始我们确实有点惊愕，但为了"尊重习俗""增进感情"，就强忍着接受，时间一久，也就习以为常了。正应了那句俗语，不干不净吃了没病。

在西藏农村，家境再困难，年节也得做青稞酒。夏秋时节，青稞酒更是被当作解热消暑的常备饮料。我们也曾在"师傅"的指导下酿制过青稞酒。用大号的"汉阳锅"先把洗净的青稞煮熟，摊晾到一定温度时，撒上酒药粉，用双手和匀，然后趁热把酒料装进陶制的酒坛、封口发酵。那坛子下小上大，最下面有一个像内地搪瓷饮水桶那样的小嘴，装料后，那小嘴与上盖一起封严。大约经过十来天的发酵（冬天长些、夏秋短些），就可以"出酒"了。出酒前一天，先打开上盖，往坛里灌注清水，浸泡一夜之后，打开下端的小嘴往外放酒。一坛发酵好的青稞，一般可以放三道酒。头道最浓，二道、三道注水后浸泡时间要更长些。青稞酒的味道、口感，不光因"道"数而异，与酿酒技艺、酒药质量也有很大关系。好酒清香、微甜，酒浆透明；差些的酒，味淡、发酸，混浊不清。

藏族敬酒，也有约定的"程序"，接受敬酒的人，要双手端碗，上身略微前倾，恭敬地接着对方的斟酒。斟满后，要先说"谢谢"，然后端到嘴边小饮一口，之后恭敬地接受二次斟酒，酒满后再小饮一口，然后接受第三次斟酒。饮罢第三口，就可以放下酒碗，待斟满后，表示感谢。至此，敬酒礼仪才算结束，后面就可以随意了。如果在敬者没斟够三次之前，就放下酒碗，或喝干碗中酒，是非常失礼的，会令敬酒者难堪。这大概就是必须"酒过三巡"吧。"三巡"过后，就都不拘礼节地开怀畅饮了。一般逢年过节，老乡聚会饮酒，都是不醉不归。我们三个酒量都有限，有好几次经不住乡亲们的"热劝"，都喝得烂醉，只能被人架着回家。

一方水土一方人，十里同天不同俗。要融入一个陌生的社会，就得食其食，随其俗。

跨越千里的盐粮交换

在民间传说里，加查是文成公主途经时"撒了盐的地方"（加查，就是藏语"汉盐"的意思），这既是美好的传说，也是群众的殷切期盼。加查缺盐，人们的日常用盐，完全来自盐粮交换。

每年 11 月前后，藏北牧区的牧民会赶着牲口，驮着酥油、羊毛、皮张、干肉等畜产品，翻山越岭，涉滩渡河，来到农区，交换他们所需要的青稞。"驮来物"中，最大宗的就是盐巴。那是藏北咸水湖的产物，区别于海盐、岩盐、井盐的湖盐。与其他牧区不太一样的是，这里的驮畜不光是马、牛，还有羊。几乎所有成年藏羊都背负着特制的"氆氇"（藏语，羊毛或牛毛织成的粗呢）袋，里面装满盐巴。从事交换的牧民一般 9 月底就从藏北出发，牲畜边走边吃，队伍走走停停，四五十天才能到达目的地。半个月的交换结束后，他们会赶着满驮的牲口队，返回藏北，差不多年底才能到家。彼时，寒冷的藏北已经是冰天雪地了。

　　我们插队的当年 11 月，盐粮交换的牧民来到了加查。由于过江太麻烦，他们就在江北岸的一块空地上安营扎寨。当地政府与牧民商定了各公社、生产队进行交换的时间，大家就按顺序依次前往交换。在约定的日子，我们随同队的老乡一大早就背着准备交换的青稞，奔向渡口。

　　那是一个临时渡口，离我们村至少有七八里路。负责驾驶牛皮船的是东来队的"果巴"（藏语，船夫），记得他好像叫强巴，体魄强壮，一脸麻子，是远近闻名的操船高手。牛皮船是用两张硕大牦牛皮制作的，先把刮净牛毛的湿牛皮缝成一整张，再把它绷在椭圆形的木架上，沿着上口，把牛皮包缝在船架上。待牛皮完全干透，就紧紧地与灯笼骨架似的船架结为一体，成为一口敲起来嘣嘣响的椭圆形大牛皮"锅"，这就是能在雅鲁藏布江激流中破浪前行的牛皮船。别看它没下水时总重量不过百斤，但能承载五六个成人渡江呢。

　　加查段的雅鲁藏布江江面普遍较窄，夏季汛期，江面不过两三百米宽，到了冬天枯水季节也就一百多米了。"渡口"是在一定范围里"游动"的，枯水季节，船夫只要把船往上游背两三百米，就可以放船下水了。乘客依次上船，在"锅"里蹲下，用手把紧船口；最后登船的船夫把船用力往江心一推，顺势敏捷地跃进船尾。小船先打几个转后，便在船夫双桨的推动下向对岸驶去，同时顺流下漂。几分钟的漂泊，小船就接近对面江岸了，一般选定的渡口都有岸边巨石形成的回水湾，靠近岸边时，船夫几下猛划，然后借着前冲的惯性，一跃上岸。船完全在"码头"停稳，乘客才逐一从"锅"里跨上岸。夏季汛期，技艺、胆量一般的船夫就知难而退——收桨停航，或整修牛皮船，或干地里农活儿。而东来队的船夫强巴，停航的时间很少，除非是江水太大，雨大风狂。但他要比平时更辛苦，因为要把船往上游背比枯水期时多几倍的距离，否则船会被激流冲出很远，甚至一去无归。在江中的时间相应也要增加，划桨的力道和频率都要加大。真是艺高人胆大，没有得心应手的"金刚钻"，船夫绝对是不敢"揽"这类船覆人亡风险极高的"瓷器活"的。

　　在插队的3年中，我们一直与强巴保持着很好的关系。他本人、他妻子，和他们的孩子们，尤其是他们的大女儿格桑玉珍，对我们关爱有加，经常送鸡蛋给我们，强巴还不止一次地送来鲜鱼，那是他利用摆渡的空闲时间捕获的。那时，村里养鸡的很少，因为藏族百姓不吃鸡（据说是因为鸡的爪子像人手，"同类不相食"），强巴是少数养鸡的农户之一，因为孩子多，小孩要吃鸡蛋。西藏家养的鸡，也"野性"十足，个头明显比内地的小，而且能飞十几二十米高，下的蛋也偏小。养鸡不用鸡笼，因为晚上所有鸡都飞到树上栖息，像群居的大鸟一样。

　　1972年8月，我临离开加查前，想到江对岸去与一些朋友告别，可当年的江水特别大，连强巴也停航了。但为了让我不留遗憾，他毅然决定送我过江。记得那天上午，强巴背着船，领着我向上游走了很远。江面明显变宽了许多，混浊翻腾的水浪，令人心惊胆战。上船后，强巴让我坐好，又叮嘱我"放心，没事"，然后就一跃上船了。与往日不同，强巴一脸肃然，两眼一直紧盯对岸，双臂不停地划动，口中还发出阵阵低沉的"呼呼"声。我坐在船底，不敢看薄薄牛皮外的江浪，仰望着江南岸台地边上站着的一排老乡，那是不放心的乡亲们，他们一直目送着我们，直到牛皮船靠岸。

　　40多年前那惊心动魄的一幕，至今不时浮现在眼前。不知强巴安在否？他的孩子们现在也该是半百的人了，他们还记得我这个"角"（藏语，胡子；我当时有络腮胡，乡亲们送绰号"胡子哥"）

大哥吗？

盐粮交换的11月，已是枯水季节，我们很顺利就过江了。在牧民的临时帐篷里，喝着浓浓的酥油茶，我们与牧民谈起了交易。盐粮交换很简单，因为规则清楚，一克青稞换一克盐巴。好像我们就换了一克，28斤盐巴，足够三个人一年吃了。

酥油虽然也是一克换一克的规矩（酥油的克，与粮食不同，不是28斤，好像是6斤），但由于酥油的成色、新陈程度有区别，是要具体讨价还价的。我们没经验，是有经验的老乡帮助"谈判"成交的，记得也是换了一克。

此外，我们还好说歹说地用现金买了一头准备宰杀食用的牦牛。人家本来是要粮食的，但我们没那么多，坚持要用钱买。盐粮交换，是千百年农区与牧区互通有无的传统，旧时代不用说，就是民主改革后很长时间里，牧民拿着钱币也买不到什么东西，尤其是国家统购统销粮食时期。但禁不住众人的说合，加上对"北京插队知青"的好奇，55元，一头牛，终于成交。

牛是怎么随我们回的家，记不清了。好像是由牛皮船上的人，牵着牛鼻子的缰绳，牦牛游水过的江。那头看起来不大的牦牛，竟宰出了200多斤肉，牛血按当地的办法灌制成了血肠，牛头、蹄子等给屠夫当了报酬。按市价，牛头可以卖3元，牛皮10元，牛尾巴2元，剩下的牛肉每斤不到两角钱！200多斤肉，我们吃了好几个月。牛皮除了做了背东西用的皮背垫，还请人做了几条干活、居家都不可少的皮绳子。

互通有无，古已有之。生存需求，万水千山也难阻隔。

独特的婚葬礼俗

东来队的队长叫德吉，三十出头，能说、能干，很泼辣。刚到队里，她就给我们留下了鲜明的印象，无论干活儿还是开会，她总是背着孩子，还不时给孩子喂奶，而喂奶也耽误不了她主持会议、发言。几天后发现，她是我们的近邻，就住在斜对面的一间小房里。

她至少有四个小孩，真是"斗来咪发"，最大的也不过五六岁。孩子们的阿爸是谁？因为总看不见，一天我忍不住向一位老乡提出了这个"愚蠢"的问题。"看你问的是哪个？""什么意思？""孩子不是一个男人的，阿爸自然不是一个啦。"接着，他说出了几个不同的名字，其中不仅有队里的社员，还有县机关的人。我将信将疑，但也无从验证。"那德吉是跟谁结的婚啊？"我提出了第二个"愚蠢"问题。"她还没结婚呐。""啊？你们是先结婚后生孩子，还是先生孩子后结婚啊？"对于这第三个"愚蠢"问题，人家回答得更是理直气壮："当然是先有孩子后结婚啦。"

　　这里农村的男女关系是很简单的，结婚没有什么"法定程序"，也无须履行什么登记之类的法律手续，只要两相情愿，搬到一起过日子就行了。如果不愿"归到一堆"，也没人强迫，对于父亲不尽养育之责，没人谴责。年轻妇女未婚生子，旁人也不歧视。因此，尽管德吉是四个孩子的未婚母亲，但由于能干能说，依然受到社员们拥戴，担当着一队之长的重任。

　　当时的婚姻形式也多种多样。一夫一妻，占多数。一妻多夫，我们东来队就有一家，女主人50来岁，大丈夫60多岁，长期卧病在床，小丈夫不到40岁，一家三口，没有小孩。据说，在当地，这类家庭一般都是女主人比较富裕，原配丈夫或年龄过大或身体不好，于是就再"招"一个进门，从干活到生理，分担丈夫的责任与义务。还有一夫多妻的，一般都是民主改革前的"遗留"，与一妻多夫相反，这种家庭的男主人比较强势。当然，还有不少德吉这样的非婚但多子女的单亲家庭。

　　在西藏，长辈对子女的婚姻干预也相对较少。只要男女双方愿意，就可以自由来往。据说有少男少女的家庭，晚上睡觉一般都不锁门，"相好"的可以自由摸黑进门，找到"对方"后，只要不反抗，就可以"自行其事"，父母、其他家人听到也不管。"完事"后，自行离去。东来公社加工厂的铁匠坚赞，有两个很漂亮的女儿。大女儿17岁就成为另一位铁匠的儿媳妇，而坚赞与那位同行向来不和，但这并没妨碍小辈的结合。坚赞37岁就当上了外公。

而他的小女儿 14 岁就与村里一个后生"好上了",并很快就怀了孕。同样,坚赞并不喜欢那个"准女婿",但说起"那位"如何夜晚摸进家门,如何与小女儿"交往",女儿又如何怀孕,他仍然高兴得眉飞色舞。

那时,农村每年都要"出公差",抽调一些人参加政府组织的修路等活动。而外出的几十天中,民工都是以公社为单位集体食宿的,不分男女,每个单位都住同一帐篷。因此,每次外出归来,除挣回工钱外,一般还会有其他收获,成就几对有情男女,甚至有人怀孕。

也许是出于自我保护的本能,东来"理论"上对于近亲的"交往"是严格限制的,但实际上并非如此,东来公社 5 个生产队,也就是 5 个小村子,平均每村不到百人,但几乎每村都有智障者,这无疑与近亲生殖有关。

"入土为安"是内地的传统习俗,加查却截然不同,在加查土葬的,只是那些得了恶疾的人。民间的说法是,得了恶疾的都是受到佛祖惩罚的罪人,因此他们死后应该下地狱(入土深埋),不得转世超生。特殊的生活习惯和简陋的医疗条件,使西藏不少农村都有罹患恶疾的病人,我们东来村就有一位男性患者,多年前即被"逐出"家门,独自在村子上方的山坡上生活,他的家人定期把糌粑、茶、盐等生活必需品送到约定的地方,然后由他自己取走。我插队的 3 年间,只远远地看见过一次坐在山坡高处的他。

加查靠江,对死者,最普遍的是水葬。天葬是把尸体肢解、剁碎后喂鹰(秃鹫);水葬是把肢解、剁碎后的尸体投入江水喂鱼。鹰和鱼,都被视作佛的使者,不许打,更不准食。

与拉萨等地由专业天葬师操刀的天葬不同,加查的水葬是自家亲人和紧密朋友动手,发送亡故之人。他们并没把死看得怎么可怕,认为是到另一个世界去"服侍佛祖"了,"礼送"他们是一件很神圣的事。而参与动手送葬的人越多,说明死者越有人缘,剁得越细,鱼吃得越快,转世的速度也就越快。

我们在拉萨部队时,曾向卫生员学习了简单的针灸术,也曾相互试过针,但从来没真治过病。没想到,这点儿"本事",竟在缺医少药的农村发挥了大作用。开始时是给本村牙痛的乡亲止止痛，没想到"北京知青会治病"的消息很快不胫而走，本村的，邻村的，甚至有附近其他公社的病人慕名而来。别的没有，我们有一颗火热的心，能用针灸治的，就认真行针，不行的就赶忙让人家去不远的县医院。来的病人中，多数是牙痛或膝关节痛，针灸一般还真有效。当然，乡亲愿意来找我们，恐怕主要是因为我们态度好、不嫌脏，用酒精棉球给病人穴位擦拭消毒时，往往要擦出皮肤本色——一个明显的白净圆圈，可见老乡的卫生状况。

当然，我们的"技艺"终归很有限，别说疑难杂症，就是遇到稍大点儿的急症，也无力应付。记得一次外公社的老乡抬来了一位被石块砸伤的伤号，我们一点儿都不敢耽搁，请他们马上送县医院救治。还有一次在外乡时，一位妇女痛苦地请求诊治，一问得知是已经怀孕六七个月的孕妇，我不敢贸然针灸，就建议她赶快去县医院诊看。小小的银针，拉近了我们与乡亲们的距离。

三人分上新岗　同伴各奔东西

大约到东来两三个月后，公社对我们的工作做了重新安排。胡绎依然留在东来队里，负责经营刚刚收上来的自留菜地。刘晓莉到新办的公社小学当老师，负责教来自各队的20来个学生。我则到公社加工厂担任负责人。

在成立公社时，按政策给社员留了少量的自留地，主要用于种菜。东来队的那块自留地就在我们家的房后，大约有两三亩，被分割成20多小块，小的不足一分，大的也就两三分。过去都是由社员各自利用工余时间侍弄，主人勤快的，地里郁郁葱葱；主人不用心的，地里就稀稀拉拉了。地里一般种的是火葱、藏萝卜、土豆之类，很少有叶菜。在斗私批修、反对资本主义自发倾向的浪潮中，有人提出了"自留地问题"，于是公社决定学习大寨，彻底割掉这一资本主义的尾巴，自留地全部收回由集体派人统一种植、管理，然后分配收成。胡绎就在此时担任了新职。让人始料未及的是，就在自留地上收后不久，村里竟搞起了自发的"圈地运动"，几乎每家都在自己门前围圈了一个小园子，央宗家也不例外。原来还算宽敞的道路一下子变"瘦"了许多。小园子其实是小菜园，原来种在自留地的萝卜、土豆、火葱，悄悄地"搬家"了。我们用不着到外面圈地，也在院子里，开出了一片菜地。这就是"割尾巴"的副产品。胡绎经营菜地很用心，但分配很麻烦，好像统一的菜地第二年就无疾而终，改种冬小麦了。胡绎则一直在东来队，成为熟悉多种农活的生产能手。

公社的小学设在东来队与桑木冬队之间的一个小场院里，孤零零的，离两边村子都有一段距离。20来个孩子，大的十来岁，小的六七岁，都得从最基本的藏文字母开始学。刘晓莉原本对藏文一字不识，边学边教。除了藏文，还有算术、汉语等。对于语言沟通尚不顺畅的她来说，难度可以想象。中午，她还要组织学生们吃饭，一起背水、烧茶，像一个大家庭。夏天还好说，加查没有内地那种闷热天气，躲开太阳直晒就很舒适；冬天很难过，尤其是因为南面有大山，太阳照到场院的时间很晚，没有阳光，空旷的院子很冷。在这种情况下上课，孩子很难专心。而对于冻病了的孩子，刘晓莉还得给予特别的关注与照顾。

我所在的公社加工厂名义上是"加工厂"，实际是匠人和还俗喇嘛的集合体。1969年11月，我到加工厂之前，全厂9人中，4位木匠、2位铁匠、2位铁匠助手、1位裁缝，其中1位铁匠助手兼任"管家"，负责饲养加工厂的4匹马，抽空编些筐子。木匠根宝、多让巴、铁匠助手夏阳塔巴和"管家"稍巴，都是原来塔布札仓的喇嘛，是1966年"破四旧"还俗后，被安置在这里的。后3位都是门巴族，家乡在印占的达旺地区，1950年代中期他们到加查出家，1959年平息武装叛乱之后，边界封锁，他们就回不去了，都在这边安了家。40来岁的夏阳塔巴的家就在加工厂所在的桑木冬村，他已经是4个子女的父亲了。最年轻的多让巴刚满30岁，1972年到江北岸的安绕公社去做了"上门女婿"。四十七八的稍巴，则终身未婚，与同样未娶的根宝一起，以厂为家。

说是加工厂，但产品很少。木匠全部"外出打工"——应各村乡亲之邀，分别入户去给人打家具或修农具；铁匠则是有邀时赴约，没邀时在厂里加工点儿斧头、藏刀、马蹄铁等小器物，备耕、秋收前则主要加工藏犁头、镰刀。外出时雇主一般都自己安排助手，助手夏阳塔巴就留在厂里与裁缝索南多吉、"管家"稍巴一道"看家"、编筐子。裁缝则主要是接活儿，剩余时间自己买布做点帽子出售。

加工厂还有个磨坊，里面有内地那种需要牲口拉的大圆石磨，还有直径一米多的大铁锅。办厂之初，曾经想对外加工豆腐、粉条等产品，但由于原料等问题，只试产几次就停下了。仓库里还放着一套电动磨面机，那是1965年西藏自治区成立时，中央代表团赠送的，与"歇"在我们家底楼的那台脱粒机一样，由于加查还没有电，它们已经"睡"了几年的"长觉"。

外出打工的匠人，要把雇主给的工钱交回厂里，大约每天一块多钱。厂里统一记工，年底各人分头到公社指定的生产队去参与年终分配，因为加工厂是为各队生产、生活"服务"的，所以加工厂的收入不分给各队，而匠人却要从各队分得口粮等实物和现金。加工厂的收入作为公社的积累，主要用于扩大再生产。我到加工厂后不久，为了扩大经营，又从各队抽调了一批年轻人，大约七八个吧，分别给匠人们当学徒。这无形中，又增加了各生产队的负担，因为平时他们都不在队里干活儿，年终却要回队参加分配。

就在我们三人分赴各自新岗位的同时，留在拉萨军区政治部农场那些一同进藏的同伴们也先后"各奔东西"。郑永安、梁斌、李祖澄参了军；余下的北京学生和后来的天津学生，一并被安排进了西藏第四地质普查大队。偶遇的小学同学张琪和她的妹妹，也参了军。而郑永安所在的11师师部，米林县甲格，离我们插队的加查不过一百多公里，都在雅鲁藏布江边，真是"我居江之头、君在江之尾"。至此，进藏的"同路"们终于都有了稳定的"着落"。

大约也是这个时候，回京为大家补办调藏手续的唐新桥回到拉萨，并带回了"家的温暖与关怀"。不久，母亲托新桥带的一个帆布箱子辗转运到加查，除一些日常用品，最"解渴"的是两样东西：一部八波段的半导体收音机、几套针灸用的不锈钢针。由于地处边远山区，报纸都是半个月甚至一个月才来一捆，完全失去新闻价值，我们了解"外部世界"完全要靠半导体收音机，一般质量的还不行。母亲真是雪中送炭啊。母亲后来在信中说，收音机还是"托关系"买到的。针灸针，也是"及时雨"，正好弥补了我们的短缺。而此后两年多，我没再向家里伸过一回手，完全靠自己双手养活自己。

碰壁的"烧炭改革"

刚到加工厂时，我几乎什么都干干，打铁、缝纫、编筐，甚至木工。主要是想尽快熟悉情况。很快，我就成为合格的铁匠助手，风箱"拉"得合时合力，抡锤打击也毫不含糊。但对那近乎原始的生产方式，我很不以为然。

藏族铁匠的风箱不是内地那种木制、用木柄操作的，而是山羊皮缝制的两个口袋，像个软漏斗，尖的一头安一个尺把长的圆筒铁嘴，另一头敞口，沿口分别缝上两块长木条。最有意思的是，藏族铁匠和助手，都是盘腿坐着干活儿，助手面前的平地是预热的火塘，铁匠在助手右边比肩而坐。炭火生起后，铁匠把准备加工的铁料埋在炭块中，助手便开始用大腿两侧的皮风箱鼓风。往上提时放开皮袋上口的木条，让皮袋进气，提到顶时，迅速抓拢木条往下压，让袋中的空气从另一端的铁嘴缓缓喷出去，而此时的两个铁嘴都插在炭火堆中。左一下右一下，炉火呼呼，铁件不一会儿就被烧红、烧亮。够火候时，铁匠就用长柄铁钳夹出铁件，放在砧上指挥着助手抡锤击打。他一手持钳，不停翻转，一手持一根细木棍指点。助手此时站着，但要躬身弯腰抡锤，因为那砧子就是一块普通的坚硬鹅卵石，扁圆形，约40厘米直径，30厘米高，不能太高，否则会影响铁匠指挥。几番煅烧、锤打，铁件大致成型，就进入细敲阶段。助手不用频频起身抡锤了,只按师傅要求,时断时续地鼓风。铁匠则不断把烧好的铁件夹出在自己面前的小铁砧上用小锤翻打,直到完美。我一边用心学习"拉"风箱、抡锤,一边暗暗盘算该怎样改变这种原始方式。

加热铁件用的木炭,也曾经是我计划改革的对象,但与鼓风、打铁一样,改革最终都没能成功。

由于西藏高原是地球上隆起最晚的陆地,煤炭蕴藏很少。到1980年,也只有极少数几处煤矿,生产极其有限的一点低质煤。因此拉萨有了"西郊煤矿烧牛粪,纳金电站点洋蜡"的调侃。而加查更是不知煤炭为何物。老乡平时烧的是木柴,间或也用干牛粪。铁匠则是靠木炭。

烧炭在加工厂是"大举动"。大约到加工厂一个月后,我第一次与大家一起上山烧炭了。除了外出的工匠,加工厂"倾巢出动",铁匠、助手、裁缝和我。我们赶着牲口,带着斧子、口袋、绳子、水桶等工具,走进了洛林沟。上行20来里平路后,我们转而爬上东面的一条山沟,那条崎岖的山沟叫"塔伦巴"(藏语,山道湿漉漉的山沟)。穿过一段荆棘丛生的"窄胡同",是一小片水草比较繁茂的半山坡地。一位留着长须的藏族老阿爸走出依石崖搭建的临时帐篷,向我们打招呼。他的家在洛林区一个公社,但他没入社,因为是富裕中农成分。这里是洛林区北端,与我们安绕区相邻,是他家传统的冬季牧场。而加工厂的烧炭"基地"就在离坡地不远的上方山窝里。老阿爸热情地招呼我们进帐篷,打制香喷喷的酥油茶招待。那茶就是不一样,我们吃的基本是放了几个月的陈酥油,而他用的是当天提炼的新鲜货,一点"哈喇"味都没有,满口奶香。

"打尖"之后,我们继续向目的地进发,这是一段陡峭的山路,牲口只能留给老阿爸,请他帮忙照看。我们背着工具、行囊,爬向高处。翻过一道小梁,到达一个接近山顶的小坳,这就是我们的基地。在以往宿营的老地方,我们卸下负重,支起茶锅,从附近山泉眼提来清水,生火煮茶。稍事休息后,大家就分头砍树了。那些树都有三四十厘米直径,十多米高,小细长叶,新枝杈上有刺。

大约一个小时，我们砍倒了三棵足够粗的大树，然后开始肢解，没有锯，全用斧头和砍刀。天黑时分，大树全被分解成约1米长短、10厘米直径的柴火棒，然后横一层竖一层地堆摞起来，木棒之间留些空隙，直摞到两米多高，像一座四角的小方塔。第一天的工作就此打住，围着火塘，我们铺开被褥，开始喝茶、抓糌粑、聊天。

山顶的冬夜，格外清冷、寂静，我们这一小团火焰和烧炭人，打破了群山的沉寂，大概也惊扰了山鸡、野兔、獐子等小动物，而隐藏在洞中沉沉冬眠的黑熊、棕熊，不会受到丝毫影响。说笑一阵之后，劳累一天的人们很快围着火塘入睡了。而我却久久难眠，真是"火烤胸前暖、风吹背后寒"呐，虽然盖着厚厚棉被，但背火塘一面仍然寒气阵阵，我不得不频繁翻转，时而面朝火塘，时而背向炭火，直到深夜两三点了，才昏沉沉地睡去。在北京的母亲，决不会想到，此时儿子正露宿在西藏的高山顶上……

天刚蒙蒙亮，稍巴就起身了。他往已经奄奄一息的塘火上加了几把干枝，猛吹几口后，火很快就噼噼啪啪着了起来，接着他撮了一点炭火走到七八米外的"方塔"边点火去了。因为都是湿柴，费了好一会儿工夫，"塔"底才冒出青烟，随后变成明火，再后来火苗越来越大，笼罩"塔"身，直蹿"塔"顶。稍巴又打来泉水，在火塘上熬起新茶。直到锅里茶汤滚滚，我们才咬咬牙爬出被窝，迅速穿好衣裤。山泉边结了不少冰凌，用冻水漱口，牙被冰得生疼。

几座"方塔"已经通体红红，上蹿的青烟、亮火苗越来越少。伙伴们说，等到一点亮火都没有了，就是"烧透"了。我们一边喝茶、吃早饭，一边关注"方塔"的火势。"塔"慢慢"萎缩"变矮，最后终于坍塌，变成一个红色的火堆。一声令下，大家把预备好的凉水泼向火堆，激起团团白色蒸汽和嗤嗤的声响。火灭、汽散，一堆黑炭块，散发着余热。这就是我们一天半的劳动成果，三棵大树，才烧出四麻袋炭块。多一半热量，在明烧过程中，白白"放"向天空。我们又喝了一阵茶，等炭块彻底冷却后，装进麻袋。再仔细检查，确定没有一点火星后，我们告别"基地"，登上归程。我用心看了看这片山林，经过几年的砍烧，这里"够格"的树木已经寥寥可数，无树可砍之后，我们又到哪儿去弄炭呢？

返回的路上，我暗暗盘算，决定下次上山，一定要想出改变的办法。两个多月后，再次来到"基地"，我决定试着挖窑，改明烧为窑烧，既安全又高产。大家没提反对意见，但都说听说过窑烧，但从来没见过。多数人依旧砍树，我和裁缝索南多吉则在周边察看，选择"窑址"。最后我们选择在一面山崖下，这里背风，而且离水源近，符合条件。但用镐挖了没多一会儿，我就感觉"不对劲儿"了。山崖不是泥地，夹杂着石块的山土异常坚硬，用十字镐刨，简直就是"蚕食"，多半天苦挖，只挖出了一米高、半米宽、半米深的一个小洞，而越往里山体越硬，不打眼放炮，很难有进展。看来这个"窑"一两天根本挖不成，没有足够的炸药和施工时间，用窑烧炭，纯属梦想。

但就是明烧，也得有足够的"木源"啊，可这里的树木只够一次"烧"了。又是索南多吉提出建议，从这里翻两座山梁，可以到洛林区江惹公社，那里有大片的柏树，可以烧炭。我决定马上去江惹。

沿着似是似非的小路，我们起起伏伏，终于在天黑前赶到了江惹。原来，这里是索南多吉母亲的家乡，他有不少亲戚在这，这个"表姐"，那个"阿姨"，我也闹不清到底都是什么关系。我们留宿在一所陈旧但很精致的房子里，房子依山而建，雕梁画栋、木质地板，想必曾经是此地最显赫家庭的住所。当天晚上，我和多吉就睡他阿姨房间地板的藏垫上，而紧靠我左侧的是主人十四五岁的女儿！塘火熄灭后，冬夜是很冷的，大家不由都往一起挤，"抱团取暖"。虽然隔着藏被，但这么近地与年轻姑娘同榻而卧，我还从没经历过。我极力坚守着自己的"防线"，但对藏族少男少女的"越轨"有了实际的理解。

第二天早饭后，我们外出看树，这里的确柏树不少，试着砍几下，木质很硬，够烧炭的标准。但是，两个非常现实的问题摆到了面前：这里的社员会同意我们大肆砍伐、烧炭吗？这里毕竟离安绕区很远，而且不像"塔伦巴"那样属于边缘的"无主之地"，这里的树无疑都是有主人的。这里比"塔伦巴"又远了十几里，加工厂的其他人同意这么"长途跋涉"吗？我心中一点底也没有。中午回到"基地"后，果然遭到大家的强烈质疑。另寻"基地"的想法只能搁置。

直到我离开加查，"塔伦巴"不去了，新"基地"也没找到，而打铁用的炭，只能东一点西一点地凑合。

编筐缝纫　做豆腐养猪

编筐，是稍巴的看家本事。我在加工厂学会的第一种技术活儿，就是编筐。编织用的荆条，附近山沟里就有，到加工厂没多久，我就与稍巴进山去砍荆条了。荆条是灌木的一种，一丛丛的，除新生的枝梢，枝条上长满了尖刺。所谓负荆请罪，就是背着这种带刺的荆杆，去请人抽打，以表示悔歉之意。荆条并非条条能用，要猫腰在荆棘丛中，选择那些直顺、无杈或少杈的砍，多数要小手指粗的，比大拇指粗的也需要一些，用来做筐子的骨架。开始，我的"作品"，几乎都要稍巴做些修补，慢慢地，我就能独立地编出一只漂亮的筐了。

相比编筐，缝纫我有基础。上小学五六年级的时候，我就常和弟弟一起看母亲踏缝纫机，为我们缝制新衣或缝补旧衣。那时男孩子最费的就是臀部和膝盖部，这两个部位经常要打补丁。慢慢地，我们也学会了用缝纫机，可以自己做鞋垫，甚至做短内裤。到加工厂后，我"重操旧业"，令伙伴们啧啧称奇。

那个时代，西藏最时兴的是"解放帽"，藏族妇女几乎人人都戴。有的把辫子全部拢进帽子，有的则把两根尾部扎有彩穗的辫子盘在帽檐外边。西藏没有生产这种帽子的工厂，全部从内地进，成品帽子成为紧俏货。大约是1971年，县供销社运来了一批蓝色的"解放帽"，为了防止短时间断货，就规定每人限购一顶。限购刺激了人们的购买欲望，"限购一顶"变成了"每人必买一顶"。一时间，县机关附近几乎人人都戴一顶新"解放帽"，蓝盈盈一片。为了满足这种需求，我们适时加工蓝、绿"解放帽"，虽然不如供销社卖的精致，但价钱低、不限购，因此很受群众欢迎。我也向索南多吉学会了裁剪这种帽子。

我到加工厂后不久，县机关食堂的管理员找到我，问能不能为食堂加工些豆腐。我问过稍巴后，答应下来。做豆腐是从内地传过去的手艺，连石磨也是内地支援的。从泡豆、磨浆、过滤、煮浆，到点卤、装屉、压水，我第一次参与了做豆腐的全过程。除了加工费，豆腐、豆渣全部"还"给了县食堂。我由此萌生了利用加工"废料"养猪的想法。因为当时县里已经确定在公社水磨坊的下游，离加工厂200米的地方修建一座小水电站。我们那沉睡多年的磨面机就可以转起来，麦麸会源源不断。有了麦麸，猪饲料就有了保证。加工厂不仅可以生产"工业品"，还能向乡亲们提供优良种猪。

这一想法得到了公社领导的支持。加查是农区，百姓的肉食不能完全靠牛羊，主要还得靠猪。当地养猪还停留在原始状态，除县机关、部队圈养，百姓都是放养，各家在自己的猪仔耳朵上做上记号，白天就任由它们四处游逛觅食，晚上自己回家睡觉，而少量厨余泔水加几把粗糌粑，就是吸引它们回家的"诱饵"。那些猪个头不大，鬃毛很长、獠牙外露，奔跑飞快，颇具野性，长得也很像野猪。养成可以宰杀时，大的不过百来斤，多数只有几十斤，由于整天"健跑"，那猪几乎没什么肥膘，皮下紧贴着就是红红的瘦肉。据说，有的社员几个月不喂一次，那猪也就不认家了，主人想杀猪吃肉时，得提着火枪四处找，找准了就"追捕"，实在追不上就用火枪打。放养，猪养不大，肉不香，还影响环境卫生，社领导早有引导群众改变的想法了。

种猪从哪儿来？我想到了部队。离东来20多里的32团，除坚持日常军事训练外，主要是开展生产。他们不仅开垦了大片荒地，种粮、种菜，而且养猪、磨面，改善生活。经县革委会军代表李副参谋长联系，32团领导很热情地伸出了援手。我从冷达渡口乘部队的汽车轮渡过江，来到加查区的32团团部。何团长、张副团长亲自安排落实，送给公社一头已经怀孕的大白母猪，还送给我们北京知青一头良种小黑猪仔。部队送猪的汽车开到加工厂时，受到热烈欢迎。大家像迎接贵宾一样，把猪妈妈迎进了紧贴稍巴住房的新猪圈；而我们则在自己院子里为"小黑"搭建了新家。

猪有了，也养成了，但没能扭转当地养猪的旧习惯。那头猪妈妈前后下了两窝小猪，第一次6头，不幸被狐狸偷吃了3头，第二次只有3头。有了良种猪的后代，乡亲们依旧放养，主要因为当时余粮甚少，又没有加工厂的足量麸皮，圈养几乎不可能，放养是"最佳方式"。事实使我再次领悟，任何旧习俗的改变，都不是想当然能推动的，必须水到渠成，出于良好愿望的"超前"，注定要碰壁。

出差探故知

前文提到过，我们到拉萨后，是自治区革委会办事组副组长尹志云给我们安排了第一个落脚点。在我们到加查几个月之后，军区司令员曾雍雅、第二政委天宝等下基层视察部队路过加查时，特地到东来看望央宗，还顺便来到我们这几个北京插队知青的家。他们带来了尹志云赠送给我们的政治、农业科技方面的书籍。

1970年6月，我去拉萨为公社办事，专门去拜访了尹志云。他高兴地听我讲述下乡后的各种故事，不断点头称许，还说："别去住招待所了，给公社省点钱，就住在我这儿。"说着就让我帮着他在外屋支起了行军床，然后抱出干净的被褥，亲自铺好。该吃晚饭了，他像领自己的孩子一样，带我到政治部的小餐厅吃饭。

尹志云，1923年生，河南省南阳县人，1938年8月参加革命，同年11月加入中国共产党；曾在抗日军政大学学习，先后任军区直政部主任、西藏军区政治部秘书长、64军政治部主任、沈阳军区装甲兵部主任等职务，直到1990年代初离休；曾荣获三级独立自由勋章、三级解放勋章。

在拉萨期间，我从朋友处得知，第四地质普查大队（简称四普）最近有车在拉萨，而且很快要"上山"，可以"搭"我去"探亲"。

我报告了尹志云后，决定利用空档时间，跟车去藏北。说走就走，第二天我们就沿着青藏线南段，风驰电掣地北行了。堆龙德庆、羊八井、当雄、那曲、安多，没有翻唐古拉，我们西转，驶向伦布拉——第四地质普查大队作业的地方、平均海拔近5000米羌塘腹地的一个陆相沉积地带。据说这是地质学家李四光1960年代从美国卫星图片上发现的一个可能蕴藏丰富石油的地质构造。在这里找油，就是"四普"的主业。每年四五月份，藏北开始化冻，"四普"的大队人马就"上山"，利用5—8月几个月"黄金时段"勘探、打钻，9月开始上冻，人马就下撤到格尔木休整。与我一道进藏的大部分北京同学，现在正经历着第一次"上山"。

过安多之后，路况明显变差，弯弯曲曲、坑坑洼洼。由于整体海拔很高了，路边的山峦反而比藏南平缓许多，几乎见不到什么崇山峻岭，多为起起伏伏的浑厚山丘。出名的藏北草原，没有一点儿"风吹草低见牛羊"美景，而是漫漫灰黄间点缀着片片、点点淡绿。一路上很少看到牧民的帐篷和牛羊群，除了汽车单调吃力的"轰轰"声，四下一片死寂。突然，前方出现一大片鬼域般的建筑废墟，"这是硼砂厂"，司机告诉我。1960年代初，为了还苏联的债，曾经有几千人在这里挖硼砂。那些断壁残垣，就是当年硼砂厂的办公房和宿舍。几年后，债还清了，人就撤了，厂子也废了，这里从白日人声鼎沸、夜间灯火通明的工业区，一下变成了了无生机的废城。附近牧民慢慢拆走了有用的东西，包括房子的铁皮顶等。而提纯硼砂用的大铁锅，却没人要。一段路边，整齐地扣着一排排直径一米多的大铁锅，生满了黄锈，大多已经破碎，足有上百口。

在一个大圆坑边，我们停车休息。司机指着石块砌边的圆坑说："3米多直径，这是当时的水井，得供多少人用水啊！当年的情景可以想象。"彻底荒芜了，不光是房子、大锅、水井，还有散落在一座座矿渣山间的残破卷扬机等设备……蓝天、骄阳、白云、断壁、破锅、高高矮矮的矿渣山，清冷，寂静。

傍晚时分，终于到达"四普"的一个钻井点。贾小黎、汤池、唐新桥、郭亚馥、李林、王启迪、李孝聪、战若英等，虽然分别不过短短 10 个月，但好像已经很久很久。我讲述我们的插队故事，他们则介绍"四普"的一切。钻井平台，已经不新鲜，1966 年大串联时在大庆就见过。所不同的是，大庆的是钻油井，这里是钻勘探井，要留下一段段岩芯，用于地质构造分析。从地形特征推测，这里可能蕴藏着丰富的油气资源，但最终确定是否真的有油，还得靠实际勘探；而有没有开采价值，就更需要确切的实物依据。同学们并不是都在一个点上，我跟着便车，走了几个点，看望他们。"插空"在值夜班队友的空铺睡觉，与他们一起进"地质餐"——既有食堂的饭菜，也有自己外加的"配菜""点心"。像油煎午餐肉、水煮压缩饼干，都是第一次品尝。临别时，这个送几盒罐头，那个提来一箱压缩饼干，新工人们拿出"私房存货"送别我这个新农民。

回到拉萨时，尹志云不在宿舍，到堆龙德庆修渠去了。我有点茫然，决定到几十公里外的工地去看望他。好不容易搭上了一趟到堆龙德庆县的班车，颠簸了一个多小时，到了终点县汽车站。下车后向路人打听解放军支援修渠的工地在哪儿，老乡指了路，我沿路北行。中午的太阳，没遮没拦，烤得脸皮生疼。路面的砂石烫脚。终于找到了尹志云的住处，他没戴军帽，显得苍老、憔悴，本来不多的头发，多半已经变白。他当年不过 47 岁。我向他讲述了藏北之行，汇报了同学们的情况。他还是惯常那样，微笑着仔细倾听，并不时点头称"好"。下午 3 点，又该出工劳动了。我依依不舍地告别这位可敬可亲的"解放军叔叔"，踏上返程。他说什么也不要我带去的罐头，拗不过我的执着，最后只留下两个小小的橘子罐头，其余都让我背回去。这是我在西藏最后一次见尹志云，过后不久他就内调了。

回程途中，我在泽当拜访了地区农技站的杨宗琦。他是解放前的大学生，1960 年代从北京中国农业科学院调来西藏，专攻作物病虫害防治。我们到加查后不久，他曾以"老乡"的身份到家里看望我们，并给我们带去了他在自己宿舍窗根前微型"自留地"里的实验成果——一麻袋土豆。那土豆大得出奇，最小的一个也有两三斤重，凹下去的深坑是土豆出芽的部位。12 个大土豆，装了几乎一满麻袋。

与那时在藏工作的许多汉族干部一样，老杨也是别妻离子"单身赴任"。他在农技站的宿舍，简陋但整洁。书桌前窗台上厚薄不同的一摞方木片、一个粗铁丝做的三腿支架，那是他的夜宵"灶具"。与西藏多数地方一样，泽当还没有水电站，晚间照明全靠柴油发电机，一般9点来钟就停电了。知识分子只能秉烛读书了，冬夜无取暖设备，为了御寒，一是要多穿衣服，二是要用大搪瓷缸子暖手——那时，西藏干部基本人手一"缸"，泡着热茶的缸子既能补水又能焐手。为了保持茶缸中的水温，老杨精心制作了一套"灶具"——搪瓷缸子放在铁丝架上；而那些厚薄不同的方木块，是用来为蜡烛"垫脚"的——随着蜡烛燃烧变短，不断垫高，以保证烛苗与搪瓷缸底保持最佳距离。有时看书太晚了，就煮几根挂面、卧个鸡蛋，这"小灶"真解决问题。

老杨还向我展示了他的"维权"纪念品：几块干馒头片。他说，本来口粮就够紧了，没想到单位食堂还狠心"克扣"。他发现食堂的馒头个小，怀疑分量不够二两，就把一个馒头切成四片，充分晾干，然后用实验室的天平称重。才83克，少了三钱多！二两就少三钱多，这不是少一点儿。"铁证如山"，食堂不得不承认了失误。而这几块馒头片，就成了老杨取胜的纪念品。

"电"带来的惊喜

对于1970年的加查百姓来说，"电"并不陌生。县电影队经常下乡巡回放映电影（靠手摇发电机供电），大家知道，银幕上活动的"真人真事"，都是因为有"电"在"使劲"。随着县水电站的建成，"电"要从银幕走进县周围的农户，这可非同小可。在听了用电的基本知识宣讲后，一些农民竟被"使用不当会电死人"的说法吓住，不同意往家里拉电线。还有的怕长时间"着"在房梁、木柱边的电灯泡会引起火灾、烧毁房子。经过反复动员与宣讲，大多数农民打消了顾虑，与建电站同步施工的布线工作得以顺利进行。但也有极少数户坚持拒绝"电"进家门，主动"弃电"；与他们不同，"领代反坏户"（领代反坏——领主、代理人、反动分子、坏分子的简称）则按规定是不给通电的。

县水电站只装了一个30千瓦的机组。冬季枯水期，连这台机组都难以正常运转。但由于没有任何现代工业需求，只向100多县机关工作人员和400来东来公社社员提供晚间照明，这30千瓦已经足够了。真正把电转化为动力的用电大户，是我所在的公社加工厂。在那座古老的水磨坊旁边，出现了电磨机房。到32团取经后，我们建起了露天的小麦淘洗系统；按图纸安装好了电磨。县粮食部门则送来了第一批需要加工的小麦。尽管之前已到32团加工厂进行了仔细观摩，磨面程序也已经"烂熟于胸"，但临到开机，我还是异常紧张。

试验安装好的电磨，需要电站专门发电，因为通常电站只在晚上需要照明时才开机。机房的电灯亮了，来看电磨开机的公社领导和一些社员一下把目光都投向我。我有点儿不自然地说："那我就合闸了。"随着我的合闸，电磨"腾"的一声启动了，接着就轰轰地转动起来，先是传送带的木箱道中传出有节奏的"沙沙"声，那是传送带上的小斗正不间断地把小麦"喂"进磨箱，轰鸣的磨箱下是装着有四层箩筛的箩箱，箩箱平行转动，把经过磨箱内钢辊碾压的小麦碎粒过箩分开。"出面啦，出面啦!"看着箩箱下部两条"裤腿"分别"吐"出雪白的面粉和淡黄的麸皮，在场的人都兴奋地高叫起来，还频频摇头发出"啧啧"的惊叹声。能转起来，出面粉，就是成功！尽管由于晾晒得过干，面粉很粗，但这毕竟是开天辟地的头一次啊！如果没有电，如果没有北京知青，这机器肯定还得继续沉睡。

首战告捷后，我们及时总结经验，认为面粗的主要原因是晒得过干。于是对后续的小麦采取了临时补救措施，入机前先用湿布擦一擦，使麦粒表面变得潮些。这招管用，面粉明显细了。而后我们不断摸索，慢慢掌握了麦子的最佳干湿度。在给县里加工之余，也接受社员的加工请求。但由于分散送来的麦子一般只有三两克（四五十斤），很难分开单独加工，只能按大致的出粉率，把面粉、麸皮兑换给他们。但社员送来加工的量一直不大，主要是因为当时口粮还比较紧，用水磨加工的小麦面是连麸皮（现时的时尚名称是"全麦"面）的，可以全部食用；机器加工的面粉、麸皮完全分离，人能吃的只是面粉，麸皮只能喂牲口，是一种"浪费"。任何一点生活习惯的改变，哪怕是非常细小的，都必须以相应的经济实力为支撑，我再次领悟了这一点。

电动磨面机不是"永动机"，在"正常"运作了一段时间后，故障不断发生。机器需要经常性保养和定期检修，我们既缺乏技艺又缺少人才，只会简单操作，光用不养，使机器磨损很快。开始时，麦子磨三道，就达到预期的出粉率了；后来增加到四道、五道，直到六道，还是不行。我又到32团取经。回答是"钢磨辊需要定期拉丝"，就像菜刀一样，时间长了会钝，只有定期磨才能保持锋利。而对磨辊"拉丝"需要专用设备，32团没有，他们是定期把成批的磨辊送到外面去"拉丝"的。我们没有备用的磨辊，几个月外出"拉丝"搞不了，只能"钝刀"钝用，勉强维持。而电压的不稳，使电动机时而疯转时而慢旋，更是造成致命损害，最后它干脆彻底"罢工"了。不到一年，曾经带来极大惊喜的电动磨面机，彻底"病倒"了。它的病，泽当治不了，拉萨能不能治先不说，怎么往拉萨运都是难题。

跟着电，沉睡了数年的那台脱粒机也苏醒了。相比磨面机，弄转它要容易得多。因为既不需要特殊的厂房，也不要任何辅助设施，只要拉好电源，合闸就转。脱粒机再次给偏远的山乡带来了惊喜：只要把连秆带穗的青稞、小麦把往传送带上一送，机器就自动"吃"进，立马从另一端"喷"出麦粒和断秆，比几十人一起抡连枷快得多！1970年秋收，脱粒机成了全公社的"明星"，除了还没通电的尼夏，4个生产队轮流热情"接待"——像抬花轿一样抬着它巡游。每到一处，它都发出振奋人心的"突突"声。但同样因为电压不稳，电动机经常出"情况"，让人沮丧而束手无策。第二年秋收，脱粒机还继续"突突"了一阵，后来就不幸中途"病倒"了。

现代设备，需要完备的使用条件，光有电，不能保证电压稳定，没有及时的保养和维修，也是不行的。对于加查来说，这些条件当时还很难保证，连一颗螺丝钉都不能生产，哪有能力维修连见都没见过的电机呢？

多种经营的尝试

当时的东来公社，与全国一样都是"以粮为纲"，几百克土地除少量油菜，全部播种青稞、冬麦。对于得天独厚的核桃，则是只收不管，也没有扩大种植计划。单一的经济结构，限制了社员的收入增长，插队的那几年，像我们这样的纯劳力户，人年均收入可以达到200元左右，除去口粮等实物，每人还能分几十块现金。但社里纯劳力户极少，一般都是拖家带口，如果六七口人中有两三个劳力，分配能实现平衡；人多劳少，就会成"欠账户"。

我们参加分配的那几年，东来队的工分分值大约是1角钱，10分是1元，但顶尖壮劳力农忙季节一天的最高工分是8分，平时最高7分，全年能挣2000来分，折合200来块钱。一般全劳力，工分相当于最高者的七八成，半劳力更低些。与全国农村一样，那时实行的也是"大寨记工法"：自报公议。好在大家平均惯了，因此虽有争吵但不太厉害。

为了促进种植结构变化，插队的次年春天，我找来烟种，在加工厂的一小片地上试种了烟草。大概是受经济条件限制吧，当时普通藏族群众中，抽纸烟的极少，吸鼻烟的却很多。中年以上，几乎是男女皆吸；也有少数年轻人加入其中。除了日日不离的茶叶，内地运来的物资，烟叶大概算是群众最大宗的消费了。之所以试种，就是为了满足群众的需求，结束长期从内地运进的历史，为农民增收开辟新路。育苗、移栽都很顺利，一天天长高的烟苗，成为加工厂的一景。附近桑木冬的社员，经常来观看这些从没见过的植物，半米多高，枝叶肥硕，着实招人喜爱。收获季节到了，我们掰下一片片尺把长的绿叶，分捆成把。到这时，一个本该想到却偏偏没有想到的问题摆到了面前：怎么把新鲜的绿叶"变"成焦黄的烟叶？尽管知道加工烟叶有"烘烤""生晒"之分，但"生晒"怎么个晒法，我们不知道，问遍县机关，也没人能说清楚。没办法，就这么摊开了在阳光下晒吧，由绿变黄，鲜叶很容易成了黄叶，但不是供销社卖的那种焦黄，而是淡黄。更让人丧气的是，加工厂的几位"烟民"试尝了用这些烟叶加工成的鼻烟，竟都说"味儿不太对""也不够劲儿"。大半年的心血就这样白费了。

为了改变扬场人力扇风的做法，我萌生了造风车的想法，为此，专门请教县里一位内地"行家"，他在家乡农村用过风车。凭记忆，他为我们画出了风车的草图。在与两位木匠师傅反复"研究"了草图之后，"造车"就开始了：内地风车是全木制的，从里到外；我们为了节省木材，扇叶和扇箱的圆壁，改用了铁皮。边琢磨边加工，十来天后，一部"像模像样"的风车终于在加工厂诞生啦！我们拿来谷草混合物，一边"喂料"，一边用力摇转扇轮。又是迎头一盆冷水！混合物并没如愿分离：谷粒从扇箱下端的出口流出，谷壳、秸秆从前方的出口喷出，而是依然混合着"飞流"而下，原因是转速太慢、风力不强。大家都很沮丧。几年后，我再到加查，看到人们修渠引水，用水推动巨大的木扇轮，进而带动风扇轮的扬场设施。一位老乡说："这不是什么新鲜物，不就是把你当年造的风车放大了，改用水推嘛！"

研制火药，是公社指派的一项任务。因为东来耕地里遍布巨石，修"大寨田"就要炸掉石头，需要大量炸药。而加工厂的老铁匠哈次仁，是个火枪"玩家"，经常上山打猎，火药都是他自制的。于是研制炸石头用的火药任务，理所当然地落到加工厂头上。火药，是硝、炭、硫黄的混合物，硫黄当地不产，只能从供销社买，炭可以上山烧，硝则得自己"找"。因此所谓研制火药，其实主要就是"找硝"。硝到哪儿去找呢？哈次仁说，过去他打猎用的量有限，在当地的旧羊圈里就能找到（其实那就是牲口长期小便"转化"的）；公社学大寨、炸石头，需要大量硝，当地那点儿根本不解决问题，只能到外地去"找"。大家一起凑"情况"，最后商量出只能去有

"旧羊圈"的老庄园想办法。我们兵分两路，一路由哈次仁牵头，前往加查山西面的曲松县某高山牧场；一路由我牵头，顺雅鲁藏布江东行，到加查与朗县交界的一处旧庄园。我们"东路"无功而返，"西路"用一周时间，带回了一小平锅灰白色的土硝，大约两三斤。这就是长途跋涉、五六个昼夜"熬制"的成果。尽管数量不多，但总算没白忙活。

买来硫黄、备好木炭，哈次仁开始按传统配方制造炸药（其实是打猎火枪用的火药）。没费很大工夫，大约300克、绿豆大小颗粒状的黑色炸药制成。我们在一块马圈旁的大石头上，用钢钎、大锤，打了一个二三十厘米深的炮眼。塞进足够量的自制炸药、插上导火索后，我们满怀希望地点了火，躲在远处期望着"惊天巨响"后大石"分崩离析"的场景。但是片刻之后，只听到类似"二踢脚"那样的一声闷响，也没见到有飞石凌空。走近前一看，只见炮眼周围被熏黑了一圈，石头却连个裂纹都没有。显然这炸药的"劲道"太小，只能像火枪那样，朝一个方向顶出豌豆大小的一粒铁蛋或十几粒铁砂。虽说都是"炸"，但猎物与石头，完全不同。

与种烟草、做风车、制炸药一样，利用当地丰富的桦木资源批量加工木碗的尝试，也因缺乏专门的技术人才而夭折。

当然，加工厂的各种探索实践，也不是样样失败，跨县伐竹就是成功案例之一。加查县境内山峦起伏，除村庄周围，不少山坡、沟壑也生长着各种树木。由于总体海拔较低，树木以阔叶乔灌木为主，也有少量针叶树木。最让我留恋的是与曲松县交界的加查山。那山的东侧，生长着大片的杜鹃树，大的有几米高、树枝弯弯曲曲，有些主干的直径竟有十多厘米，老干虬枝，显然至少已经有近百岁年龄。每逢盛夏，整片山的杜鹃怒放，粉红、白色的花朵，缀满枝头，大的直径有七八厘米。也许是孤陋寡闻，不光在西藏，就是在著名的花乡云南，我也从没见过那样壮观的花海。但是，由于过度砍伐，几年之后再次翻越加查山时，那里的花海已经不复存在，成片的杜鹃林被砍得稀稀落落。

相对比较稀少的杜鹃，野桃树在加查则几乎是遍地开花了。春夏之交，有树的山坡、山沟，都有野桃的踪影，由粉红到粉白，野桃的花期可长达一个多月，然后就是青桃累累了。而到了秋天，桃子就是老乡们的天赐"收成"。凡有点儿劳动能力的都上山收果，然后晾成桃干，与核桃、干奶渣、青稞爆米花一起，成为自食、待客的零食。

　　加查植被丰富，盛产编筐的荆条，但与竹子相比，荆条的耐用性要差很多。我曾经见过一位老乡家的竹制圆筐篓，已经旧成了深棕色，但它的主人依然将其视为宝贝，说这是来自藏南达旺的物件，"永远用不坏"。如果能搞到竹子，我们加工厂就能为老百姓制造"永远用不坏"的筐篓。我把这种想法告诉伙伴们，他们觉得很为难。加查本地没有竹子，达旺又被印度占着，去不了。听老人说，往雅鲁藏布江下游走，郎县，特别是米林一带，有竹子，可谁也没去过、见过。如果去了，也真有，当地人会让你砍吗？……那一带驻军很多，而且都是11师的，直觉告诉我，可以大胆闯一次，也许会满载而归。

　　经过一番准备，我们背着行囊赶着一头骡子出发了。连续两天赶路，穿越加查和朗县，到米林县的台下时得知：再往下游走20来公里，有一个山沟里就有成片的竹林！但那里没有藏族村落，沟口驻着11师下属的一个连队。砍竹子，恐怕绕不过他们。次日一大早，我就只身上台下，向部队求援。台的地形很特别，公路沿江、贴山而建，在这里从岔道向上攀爬，经过几个之字拐，豁然开朗，一个巨大的喇叭口状台地呈现在面前，一排排营房沿着缓坡铺展，一直通向台地深处。11师师部，就设在这里。除司政后机关，还有卫生队、工兵营、通讯连等直属机构。

　　我这个军营"异类"很快引起警卫的注意，几经通话后，我被领到师首长住所。何志瑛副师长、张副师长，都是老相识，他们一年前分别是32团的团长和副团长，不久前同时被提为副师长。两位老领导很热情地招呼我喝水、吃饭，问清此行来意后，表示全力支持。在他们的直接关照下，我们此后几乎是一路顺风。在甲格台，我还抓空去通讯连探望了在那里当兵的郑永安。只一年多，她已经是一个业务很精的"老兵"啦。

第二天,我们赶到那个连队,受到热情接待。稍做休息后,我们就带着砍刀、绳索上山了。那可真是宝地啊,连队营房背后是大片平缓的山坡,山石之间,生长着合抱粗的大松树,时密时稀。行走两三百米后,山势渐陡,沟变窄,树林也渐密。不时可以遇到横七竖八朽倒的枯树,上面挂着一绺绺淡绿的树帐和苔藓,陡坡上则生长着竹林。只砍了一天半,收获就大大超过我们的预期,根本不可能由骡子驮回去。还得求助解放军。只等了一天,驻"竹沟"连队一辆去甲格师部的卡车,帮我们把近十捆竹子运到了甲格台下的道班。又等了一周,一辆顺路军车把我们连人带竹送回了加查!在赶来围观卸竹子的桑木冬乡亲们眼中,我们成了凯旋的英雄。"胡子阿哥"带人砍回了"几十年都用不完"竹子的消息,很快传遍了全公社。接着,上门"订购"竹制品的乡亲络绎而来。加工厂请来知名的老篾匠——央宗的父亲,老人一边完成乡亲们定制的竹器,一边带徒弟,很快生产出第一批"加查东来"产的竹器。我也是学徒之一,而且很快就成为一名合格的篾匠,经常受到师傅的夸奖。"几十年都用不完"的说法显然夸张,但直到我离开加查时,那些竹子只用了一少部分。

终生愧疚的拦路"打劫"

插队那3年,正处于极左思潮风行的年代,积极响应毛主席号召、忠实执行"最高指示"的我们也干了不少荒唐事。其中一次"拦路"打劫,就让我终生愧疚。

大约是1970年秋天,按照上级部署,加查农村开展了反对自发资本主义倾向、割资本主义尾巴、打击投机倒把运动。除了斗私批修、在灵魂深处闹革命、在学习会上做忏悔式的自我批判外,以高度的警惕性观察身边的"阶级斗争新苗头",反对一切资本主义新动向,也是衡量革命觉悟高低的一个基本标准。为了紧跟形势,我们也挖空心思,寻觅蛛丝马迹,创造斗争机会。这时有人提出,东来公社的西邻藏木公社有人自己烧制茶壶、水罐等，私运到洛林区去交换酥油等畜产品或直接出售，用以补充衣食不足。

藏木公社是加查的陶器产地，素有烧陶的传统，但公社、生产队都坚持以粮为纲，不搞这种偏离主业的副业，制陶全是社外的单干户或社员业余时间的"私活"。制陶本身并没被划入"非法"，因为产品主要卖给本地乡亲或区供销社。而一旦超出这个范围，自行运到外地卖，就被视为"投机倒把"了。这里有两条"线"：一、公社加工厂生产的东西，无论卖给谁，都姓"社"；二、个体生产的东西，只要在本地卖或卖给"公家"，就不姓"资"，但把个体生产的陶器私自运往另外一个区去卖，就"犯法"了。

从藏木到洛林，洛林沟石桥是必经之路，而这座桥就在加工厂大门外。每天有什么人、带着什么东西从桥上过，我们都能看得一清二楚。为了堵住这条"投机倒把"的资本主义黑路，我们决定在桥头设"哨"，一旦发现"情况"，即行查扣。

没想到设"哨"的当天，就取得了"战果"。上午10点左右，负责"瞭望"的小伙子报告说，一个背着满满一筐陶器的人正从藏木方向走来，还赶着一头驮着陶器的毛驴。我们闻讯立即兴奋起来，如临大敌，赶到桥头准备阻拦。那人全然不知地朝石桥走来，根本想不到已经劫难临头。刚刚走过石桥，他就被我们拦下，看我们气势汹汹的样子，他发觉不妙，脸色顿时变得煞白。结结巴巴地回答了询问之后，我们厉声指出了他"投机倒把"行为的严重性质。得知他是单干的富裕中农后，我们更提高了批判的嗓门。桑木冬队的社员也闻讯陆续围拢过来，七嘴八舌地加入了批判的行列。桥头举行了一场"人赃俱获"的小型批判会，那位藏木的老乡一直哈着腰，频频点头表示"认罪"。由于"态度好"，我们决定"宽大处理"，只没收陶器，不没收"投机倒把的重要工具"——毛驴，放他回家，并让他警告那些与他同样有"投机倒把"念头的人，不要重走邪路，否则会更加严厉惩处。那位老乡灰溜溜地返回了，多天的心血化为乌有。而我们则在桥头摆开了"卖场"，把所有陶器低价卖给了围观的众位乡亲，赢得了一片赞许。卖陶所得的30多元，全部上缴集体。在当时，这不是一个小数目，如果换粮食，能换两三百斤呢。

从内心讲，我当时其实很同情那位藏木老乡，看着他垂头丧气的背影，心里很不是滋味儿。但受大潮流推动、大气候感染，我难以自已，常为了表现自己的革命而干类似的荒唐事。我们的这次打击"投机倒把"行动，其实无异于拦路抢劫，但在当时却被视为完全正义的革命行动。它不仅伤害了那位藏木老乡，而且造成恶劣的影响，封堵了无数农民依靠自己力量弥补衣食不足的路子。

高原的骄阳和风雨，很快就把我们变成了脸皮黝黑的"老藏民"，1971年初春的一天，我们按照公社的统一部署，进洛林沟，到全社引水渠的拦水源头，参加扩修工程。下午时分，两位解放军军官沿着公路朝工地走来，一位解放军招呼我："小伙子，你知道北京插队的那几个知青在哪儿吗？"我愣了一下，反问道："你找他们有什么事？"那位军官接着说："嘿！你的汉话说得挺好啊。"话音未落，引得围观的老乡哈哈大笑起来。两位军官诧异地问："怎么啦?!"一位老乡指着我告诉他们："他就是北京知青中的一个啊！"两位军官重新上下打量我，不好意思地笑了，我也不好意思地默认了。再看看自己，皮肤黝黑就不说了，头发老长，脸上胡子拉碴，上衣扣子不齐，裤腿下沿破碎，而且两边一长一短，脚下是一双沾满泥水的旧胶鞋。哪还有北京学生模样，整个一个藏族农村后生！

这两位是专程来采访我们的，白白净净的湖南人，叫刘铁生，西藏军区政治部的摄影干事；另一位姓解，陕西人，是山南军分区政治部的新闻干事。我们表达了不想接受采访的意愿，理由是时间太短，也没干出什么像样的成绩。但拗不过他们的坚持，我们只好服从他们苦口婆心的"大道理"了。当然，公社、生产队领导和乡亲们也满腔热情地支持他们。那几天，我们在他们的"导演"下，在田头、加工厂，与乡亲们一起"走场"，也向他们讲述了到加查后的种种经历。乡亲们除了当群众"演员"，也应邀向他们介绍了我们的"事迹"，出于特别的偏爱，讲述肯定充满夸大、溢美的成分。而其中，由于我的岗位特殊，"创新"动作也最多，"事迹"相比也就更突出些。几个月后，记者的采访发表在《解放军画报》上，主要是图片，占了不小的篇幅；作为"副产品"，他们还为《北京日报》写了一篇两三千字的通讯，配发了图片。主题都是北京青年在西藏高原安家落户。

亲历"一打三反"

我们插队的时候，正是"文化大革命"如火如荼的年月。与内地不同，西藏、新疆、内蒙古三个民族自治区的运动，夹杂了复杂的民族、宗教因素。就在我们争取下乡的过程中，1969年，西藏尼木等少数县发生了被定性为武装叛乱的暴力事件。这些事件发生时，加查正欢迎从北京荣归的央宗，她刚刚当选为中央候补委员。谁也想不到两年之后，"尼木"余波会给加查带来灾难。

大规模的"整肃"运动大约是从1971年秋天开始的。这之前不久，西藏发生了重要的人事变动——西藏军区司令员、自治区革委会主任曾雍雅被调离西藏，担任沈阳军区副司令；西藏军区政委、自治区革委会副主任R某，接替曾担任革委会主任，成为自治区"一把手"。

1971年8月，西藏举行第一次党代会，R某当选第一书记。当时在西藏流传的一种说法是，曾雍雅调离的主要原因就是"平叛"、清查不力。而以派性明显、支持"大联指"著称的R某主政伊始，便雷厉风行，迅速把整肃"暴乱""复叛""预叛"的风暴，燃向全藏，与"一打三反"①结合在一起。

东来公社运动的第一阶段，是发动群众，动员大家放手揭发有关"预谋叛乱"问题。凡是对解放军不满的言论、行动，都在清查之列。一次，驻社工作队副队长、县武装部副部长在大会讲话中说："东来公社怪事很多，举一个例子，在我们部队只有营以上干部才能看的机密材料，东来公社竟然有普通社员违法观看，对不起，我已

---

① "一打三反"运动是以1970年1月31日中共中央发出《中共中央关于打击反革命破坏活动的指示》为开端在全国掀起的一场政治运动。其内容是：打击反革命破坏活动，反对贪污盗窃、反对投机倒把和反对铺张浪费。——编者注

经给你们停了。"这话引起了全场的注意与猜测。听到这里,我坐不住了,这是在说我们呢。指的是我们通过县邮局订阅了一份《参考消息》。我忍不住腾地一下站了起来,对着台上的那位大声说:"副部长说的那个普通社员就是我,但要声明一点,那份报纸,不是我们偷的,而是通过县邮局花钱订的!"说完我就坐下了。那位副部长想利用藏族老乡的不知情给我们造成精神压力,没想到我敢当众回应他。没有思想准备的他,愣了片刻,没做"反击",接着说别的了。

在工作队的鼓动下,全公社掀起了捕风捉影、无中生有、上纲上线的"揭批"热潮,一些原来的"闲人"活跃起来,一些原来对央宗等社队领导不满的人,也精神起来。围绕着我们,各种传言纷纷而来:"他们的家庭经济条件都不错,为什么不在北京待着,到西藏边疆来干什么?可能有不可告人的目的。""他们要那么多波段的高级收音机干什么,可能是用来与境外特务组织联系的。"……最极端的是,在央宗被怀疑是"预谋叛乱头头"时,我们竟被"封"为"预谋叛乱"的"黑高参"。

西藏偏远,加查更偏远,在执行"最高指示"中的"创新",就更加偏激。作为知青中的"出头橡子",我先是被工作队负责人G叫去,接受"政策教育"的训话;没过多久,又被"请进"学习班,晚上不准回家,也不许与外人交谈,大概是"防止串供"。工作队还重点清查了我所负责的公社加工厂的账目,可翻来覆去地查,最后是"分毫不差",只能作罢。但由于我的原因,加工厂被解散了,所有人返回各自原来的生产队,我则回了东来队。隔离"办班""背对背揭发",虽然没有取得实质性成果,但疏离了我与一般社员的关系。为了"少惹麻烦",大家减少了往来,平时接触也不像过去那样有说有笑了。

由于邮路漫长且不畅,要半个多月邮车才来一次。《参考消息》被停,仅有的地方党报,至少"迟到"20天,而且空洞无物。我们发现运动开展以后,连家信也"走"得越来越慢了,从以往的一个半月延长到两三个月,更惊人的是,收到的家信竟然有被拆开的痕迹。报纸"迟到",私信被查,广播信号微弱不稳,我们基本与世隔绝，成为"信息孤岛"上的现代"鲁滨逊"。

也是在这期间，刘晓莉接到"父亲病重"的消息，没想到急匆匆到县里请假回内地的她，却碰了冷冰冰的硬钉子。主持工作的县领导竟然说我们三人"没有户口""来历不明"，是"盲流""黑人"，"不得离开加查"！

大约1972年初，对"复叛"问题的清查在拖延了几个月后，终于收场，好像也没做什么结论。但运动依然要"紧密结合本地的阶级斗争实际"，不过不再是央宗等被怀疑"预谋叛乱"问题，而是把原本已经被专政的仲巴代理人等老四类分子拎到前台，硬逼着他们承认"一直妄图复辟万恶的封建农奴制度"，"时时刻刻想着变天"。我曾参加过几次这种批斗会，夜晚，批斗会以篝火堆为中心展开，批斗对象被安排在临近火堆的地方弯腰站着。围坐的社员不时发出质问、批判。情绪激动时，有人便站起来边高声责骂、边推搡，把"主角"故意往火堆方向推。好几次，仲巴代理人险些被火苗燎到头发，脸庞被灼烤得通红。躬身站在一旁的"陪斗"家人，被吓得瑟瑟发抖。批斗之后，队里还安排几个年轻人悄悄爬上仲巴代理人家的房顶，从火塘上方的出烟天窗偷听屋里的对话，看有没有"不满的反动言论"，为下一轮批斗准备"炮弹"，但没取得任何成果，只听到仲巴代理人痛苦的呻吟声。

几十年后，我从《中共西藏党史大事记》中，看到这样的记载：1970年11月3日，自治区革委会党的核心小组和中央农村工作部党的核心小组向党中央和毛主席呈送《关于西藏地区农牧业社会主义改造问题的请示报告》，《报告》认为，经过平叛斗争、民主改革，特别是经过"无产阶级文化大革命"，广大贫下中农牧更加向往公社化，进行社会主义改造，建立人民公社的条件，已经基本具备。在极左路线指导下，《报告》批评民主改革时牧区没有公开划分阶级和农区没有划富农的阶级成分。提出这次公社化运动中"牧区划出牧主、富牧、中牧、贫牧几个主要阶级成分，农区把富农从富裕中农中划出来"，"彻底打倒富农牧阶级"的错误路线，并将打击面从民主改革时不到总户数百分之五扩大到了"总户数的百分之七、八"。

12月8日，中共中央发出《关于西藏社会主义改造问题的指示》，《指示》中说，"原则上同意西藏地区在完成民主改革的基础上，有领导、有计划、有步骤地实现人民公社化"，提出"在农牧区社会主义改造运动中，必须坚定地依靠贫下中农牧，巩固地联合中农牧，消灭农奴主、牧主和富农牧阶级的剥削制度"；"总的打击面，要切实控制在以县为单位的总户数的百分之七、八以内"；要"把办社同认真搞好斗、批、改结合起来"。毛泽东在这个文件上批了"照办"二字。

西藏全区认真落实这一文件精神，东来自然是更加不折不扣。在我的记忆中，总共一百来户的东来公社，至少有五户变成了新的"专政对象"。二十多户的东来村，就有两户原来的富裕中农被"升"为富裕农奴（即内地的富农），而这两户恰恰都是我们的邻居。仅一墙之隔的近邻，就是那个被排斥在公社外面的单干户，家里劳动力较多，还有几头大牲畜，地也比较好。隔几户的那家，男的是有手艺的木匠，被定为富裕中农，但因老婆的成分是奴隶，他们被吸收进入了公社。成分一"升级"，立马由"友"变"敌"，那个近邻被"扫地出门"：原来的房子，分配给了队里的两个贫困户，他们全家被驱赶到村边的废屋中暂时栖身，随身只带了简单的个人生活物品和简陋的农具，藏毯、马鞍、藏柜等"奢侈"物品统统被没收。不久后队里搞了"浮财"的折价拍卖，但只有贫下中农拥有购买权，一般是用很低的价格买到"称心"的东西。原来富裕中农成分的木匠本人升级为富农，成为打击对象。

东来公社的其他队有没有"阶级成分升级"的记不清楚了，但在"一打"中被新划成反革命分子的，至少还有三人。他们有的曾经在寺庙中担任过低级职务，有的从事过"跳神"一类的活动，除了"清算"历史老账，还被揭发出诸如"诅咒共产党领导""对公社化不满，埋怨干活累、吃不饱"等"现行反动言论"。其中一位还是公社革委会委员。由于不愿接受一下变成敌人的现实、忍受不了轮番批斗，三人中的两人"外逃"了。为了防止他们"叛国投敌"，公社组织了几路人马分头追捕。几天后，在雅鲁藏布江上游、朝桑日县方向的一个江边岩洞中发现了其中一人的尸体，本来已经年迈的他，是过度疲劳、惊吓、冻饿而死的。

经过和平解放、平叛改革、公社化、"文革"，西藏的阶级敌人队伍不仅没有削弱反而不断扩充、日益增强，这真令人啼笑皆非。

据《中共西藏党史大事记》记载：在1972年、1973年的整社建社中，几乎把所有的未叛领主和领主代理人（约6000人）都列为专政对象，交群众公开监督改造；从1971年至1975年，全区划分富农牧的约5400户，1979年曾将错划富农牧分子做了纠正，但富农牧阶级成分没有改变。1980年11月10日，西藏自治区党委向中央发出《关于纠正社会主义改造期间征收、没收未叛领主、牧主牲畜的处理问题》的报告，报告中说："文革"期间，根据中央《关于西藏进行社会主义改造的指示》精神，区党委规定对未叛领主、牧主的牲畜一律采取没收和征收的办法，归所在地公社所有。现在看这显然是不恰当的，需要纠正。经慎重研究，我们认为采取赎买的办法较为恰当，具体手续可由自治区人民政府拟定，请中央财政部拨专款处理。12月13日，中央批复同意区党委意见。

"斗""批"之后，整社进入"改"的阶段。所谓改，就是调整公社、生产队领导班子，健全财务、记工制度，加强党团、民兵组织建设。"整"也挨了，"批"也过了，最难受的日子已经熬过去了。我抱着玩世不恭的态度，参加了"改"，并不断"挑刺""找事儿"，弄得工作队哭笑不得。印象最深的有三件事。

在动员开展整党、建党工作时，我发觉做动员讲话的军代表（一位来自内地北方农村的部队年轻副班长），竟然缺乏党的基本常识。我问他，你是党员吗？没想到真把他问"卡壳"了。他满脸通红低声回答："还不是。"我惊了，也笑了，一散会，就找到县武装部领导去告状，"工作队竟然让党外人士领导整建党，这恐怕不符合党的组织原则"。那领导无话可说，连说"这不对，这不对，马上调整"。工作队领导肯定挨了"呲儿"，但对我也没办法，因为我没错。

第二件发生在一位与我关系不错的年轻人身上。他沾了父母

"站队正确""批判积极"的光,幸运地被列为党的"重点发展对象"。没想到的是,他竟然又找到我这个老团员,恳请我介绍他"入团"!我不解地问:"党支部不是已经与你谈话,准备发展你入党了吗?为啥还要入团呢?"他一脸诚恳地说:"入党、入团都是好事,所以我都得入。"我一时语塞,无言以对。又是一个党的基本常识都还没弄清的"棒槌"!

第三件事,是有关民兵建设的。与全国一样,西藏农村普遍建立了基层民兵组织,东来也不例外。而由于近邻朗县、米林就是紧靠中印"实际控制线"的边境县,民兵建设在加查一直很受重视。当时的民兵分为基干民兵和普通民兵两种,基干民兵可以持枪,因此成分、政治立场必须更可靠、坚定,一般只有贫下中农中的优秀分子才能担当。年轻人都以能当基干民兵为荣。一天下工回家后,一脸沮丧的胡铎、刘晓莉告诉我:县里否决了公社接受胡铎入团决议、我们三人一律没让当基干民兵。

我一下子就火了:过去"出风头"的是我,以加工厂负责人身份列席公社革委会的是我,与县里一些人交往多的是我,在大会上当众顶撞县武装部副部长的也是我,为此被"办班"的还是我,他俩为什么要与我同样对待?想到这儿,我满怀怒气地大步跑向生产队场院,那位地区派来的工作队负责人G就住在场院里的二层小楼上。

站在场院当中,我对着小楼的窗户高声喊道:G队长在吗?我有事找你……接着就连质问带调侃地说了一大通,弄得他无言以对。

与G某"场院叫板"后没多久,一天下午,我正盘腿坐在央宗阿爸家门前空场上,与篾匠师傅一起编笸箩,从左侧的县机关小门中突然走过来一伙人,除了县领导、工作队负责人,其余都是生面孔。县领导一改以往的冷若冰霜神情,和颜悦色地向一位五十来岁的汉族干部介绍说,这就是北京知青吴长生同志。那位干部热情地蹲下来与我握手,旁边的人告诉我,"这是新任的山南地区革委会主任钱兴门同志"。钱兴门微笑着说,我受自治区领导委托,特地来看望你们,对你们表示亲切的慰问,你们辛苦啦!依旧坐着的我,不知怎样回应,只呆呆地看着他。他接着说,听说你们受委屈了,我来晚了。听了这话,我忍不住哭了起来。他依然握着我的手,不断轻轻摇晃着说,别哭别哭,有什么话好好说。我终于知道"天真的亮了",一边哭一边发出了一连串的质问……钱兴门一直像一位亲切的家长一样,静静地倾听着"孩子"倾诉着满腔的委屈,其间不时用目光斜撇一旁的县领导和工作队领导。待我情绪平静后,他低声但坚定地说,对你们的这些都是不对的,所有强加的不实之词都不算数。你们响应毛主席伟大号召,大方向是完全正确的,表现是很好的。你们三个人全都可以当基干民兵。保卫边疆,建设西藏,很需要你们这样的年轻人……

我们被"平反昭雪"了,对东来公社的"整肃"也草草收场。后来听说,我们的"解脱",既得益于"大气候"的变化,也与"小动作"密切相关。大的是,在批林批孔和清查林彪余党中,有人盯住西藏主要领导R某(承认"懵懵懂懂靠近贼船","贼船"是指林彪集团)不放,他的日子很难过,"紧跟"他的群体则担忧继续严查狠整(指类似我们公社的"整肃"运动)"前景难测";小的是,有了解加查情况特别是我们处境的人,通过"渠道"反映了实情、表示了关切、表明了意见。为此,对政治温度特别敏感的某自治区领导班子成员,"站出来说了话",并得到了多数的正面响应。于是引起了"末梢"的"风云突变"。

告别东来

整肃、"一打三反"、整社运动,草草收场了,我们的生活恢复到了半年多前的"常态",但经历了这"触及灵魂"、备受煎熬的几个月,人们的精神和人际关系,再也难恢复"常态"了,我立志"扎根西藏、扎根农村"的信念也发生了动摇。一是"挨整"让人心有余悸,二也与家庭有关系。

在发觉家信被"检查"之前,我已经发现了异样,我的家信本来就不多,一两个月才能盼来一封,多想从那有限的两三张薄纸中读出尽可能多的内容啊,可我先是发现原来爸爸、妈妈的轮流来信,变成只有妈妈的信了，后来又发现妈妈信中关于爸爸的信息越来越少！1972年春，终于忍不住了，我在一封信中直接问"爸爸近况怎样？怎么好久不见他写信"？几个月后，我盼来了那封既想看又怕看的家信，爸爸果然出事了。妈妈告诉我，早在一年多之前，爸爸就在"清理阶级队伍"中被带走隔离审查，原因是有"严重历史问题"。在河南驻马店的"五七干校"，他与妈妈也一直被分开安置，他们之间隔着一个大水库的十几里水面。妈妈只能从覆盖"全校"各个连队的有线广播中，了解爸爸的最新情况——各连队经常要对本连队的"牛鬼蛇神"进行批斗，有时是现场直播、有时是通过新闻稿报道批斗"战况"，这其中有时就有爸爸的信息。

爸爸的"历史问题"大得吓人：美军翻译官、国民党少校，审查中，还有人说他是小说《红岩》里那个"中美合作所"的特务。拿着带有妈妈泪痕的家信，我的头脑一片空白。

妈妈说，爸爸在北京辅仁大学上学时，与一些不甘做亡国奴的青年人一道逃出北京，到大后方重庆，进入内迁到北碚的复旦大学继续读书，毕业前国民党当局从5所大学中分批"征调"了两千多名即将毕业的大学生，分别到空军基地为美军当翻译，前后4个月。

在当时，"重大历史问题"一旦成为个体"戳记"，对个人命运的影响怎么估量也不为过。按照划分敌我界限的"公安六条"，国民党上尉以上军官就属于"历史反革命"，更何况还有"中美合作所特务"的嫌疑。被惊呆的我，第一反应就是我也要"变成"那些与四类分子父母一同受批斗的子女们！

妈妈在信中，还有一点"稍好"的消息：组织上"鉴于事情发生在上学期间，本人没有什么重大罪恶"，决定对爸爸"宽大"，"敌我矛盾按人民内部矛盾处理"，很快就要从五七干校"结业"、分配了。而在这之前，妈妈已经从五七干校主动要求、分配到新的单位——陕西咸阳建筑陶瓷厂陶瓷研究所工作。她和爸爸原来工作的建材部建材研究院，1971年按照"战备"的要求，拆分为八个研究所，分别迁往内地。她是为了尽早避开"收听批斗爸爸（广播）的精神折磨"，不顾领导的挽留，坚决申请第一批分配的，选择到咸阳，是因为那里离弟弟插队的陕北最近。在这封信中，妈妈说，爸爸也快来咸阳了，而且中央有这样一个"照顾政策"：像他们这样原来中央国家机关内迁单位的干部，可以调在农村插队的子女一起到新单位安排。也就是说，只要我愿意，就可以离开西藏农村调到咸阳去工作。了解我的妈妈，只客观告诉了这一政策，并没明确表示要我"随调"的意见。

爸爸"出事"、可以"随调"，加上半年多来惊心动魄的遭遇、情感的孤独、随着年龄增长越来越现实的"个人问题"，这一系列因素汇聚一起，使我陷入难以自拔的精神困扰之中。在这种情况下，我也没放弃"对组织的忠诚老实"，接到妈妈的信后不久，便主动到县里，向领导汇报了自己家庭的变故，并表示要与父亲划清界限，继续认真接受贫下中农再教育。彼时政治形势已经有所改变，领导只说了几句肯定、鼓励的话，没做什么追究。

经过几天的思想斗争，我终于走出漩涡，拿定离村不离藏的主意。随后向胡绎、刘晓莉谈了自己的情况和想法。好像他们并没感到意外，估计他们也在那个时段，收到了各自家里传来的有关可以"随调"的信息，也已经开始考虑该做怎样的选择。简单商量后，我决定到拉萨去直接找领导谈。他们没有异议。时隔不到两年，再度踏上前往拉萨的路，但心境已经迥然不同。

到拉萨后，很顺利地找到了尹志云离开西藏时"托付关照"我们的军区政治部主任、曾任自治区革委会政工组组长的宋开元。听了我的诉说，他很郑重地给自治区革委会政工组副组长陈伟同志打了电话，让我直接去找陈伟谈。在朴素的办公室里，"北京老乡"陈伟静静地倾听了我两个多小时的诉说，之后表态：西藏建设需要你们这样的年轻人，还是留下，别回去。后来知道，陈伟是从北京调来的援藏干部，资格也很老，解放前就参加北京的地下党，做地下工作；解放后曾担任过密云县的领导、北京市委党校副校长，"文革"前是西藏区党委宣传部副部长。据说，他是彭真的"连襟"。

没过两天，陈伟向我传达了区党委的意见：区党委对你们的情况很重视，专门做了研究，决定先把你们从加查调回自治区，再做下一步安排。我立即发出电报，通知胡绎、刘晓莉到拉萨来，一同等候新的工作安排。几天后，胡绎、刘晓莉也来到拉萨，出人意料的是，他们都随身带着自己的全部"家当"，表示准备一同回内地了。我向他们详细讲述了到拉萨后的情况，经过几昼夜的痛苦精神斗争，他俩终于表示愿意留藏。一切停当，3年前踌躇满志、义无反顾地到西藏农村"扎根落户"的我，只身返回加查，去"拔根"了。

回到加查，乡亲们听说了我们将彻底离去的消息，前一段"挨整"时的"冷漠"一扫而光，好多人表达了依依难舍之情，送来了核桃、奶渣、桃干、鸡蛋、牛肉干等食品，甚至整壶的青稞酒。临离开的前一天下午，乡亲们陆续来到我们即将舍弃的"家"，围坐在空空荡荡的屋子里，用自带的各种食品，自发地举办了一场送别会。大家你一言我一语地细数着3年来的大小往事：是谁教了我哪句藏话；是谁教我们生火熬茶，是谁帮我们炒青稞、磨糌粑；又有谁帮我就着篝火光亮捉虱子，在一件棉毛衫上竟捉到一百多只；我们的针灸治疗使谁多年的老关节痛得到了明显缓解，使谁的胃痛病没有再犯；大家参与的那些"创新"——试制炸药、上山烧炭、跨县伐竹、电磨飞转、加工木碗、使用脱粒机、兴办小学校；阿妈、姐妹们一起动手用年终分配的羊毛捻线、织氆氇、为刘晓莉缝制藏袍……

我珍惜这最后一晚的主人身份，不断张罗着熬茶、打茶、斟茶、倒酒，一边听着大家的诉说一边流泪。"早知有今天，还不如当初不来呢。真舍不得啊，但前一段他们那么对你们，真不知以后还会有什么，孩子，走吧，走吧"，一位老阿妈含泪说的这句话，终于"冲破"我感情的最后堤坝，使我痛哭出声。一哭引起众哭，大家哭成一片。哭出之后，倒觉得心里畅快许多，一位大姐低声哼唱起藏族的送别之歌，接着大家也随唱起来……夜已经很深了，说了一晚，哭了一晚，唱了一晚，终于陆续离去。

次日清晨，为了避免悲悲戚戚的场面，我"提前行动"，没与任何乡亲打招呼，就在晨曦中匆匆登车，依依不舍地告别了令我终生难忘、刻骨铭心的第二故乡加查东来。

临行前的那几天，我处理了"家"里的余粮，队里按上年的工分值，给我结算了当年的劳动报酬。插队3年，我们竟然没向家里伸手要一分钱，完全靠自己的双手，在西藏农村养活了自己，临走时还有100多元的余钱。用这珍贵的劳动所得，我从供销社购买了5斤一级冬虫夏草（这也是加查少数高寒牧区的特产，当时一级、二级、三级虫草，每斤分别是14元、11元和9元），70块钱的虫草装了满满一帆布提包，用几块钱买了一身蓝布中山装，那是下乡3年中我买的唯一一身新衣服。除了虫草、身上穿的衣服、收音机和铺盖，我从加查带走的只有乡亲送的一只带盖的木碗（喝茶、抓糌粑用）、一条"乌朵"（牛毛做的放牧鞭子）、一条火狐皮（做藏帽用），都是地道的"东来产"，其余的衣物、用具全部留给了乡亲。

告别加查那一天是1972年8月19日，距我们到这里插队，正好3年。

父亲的"功"与"罪"

回到拉萨，我被告知"分配到《西藏日报》工作"；而被分配到另一文化单位的胡绎、刘晓莉，在我回加查"拔根"期间，已经"不辞而别"。与我们一直保持密切关系的一位加查干部（那期间刚好在拉萨）说，他俩后来又改变了主意，决定一同回内地，不再回西藏了。面对这一变故，我有些惆怅，但也充分理解。

据说区党委在研究我们三人的"安排"问题时，曾有过不同意见。有人提出还是放到县一级去继续锻炼培养，主管新闻宣传的领导，想把我们"收入囊中"。一位领导的"私心"，就这样框定了我此后几十年的职业生涯。

新单位《西藏日报》遵照区党委的指示，批准我报到后休假探亲。办好一应手续后，1972年9月初的一天，我登上了由贡嘎机场飞往成都的班机。那是一架苏联产的伊尔18客机，螺旋桨的，可以搭载100来人。4年前乘大货车进，现在坐飞机出，回想这几年的经历，我心绪起伏。在成都等火车的几天里，我花四元七角为自己买了一双猪皮鞋，为爸爸妈妈买了一把竹椅、几个特别漂亮的竹篮子，还有二十个准备装虫草分送亲友的竹制茶叶筒，筒子带盖，外壁上还有简约的浅浮雕，一个才几角钱。

9月14日中午，经过20多小时，列车终于在距离西安几十里的咸阳停住，这里就是爸爸妈妈新的工作地，也是我们的新"家"。简陋的站台上人并不多，透过车窗，我很容易就找到了前来接站的亲人。一别4年，其间都经历了不同的磨难，但我们都熬来过了。

父亲已经"重回"人民行列，被安排在研究所的情报室工作，但依然享受"臭老九待遇"。我们的家，在咸阳建筑陶瓷厂宿舍区里，但不是标准的成套单元房，而是一栋单元楼一层楼门洞堵截出的一间小屋，上厕所、打水都要到公共场所去，做饭的蜂窝煤炉子只能放在房门口的楼梯拐弯处。房子也就十来平方米，一张大床，加上书桌、饭桌，几乎没有空地，我只能睡在两只大木箱拼接的临时"床"上。

最初几天，爸爸妈妈几乎一直在听我诉说，对这几年他们的经历，说得不多。爸爸对自己"历史问题"的豁达态度，却给我留下深刻的印象。记得妈妈曾经带着埋怨口气说："我那时真是比你爸爸还揪心。是就是是，有就是有，他可好，一次是死不承认，一次又什么都有，一次又半认半否。我都替他着急，比我挨整还难受！还特别担心他受不了，也自杀。那就更什么也说不清了。"爸爸却说，让我承认什么？一会儿是国民党少校，一会儿是美军翻译官，非让"如实交代"所犯罪恶。最可笑的是还与《红岩》里那个残害共产党的中美合作所联系到一起，逼着承认当过特务。我就是在22岁大学临毕业前，被统一征调去为支援抗日的美国空军当了几个月翻译。当时国民党当局还以不去就不准毕业为"要挟"。我从北京逃亡到重庆，就是因为要参加抗日，又是两千多学生的统一行动，没有"要挟"也会去的。留在大陆的还有不少，有的还是现役军人，可以去外调取证嘛。就这么点儿事儿，我几句话就说清楚了，可他们就是不信！还中美合作所呢，1944年抗战还没胜利，中美合作所还没成立呢,与我有什么关系?我怎么当特务?可他们见了美国、重庆,就非往一起拉。说真的,不信,还逼着你交代,那就顺着他"要的"说呗。换个人,再否认。没办法,硬扛不行。自杀?我才没那么傻呢,就这么挺过来了。我当时就想:给支援中国抗日的美国飞行员当翻译,这到底是"功"还是罪呢?

父亲还讲了这么一段在干校"认罪"的经历。大约是1971年夏天,河南驻马店泌阳板桥水库边上酷热难忍,父亲正在这里接受"监督劳改",被分配干煮猪食、喂猪的重体力劳动。一天傍晚,他从食堂打好晚饭:一碗绿豆粥、两个大包子,又来到了"专用"的一段浅水渠旁,把碗放子渠埂上,自己则仰卧在水渠里,边吃包子、边喝粥。"这是我的发明,反正全身衣服早就被汗水浸湿了,坐在那儿吃也是一身汗,所以我干脆躺在水里吃,水不大,慢慢从身边流过,凉快得很!而且都是'牛鬼蛇神',相互对着,又不敢多说话,饭都吃不痛快。一个人躺着吃,眼不见心不烦。"可那天,父亲的饭却没"痛快"地吃完,吃到一半,喇叭中突然传出"紧急警告":在食堂后面的水井里,发现了一条手绢,怀疑是有阶级敌人往井里投了毒!从现在起,该水井封闭,不准取水。等情况查清后,再行通知。

父亲愣住了,因为下午煮猪食前从井里打水时,他用来把水桶和扁担钩拴在一起的手绢不小心脱扣掉在井里了,费了半天劲也没能捞上来,只好不要了。没想到这条无意间丢掉的手绢竟被当成了"严重敌情"了!想到这儿,他心里一阵发紧。怎么办?去"坦白交代"、说明事实真相,可能会招来一场猛烈批斗,并给自己增加新的"罪行";不吭声,等着他们去调查、化验井水,证明没毒,自然就会解除"警报",自己也就"蒙混过关"了,但"封井"这几天,自己和那些为食堂挑水的"难兄难弟",却要更苦更累。因为不能就近取水,喂猪、做饭,都得到别的井去打,路程要远好几倍!经过一番思想斗争后,父亲决定主动去坦白"认罪",以解脱众人。让他颇为意外的是,他的这次"认罪"没招来祸灾,一顿训斥之后,他接受改造的老实态度还受到了肯定。

偶遇"北京老乡"

弟弟只比我小一岁零四个月,是"文革"前老高一的学生,1969年初到陕北宜川县插队。"十一"过后,我迫不及待地前往宜川看望弟弟。陕北的艰苦、贫瘠,着实让我吃惊,单从经济状况说,弟弟他们插队的地方真还不如加查,不光粮食紧张,连吃水都困难。严重的营养不良,使许多北京知青患病,弟弟就一度得了"斑秃"症。他们那儿的工分值很低,一天只有三四角钱,多数户是"倒欠户"(年终分不到现金,倒欠队里粮款)。知青也不能自己养活自己,每年回家探亲的往返路费要家里给,隔几个月家里还得邮寄挂面、奶粉等食品。用母亲的一句话说就是"比在家养着开销还大"。

弟弟插队的地方,耕种的土地、人住的窑洞,都在塬上,水却在川底。庄稼全部"靠天喂水",人畜用水得下到几里外的川底去驮。为此,北京知青的集体户,定下了轮流值班的制度,每天留一人专门"做家务",除了做饭,主要是驮水。大家下地,值班员赶着从队里借来的小毛驴驮着水桶下川。一个多小时来到川底水边,先饮驴,自己也利用七八天一次的值班机会,搞搞个人卫生,洗洗衣服。做完了这些"副业",才赶着驮水的驴儿往塬上爬,慢悠悠地回到窑洞,也是该生火准备晚饭的时分了。弟弟他们住的是几十年的老窑,最里面是柳条编的粮食囤,四米长、一米半宽、至少两米半高,据房东说,它曾经"辉煌"过,年年装满粮食,但那是共产党刚到陕北"打土豪分田地"之后农民单干的年月,合作化、公社化之后,它就再没装满过。地还是那些"望天地",单产、总产没增加多少,人口却翻了好几番,日子能好吗?!这几年,还是那些地,又凭空增加了这么多知青、这么多张嘴,而且都是名义上的"壮劳力",百姓的日子就更紧了。

我到村时,恰逢中秋节,月饼是没有的。集体户的知青用饺子款待我,饺子皮倒是白面的,饺子馅是羊油拌土豆!为了不让土豆成稀泥,他们先把土豆擦成丝,用开水焯一下,然后趁热把定成硬砣的羊油弄碎和进去。那羊油还是前些日子队里杀羊分肉后留下的。大家一起动手,月亮还没升起,我们的饺子宴已经开始了。这饺子不仅包得快,煮得快(土豆丝半熟、羊油是熟的),而且也得吃得快,因为是羊油,不趁热快吃,羊油就凝住了,弄得嘴边都是膻味很浓的油渍。

时值佳节,这些远离父母亲人的大姑娘、小伙子,内心不可能平静,仰望明月,对亲人的思念、对前途的忧虑一起涌上心头。我听说,精神的苦闷与无望,体力超负荷的折磨,使一些女知青"出轨",成为当地小伙子的性伴侣,甚至干脆"下嫁"给他们做不必下地的"婆姨"。几年后,这种夫妻多半因女方"回城"离散,"白头到老"的只是凤毛麟角。

就在我回到内地休假后不久,1972年9月,日本首相田中角荣访华,与中方商谈中日邦交正常化问题。这是继年初美国总统尼克松访华后又一举世瞩目的重大外交事件。

1972年末,一个飘雪的日子,我在西安碑林博物馆一间小东屋里邂逅了北京知青王岐山,王岐山、郑友增(正好从北京休完假返回地质队,路过西安)和我,围着小煤炉烤火,伴着水壶"突突"的开水声,谈天说地。

虽然是初次见面,但特有的"乡音"、共同的关切以及四中、三十五中"兄弟学校关系",一下就把我们拉得很近。个人的经历、身处的环境、农村的实际状况、中国、苏联、柬埔寨、印度、缅甸、尼克松访华、中日邦交正常化……我们几乎无所不谈,当然,最关切的还是"文革"的发展,政局的走向。从林彪"文革"前期对毛泽东的超常拥戴,到"9·13"的仓皇外逃;从列宁、斯大林,到毛泽东;从苏联"肃反"、延安整风,到"文化大革命";从"5·16"通知,到"五七一"工程纪要……越说,我们越兴奋、越迷茫、越紧张。记不清是谁冒出了一句"戳破窗户纸"的话:现在搞的是不是也是苏联"肃反"那一套,把国家引上歧路了?话音刚落,我们不约而同地打住话头,向小玻璃窗外望去,生怕"隔墙有耳"。窗外的鹅毛大雪,纷纷扬扬地下着。一时间,屋里屋外都静悄悄的。但我们的内心却不平静,那个"戳破窗户纸"的疑问,从此一直与我相伴而行,直到1976年。

西安碑林一别,再次与王岐山相见,是十多年后的1980年代初,那时我已经研究生毕业,在《人民日报》从事农村报道,王岐山研究生毕业后,在杜润生领导的中央农村政策研究室工作。一个"农"字,使我们得以重逢。

郑友增1969年6月大腿被炸伤之后,医治伤腿、恢复功能、重返西藏的经过,让我由衷钦佩。此后我曾多次向人讲述他的坚韧与执着。

休假期间的另一次"偶遇",使我经历了第一次恋爱,随之遭遇了第一次情感重挫。为了逃避像"商品"一样被频繁"热情介绍"的尴尬,我不顾父母对"亲人团聚过年"的期盼,毅然在距1973年春节仅十来天的寒冬腊月,踏上了返藏之路。考虑到当时的交通条件,能不能在除夕前赶到拉萨,我心中没底;对于即将迈进的新闻领域,我心中更是没底。前路茫茫,我登上西行的列车,看着站台上越来越远的父母身影,忍不住掉下了眼泪。

成为新闻学徒

寒冬腊月,滴水成冰,我独自一人返回冰天雪地的西藏高原,而且选择从北线的青藏公路乘车进藏。这个时间,这条路线,旅客少之又少。

从西宁到格尔木大约走了3天吧,如今留在记忆中的只剩下日月山、倒淌河、香日德等地名,夜宿倒淌河运输站那晚,好像吃了一次青海湟鱼。这次重返格尔木,与4年多前初次进藏心情大不一样。到达格尔木的第二天一大早,我就急迫地前往货运站寻找前往拉萨的"便车",因为离农历大年三十,只剩下了4天!格尔木到拉萨,1100多公里,客车至少要走6天,如果搭不上其他便车,就得一人在格尔木"欢度春节"了。

走进货运站的大院,我挨个查看汽车的号牌,因为只有拉萨号码的，对我才有意义。很快，一辆"大屁股"吉普的号牌吸引住了我的目光。没错，是拉萨的，我扯着嗓门喊，某某号吉普车是谁的？某某号吉普车是谁的？离车不远的一个房门很快打开，伴着一股白色的水蒸气，探出一个头来。我赶忙上前打招呼，并随他进了暖乎乎的屋子。听了我的自我介绍和搭便车的请求后，对方和气地答应了我的请求，但我只能侧身挤坐在后面已经装了半车年货的偏座上。我连连表示感谢。

腊月二十九凌晨4点，夜色浓浓，我们如期上路。我穿了7层衣服，本来高原缺氧，再里三层外三层地这么一"箍"，行动、喘气就更困难了，但为了抵御零下三四十度的严寒，只能如此。车外黑沉沉的，挤在"货堆"间的我，像坐摇篮一样，很快昏昏欲睡。经过数十个小时的颠簸，中间车子出了两次故障。其中一次是在唐古拉山坡上，司机发现轮胎气不足。帮着打气时，我摘掉手套两三分钟，几天之后，双手不疼不痒，却脱了一层皮。

1972年大年三十下午6点多，天色刚暗，我们终于如愿以偿地到达拉萨，此时各家已经点上蜡烛、酥油灯，准备吃"年夜饭"。

春节过后，我到报社政工组销假，副组长姓刘，中年女性，但烟瘾十足。我是"文革"以来报社编辑部新进的第一名职工，被安排到汉文编辑部工作。汉文编辑部主任杨炳，"文革"前不久从浙江赴藏，个子不高，瘦瘦的，脸上好像有点浮肿。他把我领到后面一排平房中的一间办公室，对一位中年男士说："这就是新来的吴长生同志，休假刚回来，你安排他工作吧。"又对我说"这是尹锐同志，地方组的组长"，然后丢下一句"你们谈吧"，便离去了。

当时的《西藏日报》，设有汉文、藏文两个编辑部，一个通联部，与之平行的县处级单位还有政工组、印刷厂等。全社五六百人。汉文报纸的发行量大概两三万份，藏文的多些，因为要向农牧区免费赠送。我所在的汉编部，下设地方组、时事组、校对组等科级单位，藏编部则多了一个翻译组。通联部设有通联组、记者组、摄影组和资料组等。

  1950年代创办的《西藏日报》,"文革"中一度"停摆",我进报社时,仍未能恢复正常出报。记得1973年恢复工作后到报社担任"一把手"的自治区党委宣传部原部长张再旺,提出的第一个奋斗目标竟是"出早报",因为那时一切工序都延后,报纸上午甚至中午才开印,打包送到邮局,就是下午或晚上了;随后的目标还有"出好报"(就是少出差错),地方新闻"一天一篇不断线"。由于工作纪律松懈,那时的报纸几乎天天出错,而且恢复出报很长一段时间,报纸天天用新华社电讯稿充塞,很少有自采自编的西藏地方新闻。减少差错,保证每天有一篇地方新闻,也就成为"目标"。

  地方组实际管的不光是全部西藏本地新闻,还兼管理论、评论、文艺副刊等。我被分配到"经济摊"当学徒,负责人是4位老同志中的唯一党员惠琬玉,1933年生,河南人,1950年随18军西北支队从甘肃方向进藏。另3位老同志分别是:倪潜,1933年生,安徽人,1950年随18军从四川进藏;张启谋,1937年生,福建人,1960年复旦大学新闻系毕业后分配来藏;兰启凤,1938年生,四川人,也是1960年代初大专毕业后分配进藏的。除老张一人分管"工交"(即工商、交通)外,其余都管农牧。倪潜被指定为我的"师傅"。两位18军的"老西藏"、两位"文革"前的老大学生,对于新闻一窍不通的我来说,他们都是值得仰视的老师。

  十三四平方米的屋子,4张办公桌,本来已经很挤了,再加我的书桌,除了弯曲的走道,基本没了空隙,就在这样狭窄的空间中,我从导语、背景、新闻主体等ABC开始,小心翼翼地当起了新闻学徒。

  数据告诉我,当时《西藏日报》一年的来稿来信总量3000多件,平均每天十来件,除去反映个人或家庭问题的,真正的新闻稿件,也就六七份。它们都是自治区各部门、单位或基层通讯组写的,绝大部分改自工作总结和情况报告,而且时效很差:来自地县的,一般都在"路"上走了一个月以上，加上事情发生到写稿成稿的"时间差"，就更长。从严格的专业角度说，这些都是货真价实的旧闻。而且稿件的质量普遍很低，事实不清、要素不全、逻辑混乱、自相矛盾等问题，几乎篇篇皆有，有的是一应俱全。这也是版面上缺少地方新闻的主要原因。

我们每天的主要工作就是"挽救"来稿，先从有限的来稿中挑选出有"基础"的，细读后，进行文字加工。如果遇上没有来稿或全部"没法救"，那就只好集体放笔学习了。我是新手，还没有"选稿"的眼光，一般是由师傅选好后交给我编辑，编好后再交还师傅，请他（她）进一步修改，并评点我的工作。我从小养成的争胜性格，此时又被重新激发。反正稿件不多，我就"自找麻烦"：拿着一篇稿件，反复琢磨，多次改写，不达到自己满意的程度，绝不上交师傅。记得有一篇小通讯，我反复改写了7遍。而3遍以后，主要事实都已"烂熟于胸"，根本不看原稿，从头到尾背着自己写。为了把稿子编"到位"，自己查找相关背景材料充实进去的事，也属常事。从1973年初到1977年末，近5年中，我经手编辑的稿件数以千计，清晰地记得，在原稿上修改的，只有一件，其余全部重抄、重写。

倪潜、惠琬玉虽不是科班出身，但长期的实践，使他们积累了丰富的编采经验。对我的这些"启蒙老师"，我要多说几句。在极左肆虐的年代，他们这些从十几岁就献身革命的人，都因不同的原因受到了严重的歧视。惠琬玉，虽然自己没有"污点"，但因丈夫张成治的"历史问题"，长期承受精神压力，他们的家庭被戏称为"国共合作"。张成治，1949年加入革命队伍，1950年随十八军从西南步行进藏，由于参军前曾与国民党外围组织有些一般关联，一直被列为"控制使用对象"，直到1980年代才入党。我进报社时，张还在校对组上夜班、念稿子。倪潜，因为出身于地主家庭，被视为反动剥削阶级的孝子贤孙，尽管也是打着背包一步一步走进西藏的老十八军战士，但也是1980年代以后才入党；他的夫人章道珍，同样顶着"反动家庭出身"的黑帽子，与倪潜患难与共。我的组长尹锐，也是背着"历史问题"的包袱，新中国成立前从老家河南参军、走进西藏的"老18军"，因"文革"前入了党，勉强当了组长。在众多"入门老师"中，李文珊仕途"最顺"。他1928年生，河北人，1959年从《山西日报》调进西藏，在"文革"前不久被提拔为报社副总编辑；"文革"中靠边站，我到报社时，他已经被"结合"担任了报社革委会副主任。也非科班出身的他，业务水平高、重业务、爱才，待人随和，爱说俏皮话。

我进报社时，社领导机构还叫革命委员会，担任领导成员的军代表丁西彦还没归队，他是安徽人，老18军的，年轻时当过文工团员，擅长编快板、说快板，因此得了"丁快板"的外号。有一次在副刊上看到他写的"快板"，署名是东飞。我问什么意思？他笑着说：西彦（西燕），就得往东飞嘛！盼着早点儿内调啊。调侃归调侃，但这也确实代表了一众已经把前半生大好年华贡献给西藏的"老18军"的真实心愿。报社的其余领导还有王民（来自天津）、所梦九（来自山东）。再有就是比我还后来的张再旺，这位抗战时期参加革命的老干部，讲演的鼓动性特强，"文革"前就获得了"张铁嘴"的绰号；1980年代内调天津后，先后担任过南开大学党委书记，天津市纪委书记、人大常委会主任等要职。

我们地方组除了组长尹锐，还有两位副组长，其中，藏族小丹增，比我大一岁，"文革"前上过中央民族学院，1970年代中"二进"大学，成为上海复旦大学新闻系的工农兵学员；后来被重点培养、提拔，先后担任《西藏日报》副总编辑、自治区文化局局长、区党委副书记等职，1990年代到北京当了中国作协副主席，后到云南当副书记、人大常委会副主任，其间还当过一届中央候补委员。另一位副组长周梅生，1926年生，江西人，解放前的老大学生，1950年代初从《长江日报》调到《人民日报》工作，1960年援藏到西藏日报社。他的太太陈惟清，学历比他还"高"，除了解放前上了教会大学，1950年代初还被抽调到中国人民大学学了几年俄语，但大学毕业后不久，便赶上"反右"，"文革"中被赶出北京、"发配"回江西农村。1973年我见到他们夫妇时，40多岁就完全"谢顶"的老周见人就微笑点头，一副唯唯诺诺的神态，而与丈夫同庚的老陈，却扎着两条半长的辫子，整个一南方村姑。虽遭厄运，但他们功底扎实，坚守专业不放。1980年内调回人民日报社后，在西南边陲工作了二十载的老周，很快就适应国际报道重任，完成了许多重大的外事报道任务。老陈，则在尚未"改正"之前在报社当家庭妇女时，就经常"自豪"地给我看她对莎士比亚作品英文原著的中文翻译片段，译笔之美，不逊于正式出版的中译本。

"文革"前北京重点小学、重点中学打下的扎实文字基本功，加之师傅们的指点，几个月后，我就能独立"照猫画虎"地加工出符合见报标准的稿件了。那时的农牧新闻，基本是随着"农时"走的，农区就是：备耕、春耕、抗旱保苗、防治病虫、田间管理、秋收打场、颗粒归仓、喜缴公粮、大售余粮、秋耕秋种、冬闲变冬忙、大搞农田水利基本建设，牧区则是：喜接春羔、精心放牧、防病治病、引水灌溉、草场建设、育肥保膘、积极冬储、适时宰杀、保畜过冬。当然，如何"抓革命"、学大寨、"大批促大干"等政治内容，始终是统领生产活动的"纲"。这一切，插过3年队的我，早已"烂熟于胸"。因此，除了地名、人名、数字是"新"的、不一样的，其余内容几乎都一样，我不用细看，就都清楚了。甚至连时间概念也都一样，用的基本都是"近期""不久前"或"最近"，没有具体的时间点，因为稿件都没什么时效，具体时间没人写，就是写了也没实际意义。事情发生到采访成稿，到邮寄到报社，再到编辑修改、审稿上版，至少得两三个月，如果标明具体日期，那不是自己出自己的洋相嘛。

亲如手足的室友

我所住的宿舍，是西藏日报社大院最南端新盖的4排铁皮顶平房，每排大约10间，每间十六七平方米。我和黎大淮住的是最南边的那排、最东头的那间，南窗外三四米就是报社的南院墙，东山墙侧不远是一口水井，由于拉萨地处拉萨河河谷，地下水位很高，那口井的水面离井口也就三四米。那时拉萨街上没有足量的蔬菜供应，报社在拉萨西郊北侧山脚下建了一个有几十亩地的农场，专为机关食堂供菜（那时西藏市面上基本没有蔬菜出售，包括部队在内的各单位都是自力更生）。而员工们为了自己改善伙食都在屋前房后开了"自留地"。那口井不仅是日常生活用水的水源，更是"全民大生产"的取水处。近在咫尺的我们，享尽了"近水楼台"之便。

没几个月，黎大淮在四川农村务农的妻子按政策随夫进藏"农转非"了，报社另外为他们安排了宿舍。与他一同在1965年进藏的还有3位大学生，其中蔡贤盛、罗茂城毕业于复旦大学新闻系，都是广东人；另一位叫高延祥，与黎大淮同样是四川人，毕业于川大。他们是"文革"前统一分配进藏的最后一批大学生，到西藏几个月后就爆发了"文化大革命"，报社进入停刊闹革命状态。除高延祥外，其余3位都在1980年前后内调，蔡贤盛回广东，后来担任了广东省电视台副台长；罗茂城研究生毕业后到人民日报社工作，一直在四川驻站，直到退休；黎大淮则回川进了企业，改了行。高延祥当报社副总编辑后内调回四川，不久后二次进藏担任报社总编辑，但积劳成疾，没过几年就病逝了。

黎搬走后，我的室友一下子增加到了3位，一位是余长安，1951年生，四川忠县人，曾被选派到北大季羡林门下学习过一段印地语，1974年初从部队转业到报社后，与我同部同组同摊同室。另两位是来自广东的罗志洪和来自四川的何昌宇，年龄也都与我们差不多，都是报社职工的亲属，经过考试，被吸收进报社当校对。1977年恢复高考后，小罗、小何分别上了西藏民族学院和四川大学。与我同室居住最久的余长安，则在1979年底被调到《光明日报》，担任驻藏记者，而后转任驻川记者、记者站站长，直到2012年退休。别看我插过3年队，但比起从小在农村长大的小罗、小余，我生活能力要差一大截。小罗给我留下的最深印象是"手制鱼丸"。一次我外出采访带回了几条鲜鱼，红烧需要先用油煎，可我们根本没有那么多菜油，于是小罗动手制作省油且鲜嫩的鱼丸。他利落地剥皮、剔骨、去刺，然后把剁碎的鱼肉用力搅拌，直到肉酱"上了劲儿"，加好盐、味精等调料后，他开始"挤"丸子。只见他用手抓起一把肉酱，轻轻一挤，虎口处就冒出一个圆圆的鱼丸，他用另一只手的手指一拨，鱼丸就落进了面前锅中的水中。如此反复，不一会儿，一盆肉酱就全部进锅，变成了滚圆滚圆、白嫩嫩的鱼丸。跟谁学的？"这还用学?! 在广东老家时，从小看着大人做，看也看会啦。在我们那边，这叫鱼蛋。"由此，我也学了一手，尽管没小罗那么利索，但此后也演练过数次，同样赢得掌声。

小余的本事就更大。种菜、烧饭，都是好手。家里兄弟姊妹多，他是老大，因此从小就帮着父母亲操持家务。我们南窗外的那块菜地，主要都是他在侍弄。夏秋天不用说，我们的鲜菜基本不断顿，各种豆角、小油菜、西红柿、葱、韭菜，还有墙角处的南瓜……冬天，他则在窗根前，用小木条、碎玻璃，搭了个小"温室"，白天太阳晒，晚上用麻袋、报纸苫盖，内中的小青菜，隔几天也能薅一小把。就连房间北侧门外两边不足一平方米的空地，也种上了"洋姜"（北方叫鬼子姜），连续两年秋天都收获了十几二十斤，制成了腌菜。

几十米外的公共厕所，变成了名副其实的"香饽饽"，几十户"社员"，争先恐后地前往淘粪积肥，为自家的菜地补充地力。这些苦活、脏活，几乎都是小余包办。谁让他能干而我无能呢，谁让我们同事、同室又同食呢。而他好像不仅没有怨言，而且乐在其中。

当然乐中也有险。其中一次惊险，为了"吃"，不仅我被吓呆了，他也真的受了伤。那时无论办公室还是宿舍，基本都是烧电炉，但办公区的电力足，一合闸，电炉丝就红红的，装十多斤水的大铁壶，用不了多会儿就滚开。宿舍却不行，电力极其微弱，白天不用说，连前半夜的电灯都像鬼火一样，灯丝微微发红；电炉的炉丝更是连一点亮儿都没有，别说做饭、炒菜，就是一小壶水，没个俩三钟头，根本没动静。但是"道高一尺魔高一丈"，小余也不知是从哪儿学来的"高招"，只把电炉丝简单"并并线"，那炉丝就像电灯一样白亮亮的了，力道大得吓人。没有他在场，我是不敢这么用的，而他却若无其事。

那天傍晚，他正蹲在炉前翻着锅里的菜，突然电炉上方的电线噌噌噌地蹿起了蓝白色的火苗!我惊叫着呆住了,不知该怎么办。小余手疾眼快,先拉断了电闸,但电线的火苗还继续往上蹿,他竟徒手去拉拽那带火的电线!啪的一下,电线被拽断了,刚好断在临近天花板的地方,火苗也随之熄灭。好险,好险!再耽误几秒,那火就进天花板里去了,非着起大火不可。看着小余变了色的脸,我充满钦佩和感谢,但再一看他的手,我的心一下子揪紧了。拉拽电线那只手的手心,留着电线外包胶皮燃烧的黑印,中间则是一道道被电线勒脱了皮的粉红伤痕。面对危险,他表现出了意想不到的勇气,连被电击的危险也全然不顾。我深信,这既是一种本能,也是娘胎里带来的一种天生内质。所谓的临危不惧,并不是后天能学到的。

超乎寻常的艰苦环境,不光锤炼出了超常的生活本领,更滋养出非同一般的深情厚谊。有过较长高原工作生活经历的人,对这一点感受特别深。

第一次采访

我的第一次外出采访,是在1973年初春,大约3月底4月初,也就是我"入门"报社的两个月之后。倪潜带我到山南地区的扎囊县去了解农村兴修水利的情况。"线索"是当地通讯员写的一篇小稿,但内容过于单薄,没法编用,于是组里决定派人前往深入采访。

依然是"搭便车"到的扎囊县。它在贡嘎县与山南地区机关所在地泽当镇之间,从曲水大桥走,距离拉萨大约一百四五十公里,县机关在雅鲁藏布江南岸。到县里之后,我们先找到县通讯组,递上报社开具的采访介绍信,简要说明了来意。这是采访的第一道程序:报到。通讯组安排我们在县招待所住下,然后向县领导汇报,得到批准后,又与我们商量了确定具体的采访安排。由于我们的采访目标在江对面的北岸,只能在县里耽搁一晚,第二天一早渡江前往。扎囊没电,招待所房间里没有取暖的炉火,吃过晚饭,天一黑,我们就收拾被盖,准备睡觉了。临睡前,倪潜倒净了搪瓷缸里喝剩下的开水，叮嘱说：冬天下乡，睡前一定别忘了倒掉茶缸里的剩水，因为半夜屋子里气温很低，很快能把水冻成冰，冰会把茶缸外壁撑得爆瓷。我半信半疑，但还是听话地照办了。尽管已是初春时节，但高原的天气依然寒冷彻骨，使我不得不在被窝里缩得越来越紧，被冻得几乎彻夜未眠。

第二天，县里用驴车把我们送到江边渡口。雅鲁藏布江从上游流到这里，进入山南谷底，一下子放得很开，夏天丰水时，江面有十好几里宽；到了冬春枯水季节，江面大大收窄，而且主河道紧靠北岸，南侧就形成了大片的河滩砂石地带，直线有十来里宽，加上曲折，从县机关所在地到渡口，足有20里远。

采访的目的地竟是西藏著名寺庙桑耶寺的所在地！桑耶寺在藏传佛教中拥有极其重要的地位，它始建于公元8世纪中叶吐蕃王朝赞普赤松德赞时期。在此之前，佛教虽已传入西藏多年，但寺院尚无住寺僧人和佛教仪式。桑耶寺建成后，赤松德赞命在此剃度的第一批7名藏人住寺为僧，桑耶寺遂成为西藏第一座"佛、法、僧"三宝齐全的正规佛教寺院。整个建筑布局依佛"坛城"（曼陀罗）设计，兼有藏、汉、印三种不同建筑风格（第一层为藏式，第二层为汉式，第三层为印式）的完美造型。寺院因珍藏着西藏自吐蕃王朝以来各个时期的历史、宗教、建筑、壁画、雕塑等遗产而闻名于世。其中壁画题材广泛、技艺精湛，"独家"特有的"西藏史画"，画面长达92米；另外一幅"打马球"的壁画，据说是世界上该项体育活动的最早记载。桑耶寺建筑规模宏大，大小殿塔鳞次栉比，其中以"乌孜"大殿为主体，以代表四大天王的红、白、绿、黑四塔和代表佛教中四大洲、八小洲的十二座神殿为辅体，组成一个庞大而完整的建筑群，建筑总面积达25000平方米。寺内还保藏有不少稀世文物和珍宝，如清朝皇帝题写的"大千普佑"匾额、高达4.9米的兴佛盟誓碑。此碑是桑耶寺落成时刻制、树立的，记载了吐蕃王室弃"苯教"、兴佛教的历史。寺内还有西藏历史上铸造的第一口铜钟，已经经历了上千年岁月。虽然早在1962年，西藏自治区筹备委员会就将桑耶寺列为全区要点文物保护单位，但它也没能逃脱

"文化大革命"的厄运,遭到了严重的毁坏。我们来到这里时,部分殿堂封闭着,部分则"废物利用",改作了会议室、仓库等。我想请看管人打开那些尘封的殿门,走进幽深的殿堂一探究竟,但这念头只是一闪而过,前来采访贫下中农战天斗地学大寨的党报记者,怎么能提出参观"封建迷信糟粕"的请求?!

放下行囊,我们立即开始采访,先听公社、生产队负责人介绍情况,然后前往山里的水利工地实地查看。天寒地冻,在窄山沟里凿石开渠,自然是困难重重。对这种活动熟知的我,并没有特别的"感动"和"好奇"。其实听过介绍,不用去现场看,我也能想象出那里的情景。在农村插队时,不光见过,还实打实地干过。有抡锤打钎、抬石背土的吆喝声,但绝无"热火朝天"的热烈气氛,也没有"千军万马"的大场面。我新闻生涯的第一次采访,留下深刻印象的不是报道对象"战天斗地的感人事迹",而是"可能被冻爆瓷"的茶缸、被当作"四旧"惨遭损毁的桑耶寺和骑劣马带来的"难言之痛"。

苦涩笑话:火腿"长枪"

西藏的物质生活是异常匮乏的。因此定期回内地休假,既是探亲,也是调养、恢复体力的机会,而假满返岗往西藏"运输物资",更是一项重要"使命"。

那时只有成都与西藏通航,回内地休假的干部、职工大都从成都进出。而成都在全国缺肉少油的年代,一直保持着相对比较丰富的市场供应。上飞机前采购,千方百计随身多带食品进藏,是每个返藏人员的"必修课"。

我1975年春、1977年春,两次从成都回拉萨,都是"超负荷搬运"。第一次,是把皮大衣两个袖子的袖口缝死,往袖筒里各塞了5斤糖果;上身套穿了两层中山装,里外8个口袋,全装满了小食品。因为飞机严格限制旅客免费携带行李的重量,托运15公斤、手提5公斤,超过1公斤就按价收费(每公斤1.6元,那时我加上高原补贴的月工资才 55.25 元），但对身上"穿戴"没做限制，所以利用这一制度"漏洞"夹带"私货"就成为约定成俗的群体性动作。

　　临行的前一晚，我按惯例提着准备托运的旅行包到招待所专设的地方称重，超过 1 公斤就取出一点，不足就加进去，直到秤星指到"15.9"才罢手。对于准备手提的行李，同样锱铢计较，把它弄到"5.9"。第二天在机场过关时，托运、手提的行李肯定没问题，而"全副武装"的旅客，个个行走艰难，披着沉重大衣，尽量捂压上衣口袋的我，慢慢地迈着方步，自己都觉得好笑。环顾四围，彼此彼此。检查人员一般也心照不宣，痛快放行。只要一过"关口"，大家就可以"重整行装"，掏出预先准备的空袋子，"卸"出身上隐藏的种种"吃货"。但是，由于气候变化无常，航班经常要临时取消，那就"白忙活"一晚一早，这些返藏的特殊旅客被统统"打回原形"，回招待所等候民航通知，届时再完整地重复一回。我几次都是春季返藏，没受过折腾。而夏天返藏的，"一次通过"的极少，有的要折腾三四回。

　　1977 年春那次，在"熟手"的点拨下，我不仅"满装满载"，还厚着脸皮"耍了一次光棍儿"：除了手提的 5 公斤多鸡蛋而外，还预备了一捆新鲜菠菜，有三四斤重。过关时，我按照"高人"教的招数，采取哀兵战术，主动明说"我手提超重了，超的就是这小捆菠菜"，接着说："您知道我们西藏的情况，这季节正是青黄不接，不像咱们成都，到处都是绿油油的鲜菜。如果让多吃一口内地的鲜菜，我就谢谢您啦！如果不行，我也不怨您，就扔在这儿，给您添麻烦啦！"这招还真灵，值班检查的女同志，无可奈何地挥挥手，放行了。那捆菠菜是两角钱买的，我已经做好了扔下的准备。

　　并不是所有人、所有时间都像我那次那么幸运。有一位"故事"中人，不光被拦截，还差点被"缴械"。据说那是一位酷爱吃火腿的老兄，除了托运了几只火腿外，还随身带了一只。他先用牛皮纸把火腿包严，再用绳子捆好，留了一个绳套。早晨出发前，他把捆好的火腿斜挎在背后，又披上大衣，不露声色地等待"过关"，一一过秤之后，检查人员放行了，老兄兴奋地猫腰提包时却出了纰漏：那只挎在背后的火腿的尖尖蹄脚"不老实"地从脖子后面大衣领口处"伸"了出来！检查人员立即警觉地叫道："同志，您不能随身带枪支登机！"露了馅儿的老兄，只好按斤两补交行李费。

返藏拼命带"吃货"，刚出藏（俗话称"下山"）时则是拼命"吃"。记得一次我和一位小伙子同机回内地休假，一到成都西藏招待所，放下行李我俩就迫不及待地上了街。刚好不远处的路边有一个卖茶叶蛋的小摊，"馋"了一年多的我们犹如饿虎扑食，站在摊前就大嚼起来，我一连吃了5个，同伴却总是"意犹未尽"，竟然"吞"下了15个！不光我呆了，卖蛋的老太太都看傻了。

这类笑话还有不少，但笑中饱含着特殊的苦涩。

与我一墙之隔的邻居是阎振华，开始是通联组组长，后来担任汉文编辑部副主任，成为我和余长安的直接领导。老阎是1966年初从《山西日报》调来西藏的，1933年出生，解放前就参加了工作，可谓年轻的老干部。他平时言语不多，待人随和。对于年轻气盛的我们，老阎工作上放手使用，政治上加意呵护，还充当了我们的桥牌启蒙老师。作为近邻，他和他夫人张培媛，对隔壁的我们这两个单身小伙子，生活上特别关心。我们经常就近"蹭饭"，或被招呼过去一起品尝"猫耳朵"、油酥饼等山西特色面食，分享他的"县团级（处）"干部的"待遇"之一——每月供应8斤富强粉、1斤菜油。七八年间，报社是是非非，运动起起伏伏，我们与这位"近邻领导"始终保持着患难与共的亲密关系，直到1980年夏秋"不约而同"地离开西藏——他们两口子内调回《山西日报》，我考取研究生回北京读书。（阎振华夫妇于2015年先后病逝）

其实，尽管"文革"撕裂了民众之间的关系，西藏也不例外，但高原特殊的艰苦条件，无时无刻不在增强着群体的内聚力。我和余长安在报社都是举目无亲的单身汉，就凭着这点"优势"，我们成了被邀请到处吃的"食客"，不仅到本组各位"师傅"家吃，到汉文编辑部领导、同事家吃，到藏族朋友家吃，还吃到了总编辑李文珊家。

由于除了藏族同事，汉族同事来自"五湖四海"，各家又都尽量保持着家乡的烹饪习惯，我真是吃遍"全国"，蔡贤盛家的粤味儿、陕味儿，张成治、惠婉玉家的徽味儿、豫味儿，李晓庚家的淮阳味儿，王文成家的京味儿，姚梦林家的鲁味儿，张启谋家的闽味儿，更多的是川味儿，因为同事中四川人最多，包括尹锐的夫人喻富华（夫妇俩都是老18军战士），兰启凤夫妇、蔡本湘、涂伯祥等等。尽管东西不多、调料不齐，但各家都有自家的特色。而每逢有同事休假返回报社，大家总要去分享一顿刚从内地带进来的美食。当然，"有货"时的我们，也绝不"关门独享"。

比我稍晚一点儿进报社的，还有一群小弟弟、妹妹，他们都是"藏二代"（援藏干部职工的子女），多数还是报社的"嫡系"。有刘粤庆、张劲、刘小翔、陈先梅、姜志远、陆仲光、任万扬、苗淑霞、乔娥、刘志群、王莉、赵慧懿、陶明英等二十多个。"文革"中断学业的他们，被招进报社当徒工，最小的只有十四五岁。由于年龄相近，我们虽然工作不在一起，但生活来往频密，很快成为"共享"的好朋友。

吃喝不分家，在西藏有着更广泛而特别的含义。

学徒挑重担

由于报社人少事多，入职后不久，我就开始"放单飞"了，独立编稿，独自外出采访。3年的插队经历使我消除了语言障碍、习惯了农村生活，再加上"不甘人后"的拼搏劲头，领导自然"另眼相看"。一年后，刚刚"转正"，我就可以独自担负从采写、约稿、编稿，到组版的全套新闻"工种"了。

1975年初夏，我接到一项重要任务——带队前往日喀则地区西部萨嘎县的加加公路养护段，采写系列报道，因为自治区已经决定要把它树为全区工业学大庆的一面红旗。当时，自治区已经树立了农业学大寨的红旗——山南地区隆子县的列麦人民公社；牧业学大寨的红旗——那曲地区那曲县的红旗人民公社；加加养护段是第三面红旗。树立列麦公社时，带队采写系列报道的是当时报社革委会副主任（副总编）李文珊，队员有王文成等报社顶尖"高手"；采写红旗公社系列报道，带队的是通联部副主任江华，队员有贾克让等"写手"。没想到写加加，竟然指派我这个新闻工龄刚满3年的新手带队，队员是4名新闻培训班的实习学员，1名藏族摄影记者阿多，报社驻日喀则记者边巴配合。为什么人员配备一再"降级"？一个直接的原因是：列麦海拔3000多米，红旗海拔4400多米，加加的海拔是4700多米！一般而言，对海拔的耐受能力与年龄成反比，树这三面红旗，依次由"20后"、"30后"、"40后"牵头，也就顺理成章了。

　　27岁，还是毛头小伙子的我，带着同伴向日喀则西部的萨嘎进发了。那里距离拉萨有近千公里，再往西就属于阿里地区了。报社让我们享受了特别待遇——用新买进的一辆日产丰田越野车送我们前往目的地。

　　一路风尘，一路颠簸，两天后，我们到达与萨嘎县机关比邻的加加公路养护段：一个土墙围起的小院，几栋土坯铁皮平房。养护段革委会主任多吉，一位三十出头的藏族壮汉热情地安顿我们这群"远方来客"，端来早已烧好的热水，招呼我们痛痛快快地洗涮。

　　晚饭异常丰盛，大块的红烧猪肉、炒猪肝、炒大肠、猪血汤、白米饭、大馒头。当天晚上，我们就开始秉烛夜读养护段近年的各种文字材料，总结、简报、通知，等等，从中撷取有用的"材料"、发掘线索，直到凌晨两三点才躺下。由于海拔高，4700多米，尽管很累，但我一直没能真正入睡，迷迷糊糊挨到天明就起身开始了第二天的工作。上午召开全体会，集体听取养护段领导的全面介绍，下午分头座谈，进行专题采访。第三天、第四天白天外出采访"特殊"道班。

　　驻守在海拔5000米以上地段的"最高"道班，不仅要忍受更严重的高原反应，而且要克服几乎终年见不到"自然"水的困难。日常生活、生产用水，全要用手推车拉运冰雪，夏季用锹铲，其余季节，还得用十字镐刨。

"铁姑娘道班",位于比养护段段部更西的一处高原戈壁地带,离段部近百公里。一帮二十来岁的藏族姑娘,常年在那里驻守奋战,像男职工一样干填坑、修坡、凿石、护路等重体力活儿,还要独自克服生活方面的种种艰难。这些正值花季的姑娘们,都变成了"壮汉",不仅手粗,脸色黝黑,而且膀大腰圆。小土屋的窗台上,撑放着一张硕大的狼皮,狼头上的眼睛虽然已经紧闭,但外呲的狼牙依然白森森的,令人胆寒。那是不久前姑娘们一场夜战的"战利品",在狼群来袭时,大家集中力量、重点打击,打死了这只凶猛的头狼。

在生活中,姑娘们还要应付另一类"狼"。由于路段较长,有20公里,姑娘们经常要分散作业。零散路过的货车,如果司机心术不正,看到只有一个姑娘干活或休息,就可能停车"搭讪",挑逗甚至强力欺负姑娘。但他们从没占到过便宜,因为姑娘们不为所动,即便用强,也难以得逞,或悻悻而去,或落荒而逃。艰苦的环境,已经把姑娘们磨炼得心身俱"铁"。那时来往阿里与日喀则的车辆很少,特别是冬季,有时半个月也没有一辆车。姑娘们在寂静的苍穹下重复着简单的动作,经常白天整天与呼呼的风声为伴,连鸟叫都没有,更别说人声了。

我们白天采访,下午先碰头汇总情况,然后确定"深挖""补充"的方向,第二天继续干;如果认为材料"足够"了,就商定提纲,分头开夜车,写稿。这样轮番奋战了6个昼夜,我们这"七八条枪",终于完成了系列报道的所有计划稿件:1条消息、4篇通讯、1篇社论(初稿),共两万多文字,还有足够编几个画刊的大量图片。而这100多小时中,我只睡了不足20个钟头。

需要特别说明的是,我们在加加养护段始终没能吃上蔬菜。6月底,前一年储存的土豆、萝卜等已经吃光,高海拔的萨嘎刚刚化冻不久,在特殊"小气候"(土墙紧围,挡风,向阳地段)播下的菜种刚刚发芽,正是青黄不接季节,养护段没菜招待我们。为了让我们吃好,他们专门杀了一头猪(因此我们吃了六天纯"猪菜")。养护段职工,除段部管理人员能享受少量蔬菜外,长年在下面道班工作的,食谱里只有糌粑、茶、盐巴,有限的酥油。

两军对峙下的亚东

完成"树立红旗"的主要任务之后,我们兵分几路,继续采访,为9月份自治区成立10周年庆典准备专题稿件。我自告奋勇前往中印边界的亚东县。

从日喀则先到江孜,然后再找车前往正南的亚东。从江孜过康马,一路在山沟里钻来钻去;出康马之后,就要翻越喜马拉雅山了,走出山沟,视野越来越开阔,情绪也随之高涨起来。最难忘的是车过帕里,这一喜马拉雅山脊上的边防重镇以军事位置的重要和曾经的商业辉煌而闻名遐迩。1962年中印边界战事之后,曾经繁华的边境贸易完全停止,小镇只剩下了军事意义。据说尽管这里离亚东实际的边界线还有大几十公里,但我方的主要防御工事全部修建在此。因为再往南就是喜马拉雅山南麓,基本无险可守,直到"山脊"的帕里,地势才对我方有利。

只有几百人的边境小镇,一个普通的藏区村庄,牛羊慢悠悠地啃草,田间的青稞刚刚秀穗,4000多米的海拔使它的物候比康马、江孜至少晚大半个月。在"人有多大胆,地有多大产"的时代氛围中,这个传统的半农半牧区也曾试图创造"人定胜天"的奇迹,《西藏日报》就曾经以《突破"禁区"夺高产》为题,报道过这里粮食"大丰收"的成绩。我也满怀兴致地再次进行采访,了解藏民们战天斗地学大寨的新进展。其中一种做法我至今未忘,为了抵御早霜,他们不惜从远处砍、运来大量山柴,分别堆放在田间地头,一旦发现有霜冻迹象,便在统一号令下,点燃柴堆,形成大面积烟雾层,以保持地表温度,使灌浆、蜡熟期的青稞免遭冻害。我问了问青稞的单产,大约200斤,而抗霜所需的柴草平均每亩也是此数。当时强调的是"以粮为纲",是"人定胜天",没人细算经济账,更没有保护生态的意识。

告别帕里,一路顺着陡峭的盘山公路蜿蜒下行,路旁的植被急剧变化,由疏到密,没多一会儿,车子就在"林荫道"中穿行了。

而亚东县机关所在地——下司马镇,如果不留意往来群众的服饰,很难看出它与内地西南山区小镇的区别。与大部分西藏县机关所在地不同的是,这里不光有"路"而且有"街",街的两旁分布着像模像样的铺面,出售着内地运来的日用百货和当地的土特产品。在西藏其他地方,商铺绝对属于"稀罕物",自治区首府拉萨,不过有三四家商店,最大的百货公司是自治区商业局的,另外的几家分属拉萨市商业局或城关区供销社;地区所在地,一般商店也就两家,分属地区商业局和县供销社;至于县一级,一般除了县供销社一家,别无分号。在亚东县供销社,我买了两斤当地藏羊毛手工捻制的土毛线作纪念品,用它织成的毛裤,伴随了我好多年。

下司马的建筑也很有特色,不少西式的"洋楼",底层是商铺,上层有精致的廊柱、花窗和走廊。它们大多是1920—1930年代的建筑,有的还在显著处标刻着落成年份"1928"。但由于年久失修,廊柱、门窗的漆皮多已斑驳。那座显然曾是教堂的建筑,也已改作他用。

在县里的特别安排下,我们造访了最前方的驻军营地。沿着狭窄的滨河简易公路下行不远,就到了祖国神圣领土的最前沿。再往前、往上,就是出名的乃堆拉山口。乃堆拉曾经是中国与锡金的交界处,中印陆路贸易的重要通道。据说,20世纪初,这里的年交易额最高达到上亿银圆,占当时中印边境贸易总额的80%。1962年中印战事之后,这里变成了军事对峙前沿。印度吞并锡金后,情势更加紧张。军人告诉我们,不远的山梁上都有印军和我军的哨所,也许此时对方的枪口正对着我们。小心翼翼地仰头上望,只见山石、林木,静悄悄的,其余什么也看不见。

到阿沛家做客

9月,举行了庆祝西藏自治区成立10周年的系列庆典活动。时任国务院副总理的华国锋率领中央代表团前来祝贺、慰问。

作为对十周年的献礼,位于拉萨东北一百多公里外的林周虎头山水库竣工。这是当时西藏最大的水库，蓄水 1200 万立方米，由自治区农垦师（原军区生产部）修建。全国人大常委会副委员长，西藏自治区革委会副主任、军区副司令阿沛·阿旺晋美出席了竣工典礼，并和大家一起共进午餐——手抓羊肉。"零距离"接触，委员长给我留下的印象是脸庞瘦削，双耳奇大。他的一个儿子晋美，是我四中的校友，比我低三级，是"文革"前老初二的学生；晋美的一个姐夫是我们西藏日报社的普通工人。我进报社不久，就听到关于晋美姐姐的传闻：一是阿沛的家教很严，成年后回家可以免费吃饭，但不能向家里要钱，必须自食其力；二是对子女婚姻问题，父母不干涉，但不准与旧贵族子女联姻，必须找普通百姓；三是她与报社那名普通藏族工人结婚时，既没办酒席，父母也没给钱，老人各送他们一只手表表达祝福。她当时就住在报社简陋的宿舍，为人很低调，上下班路上遇到熟人就有礼貌地点头打招呼。

没想到林周庆典之后不久，我接到了校友晋美的电话，他是回藏探亲的，邀我到拉萨河坝林他家做客。第二天上午，我按时来到阿沛寓所大门口，按警卫指的方向，走进一栋低矮的藏式平房。狭小的门厅里没有人，我低声问了几句："有人吗？有人吗？"也没得到回音，我听到右侧一扇虚掩的门后，好像有人声，便轻轻地推门进去，只见里面站立的理发师正在专心地为坐着的人剪发。听到我的招呼声，他们不约而同地扭过头来，一脸惊讶。哟！坐着理发的原来是阿沛·阿旺晋美！我不好意思地说明来意后，他和蔼地说："晋美的老同学，欢迎欢迎！"并示意我到隔壁房间看看。我听话地退出门，又轻轻敲响隔壁的房门，听到"请进"之后，我推门进入。显然又错啦！一位中年妇女看到进来的是素昧平生的生人，有点慌乱地站了起来。仔细一看，这不是阿沛夫人嘛，这是他们的卧室啊。我叫了一声"伯母"，赶紧自我介绍。听说是晋美的同学，她立马释然，热情地叫来用人，让他送我去晋美的房间。

晋美的房间没在这栋平房里，而在位居院子"主位"的藏式小楼中。老同学见面，我先说了莽撞的"误闯"，表达了歉意，他听后哈哈大笑地连说"没啥，没啥。他们都知道你来。我们家没那么多事儿"。我们谈了分别七八年来的各自情况。他与同届的一些同学们一样，于 1969 年先到内蒙古农村插队，而后被推荐上了大学。我们说四中，说"文革"，说插队，说西藏，说其他同学……该吃午饭了，炊事员端着一个托盘走进房间，把几样菜肴和主食摆在桌子上，说"是老人们让把饭菜送过来的，让你们老同学自己吃，继续聊，免得和他们一起吃饭拘束"。这一不经意的细节，使我感到这一曾经的西藏显赫家族，的确"没那么多事儿"。

后来我得知，阿沛把家族的全部财产都交给国家了，一点儿也没留给子女，包括河坝林的这个寓所，他回西藏时在这里居住，但产权已经姓"公"了。这位地地道道的西藏旧贵族，曾经手握重权的藏政府大噶伦（内阁大臣，僧俗各两名），有着良好的教育背景，据说是围棋、麻将、桥牌样样精通。阿沛·阿旺晋美出身于墨竹工卡的霍尔康家族，祖上曾经是吐蕃重臣，后入赘工布江达的阿沛家族，成为西藏显赫家族的当家人。

赴藏北"蹲点采访"

1976 年，西藏开展了建设"大寨县"的活动，我被委以"负责人"的重任，"带队"前往藏北的那曲县"蹲点采访"，所谓"带队"不过是个虚名，这个"队"连我一共两人，另外一位是中央民族学院毕业的李燕铭，也来自北京。

出发的那天是 1 月 9 号，天还黑漆漆的，我们带着行李赶到西郊的运输队去搭车。临出门，听到了中央台播送的哀乐和周恩来总理病逝的消息，背着行李，本来吃力的脚步越发沉重了。一路上没什么心思张望沿路的风景，脑海中充满了周总理的种种形象。

由于是自治区统一安排，县里早已做好接待的准备，当天下午，我们就在县机关大院最南侧一间土坯房里安了"家"。门外就是藏北荒秃秃的旷野。东邻是县民政科的老邢——一位老十八军转业军人，西邻是县领导的驾驶员。20 多平方米的房间里，一半是两张单人床、一张写字桌、两把木椅子，另一半则堆着生火取暖用的干牛粪。热心的老邢教我们怎样最有效地生牛粪火，怎样保持房间里的热度。虽然在农村插队3年，但与粪堆"共居"还是第一次，风干的牛粪一点儿也不臭，甚至有一股隐隐的草香。

藏北，比拉萨海拔更高、气候更寒，但这里有拉萨缺少的干牛粪，使我们得以享受冬夜的温暖。

总理逝世，举国哀伤，藏北草原也不例外。早饭过后，我们与县机关工作人员一道列队前往地区大会堂参加吊唁活动。那里已经摆放了周总理的巨幅画像和一排排赶制出的花圈。1月的藏北，气温零下20多度，先在礼堂门外的广场排队，然后进入会场列队肃立。尽管我全副武装，皮帽、皮靴、皮大衣、皮手套，但依然被冻了个"透"，尤其是脱帽默哀那几分钟，我的头几乎被冻"木"了。泪水挥洒如雨，在胸前结成一道道细细的冰溜。

蹲点的前几个月是最艰难的，一是时值严冬，藏北冰天雪地，二是牧区习俗大别于农区，下乡采访吃住特别困难，三是我久咳不愈，体力较差。但为了出色完成任务、为报社争光，我们豪气冲天，不断自出难题，自找苦吃。

到那曲没多久，我们就随民政科老邢到一个贫困社去了解民情。藏北的马，原本不高，加上大半个冬季缺草少料的折磨，显得更加瘦小，绑上马鞍，再搭上厚厚的行李包，更是一副不堪重负的可怜相。全副武装的我们还得骑着它们前往几十里外的牧民村。马小力弱，衣厚垫高，风大路滑，"高高在上"的我，一直紧绷着全身的肌肉和神经，小心翼翼地驱马前行，总怕一不小心从马背上掉下来摔个鼻青脸肿、腰伤骨折。尤其是在穿越一段结满坚冰的河面时，马蹄不断打滑，我随着左右摇晃，惊叫不已，最后索性下马牵着走并摔了几个跟斗。到达目的地时，没烤火，一路的紧张，内衣已经被汗水浸透。夜间与七八位从分散的牧民点集中到社里汇报情况的藏北壮汉挤在一间不大的会议室里抵足而眠，浓烈的气味和纷繁的声音，让人彻夜难眠。而邻铺的老邢，整夜鼾声如雷，显然这位老西藏、老基层，早就习惯了这种工作与生活。

另一次采访是一个雪霁天晴的日子，我插过队，小李本身是学藏文的，又是"蹲点采访"，所以我们没带翻译，也没找向导，问明了目的地的大致方向和沿路的主要地理标志，就骑马向既定目标进发了。出镇没多远，面前就是茫茫一片白雪世界了。没有路，也没有马蹄痕迹，我们只能"辨山"而行，走一段，看一段，商量几句继续走。山峦圆缓，雪地平柔，"盲走"于银白世界的我们，真有一种"画中人"的惬意。边走边辨，边辨边走，接近中午时，我们终于发现了撒在远处山坡上的点点牧民帐房。

生产队长的家是一间很精巧的小房子，小玻璃窗前是精美的卡垫（藏毯），木盅里冒着热气的酥油茶散发着新鲜酥油的奶香气，房间正中的那个火炉尤为引人注目：三只兽脚稳稳地支撑着铸造精致的炉身，炉口、炉盘铸有得体的花饰，牛粪饼也被掰成两三寸直径的精致小块"喂"进炉膛。队长发现我对炉子的特别兴趣，就自得地告诉说：这是民主改革前从印度进口的英国货，原来专供寺庙里的活佛享用，后来就成了贫下中牧的"战利品"。至于"战利品"怎么到的他家，他没说。

天色黑透之前，生产队长把我们领到附近一个山坡上的小房前，说队里的牧民大多还是住帐篷，晚上很冷，只有这家是房子，就安排我和小李在这家住一宿。房子的主人，一位50来岁的藏族阿妈，显然已经接受了队领导分派的接待任务，满脸堆笑地招呼我们进屋。

这间用草皮块垒起的房子，四米来长、两米来宽，也就一米七高，我身高一米七三，进屋不敢完全直腰。屋顶是平的，几根胳膊粗的横棍上架着薄石板和草皮，从一些缝隙可以看到天。这哪是房子啊，就是一个草棚，但在藏北牧区，这已经是很难得的建筑了，因为别说房梁，就是筷子粗细的木棍，在草原上也很难找到，这家房顶的那几根木棒，不知是从多远的地方弄来的。屋子不大，但除了中间的火塘，塘边两块薄薄的旧羊皮垫，几乎别无他物。与生产队长的家比，真是天壤之别。

天全黑后，家人全部回来了，竟然是老少三代，一色女性：阿妈、她30来岁的女儿和七八岁的外孙女。两个20多岁的小伙子，竟被"推"进了"女儿国"！主人似乎见怪不怪，我们却很不是滋味儿。怎么睡呢？阿妈请我们"往里边，里边暖和些"，我们也只能遵命，因为外面根本没多余地方。我俩把住一个角，头对头，成九十度分别顺着两道草皮墙钻进被袋；借着暗暗的炉火，我悄悄地瞥看她们怎么睡觉。只见她们依次在围着火塘的皮垫上弓腰跪下，然后解开腰间绑束皮袍的毛绳，双臂从袖筒中退出，就势趴卧在皮垫上。那白天遮身蔽体的光板皮袍，晚上就是御寒保暖的被盖。这里的女性依然保持着不穿裤子的旧习俗。其实不止裤子，连上衣也没有，浑身上下只一袭光板羊皮缝制的皮袍而已！炉火渐暗，我蜷曲在被窝中，久久难以入睡，已经是 20 世纪 70 年代，牧民的吃穿住行仍没有一丝现代色彩，这就是几乎与世隔绝的藏北。

草皮墙缝隙间传来的呼呼风声渐渐消退，我终于迷迷糊糊地睡去，可好像没多一会儿，耳边就又"呼呼"起来，原来天已大亮，阿妈在火塘上加了新的牛粪干，把塘火"呼呼"地吹旺起来。牧区无电，牧民完全是日落而息，但并非日出而作，阿妈与她女儿已经赶在日出之前完成了挤奶，为我们这两位男客和她的小外孙女，烧好了热茶。就着塘火的暖气，小姑娘先是毫不羞涩全身赤裸地站了起来，然后在外婆帮助下穿上睡觉时当被子盖的皮袍，扎紧腰带。完成这一系列动作时，她还不时冲我们微笑。

三闯"生命禁区"

铁路没修通前，西藏与内地交往主要靠青藏、川藏两条公路，通过青藏线运进西藏的物资占总量的 2/3 以上。因此"两线"尤其是青藏线，是西藏名副其实的"生命线"。而就在 1976 年初春，唐古拉地区发生了一次罕见的大雪灾，使青藏线一度中断，陷于瘫痪。

几个昼夜的抗灾、救援之后，"生命线"恢复通车，自治区主要领导明确指示西藏日报社派人上山，采写专题报道，讴歌抗灾中的感人事迹。正在藏北"蹲点"的我，顺理成章地接受任务，赶往唐古拉山南麓的安多县。这是继 1968 年 9 月首次乘大卡车进藏、1973

年1月探亲返藏后的第三次"上唐古拉",而与前两次不同的是,这次不是"路过",而是要去深入"踏访"。

3月的唐古拉山区,仍然冰封雪冻,加之进入"风季",山区经常冰雪封路。而这年的风雪特别大,最严重时,山口南北100多公里的路段上,拥塞了1500多辆汽车!其中绝大部分是货车,也有极少量客车。一般而言,即便是货车,由于交通不便,驾驶室里也不光是司机,常常是带有"搭便车"进出西藏的旅客,有的还带着小孩儿。如果按每车3人算,1500辆,就是4500人,如果加上客车和小车,数量就更多。虽然赶长路的人都带着备用的干粮和饮水(公路沿线有供旅客吃、住的运输站和兵站),但数量不会很多,遭遇风雪堵路,三四天还能应付,再长就麻烦了。而这次就真的出了大麻烦。

风雪严重堵路情况发生后,当地调动了一切可以调动的力量投入救援战斗。受灾地段,离最近的安多县机关所在地,也有近百公里之遥,藏北本来地广人稀,居住异常分散的藏族牧民根本没条件参与,安多县的养路工、地方干部和少量驻军官兵,都加起来也就几百人。地区机关所在地那曲镇,则在二三百公里之外,拉萨更远。"远水难解近渴",附近沿线的养路工和部队兵站的军人,成为最现实而得力的救援力量。在封路的几个昼夜中,他们基本是连轴奋战,谱写了感人而惨烈的援救篇章。

我赶到安多县时,援救已经结束,采访完全是"追访""追记"。先是县领导的全面介绍,而后又上山沿路多点采访。县机关所在地,海拔4800米,比那曲又高了300多米。按一种说法,4500米是"雪线",超过这一高度,积雪终年不化,属于"生命禁区",只有极少耐寒、耐缺氧的动物、苔藓类植物可以生存。的确,到安多的第一夜,我就领教了"禁区"的滋味儿,整夜头痛不止,难以入睡。但重任在肩,尽管彻夜未眠,第二天一大早,我还是拖着沉重的腿,撑着浮肿的眼皮,按计划前往更高的道班、兵站采访。时隔3年多,我已经没有了1973年初在零下40多度雪夜脱掉手套为轮胎打气的"神勇",下车后沿路行走时都气喘吁吁,迈步艰难;下午到海拔5231米的唐古拉山口，不得不被两位藏族同胞架着活动。在有"天下第一高道班"之称、海拔5100多米的道班土坯房里座谈时，我出尽了"洋相"，坐在凳子上都打晃，只能斜倚在道班工人的铺盖垛上，浑身无力、嘴唇黑紫，半躺着向工人们提问，用笔在采访本上勉强记录。从早到晚，整整一天，除了喝几口水，什么也吃不进，勉强吞咽下去，不一会就全部呕出。

不到28岁的我，名副其实的青壮年，短时间空着手走走，就狼狈如此，前些天风雪中那些被困人员几昼夜被困时的惨状，可想而知。第一辆被堵住的汽车是在下山的路段，公路边坡上的一大堆积雪被狂风吹塌，阻断了道路，汽车驾驶员无力清雪，只能躲在驾驶室里等待。而后续的车辆不知道前面已经堵路，依然源源不断地开过来，在路上排起了长龙。有些没经验又傻大胆的司机，不甘心这么在风雪中苦等，就开下公路，想沿着缓坡绕过堵塞路段，"夺路逃脱"。殊不知，那些"缓坡"下其实暗伏着无数"陷坑"。由于风雪交加，公路边原本凸凹起伏的山坡，被大风雪"抹"成了柔缓的坡面，给人一种能缓慢行车的错觉。但当车子一轧上时，"陷坑"就露出了狰狞的面孔，离公路没几米就"咬"住了车轮。更可怕的是，在后续的车发现前面堵车，打算倒车后退时，车后也发生了边坡积雪塌下断路的情况，于是上百公里的路段，被积雪"切割"成了无数小段，使多则上百，少则十几辆的汽车全部"趴窝"，前行无路、后退无门。想"夺路逃脱"的勇者各段都有，因此不光沿路堵了一串串的车，路边的雪坡上还"陷"着不少车。

在风雪中，汽车驾驶员不敢熄火，一直开着发动机，一是为了抵御零下三四十度的低温，二是怕熄火后水箱、油箱被冻，想发动时都打不着火。但汽油有限，昼夜发动，油箱里的油料很快会耗干。这场大风雪中，不幸罹难的数人，基本都是因汽油用尽，冻饿而死。其中还有襁褓中的婴儿。没有现代通信工具，没有直升飞机，救援汽车开不上去，甚至连步行前往的施援人员都不多。在那个年代，那个地区，那种特殊气候下，面对大自然的肆虐，人实在太渺小，生命实在太脆弱！

但就是在这种艰难的条件下，道班养护工和兵站的军人们，却表现出惊人的力量。他们忍受着同样的高原反应、同样的极寒温度，冒着危险，克服艰难，展开了力所能及的援救行动。他们扛着工具，蹚着几十厘米厚的积雪，赶到堵塞路段破冰铲雪；他们把一拨拨陌生人引进自己的住所，让他们休息、暖身；他们不停地烧水、做饭，为受困人员解渴、充饥。而他们自己却一连几昼夜进出忙碌，顾不上吃喝、休息。由于那几天总是连续十多个小时在冰雪里蹚着走，一些藏族工人的藏靴与袜子都被雪水冻结到了一起，夜晚回到道班，他们不得不凑到灶口，用木棍敲打着往下脱靴子，然后抽空烤烤冻僵的腿脚和硬邦邦的靴袜，以防被严重冻伤。而一般的手脚冻伤，几乎所有参加救援的人都有，已经不当回事了。道班工人们说，被大雪长时间困扰，使不少人出现异常举动。有的驾驶员弃车而去，扬言再也不干这种"鬼活儿"；有的却不顾汽油耗尽，死待在冰冷的驾驶室里，直至冻伤，甚至被冻死；被救到道班的人们，真是饥寒交迫到了极点，稍一缓过劲儿，就不顾一切地"抢"吃的。由于道班人员有限，一个小高压锅就满足了日常做饭的需要。一下子来了好几十人，小锅没用了，只能用烧水的大铁锅煮粥。先要煮冰雪化水，然后洗米下锅。海拔5000多米的地方，气压低，大铁锅里的水六七十度就滚开了，没有半个钟头，大米煮不透。可渴极饿狠的人根本等不了，水刚一冒泡，他们就迫不及待地下手用碗去舀着吃了。他们已经不顾生熟，只想赶快往肚子里填点儿热乎东西。

有屋同歇，有水同饮，有食同吃。灾难，打破了藏族、汉族，军人、百姓之间的所有界限，把所有人"压"成了一个亲密无间的命运共同体。这是"三上唐古拉"，也是最后一次上唐古拉，给我留下的深刻印象，终生难以磨灭。

草食动物也"吃荤"

马牛羊，属于草食性动物，但饿极了，也照样"吃荤"。由于盲目学大寨、片面创高产，西藏也发生了不少违背规律的事。例如，农区学大寨，大搞农田基本建设，修大寨式梯田，使本来就很薄的熟土层受到严重破坏；不顾一切地"突破禁区"，在高海拔的草坝、荒滩上开荒种粮，生长期不够的青稞，穗子多半是空壳。牧区也猛刮"大寨风"，掀起草场基本建设的高潮，挖渠引水灌溉，翻掉草皮播种，结果是千万年形成的原生态草甸被破坏，播种的牧草也难以如愿生长。而一味追求高存栏数，造成了草地的严重超载，加快了草原的退化。那时，以牛羊肉为主食的牧民，吃的不是鲜嫩的牛羊肉，一般都是老病的淘汰畜。每到11月宰杀季节，各牧业队要在保证存栏增长指标的前提下，确定"淘汰"牲畜的数量，主要就是那些可能熬不过冬春枯草季的"老弱病残"，集中宰杀后分配给社员当"口粮"。

由于海拔高、气候恶劣，西藏没有内蒙古呼伦贝尔那种水草丰茂的大草原，西藏的草原大多5月底6月初才泛出黄绿，9月就开始枯萎，生长期只有短短3个多月。少数处于山谷，尤其是河谷地带的，千万年的积累，形成尺把厚的草甸，每年会如期发出成片新鲜的草芽；其余滩地、山坡上，则分布着稀稀落落的草丛，连地皮都不能全部遮掩，一般盛夏也就两三寸高。低质量的草原，牲畜承载力很低，过量放牧，必然造成草场退化。那曲县红旗公社之所以能成为全自治区学大寨的一面红旗，据说主要就是因为阶级斗争这个纲抓得好，坚决批斗了"反对学大寨""反对战天斗地搞草原基本建设"的牧主、富牧和其他现行反革命分子，促进了草原建设和牲畜存栏数的连年提高。在它的带动下，那曲全县掀起学大寨新高潮，一片轰轰烈烈。

但在一些基层社队，我们听到、看到的实际景况，却不容乐观。三四月份，正是青黄不接的冬春季节，多数牲畜经过几个月的饥寒煎熬，已经瘦骨嶙峋、异常羸弱。它们终日在光秃秃的灰黄滩地上低头啃食，不遗余力地把露在地面的短短草茎和地面下的浅根啃进嘴里，但已经反复啃了多遍的草场，实在没有多少"幸存"之"料"。每天都有牛羊被饿死，人们剖开只剩下皮包骨头的死畜，发现它们胃里的草丝很少，多半是一并吞进的细碎砂石！有的还混杂着缕缕畜毛,那是它们饿极时,相互啃食的证物。一位牧民告诉我,他就多次驱赶过一些追着同伴撕咬皮毛的饿马。

1976年4月初,我来到属于那曲地区的当雄县。经过几小时沿山沟的攀爬,出名的纳木错(纳木,藏语"天";错,藏语"湖")呈现在眼前,举目无垠的"天湖"此时已是一面巨幅的"天镜",湖边参差站立着横七竖八的冰板,那是大风把湖冰吹推向岸边形成的奇景。太阳光加湖面反射,晃得人睁不开眼,呼呼的湖风使寒气直侵肌骨。在湖畔牧民的定居房中,是另一种温度:熊熊的炉火烤得人热汗淋漓,喝着喷香的酥油茶,热情的主人介绍了他们战天斗地、越冬保畜的绝招。夏秋时节,流入纳木错的一些河口,都有大量鱼类汇集。为了解决冬春饲料匮乏问题,生产队便组织大家大肆捕捞,就地开膛破肚后在湖滩上晾干,等干透后集中储存,冬春时用来喂牲口。"牛羊吃吗?""饿极了,什么都吃!鱼干是高蛋白,对增加牲畜体力很有效。"据说,沿湖的不少社队都这样做,确实解决了越冬"缺草缺料"的大问题。

在西藏,由于天葬、水葬,鹰(秃鹫)、鱼均被视为佛的接引使者,严禁猎杀、捕食。如今,人们大胆破了禁忌,不仅大量捕捞湖鱼,而且让草食性的马牛羊都"改变"了习性,大嚼鱼干。我真不知道该为这种"创举"高兴还是忧伤。

在"革命"的大气候下,我心里虽迷茫,笔下依然热情讴歌并主动把这种做法与"反击右倾翻案风"的政治新动向"挂钩",因为到达纳木错的第二天清晨,广播中传来了北京平息天安门事件的重要消息,毛主席、党中央号召批邓、反击右倾翻案风。于是,我把当地牧民的生产行为硬生生地与最新政治动向"联系"在了一起,说牧民的"创举"是"反击右倾翻案风的实际行动"。

在"文革"中入行的我,学会的第一个新闻的重要写作格式是,无论什么内容,都必须遵循政治挂帅、以阶级斗争为纲的原则,必须有"最高指示"的统领或是"某某运动的有力推动",就是作者原稿不写,编辑也得做"重要补充",否则稿件就不符合采用的基本政治要求。此外,在那个政治风云变化无常的年代,每逢毛主席发出最新最高指示或党中央有什么重要动作，举国都要传达、学习不过夜，媒体要立即"反应"。编辑组织、记者采写"反应稿"，是报社的一项经常性政治任务。而形势变幻莫测，又常令人紧跟不及，事情发生时可能还是"在批判极左思潮推动下"，到安排稿件上版时，就要改变为"在反击右倾翻案风的高潮中"。新闻事实，成了任人揉捏的面团；编辑、记者笔下，不停地变换着不同的"鞋帽"。记者看的一套，写的又是另一套，成为常态。而这种"常态"，被认为是坚持"本质真实"原则的具体行动，是"无限忠于"的具体表现。1976年4月6日，我在纳木错的主动"反应"，就是特殊背景下记者的一种职业性"政治本能"。

可可西里18天

由于片面追求牲畜的高存栏，本来就荒瘠的藏北草原，越来越难以应付牲畜的无情啃食，出现大面积退化现象。为此，一些牧民冒险进入更加荒芜的"无人区"放牧。

藏北"无人区"，是指西藏、青海、新疆交界的广阔地区，有几十万平方公里，其中一部分就是人们常说的"可可西里"地区。由于平均海拔在5000米以上，气候恶劣，那里基本没有人类活动。1959年西藏发生武装叛乱之后，为了摆脱追剿，据说有少量武装叛乱分子流窜进了那里，一般藏族牧民就更不敢进入了。辽阔的地域，空无人迹，却成为少数高原野生动物的天堂，除了野驴、野牦牛、棕熊、雪豹、盘羊、黄羊，还有数目众多的藏羚羊。那时，人们还没有发现藏羚羊羊绒的价值，虽然还没有严格的野生动物保护法规，更没有保护意识，但猎杀现象很少。当地牧民零星的狩猎，根本构不成对野生动物生存与繁衍的威胁。但一味追求高存栏率、盲目扩大养殖规模逼出的开发却使沉寂千万年的无人区不再宁静。

牧民自发的开发行动没多久，"开发无人区"变成了有组织的政府行为。自治区成立了隶属于那曲地区的双湖办事处（副县级行政机构，2012年年底改为双湖县，成为世界上海拔最高的县），专职负责组织临近几个县牧民向无人区的"搬迁",并向已经进入的牧民提供必要的服务。1976年6月,那曲地区向双湖集中运送"给养"的一次行动,使我得到了探访神秘无人区的机会。

我们的车队由近20部解放牌货车组成,车上装的除了粮食、日用百货等生活物资外,还有搭建简易板房的墙壁、顶棚等建筑材料,而每辆车都拉着四个两百升容量的大汽油桶。其中两桶供汽车往返路途使用,沿途连居民点都没有,加油站更无从谈起;另一半则是运给双湖办事处大半年的燃料。从那曲镇到双湖,也就约1000公里路程,不出意外,汽车一般走3天就足够了。几个月前,去过的驾驶员说,尽管有300来公里没有公路,但由于山峦起伏不大,多为高原缓坡,"路"并不难走,甚至比青藏线上那些颠簸的"搓板"路段还舒服。按照运输队队长的吩咐,我自带了行李和5天的干粮。与我同行的还有西藏广播电台的驻点记者小周,到双湖去维修电台的地区邮电局技术员老魏,还有一个转业到双湖工作的退伍战士。整队50来人,除我们4人,其余都是藏族。

已经记不得出发的具体日子了,反正是6月中旬的一天。一大早,我们的车队就浩浩荡荡地从那曲镇开出,先北行到安多县,住宿一夜后,转向西行,穿安多,再穿班戈,进申扎,这是从那曲通往阿里地区的公路,再向西就属于阿里的地域了。尽管还是"有人区",但几万平方公里上"撒开"一两万人,实在是稀疏到了极点。人迹罕见,"兽迹"倒是随处随时可见。狭窄的简易公路,在广阔的荒原上就是一条细线,荒原上的野兽对长串的车队显示出明显的兴趣。下午两三点钟,在远处骄阳灼烤的灰黄色原野上,突然扬起一片黄尘,驾驶员兴奋地叫道:"看,野马群来啦!"(其实是野驴)转眼间,右侧的黄尘"刮"到了离路百十米的地方,只见成百上千匹硕壮的野驴与车队同向狂奔,它们好像是在与这队奇怪的铁家伙赛跑。在驴群的带动下,车队也不由自主地加快了行进速度。据说野驴奔跑时速可达五六十公里,而且耐力好,能持续狂跑几十分钟,甚至一个小时。当然,那可能是在逃避强敌的追杀时。我们一路遭遇了几次野驴群追逐,但都是短暂的几分钟,新奇劲儿过后,它们就离我们远去了。胆小的藏羚羊则与野驴不同，它们都是闻声而逃，我们只能影影绰绰地看到它们一蹦一跳四散奔逃的"箭影"。

有路，有野驴、藏羚羊相伴，色彩虽然单调，但旅途充满兴奋。前半段路程好像走得很顺，除了无垠的荒滩、蓝天、骄阳，一日多见的野驴、羚羊，再没留下什么其他记忆。"好路"接近尾声时，"大漠孤烟直"的图景扑面而来，永远地镌刻在了我的脑海之中。

由于经度偏西、海拔高、地势缓，藏北的太阳到晚上8点多还挂在偏西的空中，车队迎着阳光西行，像一条在巨毯上蠕动的多足爬虫，浑身披着灿灿金甲。除了突突的发动机声，四下没有其他声响。已经出发十多个小时了，又没了野驴的陪伴，坐车的我都感到了疲乏。"都快9点了，太阳还没落山。"为了打破沉寂，我没话找话地说。"夏天藏北天长，得快10点才落太阳呢。"驾驶员只简单回应了一句，依然默不作声地专心开车。又闷闷地走了一程，太阳终于落下去了，真是9点40分了。我不由又发问："今天要到哪儿歇呀？""快了，就是那儿吧。"顺着他用嘴巴示意的方向，我往前偏右方向看，哟！只见柔缓的地平线处，淡灰的天幕下，竖立着一根直直的白色烟柱！我一下精神起来，不由脱口而出："可真是'大漠孤烟直'啊！"藏族驾驶员愣了一下，瞥了我一眼，不知我为何兴奋。都看见烟了，人也就不远了，我开始做下车的准备。驾驶员笑着说："急什么呀，还早着呢，至少还得开半个钟头。"看我不信的样子，他不紧不慢地说，别忘了这是藏北高原，地势平缓，那烟离这里至少有20公里。

又"忍耐"了大半个钟头，我们终于达到了"有人区"的终点——多玛乡。一个类似马厩的院子，成了我们的临时营地，停好了车，把行李搬进三面围墙一面敞口的"马棚"，已是半夜11点了。就着烧好的热茶，随便塞了几口干粮，大家就匆匆睡下了。谁也没想到这竟是此后近半个月里最后一夜舒适的酣睡。多玛，既是"有人区"的终点，也是"无人区"的起点。

第二天，天蒙蒙亮起身，出多玛没多久，我们就转向北行。翻过一个小坡，面前是一片辽阔的高原滩地，灰黄中夹杂着的斑斑淡绿，告诉人们，封冻了八九个月的大地，已经开始苏醒。尽管滩地看上去很平，但车子还是颠簸。几个月前走过这条"路"的"老马"，也只能凭着极少的记忆，细心在荒滩上寻找淡淡的旧车痕，摸索前行。车队不时要改变方向，像一条雨后在湿地上爬行的蚯蚓。好在这时已经艳阳高照，初闯"无人区"的好奇与新鲜，消减了大家在大平坝上频繁转向的迷惘和烦躁。行驶了有两个来小时，我们终于开到了这个大坝子的北沿，一道小山梁的跟前。

"头马"顺利通过坡前的洼地，拱上坝沿的山坡；第二辆车也轰轰地爬了上去。紧随其后的第三辆却在洼地中间抛了锚，接连不断的马达轰鸣，说明驾驶员正在不断加大油门，但不停颤抖的汽车就是蹿不上去。原本还在驾驶室里准备跟随冲坡的司机们，纷纷下车上前查看。我也凑了过去。越往前走发觉越不对劲。干得冒烟的坝子表面，已经被前面两辆车的车轮轧出了两道深沟，人走在两沟之间，脚下竟有一种颤巍巍的感觉。走到第三辆车前一看，不得了！车子的大半个后轮已经陷在沟里，而沟里全是白灰色的细泥膏。我俯下身子仔细看，表层大概有尺把厚，是干土层，下面就全是细膏泥了，像是建筑工地上搅拌好的混凝土，但更细更白，几乎看不见一点砂石掺杂。这就是一个薄皮大馅的大豆包啊，尺把厚的表土在经受了两辆载重车的碾轧后，就"破皮"了。刚刚化冻的膏泥层便"咬住"了车轮。

这儿肯定是走不了了，排在后面的驾驶员便"另辟蹊径"，从左右两侧寻求突围之路，没想到也都是只闯过一两辆车，后面的就又陷住了。这个冻土带可不是几十、几百米宽，有可能整个坝子边沿都是这样。为了防止更多车被"咬住"，队长让车队停下来，先把陷住的车弄出来再说。先是采用"拉拽法"，用一条钢丝绳拴住陷车的车头，绳的另一端挂在对面山坡汽车的车头上，两车一正一倒同时朝山坡方向用力，争取把下面的车拽出来。一切准备停当，队长一挥手，两车同时踩油门，发出巨大的轰鸣声，冒出缕缕油烟，但几经奋力，被陷的车纹丝未动，车轮不断刺溜溜地空转，坡上拽的车也纹丝不动，稍一松劲，还往下回弹几下。这招不行，只有采用笨办法了。队长指挥着大家卸车,再把陷车上的货物一件件全搬、扛到对面的山坡上。除了原来负责往上拽的车依然"发力",又加上了几十个人的人力——在陷车保险杠上拴上两条粗绳,全队的人分两拨,与拉拽的汽车一起使劲,终于把陷住的空车拉出了泥坑。就这样卸卸、搬搬、拽拽、装装,十几辆车终于都过了洼地。

尽管离天全黑还有几个钟头,但大家已经筋疲力尽,队长决定就地宿营。从中午果断叫大家停车开始,我就对这位矮个儿,还有点罗圈腿的藏族中年汉子刮目相看了。他貌不惊人,但身上有股特殊的魅力,他脾气暴躁,但机敏、果敢,能服众。决定宿营后,队长(好像是叫小多吉)指挥大家把车围成一个圆圈,然后端着一支半自动步枪(为了保证安全,车队每辆车都配备了一支半自动步枪,队长还配有驳壳枪),朝着四个方向的半空,分别放了几枪。他说,这是警告可能"惦记"我们的"残匪"别轻举妄动。

一夜无事。清晨,我拍拍蒙盖在头上的皮大衣后,从被窝里坐起来,迅速地穿好外衣裤。还好,皮大衣和被袋上只有一层薄霜,没有雪。这也是师傅们传授的经验,露宿时,一定要用大衣蒙住头,一是防备半夜下雪,二是防止小动物袭扰,早晨起身时则要先拍打一下大衣,可以抖掉覆盖的霜雪。

一爬上背后的山梁,迎来的照例是湛蓝湛蓝的天空,金灿灿的朝阳。头一天只"爬行"几十公里就被困的不快一扫而空。沿着山脉的缓坡,车队横切着行进。

大约走了两来小时,又遇到麻烦了,还是陷车。与前一天不同,这次是在山坡的沟沟坎坎里被陷。由于有了经验,大家没有再贸然行动,而是从第一辆第一次陷住,就开始用卸货、垫石、推拉、通过、装货的笨法子解决问题。第一辆车脱离"陷坑"后,先把坑用石头填实,后面的车再上,避免了在同一地点反复陷车。但是,那段山坡真是怪了,隔不远就"咬"我们一口,弄得我们卸了装、装了卸,陷了填、填了过,过了又陷,再填、再过,折腾了好几回。短短几公里,足足耗了七八个钟头,直到太阳西下,车队才开出"陷坡"。大家稍稍喘了口气,队长说,这都是前几天那些雨雪捣的鬼，连山坡也不好走了。一天才走了这么点儿路，他不甘心地说，不行，趁着天还亮，得往前赶点儿。大家憋屈了一天，也都摩拳擦掌，赞成再赶一程。

沿着缓缓的山坡，车队向山梁爬去，然后沿着拱起的平缓山梁，依次行驶。我乘的车在车队尾部，仰看斜上方的山梁，一幅似曾相见的画面呈现眼前。多像大漠中的驼队啊！山峦的曲线俨然是大漠的曲线，夕阳映衬下的蜿蜒车队就像一支驼队，在蓝天和大地交界线上缓缓行进。不同的是，马达隆隆的轰鸣代替了清脆的驼铃声。不一会儿，我们也爬上了天地交界线，加入了"骆驼"行列。嘿！山梁西侧又是一番美景，缓坡一直伸向远方，而坡的尽头，竟是一个很大的湖泊，湖面反射着太阳的余晖，发出灿灿金光。几乎一整天都和泥巴、石块打交道的我们，恨不能马上冲下坡去，尽情用湖水冲洗一番，但头一天被陷的余悸未消，车队没敢径直下坡，而是继续沿着山梁前行，想寻找一条高地势的保险路，绕过"潜伏"的险滩。在山梁上兜转一个来回之后，我们发现无路可绕，只能下坡向湖而行。在"头车"的带领下，车队小心翼翼地往下溜，尽管颠簸极小，但相信与我一样，大家都把心提到了嗓子眼儿。终于有惊无险地溜到了湖边平滩，那滩地平滑得像篮球场，硬得像水泥地，脚踩上去，没有一点儿绵软感觉，汽车也只留下浅浅的轮胎痕迹。队长把营地选在离湖水百来米的坝子上，兼职炊事员以最快的速度打来湖水，支锅起火烧茶；驾驶员们则按队长的要求，把汽车停成一个圆圈，全部车头向里，中间圆形空场则是我们睡觉、围火饮茶的所在。我们几个"闲人"迫不及待地跑向湖边，在暮色中，撩着清澈的湖水，洗尽了离开多玛后两天积攒的满脸泥汗。在那平镜般的湖滩上，湛蓝的湖水旁，隔不远就有一堆动物的骨架，干干净净地蜷曲着，从犄角可以分辨出，小的是羚羊，中等的是盘羊，没角的是野驴。它们为何命丧于此，不得而知。近11点，天几乎全黑，看着白森森的骨架，一丝寒意掠过心头。该吃饭了，我们匆匆跑回营地。

几十人围坐一圈，几辆车的车灯从四面照射，虽然没有熊熊篝火，但场面也相当热烈。炊事员提着铁桶，用铜勺分着热茶，大家七嘴八舌。突然，热闹的气氛一下子凝固了，大家都端着自己的茶碗不说话。我下意识地喝了一小口热茶，啊，又涩又苦！"这湖是盐碱湖，水不能喝！"一位大嗓门打破了沉寂。没水喝，只好嚼了几口压缩饼干，倒头睡下。朦胧中，听到有人说："拎上水桶，跟我走。"那是小多吉队长的声音。

一个多小时后，队长他们回来了，高声叫起大家，把半桶水倒进了茶锅。不一会儿，茶烧好了，每人只分到了半杯。哪来的水？大家迷惑地问小多吉，他神秘兮兮地说："别问，先喝了再告诉你们。"看着碗里混浊的茶水，我半信半疑地喝了一口，不苦不涩！大家都忍不住"唏唏"地喝起来，直到杯干碗净。看大家都喝完了，小多吉才在众人强烈催促下，道出了秘密。原来，小多吉是叫人提桶上山了。湖的西北侧，是一片巨石嶙峋的石山，小多吉断定，前几天的雨雪，肯定会在山石间的坑洼里留下"残余"。动物们就是依赖这些"残余"生存的。果不其然，他们打着电筒登山，找到了多处"残余"。但细心的小多吉并没有随意收集，而是先看看"残余"周围有没有小动物，如野鼠、鸟类的爪痕。如果有，就证明这儿的雪、水没问题，就可以收入桶中。就这样，他们多处收集，才弄了这么半桶"好水"。我从内心佩服队长，这就是逆境求生的能力。动物是出于本能，人要靠阅历的积累。

日出东山，没有早茶，我们饥肠辘辘地告别风姿迷人的盐碱湖，向北进发。

前一天半夜队长"取水"的石山，不过是一片藏北少见石山的"头部"，我们迎"头"而去，然后穿"头"而进，开进了一条弯弯曲曲、颠颠簸簸的石山峡谷。两边的山石像猛兽一样龇牙咧嘴，在太阳的照射下，白晃晃的，让人心里发毛。我担心这些在藏北高原栉风沐雨（雪）千百万年的山石，禁不住车行路面的持续震动，滚落下来。

"看，那么多大头羊！"驾驶员的惊叫，使我一激灵，朝他指示的方向看，只见一只大盘羊骄傲地独站在一个山头的巨石顶上，左右两只下盘的大犄角几乎遮挡住了整个脸。它下面的山石之间，散布着三三两两的盘羊，虽然位置不同，但姿势好像都一样，全都驻足扭头，俯视着山下我们这队"怪物"。看了一会儿后，盘羊便蹦蹦跳跳地向山顶攀去。它们比野驴小，但比藏羚羊大得多，一般体重八九十公斤，大的超过一百公斤。与野驴、藏羚羊一样，它们也是藏北大的动物群体。全身毛皮都是灰褐色的，与山石"混为一体"，成为其保护色。

穿过怪石峡谷，又恢复了平缓高原地貌。显然，海拔更高了，生态也更恶劣了，别说成群的野驴、盘羊、藏羚羊，就是"散兵游勇"也很少见了。车队中途停下来短暂休息时，我们面对的就是一个静止的世界，永远的太阳，永远的山，永远的荒滩，永远的蓝天白云，除了我们这群不速之客，四下茫茫，没有任何活物，也听不到任何声响。

车队沉闷地行进到暮色降临，在越过一道清澈的浅溪后停了下来，队长下车走到溪旁，弯腰掬起一捧溪水尝了尝："甜的，就在这儿歇了！"大家闻令而动，在空场上排好车阵，卸下铺盖，支起茶锅。我们几个拿着洗漱用具，到溪边洗涮一番，不时畅饮甜丝丝的溪水。这可是进入无人区后最顺利的一天。为此，一些藏族驾驶员提议欢庆一下，从汽车电瓶接口处接出电线，在空场上悬起了一盏小灯。月亮还没升起，暗蓝苍穹上，群星格外清亮，大家围坐一圈，喝着香喷喷的热茶，大声说笑，放声高歌、喊叫，直到夜色深沉、寒风微起，才分头睡下。真是天当帐、地作炕，躺在离我几米的一位走过这条路的"老马"说，往右边不远的滩上能拣到玛瑙，有的颜色和花纹可漂亮啦。我扭头往荒原深处瞥了一眼，忍不住困乏，蒙蒙睡去，眼前都是玛瑙五颜六色的华光……

突然一阵剧烈的绞痛，惊醒了我的多彩之梦。不好，内急！我不顾衣衫单薄，从热被窝中一跃而起，披上大衣就往没人睡的空地上跑。也就十几米，我迫不及待地蹲下，一泻到底。本来这两天就没吃多少，很快就拉得空空如也，但瘪瘪的肚子还是觉得发坠。抬头四望，内急的不是我一个！蹲得发冷了，我钻回被窝，可还没睡稳，又感觉不对，赶忙又蹿了出去，如此反复，营地上不少人重复着同样的动作。队长打破寂静，大声喊道："这水有问题，含镁量太高，大家赶快吃点儿止泻的药吧。"大家纷纷起身，浑身软塌塌的我，赶快干噎下几片黄连素，那溪水不能喝了。镁元素的口感是甜的，硫酸镁是治便秘的药。我们等于服了大剂量的泻药！

湖水苦涩，不能喝；溪水甘甜，也不能喝；行车中偶尔路过温泉，泉眼周围冬日喷水夹杂沙尘结成的"泉华"还没完全化尽，突突冒出的热水带着淡淡的硫黄气味儿，还是不能喝！无人区处处潜伏危机，难怪千百万年来，人类选择了远离。如今，为了扩展生存空间，在"战天斗地其乐无穷"口号的激励下，人们要改写"无人"历史，与大自然较较力，但是，人真的能胜天吗？

俗话说"好汉禁不住三泡稀"，大半夜的"痛快淋漓"，把人折腾得疲软无力，次日清晨强打精神，嚼几口干粮，开车上路。

没走多远，车队爬上一道山梁，从地貌看，这里与离开多玛后那片开阔的荒滩相似，半环形的山梁下，是一片略微下沉的平缓洼地，有两三百米宽，对面则是平展展的大荒坝，直到几公里外的小山跟前。大家下了车，边瞭望边商量。先绕绕看，能不能绕过这片洼地。车队沿着山梁先向左开，直到无法前行，下面仍是洼地；再折返向右，山势变陡，挡住去路，也绕不过去。没办法，只有硬闯了。山梁的中间地带隐约留着几个月前的车痕，车队曲折下坡，准备从洼地中间穿过。几个月前是冬季，天寒地冻，洼地的底也是硬邦邦的，但现在是夏天，谁知路况如何？但别无选择，队长果决地率先探路。

接受前两天的教训，车与车拉开了较大距离，要等前车完全冲过去之后，后车才发动马达、加油猛冲。第一辆冲过去啦！在大家的呼叫声中，第二辆轧着前车的车辙接着闯关。糟糕！正好走到洼地中间，车子被"粘"住了。几次猛力发动，都没"跃"出"陷坑"。走到车跟前一看，这里比那天的情况更糟，不光有泥，而且有水！表层的干土壳只有20来厘米厚，难怪只过了一辆车，它就"破水"了。

站在洼地底往两边看，这是一个从右向左略微下斜的山谷。队长指挥着车子往上坡方向开一段，然后再冲。但效果不理想，几处都是第二辆就陷住了。半个小时后，近20辆车被分割成了三块，四五辆冲到对面坡上了，几辆车朝向不同地被"粘"在洼地里，剩下的原地观望。不能继续乱闯了，否则过于分散，装卸、搬运会更困难。没辙，还得用"笨"办法，卸货，搬扛，再拉出空车。车上的货，小物件不多，最小的茶叶包、罐头箱、粮食袋，单件也有几十斤；而汽油桶，每个都是两百多公斤重，至于活动板房构件，片片都要几个人一起抬。别忘了，这是在海拔近6000米的藏北高原！严重缺氧，腹内少食，搬抬如此重物，谁都是走几步就气喘吁吁，脸红、唇紫。好不容易搬空了一辆车的货，还得找硬物往车轮底下垫。而洼地里连拳头大的石块都少见，石块得到半山腰去找去搬。我空手爬到有石块的地方，已经上气不接下气了，俯视山脚，车头朝向各个方向的汽车，胡乱堆放的货，稀稀拉拉干活的人，真像刚结束一场鏖战的战场，狼狈之极……

第一天，一直忙到天黑，才拉上了一辆被陷的车。临睡前，就着热茶，我们开始吃藏族驾驶员们"施舍"的糌粑……我们原来为"三天路程"准备的五天干粮，已经全部吃尽，不得不享受"救济"。队长小多吉宣布：从现在开始吃饭"共产主义"，不分彼此；而驾驶员们带的糌粑也基本吃光了，只好动用车上准备送往双湖办事处的白面等食物。总不能让车队的人饿肚子。但是，也不能放开肚子吃，因为这些粮食是双湖干部们下半年的给养，我们吃多少，他们就少多少。队长根据情况给几个汉族同志分配了新任务：如果体力可以，就为大家打打饮用水，我们欣然领命，准备在一夜酣睡之后，担当"伙夫"的重任。取水点就在右侧不远的山脚下：灰黄的山峦、荒滩间泛着一抹显示生机的淡绿。

早晨9点多，太阳出山。抖抖皮大衣上的薄薄积雪，那是夜间飘落的，由于不大，并没惊醒沉睡中的我们。没水，洗漱免了，我们四个汉族汉子，提着一只水桶、一根铁锹把，饥肠辘辘地往取水点走去。虽然太阳刚出山，但由于缺少植被，阳光照在荒滩上，反射光强得刺眼。走大半个钟头了，肚子开始"咕噜咕噜"响个不停，越是饿，就越觉得路长。抬眼望去，那山，那取水点，好像还那么"近"，和出发时看的没什么区别。老魏年龄最大，进藏和在藏北的时间最长，他说"这就叫'望山跑死马'，别以为很近，其实至少有十好几里呐！慢慢走吧。"

整一个半小时，终于到达水源啦！这是一片山脚的湿地，虽然没有汩汩冒水的泉眼，但多处渗出细细的水流。水流间的滩地上，生长着嫩嫩的小草。在一个前一天取水留下的小"塘"边，我们不约而同地全都趴下埋头痛饮，灌满一肚子冰凉的泉水后，又撩着水洗脸洗手，然后仰面瘫躺在地上休息。蓝蓝的天，白白的云，却不见一只飞鸟。一时间，时间停止了。我们静静地享受着"止"的安适，大脑里一片空白。

"不早啦，该回了，大家还等水做饭呢。"老魏一边催促，一边又低头"补"了一气水，拿起铁锹把，准备找个搭档抬第一程。我把锹把的另一头放在肩上，抬着水桶，晃悠悠地向营地方向走去。"快12点了，争取两点前走到。"刚走了几十米，我两腿一软、眼前一黑、金星迸发，接着就是一片空白了……等我醒过神来，发现自己已经瘫坐在地上！水桶也倾倒在一旁。过去只在书中看到过"被饿得两眼发黑、直冒金星"的字眼，没想到自己却在这藏北高原上亲身经历了一次。好在刚几十米，我们又回到水塘处，重新装满水，改用锹把抬着往回走。水桶底刚刚离地，即便人倒，水桶也不会倾倒。走一段，换一换，一直抬到目的地，真的快两点了。看着我们的样子，队长没多说什么，就催着我们赶快做自己吃的饭，因为只有一口24厘米口径的小高压锅，饭得一拨一拨分着做。我们用那锅和了大约两斤面，然后腾出锅来烧水，不一会，两斤面变成了一锅面疙瘩。打开锅盖，再把一盒准备好的红烧猪肉罐头倒进去，一搅和，一锅香喷喷的猪肉面疙瘩就做成了。我们4个人每人盛了一大搪瓷饭盆，吸溜吸溜地大吃起来，然后赶忙把剩下的也都盛进盆，给"排队"等着做饭的下拨人腾出高压锅。一大饭盆面疙瘩下肚，空瘪的胃立马被撑鼓。找了张报纸，把剩下的大半盆面疙瘩盖好，那可是明天的早饭，因为按今天的取水情况，明天打回水、做好饭，也得下午3点以后了。没想到，第二天我们被取消了打水资格，队长嫌我们取水速度太慢，决定让两位藏族小伙子替代我们。他们打回一桶水，用了不到两小时，而我们却用了4个多钟头！恶劣的生存环境，磨炼出了藏族同胞应对艰难条件的意志与能力，我们自愧不如。

在洼地滞陷4天之后，原本不错的天气又来"添乱"，风一阵、云一阵、雪一阵。每下一阵雪，都使洼地中间的地面更加湿滑，被陷的车"爬"出就更加费力。最糟糕的一天，竟打摆子似的，断断续续下了9场雪，每场都是鹅毛纷飞！

那天早晨依然是晃晴白日，湛蓝的空中几乎没有一缕云彩，可是上午10点左右，西方突然乌云压顶。我还没来得及反应，黑云已经盖住了整个谷地，铜钱般的大雪片不由分说地往下"砸"，天地混沌一片。也就十几分钟，视力所及已是银白一片，地面、车棚、货物上的积雪足有三四寸厚。窝在驾驶室里的我们，还没来得及尽情欣赏藏北的雪景，老天爷又转怒为喜，由阴变晴了！瞬间功夫，云带疾奔而过，太阳露出了全脸。车上、货上的积雪化得稀里哗啦，地面则是一片泥泞。我们赶紧划拉掉粮食袋、茶叶包上的残雪，免得浸湿里面的米面、砖茶，之后开始垫车、拉车。

可不到一个钟头，西风又吹来了滚滚乌云，接着又是一场鹅毛暴雪！下午三四点间，老天爷一会儿晴一会儿雪地折腾了五六次，晴时骄阳暴晒，雪时尽情挥洒，弄得大家根本就干不成活儿，只能躲在驾驶室里。俗话说天有不测风云，我实实在在地领教了。

显然，9场大雪的雪水都"补"进大地了，陷在洼地中央的汽车轮子下面，不光泥膏更稀，而且积水更多。为了把车弄出来，小多吉不得不下令拆掉部分货车的厢板，垫在车轮底下，以免进一步下沉。地不利，天为难，加上报话机又出了毛病，使我们这支队伍，陷入前不着村后不着店、与外界失去联系的绝境！

晚上，仅有的一顶单帐篷里，挤进了更多人，以防夜间再有暴雪来袭。躺在被地表水分浸透湿漉漉的被窝里，辗转难眠。老魏讲起十几年前的往事,更加重了我的心理负担。1950年代末1960年代初追剿逃进无人区的武装残匪时,曾有一支解放军部队孤军深入,也在这一带陷入困境,迷失了方向,失去了与外界的无线电联系,口粮耗尽之后,部队顽强地辨向、搜索、行进,而后不得不靠挖草根、抓野鼠充饥,直至无力正常站立迈步行军,艰难爬行,也不放弃。被困几十天后,在飞机侦察、救援下,他们才脱离险境。

相比之下,我们的境况要好得多,至少还有粮食和汽油,但究竟要困在这里多久?那曲、双湖,两头不知我们的下落,他们会派人来寻找我们吗?这该死的坏天气什么时候能过去?

没想到,一夜无雪。第二天早晨,万里无云,太阳高照,地面很快恢复了干黄的面貌,大家重新拖拉被陷的汽车。

我们几个无所事事,不好意思袖手干看人家忙活,就往荒滩深处漫步走去,还不时蹲下来,抠抠刚露出嫩芽的小草。那些草虽然很细,但茎秆很有韧性,而且根扎得很深,用手往下抠十几厘米都抠不到底。这是环境千百万年优选的结果,高寒、风大、干旱,只有这样才能生存。突然,一个墨绿色的小"舌头"映入我的眼帘。这是什么植物?我好奇地拨开小"舌头"周围的沙土,发现"舌头"的下面是一根铅笔粗细的茎,稍微有点扁。顺着茎往下挖,越往下越粗,足有20多厘米吧,它显出了全形:就像内地常见的青蒜一样,从上到下包着薄薄的外皮,里面是几片长长的扁叶,最下面是一个类似洋葱的小圆头。掐断绿叶闻闻,有点刺鼻的冲味儿,放到嘴里尝尝,没什么特别的怪味儿。这是什么呢?"西伯利亚扁叶葱?!"年纪最大的老魏,从记忆里搜索出苏联小说里的名词,我们半信半疑,把它拿给小多吉看,他毫不迟疑地说:这是野葱,可以吃。已经好几天没吃过一点蔬菜的我们,闻言大喜,立即提着口袋、拎着铁锹开始了搜寻野葱工作。由于缺少维生素,我们已经长了口疮。

大概就是那接连的几场大雪,增加了土壤的水分,唤醒了"沉睡"地下的野葱,在太阳的照射下,一个个冒出了绿色的"舌头"。由于"舌头"太小,找到它颇费眼力。为了"改善伙食",大家干得很有兴致。两个人找，一个人挖，半天工夫也弄了小半麻袋。带着"战利品"，回到临时炉灶前，大家都挺高兴。晚上的罐头"突巴"（面疙瘩汤）里，多了一段段绿色的野葱！

第二天我们一早又开始搜寻工作，虽然不断扩大搜寻范围，但收获却越来越少。审视一下地形，我们发现，有野葱生长的地方，主要是洼地两侧的坡上，虽然它们耐旱，但还是喜水的，除了天降甘霖，还需要相对充沛的洼地水分滋养，在高处就不长了。

就在那天，也就是困陷此地的第七天下午，我们终于盼来了双湖办事处派出来寻找我们的人。原来在超过预定到达日期两天之后，双湖就开始与那曲联络，得知那曲也与我们失联之后，他们立即派人找我们。但搜寻者是步行的，因此用了3天才找到车队。简要了解了情况后，他连夜赶回办事处汇报，设法安排救援。

那一夜，我睡得异常安稳，就像走失的孩子重新回到母亲身边，悬着的心总算落了地。第二天中午时分，一辆北京吉普车来到洼地边，办事处一位负责人亲自来看望车队的同志们。而我们几位汉族"累赘"，则享受特殊待遇，被小吉普专门送往办事处所在地。

折腾了我们好几天的老天爷，这时好像改了脾气，小车一路顺风、一路阳光普照，途中还横渡了一条小河，可我们一点也没受阻，只用了3个多小时，就到达了目的地。其实，办事处驻地离我们被困的地点只有百来公里，"直路"更短。整整被困7天，如果没有汽车、货物，走"直路"，足足可以打两三个来回。

双湖办事处，因地而得名，就坐落在两个相连的小湖边，一个是盐碱湖，一个是淡水湖。一条小溪从山谷中流出，办事处的几顶帐篷就扎在小溪西侧的缓坡上。那溪水是甜的且不含过量的镁等元素，可以放心饮用。这个"县委"刚建立几个月，是个名副其实的"帐篷县委"。在1950年代末民主改革初期，藏北等牧区出现过不止一个这样的县委，《西藏日报》还发表过以"帐篷县委"为题的专题报道。

我们被安置在临时搭建的活动板房中，房间里还安了简陋的取暖牛粪炉子。离开那曲十多天了，第一次住进房子，真有点儿生疏。

办事处虽然简陋，但"五脏俱全"。有党委、政府机构，有供销社、邮电局，还有医院。当然它们都分设在各个帐篷之中，有的还是"合署办公"，多半也是办公兼宿舍。那两间活动板房，是特意为迎接车队赶搭起来的。先工作、先服务，后建"衙门"，是"老西藏"们1950年代末的惯常做法，也成为延续至今的一种优良传统。

只有很短的采访时间，因为我们必须随车队离开双湖，否则就得待半年，等下次送给养的车队再走；另外，我们多待一天，就要消耗一天给养，使本来就不充裕的物资更加紧张。为此，我们抓紧有限的时间工作，而且与以往采访不同，这次只能听、不能看，因为到最近的牧民点也得走几天。

进入无人区的牧民，大都来自申扎县或邻近县草场极度紧张的公社。无人区的水更少、草更稀，因此牧民的生产生活更艰难，游动性更大，更频繁。夏秋季的日子还好过些，冬春时节，人畜都要经受极端艰难困苦的考验。气温低，对于这些藏北牧民来说已经不是什么事，但力道奇强的大风，却让人心惊胆战。书记介绍说，双湖地区不仅高寒，而且"风寒"，一年中无霜期只有几十天，无风日也只有几十天；三四月更是名副其实的大风季节。风级多大？她说不清楚。为了防止棉帐篷的顶子被整个掀掉，他们得用粗绳子勒在帐篷顶上，四面坠上二百升容量的大汽油桶。让人没想到的是，有一次剧烈的狂风袭来，竟然刮断绳子，掀翻顶子，裹着大油桶滚出去了足足200米！还有一次，刮大风时外出固定帐篷的一位干部，竟被狂风连着帐篷布抬到半空中，"腾云驾雾"几十米后，重重地摔在地上。外出放牧的牧民，遇到这样的大风就更遭罪，躲避不及，成群的牛羊和放牧人被大风吹得不停翻滚，牲畜还好些，人经常会磕得头破血流。当然，牧民也有一定的应对方法，最常见的就是在风季，细心选择那些能避风避雪的山窝、洼地驻扎，人畜都能安稳些。就是在这样恶劣的情况下，他们也没放弃，因为固守原来的草场，实在没有活路。

双湖办事处的干部们除了要处理公务，还要为牧民们提供流动服务，力争牧民游牧到哪里，就把工作做到哪里。在海拔 5000 米以上的荒原上，两三个人或骑马或步行，有时他们一走就是几十天，风餐露宿，也许这几十天中，只能遇到三两户牧民。述说这些经历时，双湖的干部们很平静。

紧锣密鼓，整整一天的采访，晚上近 10 点钟日薄西山时才结束，走出帐篷我们突然发现东方迎着夕阳缓缓驶来的车队！虽然才分别一天，却像久别重逢！就在我们翘首张望时，一阵怪风平地而起，刹那间竟然旋转着"撕裂"了办事处专为车队赶搭的活动板房！面对着横七竖八的板房碎块，我们惊得目瞪口呆。

小多吉看着刚刚垮塌的活动板房，对主人的心意表示感谢后毫不介意地说，没事，反正明天天不亮就得出发，再多露宿半夜也没什么。

那一夜，我没有睡觉，抓紧最后的时间补充采访。许多驾驶员也一夜不眠，叽叽嘎嘎交谈的声音没消失多久，小多吉就呼喊大家起身了。我向送别的双湖干部们挥手道别。车队隆隆，向沉沉夜色中驶去。

名副其实的"轻车熟路"，加上老天爷帮忙，回程一路畅行，第一天我们"旧地重睡"，在那个甜水流淌的小溪边露宿，第二天，车队就开出无人区，宿营申扎县城。我要在申扎采访，就与车队告了别。与几年前除夕唐古拉一同修车赶路的伙伴一样，我们从此再无联系，但可可西里的 18 天，患难与共的伙伴们，永远地刻在了我的心底。

这里曾经是海底

申扎，从管辖面积说，是全国屈指可数的大县，当时十几万平方公里（1983 年分出尼玛县、2012 年分出双湖县后，面积大大减小），超过不少省；就人口而论，又绝对是个小县：两三万人，连沿海地区一个乡镇都抵不上。

那时别说手机等现代通信工具，连传统的有线电话也只覆盖了县机关周边很小的范围，其余广大地方的通信联络全部靠四条腿的马和两条腿的人。最远的公社，离县机关有半个月的骑马路程，按每天60公里计算，差不多有千把公里。至于再远的牧民点，那就得再加上一二百公里啦。因此，县里要是开一次三干会（县、区、公社），必须至少提前一个月发会议通知，因为通讯员带着通知当天骑马出发，半个月才能达到最远的公社，公社负责人接到通知就上马，又得半个月才能到县里。这还是一切顺利的情况下，如果途中遭遇我们进无人区时那种"麻烦"，那就没法按期到会了。这来回的一个月，不论送通知的还是参加会的，都必须"全副武装"，不光要带铺盖、干粮，还得带着烧茶的锅，"拴"马的铁钉（拇指粗细，二三十厘米长）。每天晚上，找到有水有草的宿营地后，先要安顿好马，饮足水后，找一片草比较多的地方，钉牢钉子，把马的缰绳拴好。因为荒原上没有树木，连灌木丛也没有，只能钉钉拴马；然后挖灶支锅煮茶。第二天早餐后，收拾行囊、茶锅起身。如此反复15天，散会后，还要重复15天，才能回到公社。至于往下传达贯彻会议精神，那就是更加漫长的事儿了，"文革"中，往往是一个"新精神"还没传达下去，另一个更新的"精神"又来了，前后两个"精神"可能完全不同。弄得基层干部无所适从，对牧民的影响倒不大，凭你怎么风云变幻，他们该怎么干怎么干，该怎么吃怎么吃。

  半个多月的营养不良，加上高海拔，使我出现了头晕、乏力、生口疮等种种不适。到县医院看病的时候，我发现了这个小小医院的特色，大概也是被偏远、交通不便等恶劣条件逼的，这里的藏医很"发达"，也颇受群众欢迎。当然，人的因素还是第一的。由于这里有一个"有心"的院长，他注意继承发扬当地藏医"就地取材"的优良传统，硬是在这蛮荒之地，开拓出一片温馨的园地，使本县的群众享受到不错的医疗，并吸引不少邻近县的群众也慕名前来求医。好在西藏从民主改革伊始，就实行全民免费医疗，医药费用百分之百由国家拨付，因此基本不存在加重本县财政负担问题。申扎县医院的规模与人员，显然超过一般县。它不仅有较多的藏医应诊，还有生产藏药的制药厂。

在简陋的车间里，我观看了制药过程。设备和操作，还是原始的，粗笨的铡刀，石制的杵钵，脚蹬的药碾，手揉的药丸。尽管这里植被很差，但也生长着许多能入药的植物，其中还有些是高原地区独有的，像雪莲花、一枝蒿等，而动物类药物也不少，能认出的有鹿茸、鹿肾、熊胆、虎骨（其实是豹骨）、羚羊角等，还有一些说不清名字的动物"部件"和矿物原料。引起我特别兴趣的，是一堆堆形状各异的化石，最多的是大大小小的贝类，还有一些鱼、虫类。制药的师傅说，这些都是在附近挖的，研成粉末可以入药治病。这些贝类化石足以证明，地球上最后隆起的青藏高原曾是汪洋大海的海底。

与我一同进藏的那些北京伙伴，就在离申扎县城不太远的伦布拉地区奋战。他们所在的西藏第四地质普查大队，已经连续多年在地质专家划定的陆相沉积地带钻探，寻找石油。利用采访的便利，我顺路探望了阔别数年的伙伴们，其中还有几位是前一两年地质局从加查招进的藏族工人，我插队时的农民朋友。他乡遇故知，分外亲热。4年前，刘小汉、唐新桥等少数同学被推荐到内地上大学去了，多数同学还都坚守在原来的岗位。与我一样，有的同学也有过类似我那种在加查被"办学习班"的遭遇，但后来也都"一风吹"。经过几年的历练，大家都成熟了，也更加迷茫了。国家的局面，使进入成年的我们，不由不有了越来越多的独立思考，越来越大胆的议论和猜测。恐怕这就是3个月后"十月剧变"的民意基础。

高原春风迟迟来

1976年，注定是中国历史上的一个特殊年份，周恩来、朱德相继离世；流星雨、大地震，天象有异；国家前途未明，人心浮动。

8月底，按上一年2月底返藏计算，我已经返岗工作了整一年半，可以回内地休假了。领导很痛快地批准了我的休假申请，提前结束了我在藏北的"蹲点采访"。而就在我休假期间，共和国又经历了一次"连环"剧变：9月9日，毛泽东逝世！10月6日，"四人帮"被抓！

1977年初，我怀着与许多人同样的既兴奋又期盼的心情返回西藏。让人不解的是，虽然"四人帮"覆亡了，但西藏并没有很快发生变化。返藏后，大约1977年4月中，我随昌都参观团到拉萨、山南采访学大寨的经验。在山南隆子县列麦公社，学大寨的带头人还在慷慨激昂地向大家介绍坚持"以阶级斗争为纲""大批促大干"，突破"禁区"，在高坝上开荒的经验。参观团爬上高坝，实地踏看了他们开出的"良田"。迎着初上的阳光，衰草上覆盖着亮晶晶的白霜。列麦公社的一位前领导人，曾因认为"寒冷的高坝上长不了庄稼"，"利用散布谣言等恶劣手法破坏开荒"被戴上"现行反革命"帽子。无霜期远比谷底短得多的高坝上，究竟取得了怎样的令人振奋的"大丰收"？只有鬼知道。

　　1977年暮春，在内地已经明显式微的学大寨运动，在西藏依然如火如荼。许多地方在兴修大寨田，在劈山开渠引水，在筑坝截流灌溉。由于海拔过高，不少渠道一年中多半时间冰封雪冻，引水效果极差；一些地方由于山势陡峭，高耸的梯田石埂经常垮塌；由于土壤瘠薄，"大寨田"中看不中用，产量反而降低；至于花费很大人力、物力修起的水库，蓄水效果理想的也为数寥寥。

　　在一个边境村落，人们私下告诉我：由于界河很窄很浅，"一抬腿就可以出国"，一些村民成为频繁游走的"两栖"人。为了吸引他们回国还乡，附近的驻军春天帮助出走到对岸的家庭犁地、播种，夏天代为管理，秋天收获码垛。全部农活儿结束后，界河对岸的村民会在夜幕下，悄悄地把地里的庄稼捆全部背运过去。人们之所以如此，是因为受不了瞎指挥、学大寨、吃不饱之苦。问他们究竟是哪国人？他们会很坦然地说：哪边的日子好过，我们就是哪国人。学大寨学成这样，该责怪谁？

　　随团采访回程中，遇到了难忘的一幕。那天傍晚，我前往林芝八一镇公路边的运输站寻找回拉萨的便车，只见路右侧围站着一群衣衫褴褛的藏族老百姓，我凑上去观望。人群中，一位年迈的藏族老阿妈半躺在地上，已奄奄一息。周圈的人默默地注视着她，嘴里喏喏地诵念着六字真言。原来，这是一伙来自川西的藏族老乡，他们是前往拉萨朝佛的，一路磕长头而来，已经有好几个月了。老阿妈已经年近七旬，几个月的跋山涉水、风餐露宿，使她的体力消耗殆尽，前些天又患了重病，现在已经陷入昏迷。"得赶快送医院啊！"同行人大多摇摇头："不用了，她马上就要走了。""总不能见死不救呀！"对于我的焦急，他们似乎无动于衷。一位稍微年轻些的汉子低声对我说："能死在朝佛的路上，是一种福气，你看她脸上一点儿痛苦的表情都没有，一直微笑呢。"我无言以对，不想再打扰她的安宁，也不想打断他们的诵经，默默地走开了。听说，就在那个夜晚，老人安详地离去。同伴们"发送"了她之后，继续向拉萨"磕"去。

从川西到拉萨，差不多两千公里，以两米一"磕"算，全程要磕一百万次！以每天行进15公里计，毫不耽搁，也要一百三四十天。其间还要翻越十几座大雪山，跨过金沙江、澜沧江、怒江和无数中小河流。朝圣的人背着干粮或沿途"化缘"，随处露宿。走到林芝，已经过了全程的四分之三，难怪那些信徒都已衣衫褴褛、蓬头垢面、疲惫不堪。但他们胸中的信念之火没有熄灭，渴望之情离拉萨越近变得越发强烈。

"文革"中，朝佛被视为"四旧"而遭禁止，"文革"刚一结束，川西的藏族佛教信徒们便毅然开始了朝拜之旅。看来，与西藏山水相连的四川已迎来了春天，而西藏的冬天还没有远去。

按照中央清理、清查与林彪、"四人帮"集团有关的人和事的部署，西藏也开展了"双清"运动。但自治区当时的主要负责人R某不仅不认真检讨（曾经承认"懵懵懂懂靠近"林彪贼船），反而借机打击曾经批评过他的人。西藏日报社总编室主任马逸峰、汉编部副主任阎振华、经济组组长高克、编辑王文成等，因被怀疑参与写了揭批R某的大字报而成为"清查"对象。一时间，报社黑云压顶，人人自危。1977年初夏，风声越来越紧，同属于新闻宣传口的西藏人民广播电台率先"突破"，参与揭批R某的编辑张邦伟，以"现行反革命"罪名被逮捕，还被挂着大牌子，押上敞篷大卡车，在拉萨市区主要道路游街示众。很快，"下一个就抓马逸峰"的传言报社人人皆知。马逸峰，这位号称"穿着开裆裤参加革命"的"年轻老干部"不堪巨大的精神压力，选择了自杀。

马逸峰，1928年出生于山东沂蒙山区，不满10岁就参加了儿童团，1938年又加入了共产党。1950年代创办《西藏日报》时，他从人民日报社调来，是编辑部负责人之一；"文革"中作为当权派被批斗；通过"审查"被"解放"后，担任了报社的总编室主任。1977年初，他已经被组织批准内调回人民日报社，除了一套被褥、几件换洗衣服，包括书籍在内的所有家当都已经托运回北京了。就在准备办理最后的调离组织手续时，自治区主要负责人"拦"住了他，指示"搞清楚问题再走"。这一非常举动，加上拉萨紧张的氛围，使马逸峰感觉"在劫难逃"，终日心事重重。

马逸峰的死，也使报社的运动有了"突破"，经济组组长高克，一位1960年代的老大学生，"文革"前从新华总社调到西藏日报社的干部，因参与揭批R某活动，以"现行反革命"罪被捕；羁押期间，还被押回报社"坐飞机"接受批斗。另几位同事或被停职审查，或一边检讨，一边接受揭批。

据《中共西藏党史大事记》，在1977年的"清查"中，逮捕11人，拘留15人，隔离审查17人，离职审查3人，停职审查8人，办学习班审查31人，在机关批判审查38人，其他9人，共132人，其中参与"四人帮"阴谋活动的骨干分子16人。1980年6月，自治区党委成立了两案（指林彪、江青两个反革命集团案——引者注）审理办公室。8月，区党委召开全区落实政策会议。会议《纪要》说：过去由于受"左"的影响，我区在一系列政治运动中，特别是"文化大革命"期间，造成了大批冤假错案，粗略统计，被触及、牵连家属子女的人有十几万。对这一问题的严重性我们过去认识很不够，党的十一届三中全会以后，纠正和平反了一批冤假错案，但由于我们思想路线不端正，落实政策工作进展迟缓，甚至有的单位还出现了新的冤假错案。当前落实政策仍有阻力，主要来自有些领导干部。《大事记》的1981年栏下，记载了一年多落实政策工作的情况。据不完全统计，全区应复查的105724人，已复查96566人，占应复查人数的95.7%，其中全错和部分错的 86000 多人，错案率 80% 以上。

1976 年 10 月，粉碎"四人帮"标志着"文化大革命"在全国范围的结束，但在区党委主要负责人 R 某的"有力"领导下，西藏的"文革"又延续了 3 年多，制造了一批新的冤假错案。

巧遇老布什，笑"怼"托马斯

1977 年 9 月下旬，曾经担任美国驻北京联络处主任的布什，卸任中央情报局局长后，以私人身份重访中国，并被"特许"访问西藏。彼时恰逢国庆假日，参与报道游园等相关活动的我，在昔日达赖的夏宫罗布林卡，巧遇了老布什一行。

第一次接待"敌对国家"的高层人物，活动安排得自然很精细、周到。一般游园百姓，根本不能接近贵客休息的场所。凭借记者的"特权"，我"零距离"接触了这一伙"要人"，但受分工和语言限制我不能对其采访。

在同一休息室里，一位担负接待任务的熟人，向我介绍了随布什进藏的一位"神秘"人物——美国著名记者劳维尔·托马斯。通过翻译，我得知他已经 82 岁，还装着心脏起搏器。我问道："作为记者，你的最大心愿是什么？"满头白发但精神矍铄的他，毫不迟疑地回答："来西藏采访。"接着补充说："医生劝我不要进藏，但我坚持要来，一生最大的心愿，怎能轻易放弃？"由于是同行，我们的谈话很容易"对口"。但身着五颜六色花条上衣的他，直率而"不友好"的提问，还是让我有点儿错愕。他带着明显质问的口气对自治区相关部门的陪同人员说："你们不是总说充分保障西藏的宗教信仰自由嘛，据我所知，西藏'文化大革命'前，有两千多座寺庙，而现在完整的只剩下了 8 座，对此，你们做何解释？!"我没准备，那位陪同人员同样没有思想准备。面对着咄咄逼人的老托马斯，他一时语塞，向我投来求助的眼神。

我急速思考之后，笑着打起"圆场"："我来谈点儿个人看法，供您参考。"托马斯扭过头，等待我的"解释"。我略微停顿一下，然后以慢语速说:"您说的数字我没核对过,'文革'中西藏的寺院的确被毁了很多。但是我想谈两点看法,一是,'文革'中毁坏了大量寺庙,不单是西藏,内地也有很多。'文化大革命'是我们全民族的大灾难,保障宗教信仰自由政策受到错误批判,造成了全国性的严重损失,并不只是西藏。第二,据我所知,西藏被毁的寺庙,不是内地派人来拆的,而全是当地百姓自己动手拆毁的。当时,广大藏族百姓也受到'反对封建迷信''横扫一切牛鬼蛇神''大破四旧'等极左思潮的影响,有过许多政府无法控制的过激行动。我曾经插队的加查县就有一座大寺院被当地干部和农民当'四旧'拆毁了。"听了我的"解释",托马斯没再追问什么,他内心是否认同,会否把我的"解释"写进他的文章,不得而知,但事后那位陪同人员倒是连连道谢,说是帮了大忙。我说:"我也是临时凑的,没什么不妥吧?"他连说"挺好"。

后来听说,这个托马斯是个顽固的反华、反共分子;早在几十年前,就有"前科"。1950 年,托马斯受美国中央情报局指派,潜入拉萨与西藏地方政府中的分裂势力联络,为把西藏从中国分裂出去出谋划策。离开西藏后,他还出了一本专著。而就在布什到达拉萨的第二天,竟出现了戏剧性的一幕:在参观西藏革命展览馆时,展览大厅里竟有一张托马斯的放大照片,是 1950 年他在拉萨与西藏地方政府高级官员的合影。解说员指着照片说:"他是中央情报局的特务,1950 年潜入西藏,进行煽动西藏分裂的阴谋活动。"此时就站在人群中的托马斯,怎么也没想到自己会在这里"亮相",急忙悄悄地往后溜,尴尬地低下了头。愕然的老布什疑惑地对解说员说,托马斯是一位高山探险家,你说他搞阴谋活动,有什么根据吗?解说员捧出一本旧的英文书说:"这是托马斯父子 1950 年到西藏活动后自己写的书,看后就知道他是什么人了。"布什接过书,继续参观。据当年全程陪同访问的中国外交部人员回忆,当晚布什看过书后向接待人员说,对托马斯的指控是有一定根据的,但他表示他本人对此并不知情。中方人员则表示,这是很久以前的事了,作为历史只能实话实说,但访问可照常进行。那位陪同人员还说:"当晚我也看了一下托马斯父子的'大作',原来此人到西藏活动后,为了给自己表功,竟把自己行前如何与情报部门取得联系,接受任务,到西藏后煽动西藏地方政府武装对抗中央等活动'交代'得清清楚楚。"

布什一行在西藏,还参观了布达拉宫、八廓街、大昭寺、色拉寺和拉萨郊区的农村。很多年后,我才知道,是邓小平批准布什一行访问西藏的,这是 1949 年以后中国政府第一次允许美国人进入西藏。而全程担任翻译的是 27 岁的杨洁篪。

大学梦碎,赌气赴昌都

1977 年 10 月下旬,《人民日报》公布了恢复高考的消息,报社的许多年轻人都跃跃欲试。我一面抓紧复习,一面准备书面申请、政审手续。没想到的是,报社竟不准我报名。我怒气冲冲地找到总编辑李文珊,他和颜悦色地说:"我认为你的水平已经用不着再上大学了,完全可以胜任工作。你是有什么别的想法吧?"我也毫不隐讳,"不错,我就是想通过高考改行。""改干什么?""想改读理工。""当工程师?当一个好记者,不一定比当个工程师对党和国家的贡献小啊……"我坚持要报名,但又不能吵闹,央求他"放行",可他就是笑嘻嘻地不点头,让我无可奈何。

回到宿舍后,心有不甘的我提起笔来写了一封给邓小平同志的"告状信",但直到报名截止,也没能盼来"佳音"。一天,在路上遇到了迎面走来的李文珊,我假装没看见地低头避过,他却主动叫住了我,依然是和颜悦色地说:"小吴,你给小平同志的信转回来了……"我急切地问:"怎么批的?""没什么明确意见,还好,你在信里没把我骂得太狠。成了,过去了,安心工作吧。"说完,他笑着走了,我却"干"在了路上,又气又委屈。

回到宿舍后,我开始"躺倒罢工"。除同住的余长安每天给我从食堂打饭,我整天躲在宿舍里不出门,谁都不见,谁来敲门也不应、不开,一连三天。直到第四天的下午,又有人来敲门,听声音是我的组长李晓庚,我问"还有谁",他说"就我,没别人"。我打开门,部主任尹锐、总编辑李文珊笑盈盈地站在李晓庚的身后。我没好气地想关门拒客,李晓庚一边劝我,一边把老尹、老李让进门。老李还是和颜悦色地说:"听说什么人都不见,果真如此啊。都三四天啦,情绪也闹得差不多了吧?再闹,也考不了了。别气坏了身体,有什么话就说说吧。"憋了几天,我忍不住一连串的质问,他们一直笑着听,直到我说完。"事情已经过去了,还有什么想法?"李文珊的话音未落,我脱口而出:"想去驻站。""想去哪儿?""昌都。""太远了吧。""就是想离你们远点儿。"眼看再往下说又要"交火",李晓庚连忙把话头接过去对老尹、老李说:"我看可以考虑同意,当然最终还由社领导定。"李文珊、尹锐均点头表示同意。

大学梦碎了,我怀着复杂的心绪,前往1000多公里外的昌都去驻站。昌都位于西藏的最东部,三江并流(由东往西,依次为金沙江、澜沧江、怒江)的横断山脉地区,当时下辖13个县,东沿的江达、贡觉、芒康三县与四川甘孜地区隔金沙江相望。专区所在地昌都镇,恰好"骑"在澜沧江的头上。昌都是藏语,其意为"水汇合处",因为扎曲和昂曲两条河在这里交汇,始称澜沧江。地位仅次于达赖、班禅的西藏另一位大活佛帕巴拉·格列朗杰的祖寺——强巴林寺,就在昌都镇上。1950年,解放军进军西藏时,在这里与防守的藏军交火,史称昌都战役。藏军溃败后,西藏地方政府同意派员前往北京与中央谈判,签订了和平解放的协议。

由于离内地最近,昌都镇与西藏的其他地区很不一样。尽管受地形限制,小镇城区面积不大,而且被江河分隔成几块,但商业气息要浓得多。地委大院里有好多栋其他地方极少见的砖木结构的楼房,既有办公室,也有宿舍;书记们居住的小院里,还种着几株牡丹花。隆冬季节,地委食堂里不间断地有青菜、鲜肉菜肴供应,这得益于靠近四川,川流不息的运货车队不时"捎带"来鲜货。相比我插队的山南、报社所在的拉萨、几次前往采访的日喀则、蹲点大半年的那曲，昌都真是天堂。

在我之前，报社在昌都已经有 3 名驻站记者。黄元勋，四川人，"文革"前毕业的老大学生；戴玉虎，江苏人，1950 年生。他俩是建站后从当地抽调的。孙志全，四川人，1950 年生，复员军人，1975 年从新训班结业后派来驻站。同是单身汉的小孙，和我成了同宿舍的室友。当时，记者站设在地委宣传部里，因此我很快就和部里的同志们"打成一片"了。其中分别毕业于人民大学、北师大的老大学生曹子镰、罗德文夫妇成为我们一伙年轻人的灵魂人物。这些年轻人以 1976 年 10 月志愿到西藏参加边疆建设的内地大学毕业生为主，大约有十来个人，其中就有范小建、刘泽岩夫妇。小建的两个哥哥范苏苏和范东升都是我北京四中的校友，苏苏与我同级，东升是老初二的学生。他们的父亲是新闻界的知名前辈范长江。

曹子镰、罗德文都是广东人，都出身于书香门第，属于那种从年轻时就满怀抱负、忧国忧民的"高士"。在昌都这个远离首都也远离拉萨的边地，他们显得有些超乎凡尘、卓尔不群，但对年轻人很有吸引力。每逢周末，他们的家都高朋满座，有些客人带着酒肉，罗老师（由于是理论教员，大家都这么称呼；对曹子镰，倒是直呼"老曹"）倾其所有，忙里忙外，为大家准备佳肴。品茗、饮酒，谈笑风生，酒酣之后争得面红耳赤。从世界大势到国家命运，从历史到现实，从天际到身边，从现代科技到古代诗词……老曹始终是谈话的中心，讲到兴起处，他会离开座位，边走边说，小屋俨然成为他讲演的舞台。在"文革"的气息还没有消散的时候，老曹的那间陋室，就成为我们自由思想的方舟。

川藏线上一天经"四季"

三江并流的特殊地形，使昌都气候比西藏其他地方更具有多样性。河谷地带，海拔只有 2000 多米，加之顺谷而上的印度洋暖湿气流，气候湿润，植被丰茂，草木丛生。位于喜马拉雅山南麓的察隅，更是饱享亚热带的"地利",柑橘、水稻成片,一派南国风光;波密、易贡,原始森林密布,直径超过一米的粗大古树,随处可见。而北部的丁青、边坝、洛隆,则属于藏北高原东脉,地高坡缓,气候干寒。

离拉萨400公里的林芝县(当时还属于拉萨市,1990年代设立单独的林芝地区,几年后改市),是昌都波密县(林芝地区成立后,划归林芝)的西邻,两县中间横亘着海拔4500多米的色季拉山。在色季拉白雪皑皑的山顶,离开公路,只需往两侧的雪坡走几十米,就可以找到通体披着密密茸毛的雪莲花。它孤傲地挺立在积雪的簇拥之中,在阳光照射下,茸毛发出微微荧光。告别冰天雪地往下行几公里,黑苍苍的茫茫林海就迎面而来!鲁朗,色季拉东麓的宝库,早在1950年代,国家就在这里成立了西藏最大的林场。此后几十年里,这里每天向西藏各地运送走大量木材,有的用于建设、制作家具,相当多的是当了烧火做饭的"劈柴"。入藏之初,我们在西藏军区测绘大队,主要任务之一是劈柴,而劈的柴,不少就是来自鲁朗、直径一米以上的大圆木。到1970年代末,鲁朗林区成了一片片被"剃光"的秃地,地上堆放着待运的圆木。那个年代,哪有什么生态保护意识,只知道"抓革命、促生产",多伐快运,让大自然尽量多做贡献。后来情况才有了改观,1980年代后,鲁朗关闭了林场,成为保护区;后来又成为川藏线上的一个重要旅游景点。

波密县机关所在的扎木镇,海拔只有两千多米,群山环绕、密林葱茏,初春时节,开阔的河谷平坝上春意盎然,桃花似海。而明媚春色的背后,却隐藏着令人心惊胆战的恐怖。一次,我们的汽车离开波密镇不久,突然听到前方的山谷中传来了阵阵低沉的"雷鸣"!蓝天、白云,春和日暖,没有一丝打雷下雨的迹象,哪来的"雷鸣"呢?驾驶员停车仔细辨听后,有经验地说:"不好!不是开山炸石,是前面山谷发生雪崩了,恐怕今天过不去,得回波密住一宿。"

原来,由于山势陡峭,山脉的高海拔部分常年积雪,冬天则是雪上加雪；入春以后，气温上升，河谷里的温度升得尤其快，特别是白天，太阳连续猛照，热气升腾，直逼高处的积雪；经过一冬的积累，雪层本已超高、超厚，阳光照、热气蒸，稍有一点"动静"，都可能引发雪层的崩裂，而一旦一角开"崩"，就会席卷开来，巨大的雪团倾泻而下，轻则拦河、堵路，重则毁房、伤人。

我一夜无眠，担心第二天继续滞留。但驾驶员一早便没事儿人一样，轻松地吃喝着出发。"雪崩不像泥石流，即便堵路，也比较好疏通，川藏线是大动脉，容不得长时间堵塞。"果然，进入峡谷后不久，我们就在冰雪的"夹道"中颠簸"航行"了：路面全是冰雪，坑坑洼洼的，车走在上面有很强的"漂浮"感。两侧的雪墙有三四米高，其间还夹裹着不少碗口粗的断树等杂物，那是雪团下泻时裹带下来的。由此可以想见雪崩的惊人威力。还好，冰雪"夹道"只有三四百米，不算很长。穿过后，我们下车回望，两侧山崖高处的积雪依然白森森地向下"俯视"着，积雪下方的针叶林带，被雪团冲出了几个明显的大喇叭口形的"通道"，"通道"下侧就是被堵的路段。由于是雪崩高发地段，又是高发期，这里驻扎着配有大马力推土机等设备的清障专业队，使公路"梗阻"后能在最短的时间内被"捅"开。当然，驾驶员说，我们遇到的这次不算大雪崩，因此很快就过来了。如果遇到大的，几十里外都能听到巨响、看到雪崩激起的"白烟"，积雪可以把整个山谷填埋一半，就是两头并进，也得好几天才能挖通。

穿过冰雪"夹道"，汽车沿着峡谷，曲曲折折，从海拔3000来米，爬向4000米，不知不觉中，两侧又回到了冬天。到达"三岔口"然乌湖边的运输站时，铅灰成为主调，天灰蒙蒙的，山灰蒙蒙的，湖面也是灰蒙蒙的，还结着厚厚的冰。然乌湖是个堰塞湖，是若干年前一次地壳运动形成。然乌湖湖面海拔3807米，长约29公里，平均宽1.5公里，是帕隆藏布江的主要源头，而帕隆藏布又是雅鲁藏布江的一个重要支流。这里已经隶属于八宿县了，翻过前面的分水岭，我们就从雅鲁藏布江流域进入怒江流域、横断山脉的核心地区。烤着炉火,看着窗外稀稀落落飘洒的雪花,我不由感慨道:"两三个钟头前,还是落英纷飞桃花闹呢,而这里却是铅云压顶雪片飞了。"从然乌岔口往南,翻过喜马拉雅山东端,是已经进入夏季的察隅;折向北行,先爬坡再下坡,90公里外是八宿县机关所在地白马镇。而中间,要通过川藏线上的最出名的"老虎口"险段。

虽然已经入春,但山高、谷深,阳光很难照进,"挂"在峭壁阴影里的公路,依然阴寒无比。几米甚至十几米高的巨大冰瀑,立在道路里侧时,像是一道光亮的冰墙;而在石壁上硬凿的内凹路段,悬挂在外侧的冰瀑就成了晶莹的冰幔。据说,从10月份开始这里的山水就慢慢凝结成冰,越结越长,延至路面,一直到次年5月才能融化。驾驶员说,"立"着的冰瀑并不可怕,还挺好看的,可怕的是结冰的路面和曲曲折折的弯道。在多冰路段行车,真是要胆大心细。胆大,是指突然发现前方路面有冰时,千万不能惊慌,也不要减速,而要稳稳地把住方向盘,径直往前冲,而且在冰面上即使稍有打滑也不能踩刹车,因为在冰面上踩刹车,无异于自杀,车子会原地打转,滑向外倾的山崖,甚至掉进深谷。没经验的新驾驶员,一般不敢在冬春季节单独走陡峭的冰雪山路,因为一紧张很容易条件反射地踩刹车,结果就酿成车毁人亡的惨祸。走弯道,更需要聚精会神,因为这段路上有的弯是向外"平躺"的"U"字形。无论是白天光线暗,还是夜间打着灯行车,很容易产生"直路"的视觉错误,而实际是"U"字回头弯处"隐藏"着一个几十米宽的深谷!驾驶员没经验或走神,会径直前行,发现悬崖在前时,已经来不及刹车,就会从"U"字口直冲下去……因此,驾驶员们把这段路叫作"鬼招手",每次都小心翼翼,提心吊胆地闯过险关。从1950年代川藏公路通车到1970年代末,20多年间,这里发生了多起车祸,其中还有客运班车坠崖、几十人罹难的惨剧。有人说,在这里就是掉下去一车银圆也没人敢去捡。民间还真有"曾经翻了一车银洋"的传言。传言是否真实,无从考证。但路险、事多,却是不争的事实。

　　八宿县白马镇，海拔3200多米；怒江大桥，海拔2740米。数十公里路程，500米的落差，只能算是"缓坡"，比起怒江桥对岸，同样是几十公里，却有两千米的落差，真是名副其实的小巫见大巫。在大桥西侧，公路沿着怒江峡谷行进，这里的海拔都不足3000米，一派浓浓春色，桃红柳绿，禾苗青青。来到大桥跟前，很令人失望，名为大桥，其实也就几十米长，夹在两面的峭壁之间，没有一点儿"雄伟壮丽"的气魄，还没来得及仔细探看桥下怒江的滚滚怒涛，车子就穿桥而过，开始哼哼唧唧地爬山了。而后的几个小时，可真烦死了人！在颠簸不平的砂石路上，颜色是单一的，上下左右一律灰黄，声响是单调的，时紧时缓始终轰轰。从桥头的山脚到几十公里外的山垭，车子吃力地在之字形中弯来拐去，不断缓缓攀升。由于路况差，坡度大，一般的大货车时速只有十几公里。一面山坡，我们整整爬了四个小时。这段著名的"七十二道弯"（也有说是"九十九道弯"，《中国国家地理》称"108拐"；可2011年一位骑车进藏的"驴友"说"只数出了四十八道弯"），远没有短短的"老虎口"那么惊险，不过是"烦人"而已。近两千米的高差，车爬得很累，水箱几次"开锅"，不得不停车休息；人也很"累"，主要是精神折磨。

　　终于翻过业拉山口了，海拔4658米，前面就是中国海拔最高的邦达机场。这座机场，始建于1960年代，位于海拔4300多米的邦达草原上，由于高寒、风大，气候恶劣，被称为"世界最难飞机场"。比怒江峡谷高1000多米，这里依旧是严冬景象，冰雪片片，衰草瑟瑟。驾驶员说，如果是夏末秋初，那真是一日经"四季"：河谷里，冬麦金黄；半山腰，青稞茁壮；再往上，野花绽放；大山顶，冰封雪冻。

　　青藏、川藏，两条干线，风貌各不相同。青藏线沿途山高坡缓，气势雄浑；川藏一线，水急谷深，路险景奇。在1950年代修建川藏公路时，数以万计的筑路官兵，历经千难万险，在基本没有现代机械设备的情况下，硬是以血肉之躯"凿"出了两千多公里的大通道。

据说为此献身的烈士数以千计，也就是说，平均每公里路面下都安息着至少一位烈士的英灵。

茶马古道第一镇芒康

由编辑转当记者，工作性质变了，自由度也大了，昌都镇恰恰位于全地区 13 县的中心，于是我就东西南北，四面"出击"，不断到基层采访。

1978 年春，我和另外两位年轻记者一起来到芒康县。这是昌都东南端的县，东与四川巴塘隔金沙江相望，顺澜沧江南下，沿着滇藏公路，可以直达云南德钦县，再往前就是现在大名鼎鼎的香格里拉，那时叫中甸。芒康，则是茶马古道由滇入藏后的第一站。

芒康最有特色的无疑是盐井。当时盐井是一个区，在县城南面几十公里的澜沧江边，比海拔近 3900 米的县城低差不多 1000 米。盐井曾经是西藏的一个宗（相当于县的行政单位），清末川督赵尔丰"改土归流"时，改为盐井县，1960 年代撤县为区。

没想到等待我们这些"迫不及待"访客的，却是寂静与凋零。我们只能通过穿"镇"而过的斑驳石板道和路两侧门窗紧闭的陈旧铺面房，想象当年这里的繁盛：一队队由"锅头"率领的运茶马帮，从滇西北进入西藏，这是第一个落脚点。周围的群众，通过这些店铺，向他们提供吃喝、休整、娱乐等服务。然而川藏公路的修通和运输工具的进步，使这些都成为过去。

所谓盐井就是能冒出盐水的井。与东南沿海的盐田截然不同，芒康的盐田不是海边平平展展、四四方方的晒盐场，而是散落在江边陡坡上的一溜溜、一块块零零碎碎的"梯田"；而下行两三百米，从澜沧江水边往上看，它们又像是一条条、一截截的"栈道"，悬挂在半山腰，"栈道"下密密麻麻地竖立着难以计数的支撑木柱。在江边，背着木桶的一位大姐把我们引到乱石堆围的盐井旁，那是一个不规则的石坑，坑口热气蒸腾，一米多深的坑底突突地冒着热水。

那就是含盐的卤水，背水人弓腰把热水舀进木桶，背送到坡上的盐田。像这样的盐井沿江边有好几口，它们其实是澜沧江河谷里的一组温泉，水质含盐成分很高。夏秋季节，江水上涨，淹没盐井；只有冬春枯水时，才能取水晒盐。

不知从什么时候起，这里就形成了"女主内男主外"习俗：制盐工作主要由妇女承担，男士只管外出卖盐。背水的女人，从井口到盐田要先走上百甚至几百米的崎岖、陡峭山道，然后攀爬近乎垂直的独木梯，最后才小心翼翼地站在窄窄的田埂上，把水倒进盐田。一块十几平方米的盐田，一般要灌注几十桶盐水。背水时，她们打赤脚。冬春季节，虽然不是滴水成冰，但也是寒风凛冽，用不了几天，背水人的双脚底板就布满了裂口，再一浸盐水，痛得钻心。但为了抓紧几个月的"黄金"时间，多晒盐，她们忍痛坚持。

这一段江的东西两岸都有盐井，但由于两岸土质不同，晒出盐的颜色就有了区别。西岸是红壤，盐田也是用红土铺垫、打实的，因此所产的盐泛着淡淡的红色。由于产盐的旺季又适逢桃花盛开，于是得了"桃花盐"的美名。东岸不是红壤，晒出的盐是纯白的。过去，盐井的盐，远销滇藏很多地区，供不应求。近几十年，随着交通条件的改善，许多地方有了充足的海盐供应，减少了对井盐的需求，但这里的盐依然俏销，因为周边许多藏族、纳西族的群众"认"井盐，说是用这里的盐打制的酥油茶，有一种特别的香味儿。

站在高处，向下俯视，形状各异的盐田，在阳光的照射下闪着粼粼波光。由于灌注有先后，田里的盐水呈现不同的颜色，淡绿的，是灌满盐水，才晒一两天的；浓绿的，是晒了多日，接近结晶的；黄绿泛白的，是大部已经结晶了。而全白的，就是完全结晶的，待基本干透，就可以拢堆收获了。澜沧江枯水季节，这里气候也很干燥，加上猛烈的峡谷江风，一般五六天可以晒、收一次，阴天就得十来天了。

那时的井盐和青稞、小麦的价格基本一样，也就是一角多钱一斤。因此，上千块盐田，几十万斤产量，除掉国税、集体提留，真正分配到几十户社员家里，也没有多少。农民的日子很艰难。

在盐井采访后，我把先赶写出的一篇3000多字的通讯交给了区邮电所，请他们用电报发回拉萨。这样，先到编辑部的稿子就可以先刊用，与后续稿件拉开一定的间隔。没想到的是，我回到昌都写的另一篇通讯却后发先用了；盐井发出的直到两个月后才姗姗而出。一问才知道，由于盐井没电，邮电所发电报全靠人力手摇发电；每天工人只能不间断地手摇两个小时。发报员两个小时只能发出二百来个汉字的电码。这样，3000多字的稿子，发了近20天！

类乌齐驯养马鹿

类乌齐县，位于昌都镇北100多公里。我曾经两次到那里采访。

"文革"结束后，西藏慢慢开始摆脱"以粮为纲"方针的束缚，注意从本地实际出发，开展多种经营。拥有丰富动植物资源的类乌齐，率先开始驯养野鹿，建起了养鹿场。虽然从县里到养鹿场有好几十公里山路，要骑马穿越山谷、渡河、翻越雪山，我还是兴致勃勃地前往探访。

鹿，一向被藏族群众视为佛前灵物，绝不妄加伤害。作为马鹿重要栖息地的类乌齐，从来没有人产生过"以鹿谋利"的想法。"文革"风暴在破除封建迷信的同时，也消解了鹿的"神圣"，但在"以阶级斗争为纲"的总方针下，以鹿生财依然是禁忌，直到改革开放的东风吹到高原，人们的心才开始活泛起来。在供销社，鹿茸、鹿肾等都能卖出好价钱。在供销社人员的开导和指导下，群众迈出了捕鹿、养鹿、割茸的探索脚步。

捕鹿先要寻找鹿群的踪迹，而鹿的感觉非常灵敏，东躲西藏，千方百计逃脱人的追逐。当地人介绍说，开始时，为了找鹿，他们往往要在几十甚至上百平方公里的山林、原野上转悠几十天，时时注意辨别风向，始终逆风而行。鹿的嗅觉特别灵敏，顺风能闻出十里外的"人味儿"，没等你接近，它们就在头鹿的带领下逃之夭夭了。接近鹿群后，不能直接上去"打遭遇战"，麻药枪根本"追"不上箭一样飞奔的马鹿；只能选择有利地形，"守溪待鹿"：趁着月色悄悄潜伏在鹿群饮水的山溪附近，等待晨曦初露、鹿群专心饮水时，用麻醉枪射猎。经过无数次失败，他们终于捕猎到几头马鹿，运回基地，在一片谷底中圈养起来。

捕鹿不易，养鹿同样很难。因为野生的马鹿性子很烈。山谷中央的鹿场，是用四五米高的木栅围起来的鹿圈，栅栏里有几百亩草场，足够马鹿活动、觅食。但初来乍到的野鹿，尤其是体壮力大的雄鹿总想逃出牢笼，它们不断地飞奔着向围栏冲击，居然有个别鹿"飞越"木栅逃走，更多的是多次"飞越"不成而累得筋疲力尽。养鹿人为此几次加高围栏，或在鹿场中间修筑隔栏，缩短马鹿助跑的距离。

鹿的灵性还表现为它"故意破坏"的能力：每到收获鹿茸的季节，都有鹿猛力顶撞围栏，撞坏自己头上生出的茸角，让饲养人枉费心机。有些鹿因此撞断脖颈而丧命。当然，这些惨烈的"抵抗"行为都发生在饲养初期，随着时间的推移，马鹿的野性逐渐磨去，养鹿场变成祥和的天地，也为当地藏族百姓带来了可观的收入。供销社收购了不少养殖马鹿的鹿茸，而过去收一对鹿茸，就意味着一头马鹿惨遭猎杀。

丁青："玛尼世界"

昌都地区最西北的是丁青县，北邻青海，西边是西藏那曲地区的巴青县、索县。丁青，藏语的意思是"大台地"，相比类乌齐，这里的坝子既多也宽。

由于远离拉萨，丁青无论政治还是宗教，与西藏旧政治宗教中心的关系都比较"松"。明朝时，这里曾脱离西藏地方政权，由一位蒙古族王公统领，那时共有六十个"族"（就是部落），后来划出二十五个给了青海，余下的三十五个，逐渐演变为四十二族。蒙古王公死后，其妻将西部索宗的三族献给了达赖喇嘛，剩下的称霍尔三十九族。"三十九族地区"的名号，由此而生。清顺治四年（1647）起，"三十九族"由清政府管辖；雍正三年（1725），清政府委派了三十九族基巧总管；1751年改由清驻藏大臣直接管治；1916年，全部复归西藏地方政府管辖。1950年西藏和平解放，1951年8月，昌都地区人民解放委员会成立，在三十九族地区设立了办事处（又称中华人民共和国三十九族地区人民解放委员会）。1959年4月，办事处撤销，丁青、色扎、尺牍三宗合并建立了丁青县，仍隶属昌都地区。

1960年代，《西藏日报》记者曾经来到丁青，采写了一篇《三十九族人民的脚步声》，记述的主要是当地农牧民积极投入民主改革，开展互助运动的情况，使人们得以了解这个远离拉萨的偏远"特殊"地区的风貌。之后十多年间，没人再提及"三十九族"，那里成为"被遗忘的角落"。

1978年初春，踏着前人的足迹，我重访"三十九族"，原本是想进一步揭开那里近乎神秘的面纱，但由于还没摆脱"文革"的惯性思维，此行没能达到预期目的。我笔下的"三十九族"人民的"新脚步"，没有跳出旧的窠臼，不过是重复了与其他地区大致相同的如何学大寨、怎样战天斗地、改变家乡面貌等内容，没有深入探究"三十九族"的历史与文化。因此，尽管不辞劳苦，往返数日骑马深入"三十九族"的核心地区尺牍，采访了多位当地干部、农民，但除了收集到"抓革命、促生产"素材，再没其他"干货"，可以说是入宝山却空手而返。那些写进报道的"先进事迹"，连我这个实地采写者都早已忘得干干净净了，更不要说给别人留下印象。

40多年后的今天，丁青给我留下的深刻印象是位于县机关食堂前面的那座巨大的玛尼堆。在此之前，我也见过多处玛尼堆，但底盘数百平方米的，仅有这一个。大大小小的卵石、石片，足有几十万块，散乱地堆成一座壮观的石山。许多石头上刻着清晰的藏文六字真言，寄托着信徒的虔敬之心。县里干部告诉我，这是一座白教

（噶举派）的玛尼堆，至少有好几百年了。的确，过路时，边念经边加上一块，积累几十万块，在地广人稀的西藏，没有几百年，根本形不成这样的规模。丁青堪称玛尼堆"世界"。县机关周围，就分布着至少五座玛尼堆，我看到的是其中最大的一座。而在离县城30公里的绒通乡，有一座号称"天下第一"的大玛尼堆。它的名字叫"乃查莫"（藏语，意为花色圣地），传说最早是文成公主进藏途中的诵经祈福之地，已历经千年。

千百年、千万人，用双手和意念堆起了遍布藏区的数以万计的玛尼堆，它们是物质的，更是精神的，难怪有人这样评价："认真地刻，认真地堆，认真地转，一座座精神的金字塔。"在极左年代，不少石块被搬走修砌"大寨田"了，但冰雪一旦消融，玛尼堆就迅速崛起，甚至比原来更加高大。

而那座号称"苯教最大的寺庙"，叫孜珠寺，坐落在丁青县城西侧几十公里外的苯教圣山、海拔4800米的琼波山上，距今已有上千年历史。寺院依山而建，除大经堂和少数佛殿，分寺、僧舍和修行小屋、修行洞，大多分布在附近的山崖、峭壁之间。孜珠寺在历史上曾遭受三次毁灭性的破坏，最后一次是在"文革"时期。党的十一届三中全会以后，丁青县成立了寺院复修领导小组，开始了孜珠寺的修复工程。经过多年努力，修复工程进展顺利，36柱的大殿、金塔殿、禅院、讲经院等，陆续修复。金塔殿中有纯金打造的杰林巴上师肉身灵塔、桑林班玛格旺灵塔、用药泥塑成的无量寿塑像等。供有苯教经典《甘珠尔》的经堂中，有镏金的誓愿无边佛像，其背面有十二仪轨诸神塑像，壁面绘有祖师辛绕弥沃的一百业绩及十二大业绩。

在西藏时，我只简单地知道苯教是西藏本地原始宗教与佛教的"融合体"，俗称"黑教"，后来才得知，藏传佛教信徒许多独特的祈福方式都与苯教有关，比如转神山、拜神湖、插风马旗、插五彩经幡、刻石头经文、给玛尼堆添石、使用转经筒，甚至磕长头，据说都是苯教的习俗。

丁青与邻近的那曲地区的巴青、索县以及青海省南部、四川西部的藏区，是苯教信徒的主要聚集地。据不完全统计，西藏现存90座苯教寺庙中，丁青就占了31座。

亚塔打破"大锅饭"

波密，虽然不像"西藏江南"——喜马拉雅山南麓的察隅、墨脱那样四季繁花似锦，但相比其他多数地方，气候要好得多。由于平均海拔低，河谷地带大多在海拔2500—3000米之间，植被丰茂，物产丰富，适宜越冬作物生长。但"一大二公"的人民公社体制严重束缚了生产的发展，原本可以凭借自然优势过上富裕生活的人们，却守着"金饭碗"，过着艰难的紧日子。

盛夏的波密山青水绿，满目葱茏。我骑马沿着河边的小路，前往山谷深处的亚塔公社采访。据县里介绍，那里由于改进管理，生产搞得好，社员分配高，日子明显富裕些。雨后的山间，空气如洗，马蹄得得，带飞片片草泥，也扬起阵阵泥土清香。河流两侧的梯田，冬麦已经泛黄，晃动着饱实的穗头，长芒的青稞已经开始灌浆。看来是一个丰收年景。马儿穿过一片桃林，抬头看，挂满枝头的野桃周身淡绿；低头看，树间空地上一片暗红。仔细瞧，哟，原来是一簇簇"蘑菇"，顶起腐叶，露出大大小小的伞盖。我下马仔细查看，拨开覆盖的残叶，下面的"蘑菇"竟都是大大小小的灵芝！它们不像一般蘑菇那样脆软，而是坚韧、具有弹性。顶盖和支柱表层，像是涂着紫亮的"漆皮"。就是灵芝！我再次确认。同行的藏族干部却毫不在乎地说，这种"蘑菇"到处都是，一点儿也不稀罕。听说能当药，但不像别的蘑菇那样能当菜吃，因此当地百姓对它们"不感兴趣"。的确，一路上我看到多处这样成片的灵芝，大大小小、密密麻麻，似乎真的"没人打扰"。就是因为偏僻、交通不便，这么宝贵的资源才没人理会。

"嘿，看那是什么？"同伴一声惊呼，打断了我的思绪，顺着他的手往上看，离地四五米的树丫间，长着一个圆乎乎、毛茸茸的奶白色球体。"今天好运气，那是猴头菇啊！"我们急忙下马、爬树，小心翼翼地取下了雨后刚刚长出的嫩猴头。同伴说："据说猴头菇是成对生长的，附近肯定还会有一个。"说着就仰着头四下里搜寻，我也跟着寻觅。可脖子都伸酸了，我们也没找着那个"孪生兄弟"，只好带着遗憾继续赶路。午间在部队食堂搭伙时，炊事员特地用罐头猪肉炖了那只鲜猴头，我没吃出特别的味道，全被罐头猪肉的味儿盖住了。

我采访的主要对象亚塔公社，在内部管理方面，的确与其他地方不同。他们把"大寨记工法"和生产队定期的"自报公议"计分，变成分组按责任计分。这样就在原来的干多干少"八分半"的平均主义"大锅饭"上打了一个缺口。为了多得"分"，各责任组的社员甚至采取了集中食宿等方式，早出工、晚收工，大大提高了工效。虽然没叫"包"，实际就是内地农村已经实行的那种小段包工。可见，为了吃饱肚子，农民有得是解放生产力的办法，无论内地还是西藏都一样。

在亚塔，我还采访了一户社外单干的富裕中农。那家劳力多、牲口壮，当家人能力强，因此地种得好、产量也高。公社领导人对这家人态度颇为友善。把责任与利益捆绑，是走向家庭联产承包经营的第一步，解放思想的大潮也开始影响这一偏僻山乡。我的有关调查报告发回很长时间后，才被刊用。出乎意料的是，这一被"压"了多时的"老稿"《亚塔公社是怎么富起来的？》竟占了《西藏日报》头版上半个版！也许它的命运，正反映了当时全社会起伏跌宕、相互交锋的思想实况。

记者行路难

我在西藏时，还没有从拉萨到下面县里的客运班车。因此下乡采访，基本都要自己"找便车"。下到基层以后，继续前行或者返回，"便车"很难找。在公路边从早到晚，一整天也搭不上一辆车是常事，有时甚至要等三四天。好不容易搭上一辆，也要遵从驾驶员的意愿，他想歇就歇、想走就走。

1978年夏天，在波密采访后，我想搭车回拉萨然后回内地休假，就等了三天才搭上一辆回拉萨便车。本来当天可以趁着天气好，开到200多公里外的林芝休息，可驾驶员贪图通麦低海拔（海拔1900米，是川藏线上西藏境内最低的地方）的"富氧"，只开了不到100公里就决定休息了。

　　在绿树环绕的通麦运输站，用过晚餐，大家早早睡下。虽然是大通间，密密麻麻摆放着二三十张床，但总算有自己"独立的地盘"和铺盖。这不禁勾起我对前两年一次尴尬遭遇的回忆。那次也是搭乘便车，与驾驶员投宿于一个支线公路上的运输站。走进宽敞的大客房，可真是"一间屋子半间炕"：大通铺刚好占了半间屋。铺板上光溜溜的，左侧靠墙处，堆放着乱糟糟、灰黄色的破棉絮。怎么睡啊？驾驶员慢悠悠地说："我来教你。"只见他先抱起一堆棉絮，在铺板上铺了个"窝"，然后又抱来一堆棉絮放在"窝"边，说这是"盖的"。我照样学样地"筑窝"，然后准备脱衣睡觉。他拦住我说："先别忙，你还得跟我学。"说着，他走到离"窝"最远的房间一角，从外到里，脱光了全身衣服，连贴身短裤都不剩，然后迅速跑上铺、躺进"窝"、盖好棉絮。我被他的动作惊呆了，愣站着不知怎么办。他催促着："还发什么呆啊？快脱快脱，裤头也别留！"我顺从地脱了个精光，也飞速进了"窝"。他这才解释说："这些破棉絮中，什么小动物都有，为了防止带走，只能这样赤条条地应对。明天早起还是看着我怎么办，你就怎么办。"光溜溜地蜷曲在污浊的棉絮堆里，久久难以入睡，总觉得有无数"动物"在皮肤上缓缓爬行……大概也就迷迷糊糊地睡了三四个钟头，驾驶员就叫起了。只见他掀开身上的棉絮，站在铺板上用双手从头开始，依次往下认真划拉，最后还跳了跳，说是要把所有"小动物"全都抖落干净。确认彻底"干净"了，他才走到屋角去穿衣服。我照样重复。

　　回想起那一幕，我不由暗暗地笑了。心想，这里既多氧，又干净，比起"那次"简直就是天堂了。但是，没多一会儿，窗外传来的淅淅沥沥的雨声，就驱散了我安适的心情：这场夜雨，会不会引发前面路段发生塌方甚至泥石流？道路会不会堵塞？躺在床上的我焦心地听着雨声,心里不住翻腾,一点儿睡意也没有。总算熬到了预定的起身时间,黑暗中,我问:"下了大半夜雨,还能走吗?"一位驾驶员回答:"不走更麻烦!趁前几天没下,一夜雨还没把山体浸透,抓紧赶快走。如果连着下,路会塌方更厉害,可能几天都过不去。"

摸黑只走了十多公里,我们就来到了一个断桥的桥头。3个月前,这座竣工通车刚刚一年的钢筋混凝土拱桥,被一次巨大的泥石流摧毁。一百多米的桥身被拧成变形的麻花,横躺在百米以外的河道当中。夏季涨水时节,桥身离水面也有十多米,可见泥石流暴发时,水流、泥流挟裹着巨石,冲击力之猛烈!

这一川藏线上被称为"魔鬼路""癌症路"的路段,不过十几公里,因为每到雨季都塌方不断,经常堵塞,年年修年年塌、年年堵,年年砸车伤人,甚至把满客的整车推进滔滔江水。1960年代初,时任西藏区党委书记夏辅仁,在这里冒着时发时停的落石,与随行人员一起下车步行通过时,被一块拳头大的飞石击中头部,不治身亡。1967年8月29日,这里又发生了一次更加惨重的灾难。一支运输进藏物资的部队车队途经此地,刚好遇上特大山洪、剧烈山体崩坍。十位官兵,冒险探路,不幸全部罹难。事后,中央军委通令嘉奖,授予他们"无限忠于毛主席的川藏运输线上十英雄"的荣誉称号。1970年代中,为了"根治癌症",设计施工单位采取了避绕的方案:在公路西侧靠近"魔鬼段"的地方,先修一座跨江拱桥,把原本沿帕隆江北岸的公路,改向南岸,在江南岸劈山炸石,新开一段沿山公路,十多公里后,再修一座跨江拱桥,使公路回归北岸。用一个新的"U"字,避开北岸的那段"魔鬼"路段(U字的上口部分)。让人没想到的是,"U"字路仅仅使用了一年,泥石流不光摧毁了下游的拱桥,而且削掉了南岸新路的大半路基,逼迫人们不得不重归北岸旧路。为此,一支专门的排险维修队伍在西侧的桥头长期驻扎,每天清除路面障碍,保障大动脉通畅。

如今,我们来到了断桥桥头,驾驶员停车,大家一起下车,向伸向黑暗的拱桥"断臂"方向看了看后,便默不作声地上车,顶着夜雨,开上了坑坑洼洼的北岸老路——"魔鬼路段"。没想到在冒险冲过一个泥沙下泻的斜坡后只走了两三公里，我们就被路面上大大小小的石块挡住了。我们赶忙下车查看，边往前走边顺手搬开挡道的石头。嘿！越往前石头越多、越大，开始多是一个人能搬动的，后来是得两个人搬的，再后来就是体积两三立方米的大家伙了，人力根本搬不动。更可怕的是，就在我们七手八脚搬石头时，黑乎乎的山崖上方传来了噼噼啪啪的石块滚落声！其中几块竟"嗖嗖"地带着气流从我们身边、头顶飞掠而过。"不行，弄不了！闹不好要伤人！赶快撤！"我搭的那辆车的驾驶员果断地下了撤退命令。我们快步退回停车的位置，躲在驾驶室里避雨。

5点多钟，天还全黑着。驾驶员趴在方向盘上打盹，我则毫无睡意地呆看着灰蒙蒙挡风玻璃上的道道雨水。突然，我一扭头，仰视了一下公路内侧的山坡，参差的山石和树木，给人一种沉重的下压感觉。不会像前面的山体那样塌下来吧？这一闪念，驱使我紧迫地叫醒驾驶员："师傅，咱们是不是往后退退，万一旁边的山石塌下来，就会砸到咱们。"师傅抬头看了看，觉得有理，立即下车指挥后面三辆倒车。

倒了大约五六十米，大家重归沉寂，等待天亮后再想办法。我也后靠着打瞌睡。也就一刻钟左右，一阵轰隆声把我惊醒：啊！前面几十米的地方几大块山石连带着树木垮塌到了路面上，恰恰是我们先前停车的地方！"好险啊！记者，你救了大家的命！"师傅睁大眼睛吃惊地喊道。

天大亮了，雨也变小。我们纷纷走下车，活动腿脚，查看路况。这会儿能完全看清楚了，滚石的路段有两三百米，上方的山体就像是一个破了皮的薄皮大馅包子，也就三四十厘米厚的泥沙表皮下面，不是规整的山石，而全部是互不粘连、疏松的碎石块。薄薄的表皮，一旦被雨水浸透，就很容易滑落、破口，而雨水通过破口渗进"馅"里，就像给石块间注入了"润滑油"，积累到一定程度，稍有震动，哪怕是汽车经过，松散的石块就会向下滚落。看着前方路面上大大小小的石块，我们束手无策，只能等待专门的排险队伍前来救援。据最近跑过这段路的驾驶员说："那个公路工程队早8点上班，也快了。"

等了一阵后,一位驾驶员突然想起那天是星期日:"他们不会休息吧,那咱们可就惨了!"怎么办?得有人去报信,请他们赶快过来救援。谁去?片刻无声。闪电思索后,我主动请缨。理由是他们都有"自己的车,不便离开",只有我是"空闲人"。大家认同我的理由。其实,我不光有大义凛然的气概,还有一点儿私心:总有一种危险感,担心再发生更大规模的山崩、塌方。要知道,1967年8月的那十位英雄,就是在这里罹难的;几十年里,在这里丧生的生灵数以百计,包括那位被飞石击中的区党委夏辅仁书记!和大家一样,我恨不能立即逃离这一险境。报信,既是正当的理由,也是难得的机会。

加上后续的来车,十多位"路友",像礼送壮士那样为我送行。一位师傅递给我一件皮大衣,让我顶在头上,以防被石块打伤;几个师傅叮嘱说:"千万别慌,一边留心飞石,一边找道往前走","像战争片里躲炮弹那样跳着走,看准一块能挡住滚石的大石块,跑过去趴在后面躲一会儿,再继续走","我们会帮你盯着上头,发现滚石头,我们就大喊,你就趴下躲……"与大家握手道别后,我毅然向滚石区走去,满怀悲壮的豪情。

一踏进乱石密布的路段,我的大脑立时一片空白,既没有豪情,也没有了惧怕,只机械地透过头顶的大衣缝隙,双目圆睁,扫看着上方;双腿则不由自主地在石块间"蹚"行。随着一阵阵高声的喊叫,我机警地紧趴在最近的巨石后面,躲过一块块飞石。好像很快,我便跌跌撞撞地"飞"过了滚石区。终于看到没有石块的平地啦!我掀掉头上的大衣,望着200多米外欢呼的同伴们了,我却一屁股瘫坐在地上,情不自禁地放声大哭起来。十几秒的充分宣泄后,我的大脑恢复清醒,止住抽泣,发现两条裤腿下半部分被乱石剌出了好几个破口,腿上也有几处伤口渗出了鲜血。总算完整地闯过来了,我站起身,放好大衣,朝同伴方向挥挥手,扭头向工程队驻地方向走去。看看手表,200多米的距离,好像只是一瞬间,而实际我用了近半个小时!有生以来,不是因为悲痛,而纯粹被惊吓得大哭,仅此一次。

　　转过一道山弯，再看不到"滚石区"，也看不到同伴们了，我一下子陷入异常的孤独境界，除了断崖下阵阵涛声，前路一片空寂，静得瘆人。我尽量放轻脚步，因为师傅嘱咐："过了滚石区，也千万别大跑，山都'酥'了，一点儿动静都可能引起垮塌！"为了保险，我还不时"投石问路"：看路边的情况"不对劲"，就捡块石头甩出去，制造"动静"，排除险情。就这样，走走、扔扔、看看，两三公里路我走了足有一个钟头。看见拱桥了，也看到桥西边坝子上工程队的白色帐篷顶了。我终于忍不住加快了步伐，最后几十米干脆大步流星地跑了起来。意外发生了，"咚咚"的脚步惊动了路边的一坨山体，连着上面的几棵松树，呼的一声，在我身后垮塌了下来，幸好没砸到我的身子，一块石头砸到我右脚的后跟，把鞋子砸咧了一个口子，却没伤到脚。好险，好险！

　　一位在路边刷牙漱口的工人看见走向他的我，很吃惊地问："你从哪儿来的?!"我说明情况后，他把狼狈不堪的我带进了工程队负责人的帐篷。队长又问了一遍情况，严肃地责问："这段路，人家白天都不敢走，你们为什么半夜走？玩儿命啊?!"我说自己只是搭车的记者，师傅要走，我也没办法。他这才缓和下来，让我赶快洗洗，吃早饭。我说："那边还等消息呢……"他说："没问题，你先吃饭，休息。我们吃过饭，马上出发。"果然，没几分钟，他们就集合出发了。他们排成一列纵队，全部戴着安全帽，有的扛着大锤、钢钎、撬杠等工具，有的扛着整箱的炸药，头尾两名工人各执一面小旗。据说发现险情时，这两位"侦察兵"就一边吹哨、一边挥动小旗，指挥大家躲避。

　　见我拿着一个馒头也跟了出来，队长阻拦说："你就别去了，在这儿等着吧，去了，也帮不上什么。"我执意要去，就跟在队尾往前走。但才走出不远，到了砸坏鞋的那个垮塌地方，不知怎么，我就迈不开步子了。眼看着工程队沿着山路越走越远，我却停在原地踟蹰不前，不去吧，觉得对不住一同"患难"的伙伴们；去吧，又冲不破强大的心理障碍。激烈的思想斗争可真折磨人！前面的工程队已经转弯不见了踪影，我终于鼓足勇气，飞跑着追了上去，精神一下子放松了，像是甩掉了一块压在心头的大石头。也就 20 多分钟，我来到了"滚石区"的西端。对面的一些伙伴看到我时，都挥动双手兴奋地打招呼。我也频频挥手致意。工程队很快进入状态，在队长指挥下，两名工人先在"滚石区"选定地点放置了炸药。一声轰鸣，峡谷震荡，沿着"破肚"的山体，稀里哗啦地"洒落"了一阵密集的"石雨"。队长告诉我："这是通路的第一道程序，'敲山震石'，把经过一夜雨水渗透、已经处于滚落'临界'状态的活石，用爆炸震下来。我们再进入路段清除落石时，一般就不会有石头滚落了。"硝烟散尽，工人们拿着工具进入滚石路段，有的搬、撬小块的石头，有的在大块石头上抢锤、打眼，准备将其炸碎。

确实什么也帮不上的我，呆看了一个多小时后，返回了工程队驻地。直到下午 4 点多，汽车的马达声响由远而近，通车啦！我重新上了搭乘的便车，继续返回拉萨的路程。12 个小时，我们在生死线上走了一遭，终于闯过了"鬼门关"。

探访险恶之地三岩

1978 年，注定载入史册，年底的十一届三中全会开创了中国政治、经济、社会发展的新纪元。恰好在内地休假的我，第一时间沐浴到了社会变革的春风。在北京，我访问了新建立的中国社会科学院研究生院新闻系，新生中，不光有老大学生（其中就有我西藏日报社的同事罗茂城），还有没进过大学门的中学生。

在社科院的见闻再次激发了我读书的希望。假满返藏后的第一件大事，便是到报社与总编辑李文珊"斗争"，争取报考大学权利。这次我改变了斗争策略，采取"敌驻我扰"的战术：每天清晨到李文珊的宿舍窗前，一声"早上好"后接着问："老李，我报名考学的事研究得怎么样啦？"此时的李文珊下夜班不久，正是疲乏酣睡之时。第一天，他迷迷糊糊地说："哎，小吴，再容我考虑考虑。"第二天，他"告饶"："怎么又来了？我刚睡着，你可怜可怜老汉吧！"

第三天,他终于不耐烦了:"得,得,惹不起!考大学,就不必了;报考研究生,能考上,就放你走。考不上,你就得死心,安心工作!"要的就是这句话!

我急如星火地找车回昌都,离考试只有二十天了,俄语、新闻理论、新闻史、汉语、历史、政治,我像没头苍蝇一样,各科乱撞着复习。

我在昌都参加了1979年的研究生考试,自觉成绩"很差",考完立即下乡,开始了一次远途采访。我接到成绩单时,已是差不多半年后的9月,考取的新生已经开学了。一年后,我再次参加考试、被录取入学后才知道,前一年我的成绩并不是很差的,虽然没达到考前公布的录取分数线,但"上门找找"就可以被录取。的确有几位成绩不如我的考生因找上门如愿以偿了。当时远在天边的我,既不知道这一特殊信息,也不可能自行离岗返回内地陈情。

结束考试后的采访目的地是昌都贡觉县。贡觉,藏语意为"佛地",活佛定居的地方。在这块"佛地"上,更吸引我的却是一个出名的"恶地"——三岩。三岩,是藏语"saai"的音译,意译则是"险恶之地"。

三岩位于贡觉县东部、金沙江西岸,隔江与四川白玉县、巴塘县相望。由于山崖陡峭,沟壑纵横,交通极其不便,这块"夹"在川、藏之间金沙江大峡谷的地域,在历史上长期处于"几不管"状态。清朝末年,刘赞廷在《边藏刍言》中有这样描述:"崇山迭耸,沟溪环绕,森林绝谷,出入鸟道,形势危险。"由于地势险恶、土地贫瘠,不少三岩人以抢劫为生,并以血缘为根基组织起来一致对外。文献记载三岩为"化外野番,不服王化,抢劫成性,不事农牧"。而三岩又恰处南北两条"茶马古道"的中间位置,有抢掠之"便"。频繁的袭扰,使中央政府、西藏地方政府都将其视为心腹之患。1770~1780年,三岩人"劫抢达赖喇嘛茶包,并毙护送人等",终于惹恼了乾隆皇帝,他钦命四川督抚与噶厦共同进剿三岩,但无功而返。100多年后,1897年,四川总督鹿传霖再次派兵进剿,不仅因"人强山险"未能剿灭,反而送银四万两"安抚",还"割巴塘土司蒋工之地相送",以此"保路钱,饬保大道不出劫案"。但事与愿违，此后劫案依旧不断发生。清兵进剿，屡剿屡败。直到清末宣统二年（1910），川、滇、藏边务大臣赵尔丰才联合德格土司攻克三岩，并改土归流，在三岩设置武城县，划归四川巴安府（今巴塘县）管辖。1919年，西藏地方政府派藏军驱逐川军，在三岩设宗，派"宗本"（相当于县长）治理。民主改革后，三岩改宗为罗麦、雄松两区，并入贡觉县。

到贡觉，就听说三岩有一种说法，"不会杀人，不算三岩男人；不会打枪（多为火药枪），不算三岩女人"。三岩非常流行家族间的械斗，为一点儿小事就"刀兵相见"。械斗的"规矩"是，开打前，先把家里的妇女送回娘家才正式动手，直到把一方打服才罢手。双方肯定各有死伤。由于民风强悍，三岩的最高长官宗本基本不住在三岩，而是住在昌都，只每年收税时节，带着护卫前往课税；收完即刻返回。有的宗本在外出路上，遭遇"黑枪"袭击；有的宗本躲在官邸里还被暗算丧命。

三岩地区的建筑多为碉楼。碉楼底盘占地面积不大，却尽量向上延伸，最低的三层，高的五六层，通高达二三十米。碉楼四面是混杂石块的坚厚土墙，只留一个户门，低层不开窗户，三层以上才设小窗。大的楼内有天井，小的进门即进屋。楼层之间由独木梯相连。这种"鬼子炮楼"式的建筑，与山势陡峭的地理条件有关，也与频繁械斗的民风有关。在没有火炮的冷兵器时代，这种碉楼易守难攻，很适宜坚守、顽抗。即便被敌方破门，还可以抽掉独木梯，逐层抵抗，等待救援。碉楼外表浑然一体，固若铁桶，只有一个设施例外，就是厕所。为了保持内部洁净，但又要保证安全，厕所一般设在高处，在楼墙上开一个方洞，安一个三面透风伸出楼墙的木笼子。如厕者，可以或蹲或站在笼子底部的木杠上"方便"，排泄物即飞坠墙外山坡。据说一位新任的宗本，从上任起就足不出楼，只传令群众按时到官衙缴税，经常制造借口，额外敲诈。群众对其恨之入骨。经过多日暗中观察，山民摸清了宗本的起居规律，发现此人非常谨慎，如厕多选在夜晚。几个枪法精湛的山民就在夜幕降临之后，躲在官衙附近"恭候"。一连几夜，终于确认那天"入笼"

如厕的就是宗本本人,于是守候在笼下的枪手,瞄准上方笼内的"猎物",扣动了扳机。宗本被杀,凶手却趁着夜色逃散。从那开始,宗本就变成了每年短期到任的"征税官",绝大多数时间,三岩处于无法无天无官无管状态。西藏的一些歹徒作案之后,为了逃避追捕、惩处,就逃往这个"法外天堂",为那里不断输入新的彪悍力量。直到1959年平息武装叛乱,据说还有部分残匪逃进了三岩的山林。

在贡觉县机关附近采访了几个县里推荐的先进点之后,我向县领导提出前往罗麦区的请求。得到的是"一致否定",理由很简单,一是那里没什么可采访、值得宣传报道的事迹;二是路途太远且不安全。我没有放弃,继续软磨硬泡,反复申明我的理由:民主改革都20年了,没理由继续让那里成为新闻报道的空白区;对于有着特殊历史的三岩,不光读者关心,各级领导也很关注,记者有责任反映那里的真实情况;我连藏北无人区都去过,去罗麦的3天骑马路,根本不是什么事,况且解放都那么长时间了,哪还有什么残匪杀人越货;等等。此时,"私人交情"发挥了作用,两年多前我在拉萨、山南随团采访时结识的一位朋友曾万和,正是贡觉县的副县长,几次三番的央求,他终于松了口。

当时从贡觉到罗麦不通公路,翻山越岭,单程骑马要走3天,途中只有两个居民点。长期分管农村工作的曾副县长,也有很多年没去过罗麦了。为了我的这次行程,县里做了周密安排,除选派一名藏族干部与我同行,担当翻译兼"保镖"外,还派人沿途通知,为我们准备好马匹。

让我意外的是,除了铺盖、锅碗、酥油、糌粑、茶叶、盐巴、火柴,曾副县长还让我带上他的一把五四式手枪!我连忙摆手拒绝,还紧张地说:"不带,不带!没枪可能一点儿事也没有,挎上这把枪可能反而要'招惹是非'了。真有歹徒,可能会为抢这把枪而对我们动手!"曾却一脸严肃地说:"情况复杂,不带不行!"我依然坚持不带,他竟果决地说:"不带,就别去了!本来大家就不想让你去,正好省事了。"我一看要僵,就勉强同意带枪,并立刻试着斜挎起了他的枪套。他问我:"会用枪吗?""会啊,还打得挺准呢。"我在北京上中学时就是少年宫射击队的,实弹射击成绩不错,在西藏也没间断摸枪。他却不屑地说:"不是问你会不会放枪,是'用'枪!"有什么区别吗?"有。我先告诉你,枪不能这么明挎着,而应该不带枪套,把枪放到你随身背的挎包里。这样不会引起旁人的注意。在行路时,与人狭路相逢,一定要主动先找一个'有利'位置站住,不要在行进中相交;是峡谷中的山路,一定站在靠山的里侧。站住后,要悄悄地把手伸进挎包,打开手枪的保险,扣住扳机;在目送陌生路人从自己马前走过时,要暗暗地把包中的枪口对着他的要害。因为康巴人都有随身佩刀的习惯,如果真是歹人,他最可能是利用交错的近身机会,猛然抽刀横砍。自己选有利位置避让等候,就是避免交错,不给他机会。暗中握枪,只要发现他有异常进攻举动,就省去了从腰间的枪套掏枪、开保险、举枪瞄准等程序,迅速地隔着包抬手射击,击打对方。"

听他这么一说,原本不紧张的我,心里不禁发毛。曾副县长又说,这次你们走的是直插罗麦区委的路,不绕道雄松,如果先到通车的雄松,再从南往北沿着金沙江边的山道去罗麦,那就更悬了。那段山路就像一条"贴"在峭壁上的细线,有的地方是硬从石壁上抠凿出来的"槽",有的地方是用石块加木棍搭起的栈道,下面就是数百米的深渊,直到江边。多数地方只能容一人或一马通过,连避让的空间都没有。因此不能让你走那条路。过去,还发生过多次连人带马坠崖事故。

接着,他又问:"晚上睡觉时,你准备把枪放哪儿?""放在脑袋下面枕着。""错了!得放在被窝里,右手旁边,而且要子弹上膛、打开保险!再有,无论房间怎样,一定要睡在背后无窗、面对房门的墙下。半夜只要觉察到异常的动静,千万不能点灯,而要不动声色地原样躺着,暗中握紧枪,扣住扳机,隔着被子将枪口对着房门方向。只要有人突然破门而入,就躺着放枪,打击来犯之歹徒。"我听得目瞪口呆,看着我的呆傻样子,他神情缓和下来,笑着说:"这些都是前些年鲜血换来的经验,近年来情况好多啦,已经很少发生恶性事件了。不过教你点儿'防身术',有备无患,没坏处。"

康巴流行的婚姻形式

怀着忐忑的心情，我与翻译旺堆出发了。旺堆上一次去三岩，是1961年，18年过去了。他告诉我："别说我，县里干部去过三岩的也没几个。"

我们第一晚的投宿地就定在油扎公社，那里离县城六七十里，再往前就是一段上百里的"无人"路段，根本不可能找到借宿的人家。旺堆的装备很张扬，一支从县武装部借来的半自动步枪斜挎在身上，跃马扬鞭，雄姿勃勃。我则遵从曾副县长的叮嘱，把手枪放入挎包。

傍晚时分，我们来到一座三层藏式建筑的山坡前，旺堆发出了一阵"咯嘿嘿，咯嘿嘿"的呼叫，很快，天台上的一位藏族妇女发出了清脆的回应声："是旺堆拉吗？是不是要带客人来借宿啊？"旺堆做出了肯定的回答，妇女热情地高喊："欢迎，欢迎！"尽管康巴话与我熟悉的拉萨话有不小差别，但对话的大意我还能听懂。

驮着人和行李的马，吃力地爬上山坡，迎出大门的主人，热情地把马牵进院子，拴到槽前，又卸下行囊，帮我们搬上二楼。

这是一栋很有规模的建筑，旧主人肯定是当地有身份的领主或代理人。小城堡式的建筑，底层照例是马厩、库房和旧时"下人"们的居所，主人一家则分住在二楼、三楼。环绕天井，每层大约有七八个房间。我们被安置在一间客房里，刚刚打开行李，女主人就送来了盛着热水的铜盆，招呼我这位"贵客"洗脸。

简单整理、洗涮之后，我们被引进一间足有30多平方米的宽敞的大房子。在靠近中央火塘的位置，我客气地盘腿坐下。借着火塘的熊熊火光，我扫视一圈，围着火塘，竟坐着不下十个人。20多只眼睛此时都直勾勾地盯着我这个"不速之客"。女主人手执硕大的铜勺，逐一向摆在各人面前地板上的茶碗里倒茶。一片静默中，我突然有一种异样的感觉。"这是社员家，还是生产队会议室？"我忍不住问旺堆。"当然是社员家啦！""这么大的一个家，怎么没有一个小孩儿呢?"我接着诧异地问。"是啊,这个家就是没有小孩儿。""那他们都是些什么人?之间是什么关系?""哦,给大伙加茶的两位,是家里的女主人,姐妹俩;其余十个是她俩的丈夫,都是亲弟兄。"啊!?早就听说康巴地方当时仍盛行别处已经很少见的多妻多夫婚姻,但这么大"阵容"的多妻多夫家庭,还真着实让我大吃一惊。我不由随口调侃了一句:"正好一个正规班,两位女主人是正副班长。"

我和旺堆对话时,几乎全屋子的人都一边静静地喝茶、吃糌粑,一边注视着说汉话的我们。显然他们一句也听不懂。旺堆听了我的调侃后,不由自主地笑了笑。身边的一个汉子赶忙用藏语问他:"笑什么?"旺堆也用藏语作答,那汉子随之也爽朗地笑了起来。他们的藏语问答,我听懂了,于是忍不住用拉萨藏话,重复了那句调侃。没想到,我的藏话引起了满堂大笑。

排除语言障碍,交流异常坦诚、痛快。康巴人粗犷、豪爽的性格,得到了充分展现,问的直截了当,答的毫无隐讳、羞涩。

问:你们都多大年纪?

答:阿加拉(藏语,大姐),都是30多岁,姐姐比妹妹大3岁,37;我们十兄弟,我最大,今年41,最小的21。

问:你们平时怎么住?怎么过夫妻生活?不会争执打架吗?

老大边笑边摇头:不会,不会。两位阿加拉有自己的房间,我们十兄弟也都有各自的房间。大家按一定的次序,每天分别有两个人到阿加拉房里,与她们一同睡。偶尔有人想"插队",就在那天下午发出"请求"——把自己的一条裤腰带挂在阿加拉的房门口;原本轮到的人知道了,会自觉让他。当然,这种情况很少。因此我们和睦相处,很少吵架。

问:如果阿加拉怀孕,生下孩子怎么论?

答:那很简单,小孩是大家的,但是只管大哥叫阿爸,其余都叫叔叔。

因为说的是他们的家务事,其余兄弟兴趣越来越低,加上一白天的劳作,大家纷纷打着哈欠陆续回屋休息了。看着一旁不断打瞌睡的旺堆，我也知趣地结束谈话，回房安歇。躺在矮矮的藏榻上，我久久不能入睡。不知道今天"值班"的是哪两位？他们会笑话我这个汉人的少见多怪吗？

第二天起身吃早饭时，家里的男丁已出工了。我们在女主人的招呼下，喝茶、吃糌粑，收拾行囊，很快踏上旅程。下山，穿村，上山，不一会儿，油扎就被"踩"在了脚下。沿着一条崎岖的山道，我们爬上一道山梁，然后顺着山脊继续南行。两旁的地势渐渐拱起，植被也明显变差，这是一块夹在两道峡谷间的高坝。其中有一段的地貌很特别，竟然像刚刚被犁松、耙平的农地，虽有起伏，但呈现一码的棕黑颜色。其间还不时能看到小动物奔跑、跳跃的身影。"这里有人耕种吗？""没有啊。""那这坝子怎么这样？""这是地老鼠和旱獭破坏的。"旺堆说。原来，由于冬春时节缺少食物，附近山里的地老鼠和旱獭便集中到这片土质松软的坝子上来觅食，草根成为它们啃噬的对象。地窄，小动物多，坝子就被糟蹋成了这副模样。几年前在藏北蹲点采访时，就听说地老鼠和旱獭，是草原的破坏力量，没想到会在这里得到了验证。

而就在穿越坝子的途中，迎面来了一位骑马的"独行侠"！盘在头顶的发辫，镶着貂皮边饰的皮袍，横挎于腰间的长刀，典型的康巴汉子！我条件反射地想起曾副县长的叮嘱，早早地勒马避到了离路三四米远的地方。旺堆却是毫不在意热情地向对方打招呼。我紧紧地盯着那人的两手，把包中的枪口对准了他的上身。没想到，那人只和旺堆简单互相问候了一下，连头都没转，就扬长而去了。

下山后是一条十来米宽的河，水不太深，但水流湍急、浪涛滚滚。旺堆在前面探路，我紧随其后。只五六分钟，我们就策马蹚过激流，河底的乱石，几次使马趔趄，但经验丰富的我都紧夹马鞍、勒缰应对，化险为夷。中午时分，我们就在河边支锅煮茶，用了第一顿野餐。之后的路一直是沿河而行，时左时右，一直到天色擦黑，我才朦朦胧胧地看到远处炊烟笼罩下的一个村落。

摇摇摆摆，唧唧吱吱地走过村头的一座简易吊桥，我们牵马进了桥头的一个小院。这是专为过路人设立的"驿站"，马厩左端是一间住房,右端堆放着一些柴火和喂马的干草。一大群藏族小孩儿好奇地跟了进来,看我们拴马,加草,搬行李进屋。旺堆用锅从窗外的河里打来水,点火煮茶。小孩子们则挤扒在窗沿上,像看珍稀动物一样打量我。

我看这些孩子无论男女都留着长长的辫子,就问道:"男人留辫子有什么好处?"他们只是笑,没人回答我的提问。一个大点儿的孩子用藏话问旺堆:"这个拉萨来的'本部钦'(藏语,大官)是干什么来的?"旺堆严肃地说:"是来给你们剪辫子的。"此言一出,孩子们"哗"地四散跑走了。我赶忙说:"可别乱说惹出麻烦。"他不在乎地说:"没事,没事。"说着就朝窗外远处的孩子们说:"是开玩笑的,他不是来剪辫子的。"孩子们半信半疑地慢慢回拢过来。

我问他们公社的书记在不在,他们回答说上山放牛去了,还没回来。一时没事,我就接着刚才的话题,继续说"辫子"。我说,女孩子留长发,是为了好看。男孩子留长发,不男不女的,不好看;而且洗着不方便,会生小虫子。再有,你们这里经常打架斗殴,阶级斗争也很尖锐复杂,万一打架,长头发很容易被对方揪住,就难免吃亏……我还说,你们看金珠玛米都是短发,没有留辫子的。小孩子们听得很专心。看看天已全黑,我就与孩子们说,该回家吃饭了,散了吧。如果看到支部书记,就请他晚上来一下。多数孩子准备走了,有两个小男孩却站着不走。旺堆问了原因,不禁大笑:"他俩听了你的话,决定请你帮助把辫子剪掉。"我也笑了,连连说:"别急,别急,我真不是来剪辫子的。回家问问阿爸阿妈再说,要剪也是他们给剪。"孩子犹犹豫豫地走了。

晚饭后,支部书记来了,是一个四十来岁的中年汉子。放牛回家的他,匆匆吃了几口糌粑就来了,几个孩子专程上门"传达"了我的邀请。从他那里,我得知这个公社共有 70 来户、不到 300 人,以农为主,1960 年进行的民主改革。目前群众生活还比较困难,勉强维持温饱。简要介绍之后,我立即进入前一晚未竟的话题。对话依然直率,坦诚,毫无避讳。

问:你们的 70 户社员中,不是多妻多夫、一妻多夫的家庭有多少?

书记心算了片刻答道：3家。

问：只有3家?! 包括你吗?

答：是的，包括我。民主改革时，我已经成家了，是与哥哥一起娶了一个阿加拉。工作组看上了我这个小青年，要培养我当"苗子"，就问我想不想入党。我说当然想了。他们又说，入党就不能与哥哥一起"用一个老婆"了，你能做到吗？我说行，就回家同哥哥商量。哥哥很痛快，不光把老婆让给了我，还留下了两个儿子。他与别人"搭伙"去了。

问：那你们家现在是4口人啊？

答：不是，是5口。

问：又生了孩子？

答：没生。是孩子大了，我给他们俩找了一个老婆。

啊?! 还是一妻多夫！不过书记本人不是而已。

问：汉族家庭，一般婆婆与儿媳的关系都处得不够好。不知你们家怎么样？

答：我们家一点儿事儿也没有。

问：为什么？

答：我原来的阿加拉前几年病死了，我又娶了一个。她就是我儿子媳妇的妹妹。

啊?! 我再次被他的回答惊呆了。

西藏的多妻多夫婚姻，有其深厚的历史、社会和经济根源。与一些藏族朋友、"老西藏"交换对这一问题的看法，大家形成的共识是，最主要的原因是封建农奴制和极其恶劣的自然条件。在农奴制下，农奴没有财产权和人身权利，一般农奴主所辖地域又非常广阔。为了提高生产效率，节省往返于路途的时间，一些农奴主便把离庄园遥远的地块，交给一些忠诚、老实的农奴耕种，让他们在那里搭建简单居所，长年驻点劳作。每到收获季节，主人就派人收走粮食，只给驻点的农奴留下极其有限的口粮、种子。为了让农奴安心卖力，主人还给他们配对、组织家庭，而生下的孩子依然归主家所有。西藏的农奴就分成两大类，一是庄园奴隶，集中出工、劳作、集中食宿，时时处于主家的监管之下，被称为"朗生"；二是相对独立的奴隶，被称为"差巴"，他们在主家地盘上分散劳作、生活，但他们的人身权还属于主人，不能迁徙，主人可以随意处置他们，买卖甚至杀害。

西藏的自然条件异常恶劣，既没有现代工具又没有科技手段的农牧业，完全"靠天吃饭"。频繁的天灾，很容易摧毁经济实力异常脆弱的"差巴"户，致使他们颗粒无收而破产。为此，"差巴"户要"数着粒"利用主人留下的那点儿粮食，除了维持简单的再生产外，还要想方设法、省吃俭用，尽量积攒下一些，以备荒年。因为如果遇灾减产，交不够主人的"定例"，他们就可能被剥夺"差巴"的资格，重新沦为"朗生"。因此，极力保存和不断壮大自家积攒的经济实力，以维持"差巴"资格和抗御自然灾害的力量，就成为"差巴"的本能。从农奴主方面讲，也不愿过于频繁地变换"差巴"户，"熟练工"与"生手"毕竟不一样，"差巴"户稳定，每年的上缴就会相对稳定。在这种背景下，能够避免"分家"削弱单体实力的一妻多夫、多妻多夫婚姻形式，就成为必然的选择。

这种盛行于康巴地区的婚姻形式，一直延续到民主改革以后。除了习俗的惯性，也与经济状况改变不大有关。从封建农奴制一步跨入社会主义"天堂"的翻身农奴们，并没有真正过上"天堂"的好日子，依然终日劳作、难得温饱，旧婚姻形式的土壤依然存在。与这种畸形家庭并存的是一些单身成年妇女家庭，还有的成为带着孩子的"剩女"，因为一妻多夫或少妻多夫家庭的男子通常会以婚外性关系作为"补充"，而当地男女比例并未严重失衡，这就必然造成"剩女"问题。但人们似乎早就对此习以为常。

被雪灼伤

第三天的路程很简单，只"一上半下"，翻越一座大山，但也最艰难，这座山海拔5000多米，终年积雪。

一大早，我们就在牵马的阿加拉引领下，沿着河边崎岖的山道出发了。山谷不宽，两岸繁茂的树草，明白地告诉人们已经是暮春 5 月。路窄坡陡，我们只能骑马缓行，于是我与阿加拉拉起了家常，问她的名字，家庭情况。没想到，她就是一位带着孩子的"剩女"，小孩刚满一岁。"你出来牵马，晚上回不了家，孩子谁带？""谁说晚上回不了家？"她不解地反问。"至少下午才能到罗麦区委，你不得明天才能回来吗？"她笑了笑说："我以为你们要留我和你们一道回来呐。原来是准备让我在那边歇一晚。不用的，我送到你们立即就返回，用不了半夜，就能到家啦。"听她这么一说，我倒放心了，看来那山不会怎么大，翻越不困难。

海拔越来越高，路边的树越来越稀、矮，刚才还透过树枝缝隙下洒的阳光，全都消失了，天变得阴阴沉沉的。终于，一点儿绿色也没有了，灰色的山石，铅灰的苍穹连成了一片。已经连续爬了两个小时的马，也累得气喘吁吁，不断喷着白汽、打着响鼻。"歇一下吧"，我没等他俩回应就翻身下了马。

阿加拉一屁股坐在山坡上，用袖子抹着额头的汗水。"往那儿看！那两个白山头中间的窝窝，就是我们要翻的山口。"她一扬手，指着斜上方叫道，我顺着她的手臂仰头看，好家伙！还远着呢！那山垭分明悬在山与天之间，比我们至少垂直高达几百米！"赶快走吧，争取 12 点登顶！"边说我边登着山坡上了马。"你有墨水笔吗？"阿加拉停在原地向我索要钢笔。我不解地递给了她。她拧开笔帽，从怀里掏出一副旧眼镜，往镜片上涂抹蓝墨水。我问："这是干什么？"回答是："保护眼睛。"我不以为然地摇摇头，收起钢笔，策马开步。没想到我的不以为然，让自己吃了大苦头！

路越来越陡，最后一段几乎是贴着山崖来回走"之"字，胯下的马，急促地呼呼大喘气，不时停步休息。不知不觉中，灰茫茫的空中纷纷扬扬地飘下了雪花。路面上，究竟是刚飘落的雪，还是原本的积雪，已经很难分清。我们在白色的幕帐中吃力地攀登。实在不行了，前方已经无路可寻，脚下的积雪也快顶到了马儿的肚皮。马每迈一步都要费很大气力。我和翻译只能下马，把缰绳交给阿加拉，自己向上爬行，两腿交替踩在棉花垛一样的积雪上，身后留下一串"雪洞"。终于看到山垭口玛尼堆上插的经幡啦！我兴奋地连跑带爬，冲了过去。

山顶的雪反而变小了，站在玛尼堆旁，我左右俯视，这可真是阴阳两重天！东侧是深不见底的金沙江大峡谷，灿烂的阳光透过一层薄云，直泻莽莽山体，近前是片片耀眼的积雪和斑驳的灰黄山岩，几百米外就是幽幽的松林了；回望西侧来路，依然铅灰笼罩，厚厚的积云下，一片朦胧世界。刚刚过了正午 12 点，我不由从阿加拉手中拿过缰绳，沿着积雪之间的山道，向下一溜小跑。阳光、白雪，反射的强光异常刺眼，连双颊也被灼烤得热辣辣的。但我毫不在意，只顾借着身后马的拉力，放开步子一路飞奔。也就二十多分钟，我就冲下了积雪区，进入了疏林地。满头大汗的我，停下脚步，喘着气呼叫落在后面的伙伴赶快跟上来。海拔低了，植被好了，阳光明媚，我愉悦地重新上马，在山阴道上穿行。与我同样，旺堆和阿加拉，也很兴奋，不由地哼唱起高亢的藏族山歌。也就一个多钟头，不到两点，我们就到达了目的地——罗麦区委，一幢被碉楼簇拥着的藏式建筑。

年轻的区委书记，对记者的来访很不理解。此地"革命""生产"都乏善可陈，记者能采访什么呢？在他的办公室交谈了两句，我们就被一位"闯衙告状"的妇女打断了。这位衣衫褴褛的农妇，一进门就"扑通"一下跪在书记跟前，接着就滔滔不绝地哭诉起来。有我这个外人在场，书记极尴尬，连忙叫农妇站起来说，但她怎么也不站。愣在一旁的我，听懂了她诉说的大致意思。

她被抽调到百十里以外县里的一个重点水利工地去当民工，前天听说在家春耕的丈夫摔断了腿，就向工地负责人请假，但没准；于是她在黑夜自行离开工地，回来照看躺卧在家的丈夫。由于怕被工地抓回去并受罚，就来向区委书记陈情，请求原谅，并准她几天假。书记倒还通情达理，批评了她的"无组织无纪律"行为后，问了问她丈夫的伤情，然后痛快地答应批准她的请假，并说会向工地和公社领导为她讲情。农妇频频弯腰鞠躬致谢，后退着出了办公室。

我心里很不是滋味儿。

书记补充说，县里的工程，经常向各区下达征用民工的任务，三岩也不例外。民工自带干粮，食宿全在工地上，长则几个月、短则十几二十天，工分回各自生产队记，这种无偿平调式的"学大寨"成为当地群众一大负担。

书记倒也诚实，他介绍的情况，忧多喜少，给我的初步印象是，民主改革近20年来，三岩基本没什么变化。山还是那样的山，水还是那样的水，坡地还是那样的坡地，收成还是那样的收成，不通公路，医疗、教育、文化条件鲜有改善，一切还是民改之初的老样子。

3天旅程，确实够累，再加上没电，我们入乡随俗，很早就安歇了。没想到一阵刺痛，使我从梦中醒来。我只觉得两眼疼痛难忍，睁开，眼前模糊一片、泪如涌泉，合上金星四射、刺痛异常。这是怎么了？我摸黑找到火柴，点着蜡烛。不行，那烛光就好像无数尖刀，直刺眼球，难受无比。我赶忙吹灭蜡烛。不会是雪盲症吧？想到这，我的心一阵发紧，可别因此失明！大概也就半夜一两点，眼睛痛、心焦虑，我一点儿睡意也没有了，一心只盼着天亮。煎熬了很长时间后，终于听到门外有了动静，就赶忙起床，想问个究竟。眼睛依然是一睁就刺疼、流泪，我只能半睁半合；拉开窗帘，光线稍亮一点儿，眼睛就更难受。我只好把帘子重新拉上。文书敲门来送洗脸水，与我一照面，大吃一惊："怎么这样啦？"我用手遮着眼睛对他说明了情况。他说："就是雪盲，昨天翻山时被阳光和雪光'蜇'了。""会瞎吗？""不会的，过两天就好了。"他安慰我说。我"瞎"着刷完牙，拧干毛巾擦脸。脸也不对劲儿了，我勉强睁开眼，对着镜子一看：妈呀！我怎么变成这副模样了？除了双眼肿得跟桃子似的，脸皮像被烤过的馒头皮一样，都变成了黄褐色，还往起揪巴着，怪不得脸皮发紧。这副模样，可怎么出去采访啊？书记来看望，说羊奶可以缓解眼痛，已经派人到老乡家去找了。我连连道谢，不好意思给他们添麻烦了。

那一天可真难过，待在不见光线的黑屋子里，不能睁眼，也不能完全合眼，脸上火辣辣地疼，只能斜靠在床铺上苦熬。一天一夜，频繁地滴、擦羊奶，情况居然很快好转！第三天，虽然眼睛还不能见强光，但疼痛轻了许多，也能在弱光下看东西了。脸上却更难看了，表皮裂成了几大块，露出了粉红的嫩皮。嘴唇周圈起满水泡，喝水得一点点吸，只能吃面条。

一方土地养不了一方人

　　不能再这么干耗着了，我决定开始工作。就在第三天的下午，在窗帘半拉的小黑屋里，我召开了贫下中农的座谈会。五六位受邀的老乡，听了我的说明后，打消了疑问，席地而坐。对于"怎么战天斗地改变落后面貌""如何因地制宜发展生产""生活状况有哪些变化"等问题，他们几乎都所答非所问。除了一两个社队干部说了几句修梯田的教训外，其余都是诉苦，缺粮、少钱、衣烂、屋破。有的还边说边哭。我斜靠在床铺上，借着窗口的一缕光线，认真记下他们的发言。一个空隙，我瞟了一眼正在哭诉的那位老阿爸。上身穿着破旧氆氇藏袍的他，下身竟然光溜溜的！这一瞟，正看到他盘坐的"敞口"。黑暗中的座谈会结束后，我的心也变得阴沉沉的。

　　第四天，我的情况大有好转，眼睛基本恢复正常，脸上的"焦皮"开始褪落，嘴唇周的水泡也变硬结痂。不能再猫在黑屋里了，我们走出区委，随意访问起附近的社员。正值春耕春播忙季，在三四十度的坡地上，社员们扶犁耕地，悉心播种。看大家都各忙各的，我们只在一边看，不好意思打搅。放眼望去，对面的山坡上，也依稀可见忙碌的人影，而那些坡地，全都与这边相似，活像一块块"挂"在硕大土墙上的散碎皮子。这就是生活在这一带高山陡坡上群众的"饭碗"。没有水渠，无法灌溉，收多收少，完全靠天。前几年，他们也曾被组织"学大寨"，大修梯田、开山修渠、引水浇地，但碎石垒起的竖立面高度，往往超过了"梯田"平面的宽度。这种畸形的"危田"，注定是短命的，一场大雨，就全部垮塌，薄薄的熟土层也被破坏了。至于水渠，同样徒劳无功。"先进事迹"吹出去了，学大寨留下的烂摊子，最终却还得农民自己收拾。

到社员家里看看吧。我们吃力地攀爬着陡坡间的陡路。在这样的地方，修碉楼的确是上佳的选择，连"立锥"都困难的陡峭山坡，怎么容得下平摊的藏式院落呢？区委上方的民居，几乎是一栋"顶着"一栋，这家的楼顶，平拉过去十几二十米，就是另一家的楼底。我们在村里走，就好像是在"爬梯子"。在一栋碉楼的门口，遇到一位向楼门走的"小伙子"，我赶忙打招呼："阿交拉（藏语，大哥），可以到你家看看吗？"那人回头诧异地瞪着我反问："有什么好看的？什么都没有！"我这才发现不是阿交拉，而是一位阿加拉。

她头也没回地径直推门进楼，我也随之进去，见屋里没人，就没话找话说："家里没人，大门也不锁啊。""什么都没有，有什么可锁的？！"又被噎了一句。

阿加拉穿了一件灰黄色的破旧氆氇半长藏袍，光着腿和脚，头上的短发乱蓬蓬的，再加上满脸的汗泥污垢，一点儿也没有姑娘样。

"家里几口人啊？""4口，阿爸、阿妈，我和妹妹。""他们都上哪儿了？""出工了！不干活，吃什么？我阿爸是生产队副队长，更得带头出工。"从她生硬的口气里，我感到了一种"敌意"。我接着她的话茬问道："一家4口都是劳动力，口粮够吗？""可不都是整劳力，阿妈有病，妹妹还小，都算是半劳，阿爸和19岁的我，是整劳。"说着，她把我从堆着柴草的堂屋引进里屋，指着屋角一堆黑黢黢的东西说："够不够，就那些了。"那是什么？是萝卜干（当地称为"荒根"，内地叫蔓菁），大约有百十斤。这就是全家的口粮？"是啊，不信你就看看！"她打开火塘上坐着的一口大锅，里面是半锅灰褐色的萝卜汤。"一点儿粮食都没有？""没有！就剩这点儿干元根了。"看她那冷冷的神情，我无话可说。

火塘边摆着几块早已经看不出本色的破旧藏毯，显然这就是他们晚上睡觉的床铺，而那件旧藏袍，就是睡时的被盖。"看够了吧？我要下地干活去了。"豆蔻年华的阿加拉下了硬邦邦的"逐客令"，我默默地走出楼门，目送着她远去。

"再看一家富裕点儿的吧。"陪同的区干部带着我们继续攀爬，几乎爬到了村子的最高处，告诉说："这家是这一带最富的户了。"楼门敞开着，我们走了进去。楼里有老人，还有几个小孩子。与前一家的"敌意"不同，主人热情地请我们沿着独木梯上到二层，围着火塘的卡垫很干净，炭火上的茶壶擦得锃光瓦亮。喝着喷香的酥油茶，我问了他家的基本情况，这家可谓人丁兴旺，大小十多口人，不仅有务农的劳动力，还有会手艺的木匠，经济状况显然高于一般家庭。摆放在墙根的一溜金属盆，光光亮亮的，是屋里最抢眼的摆设。"粮食够吃吗？"主妇模样的阿妈摇摇头："不太够。""你家的仓库在哪儿？我想看看。"阿妈犹豫地望着区干部，不知怎么回答。"就让看看吧，没关系的。"区干部的话起了作用，阿妈用手指了指上面："在三楼。"我一个人登上独木梯来到三层，没有什么成垛的粮食袋，只有位居中间的一个方形的木柜子，提起窄小的木板门，里面是少半柜青稞。扫视一下四周，再没有放粮之处。下楼后，我问阿妈："就剩那些了吗？大概也就十来克吧。"阿妈一个劲儿摇头："没了，没了，就那些了。"到 8 月中新粮下来，还有三个月，十多口人，三百来斤青稞怎么够？"天气热了，山上可吃的东西也多了；做木工活儿，还可以有些收入。勉勉强强能行。"阿妈这样的解释，合情合理。这可是"首富"啊！

尽管是"无法无天的险恶之地"，但三岩与西藏其他地方一样，也没能逃脱浮夸、过头征购等恶劣风气的祸害。为了彰显学大寨的丰硕成果，实现粮食平均单产"上纲"（平均单产 400 斤）的目标，各级普遍虚报产量。最恶劣的是，为了凑数，许多地方不光把土豆折成谷物计算，还把芫根也按谷物折算。有的地方，上报的产量中，可能青稞、小麦等谷物只占一半，另一半都是土豆、芫根折算的。而粮食部门则按照上报的谷物产量，计算应缴的公粮、应购的余粮，结果是，公家收的全是实打实的谷物，虚报的亏空和折算的土豆、元根全都留给了百姓。许多地方只能按实际剩余的数量搞年终分配，缺粮问题由此而生。春夏之交，浮夸越厉害的地方，断粮断顿现象越是严重。像罗麦那位副队长家三四个月要全靠干芫根充饥的情况，并非个例。

在昌都第一个"上纲"的高产县察雅县，就有人告诉我，为了度过"春荒"，一些生产队不得不给断顿的社员开"允许外出乞讨"的证明"路条"。领了"路条"的社员，就可以名正言顺地外出乞讨，否则可能会被当作私自流窜的"盲流"遣返。他们往往把剩下的少量干芫根用绳线穿成一串，像项链那样挂在脖子上，乞讨途中，饿了就啃一小口。我在山路上就遇到过这种衣衫褴褛结队外出乞讨的老乡。

在罗麦的几天里，眼疾、皮伤、口疮，让我肢体难受，而群众的实际生活的艰难，令我心情异常沉重。

从罗麦返回贡觉县城，区委书记为我做了充分准备，伙房烙了面饼，书记送给我一副墨镜。临上马时，他又特意叮嘱，翻山前不光要戴上墨镜，还要用围巾把脸部尽量遮严。虽然只有四五天时间，我们真有点儿依依难舍了。毕竟，我是有史以来第一位探访三岩的新闻记者，而他则是有史以来第一位在三岩接待新闻记者的地方官员。

回程异常顺利。大山东侧显然与西侧不同，视野宽阔，阳光明媚，不光人觉得神清气爽，连马儿的步伐也不再沉重。与来时一样，山这边没有下雪，我们骑马攀登，在半山的最后一个罗麦碉楼前，下马"打尖"。歇息后继续攀爬，才感觉到此山的海拔之高。穿过阔叶林带、针叶林带，是低矮灌木带，再往上就只有稀稀落落的高山苔藓了，接近山顶则是裸露的山岩和斑驳的积雪。终于到达垭口了，"骑"在山脊上，不由回首东望，莽莽群山尽收眼底，山脚的金沙江宛若一道弯弯曲曲的细线，对面川西的群峰绵延起伏，伸向天际。就要牵马下山了，我再次眺望了几眼悬在远处山崖间的三岩碉楼和坡地，算是最后的告别。而旺堆也若有所思地冲着大山东侧说道："不知下次再来是什么时候，那时你不会还是20年前的老样子吧？"旺堆的疑问，何尝不是我的疑问。带着疑问，我默默无语地掉头下山。

三岩归来，我把所见所闻如实整理成一份不公开发表的文字材料。

据说那份材料受到区党委领导的重视，三岩为此得到了一些放宽征购政策的特殊待遇和物质救济。后来听说，为了使三岩摆脱贫困，政府曾先后搞过几次整村搬迁、异地安置试点，但成效都不理想。1990年代中期，政府花了大力气，在离贡觉县城8公里的地方建了一个"幸福村"，安置了三岩搬来的32个最贫困户、198人，除每户4万元的安置费外，还组织当地农民帮助建房、开荒，提供口粮、种子和发展养殖业。1999年，自治区副主席兼昌都地委书记深入三岩实地考察，做出了三岩是"一方土地养活不了一方人的典型"的论断，下决心组织大规模的异地搬迁。长江上游天然林保护工程也随后开始实施。此时，离我探访三岩已经过去了整整20年。

牧区的宰杀季

与农区一样，牧区也有自己的"春种秋收"，不过叫"春接冬宰"，即春季忙于接生羊羔、牛犊，初冬集中宰杀淘汰的牛羊。这是牧民的收获季节，经过一个夏秋的牧养，入冬时的牛羊相对最为肥壮，牧民就在此时集中宰杀，以牛羊肉等畜产品折缴牧业税，完成规定的出售任务，也为自己储备一年的吃食（牧民以肉食为主，以与农区交换来的糌粑为辅）。1976年在藏北牧区蹲点采访时，只要在牧民家，就可以看到他们边喝酥油茶、边用小刀片食风干肉的场景，连小孩儿也不例外。一次在一个牧民的帐篷里用餐，我就看到阿爸把半条风干羊腿连同一把小刀毫不在意地丢给了儿子；而那个也就两岁多、说话还不利落的小童，竟当着客人的面，一手吃力地抓着羊腿，一手熟练地用刀片下羊肉送进嘴巴。由于那年9月我就回内地休假了，只看到人们怎样吃肉，却没能赶上11月的宰杀季节。直到3年多后的1979年，这重要的一课，我才在昌都的邦达草原补上。

那是前往八宿方向采访的途中，所搭的便车在海拔4000多米的邦达草原上"抛了锚"。而不远处的路边坝子上聚集了一伙牧民。我好奇地走过去查看，原来是邦达区下属一个边远公社到区里上缴牧业税、出售畜产品的队伍。领头的公社干部告诉我,他们公社离这里有两天路程,大家选定今年要淘汰、宰杀的牲畜后,把预先按计划准备好的酥油、羊毛等畜产品以及帐篷、大锅等用具让它们驮上,就赶着上路了。昨天下午到达这里,他们先安营扎寨,休息一晚后,今天开始宰杀。说话间,他把我撂在一边,指挥起宰杀作业。

一声号令,几个壮汉一起动手,把一头牵到近前的牦牛,用绳索七缠八绕地绊倒,紧按着捆绑。牦牛的前后腿被两两捆紧后,主刀手俯下身子,左手摸了摸牛的前胸,右手举刀向选准的位置猛力一捅,被按住的牛痛苦地连连闷声哼叫。刀手迅速地抽出短刀,又敏捷地把左手从刀口插入牛的胸腔,插进牛体的大半条胳膊在里面一阵紧张摸索、动作,之后随着一口长气,抽了出来。先头那位公社干部说,刚才插进手去是寻找、掐断牛心附近的大血管,把牛血全部放到牛腔子里去,不然会从刀口往外喷,牛血就浪费了。片刻间,那牛已经没有了声息,软瘫在草坝上。壮汉们解开绑牛的绳索,刀手则小心翼翼地从正中间拉开了牛的肚皮,几个人分头用小刀从四肢往上,熟练地分剥起了牛皮,大概也就5分钟工夫,牛皮已经变成了一个平摊的"容器",上面摆放着赤裸裸待破腔、分割的牛体。还是主刀手在众目睽睽下,切开了牛的肚腔,从冒着热气的血泊中,捧出牛的五脏六腑。接着他用一柄大铜勺舀出半勺热牛血,满脸堆笑地递到我的面前,请我喝第一口。略为迟疑之后,我恭敬地接过铜勺,略沾了一点儿牛血,连说感谢地还回了铜勺。我知道,这是牧民对贵客的一种礼仪,是不能拒绝的,否则会被视为"不给面子"。看我接受了"献血",围观的老乡都爽朗地大笑起来,并依次传喝了牛血。

在一旁的草地上,几位牧民阿加拉麻利地分割着牛内脏,心、肝等被拉成长条,晾挂到绳子上;牛肚翻掉里面的残余食物,撂到一边;清理牛肠,则像做游戏,捏住一端,顺着肠体不断捋,内中秽物便从另一端排出,然后把端口翻转,边翻边捋,一直到头,内壁也基本被清理干净。那一边,"烹调师"正在以牛的腔膛当家什,往牛血里加盐巴、辣椒粉等调料,还撒进少量粗糌粑面。两边都准备好了，牧民们开始制作血肠。一人撑着肠子的口，一人往里灌调好的血料，边灌边捋，很快一根根用毛绳扎紧口子的血肠，被扔进大锅的滚开水里炖煮，那热水的表面分明漂浮着一层黑褐色的泡沫，是血沫，当然也有肠衣上的残留物，因为那些肠子压根没洗，只是用手捋了捋。炖煮十来分钟后，阿加拉用木棍挑起一串串做好的血肠，也挂晾在绳子上。几年前在藏北蹲点时，我曾经在牧民帐篷里，吃过这种血肠，截一段放在牛粪火上翻烤，血肠会发出"吱吱"的声响，趁热吃，可香啦。

那些被清理干净的牛肚，大半不是当美食吃掉，而是用于加工和储存酥油。我曾经看过牧民用牛肚加工酥油的过程。阿加拉把煮得温热的牛奶灌进软软的牛肚，扎紧上下口，然后盘腿坐在草地上，用双手不停、有节奏地揉晃那个"奶袋子"，袋中牛奶的油、水逐渐分离，"火候"到了，阿加拉就解开袋口，倒出奶水和一团团的酥油，再把小团的酥油捏成大团。挤干水分的酥油，被不断塞进封好底口的牛肚，最后用毛绳把塞满酥油的袋口缝严。包在外面的鲜牛肚没多久就彻底干透，成为一层坚硬的皮壳。一坨坨二三十斤重、皮壳包裹的酥油，既方便运输也便于保存。在干燥、凉爽的西藏高原，这种酥油可以保存半年以上；吃时用利刃破开皮壳即可。商店卖酥油，像内地街头小贩卖西瓜那样，切开分块卖，每块酥油都带着一块西瓜皮一样的牛肚硬壳。

硕大的牛体，去掉头、尾、蹄，被分成四大块，码放起来。公社干部说，待宰杀全部完成，不远处的区供销社就会派专人来集中过秤，不光有鲜牛羊肉，还有从家里驮运过来的羊毛、干牛皮和酥油坨，然后按规定的数量，代扣应缴的牧业税，支付剩余的畜产品货款。整个宰杀季要十来天，来这里"缴够国家的"，是第一步，完成后才回公社去"宰自己的"。

1980，转折之年

1980年，是我人生的重要转折之年。年初，我接到了1月20号回报社参加年度工作会议的通知。为了全体驻站记者集中到拉萨开会期间稿件"不断顿"，按惯例我们都抓紧会前时间，集中采写一批稿件。在昌都的3名记者，就一路向西，沿着回拉萨的路，顺道采访，月中到了昌都地区最西边的波密县，一边采访，一边寻找回拉萨的便车。可直到预定的采访计划都完成了，也没能找到便车。

严冬季节，冰封雪冻，路很难走，再加上春节临近，去拉萨的车少之又少。眼看就是20号了，我们却还被困在波密，如果再不出发，开会就彻底"泡汤"。在向部主任尹锐讲述了情况之后，我无奈地说："如果明天还找不到车，我们就不去拉萨开会而返回昌都了。"没想到这话之后，听筒那边竟然传来这样的回答："别走，这样吧，我马上安排车子去接你们。今天出发，快的话，明天中午可以到，后天晚上赶到拉萨。"我喜出望外，到《西藏日报》这么多年，还是第一次享受这种专车接的待遇！没想到的是，这次"特殊待遇"却让我经历了进藏以来最危险的一次车祸（此前还有两次）：在翻越米拉山时，我们的吉普车被迎面而来的大货车险些横扫下山崖！是一棵崖边树"适时"挡住了摇摇欲坠的吉普，救了我们一车人的性命。

三天的年度工作会，我们只参加了一天。其实主任不惜派专车接我们回来的原因，不仅是参加会议，还是为了通知我调回拉萨。说实话，下面的驻站生活要比在报社编辑部丰富得多，也灵活得多，我真不愿回来。为此，我还请当时主持昌都地委工作的第二书记郑体仁给报社写了"挽留信"。但报社没有收回成命，我只能"无条件服从"。从1977年底到昌都，两年零两个月时间，我2/3以上时间在基层采访，跑了昌都13县中的9个，采写了大量稿件；经历了雪崩、泥石流塌方、徒步翻越雪山、撞车，还经历了罹患雪盲症等大劫小难。这段时间，可以说是我在《西藏日报》的8年多中，经历最多彩、稿件最高产的一段。尤其值得纪念的是，在1979年10月，我在昌都地委宣传部支部，被吸收为中国共产党党员，我的入党介绍人是宣传部宣传科科长孟昭俊、《西藏日报》昌都记者站记者戴玉虎。1964年在初中入团后，我就提出了入党申请，如果不是

"文化大革命",我很可能在1966年或1967年成为中学生党员。而后,由于父亲的"历史污点"和各种原因,虽然不懈努力,但我一直被拒之门外,直到"文革"结束、父亲彻底平反,我才实现了多年的夙愿。

怀着依依难舍的心情,我告别昌都,回到拉萨。报社领导对我第二次报考研究生没表示异议。经过一年的复习,我在拉萨再次走进考场,抱定"成败在此一举"的决心奋力一搏。

就在这一时段,西藏也在经历一次历史转折。《中共西藏党史大事记》1980年栏下有这样的记载:3月14日,中央书记处召开西藏工作座谈会。会议于3月14日到3月15日在北京召开,区党委R某、天宝、郭锡兰、巴桑等人参加。中央对西藏工作做了重要指示,会议制定了《西藏工作座谈会纪要》。中央在转发《纪要》(即中发〔80〕31号文件)的通知中说,西藏战略地位十分重要,西藏自治区各项问题的处理,必须十分重视和慎重。西藏和平解放近30年来,在党中央领导下,自治区党委和各级党组织,带领全区藏汉等各族广大党员、干部、驻藏解放军,发动和组织藏族及其他各族人民群众,团结藏族爱国民主人士,建设西藏,保卫边疆,维护民族团结,捍卫祖国统一,取得了很大成绩,做出了很大贡献。但由于林彪、"四人帮"极左路线的严重破坏,西藏人民和全国其他地方的人民一样遭受了苦难。在新的历史条件下,西藏自治区的中心任务和奋斗目标是:以藏族干部和藏族人民为主,加强各族干部和各族人民团结,调动一切积极因素,从西藏实际情况出发,千方百计地医治林彪、"四人帮"造成的创伤,发展国民经济,提高各族人民的物质生活水平和文化科学水平,建设边疆,巩固边防,有计划有步骤地使西藏兴旺发达,繁荣富裕起来。

3月16日,中央发出调换西藏主要负责人的通知,原主要负责人R某被免去西藏自治区、西藏军区的领导职务,调回内地;调济南军区副政委阴法唐(1950年代初进藏的"老18军",1960年代任西藏军区政治部主任)任西藏自治区党委委员、常委、代理第一书记,西藏军区第一政委。

5月15日,区党委召开二届五次全委扩大会议。会议主要传达党的十一届五中全会精神和中央31号文件(即《西藏工作座谈会纪要》)。郭锡兰代表区党委常委讲了几个问题,一是坚定地贯彻执行中央对西藏工作的重要指示,不能有任何怀疑和动摇,更不能抵触和反对。二是总结经验和教训,端正思想路线,必须充分认识林彪、"四人帮"造成的十年浩劫给西藏带来的严重灾难,区党委长期以来对此估计不足。党的十一届三中全会后,跟得慢,没有认真开展关于真理标准问题的讨论,思想不解放,仍处僵化、半僵化状态。生产上有一定发展,但不少事情脱离了西藏实际,犯了主观主义,生搬硬套的错误。三是放宽政策,休养生息,使西藏人民尽快富裕起来。要本着放宽、放宽、再放宽的精神,制定具体政策。

值得注意的是,这次重要会议开幕时,西藏新的最高领导人阴法唐没有到任,他在18天后,会议结束时才到会讲话;会议的主要讲话人不是原来的第一书记R某,而是书记郭锡兰;郭的讲话历数了近年来区党委的一系列错误,这实际是对原主要负责人的政治判决书。

就在这次区党委扩大会期间,中共中央总书记胡耀邦,中央书记处书记、国务院副总理万里带队到西藏考察。在此以前,中央统战部副部长杨静仁于5月14日到西藏进行调查研究。5月29日,胡耀邦在西藏自治区干部大会上做了报告。万里在座谈中,听到"西藏依然存在资本主义复辟的危险"的说法时,竟幽默地说,如果西藏能"复辟"资本主义,我们就跟着沾光喽!别忘了旧西藏可是封建农奴制。

中央领导走后,西藏开始对以往错误的清理工作,从政治、经济、组织、宗教、文化等各个方面,纠正偏误,落实政策,紧锣密鼓地平反一系列新旧冤假错案,其中绝大多数是对1960年代末到1970年代末新发生错误的纠正,其中最突出的是对1969年"叛乱""整肃"运动的"一风吹"。

1969年以后,西藏的70多个县中有52个县曾被列为"叛乱县""预谋叛乱县",打击面之宽,远远超过了1959年;1959年打击的是极少数组织武装叛乱的反动上层分子,而1969年以后,除极少数坏人外,伤害的却是广大普普通通的农牧民。据《中共西藏党史大事记》1989年栏记载,9月17日,区党委发出关于解决落实政策遗留问题的政策规定,其中的主要内容之一是关于解决1969年"反革命暴乱"落实政策遗留问题的具体政策规定,改变比如县和丁青县的"暴乱"性质,是什么问题就按什么问题处理;将原定尼木县和边坝县的"反革命暴乱"的定性改为"反革命事件"。

从1969年到1989年,历史转了一个大弯。1969年以后的数年中,对认定的52个"复叛""预谋叛乱"县,采取了武装平息、坚决整肃举措;1980年,西藏大范围纠正1969年平息暴乱扩大化错误,指出,"在暴乱严重的尼木、比如、边坝、丁青四县,也并非全县发生暴乱。因此,把暴乱的地方,划为'暴乱县''暴乱区''暴乱乡(社)'是错误的。特别是把群众组织的一些错误行动定为'暴乱'或'预谋暴乱'更是错误的。因此,要公开向这些地方的干部、群众讲明,凡是过去在文件或讲话中划某些地方为'暴乱'或'预谋暴乱'的地区,都一律予以推倒"。到了1989年,最后四个县的"暴乱"帽子也被摘掉了。一场殃及几十个县数十万藏族群众的"武装平乱""深入整肃"运动,就这样无声无息地结束了。

协助"钦差"调查

5月底6月初,我前往日喀则地区采访年楚河的治理情况。在地委招待所食堂用餐时,我的北京口音,引起了同桌客人的注意。简单问答之后,我得知他们是北京的"钦差"——胡耀邦、万里离开西藏时,留下部分人员继续开展调查研究,他们就是被指派到日喀则来调研的。年长的S先生,是中央统战部的,50来岁;30多岁的小H则来自国家民委。

了解了我的身份后,他们很热情地邀我到房间去"聊天",后来竟"单刀直入"地问我"能不能专门抽出一段时间来协助调查组工作"。毫无思想准备的我只迟疑片刻,便回答说:"我本人没问题,但需要经过报社领导同意。"他们表示这不是问题，可以通过区党委与报社打招呼。很快，报社就有了肯定的回音。

调研的第一站就是地区机关所在地。留下深刻印象的有两件事。一是有关班禅的政策落实，一是对 1969 年"暴乱"相关案件的复查。

众所周知，早在 1960 年代中期，班禅就因"上书言事"而获罪，"文革"中继续遭受批判；直到粉碎"四人帮"后才重见天日，恢复名誉与地位。但对于历世班禅的驻锡主寺——位于日喀则的扎什伦布寺和十世班禅近从的政策还没完全落实到位。跟随着老 S、小 H，我得以进入尚未完全对外开放的扎什伦布寺，在相关人员的引领下，逐一查看了寺庙的主要建筑，实地了解"文革"中的毁坏情况以及修复的困难。

没进山门，就看到了远处山坡上矗立的一面灰白色的高大石墙，那就是著名的展佛台，为一世达赖根敦珠巴为纪念释迦牟尼诞生、成佛、涅槃而建，后在四世班禅洛桑曲吉时期进行了扩建，至今已有 500 多年历史。每年藏历五月十五日前后 3 天，扎什伦布寺都要举行隆重的展佛活动，将过去佛（无量光佛）、现在佛（释迦牟尼佛）、未来佛（弥勒佛）的三大幅刺绣像展挂台上，供僧俗信众参拜。展佛台高 32 米，底宽 42.5 米，顶宽 38 米，厚 3.5 米。由于佛像展挂在佛台的向阳面上，展佛活动又被称为"晒佛节"。

宽阔石阶坡道的尽头，是以措钦大殿为中心的寺庙主体建筑群。"措钦"（藏语，大殿或大经堂）真是够大，可容纳 2000 僧人同时诵经。

穿廊、攀梯，我们被引进冷寂多年的班禅会客室、卧室和经堂。这些极其私密的场所在劫难中得到了较好的保护，基本没受到冲击，内中的陈设依然保持原貌，连一幅幅珍贵的唐卡，也都还悬挂在原处。站在大殿金顶旁的天台上俯视，整个扎什伦布寺尽收眼底。这座藏传佛教格鲁派（俗称黄教）在后藏地区的最大寺院，经过几百年的不断扩建，已经成为一座佛的城池，占地约 20 万平方米。全寺分宫殿、堪布会议厅（后藏地方政府最高机关）、班禅灵塔殿、经学院四大部分。经学院由 4 个扎仓及下属的 64 个康村组成。

位于大殿西南侧的一座高耸的殿堂，是著名的弥勒大殿。那也是在劫难中幸免的一座重要建筑。弥勒佛，佛教中的"未来佛"，藏语为"强巴佛"。弥勒殿，就因殿内供奉着一尊世界最高大的室内铜制坐佛像而得名。这座佛像，由九世班禅确吉尼玛主持铸造于 1914 年，佛像通体鎏金，像高 22.4 米，莲座高 3.8 米，总高 26.2 米；用铜 11.5 万公斤，黄金 279 公斤。佛像周身镶嵌着珍珠 300 多颗，珊瑚、琥珀、松耳石等各种珍贵宝石 1400 多粒，其眉间的白毫，更是由一颗特大钻石和 30 颗黄豆大小的钻石等攒成。大殿东南西三面筑有两层环廊，底层被称为"座部殿"，香案和莲座占据了殿堂的大部分空间，向上仰视，很难看全佛像的脸部；在僧人的引带下，我们攀爬木梯，在二层凭栏直视，佛像腰部近在咫尺，托着法器的右手硕大无比，这层为"腰部殿"；再上一层，就是"头部殿"。法相庄严的弥勒，双目微弯，放射出暖人的慈光，眉间白毫，熠熠生辉。真是万幸，这位佛典中现世佛释迦牟尼的"接班人"——未来佛，竟然逃过了劫难。

虽然是国家重点文物保护单位，但扎寺在"文革"中也遭受了严重破坏。实地考察之后，有关方面详细介绍了修复的计划和困难，以及相关人士的政策落实情况。调查组一一做了记录，并分专题向中央做了汇报。之后的若干年里，中央财政陆续专拨巨资，用于对包括扎什伦布寺在内的西藏损毁寺庙的修复、修缮；责成西藏自治区逐一把政策落实到人头。

在地区，我们查阅了几份 1969 年平息"暴乱"时的死刑案卷，印象最深的是一桩"恶攻"案。被"依法判处死刑"的"罪犯"的主要罪行是"恶毒攻击伟大领袖毛主席"，犯罪事实是"撕毁"毛主席宝像。在案卷中，确有一张从中间被撕开的彩色毛主席标准像。而被当作"作案工具"放进案卷袋的一把剪刀，引起了我的注意："这张主席像是撕开的，茬口这么毛毛糙糙的，根本不是用剪刀剪的。怎么剪刀成了作案工具？!"同一间房子里查阅的人凑过来看后，也都发出同样的疑问。"知情人"不得不说出实情。原来，这个"罪犯"，是被同村对立派老乡揭发的，说他属于"叛（暴）乱"组织的骨干，有"毁坏伟大领袖毛主席宝像"罪行。公安部门根据"依靠对象"的举报，连夜从被窝里揪出"罪犯"，"罪犯"熬不过严刑逼供，他只好按"要求"承认罪行，但被毁的毛主席像在哪里？什么时候、什么地点、用什么工具作的案，他都说不清。于是办案人就采用了"导演"的手段，"补充"证物。他们拿来一张完整的毛主席像，强迫"罪犯"用两手捏着，然后问："是怎么撕的，你再重复一下。""罪犯"别无选择，只能按照指令"重复犯罪"，于是就有了那张作为证物的被撕毛主席像。办案人"为了把证据搞得更齐全"，竟然突发奇想地找来一把"作案"的剪刀，同时存档。"恶攻"在当时是极端重罪，"罪犯"毫无疑问地被判处死刑。

据说，当时主持日喀则地区中级人民法院工作的军代表，是一个部队的营级干部。恐怕除了坚定的政治立场、强烈的阶级斗争意识和对"武装叛（暴）乱分子"的深仇大恨，他一丁点儿法律常识都没有。在这些政治坚定的法盲们主持下，西藏制造了多少"铁证"和冤假错案，可想而知。

曾经的第二敦煌萨迦

萨迦，位于日喀则地委所在地西南，距日喀则镇150公里。萨迦之所以出名，是因为萨迦寺；而萨迦寺出名，则得益于八思巴。

萨迦寺是藏传佛教萨迦派的主寺。"萨迦"，是藏语的音译，意为灰白土。1073年（北宋熙宁六年），吐蕃贵族昆氏家族的后裔昆·贡却杰布（1034~1102年）发现奔波山南侧山坡上的土呈白色，有光泽，"现瑞相"，即出资修建了萨迦寺，并创立了藏传佛教的萨迦派。因为萨迦寺的寺墙用象征文殊菩萨的红色、象征观音菩萨的白色和象征金刚手菩萨的青色交替涂抹，所以萨迦派又俗称"花教"。萨迦派僧人可以娶妻生子，最高领袖萨迦法王采取血统和法统两种方式传承。亲到萨迦，纠正了以往我对萨迦派的一个误解。那以前，我一直以为萨迦派之所以被称为"花教"，就是因为不禁止娶妻，僧人可以是"花和尚"。到萨迦，才知道"花"是源于寺庙与众不同的装饰颜色。

创教法王贡却杰布圆寂后，他的儿子贡噶宁布（1092～1158年）成为萨迦寺住持。贡噶宁布学识渊博，使萨迦教法趋于完整，被尊称为"萨钦"（萨迦大师）。此后，贡噶宁布的次子、三子先后主持萨迦寺。而四子贝钦沃布的长子贡噶坚赞（1182～1251年）则是使萨迦派走向辉煌的重要人物，被称为"萨迦班智达"。就在他主持萨迦寺期间，以成吉思汗为首的蒙古部落兴起，用武力统一了中原。1240年元将阔端（成吉思汗之孙）领兵进军西藏前，欲召见在西藏各教派中声誉较高的萨迦班智达贡噶坚赞。1244年，贡噶坚赞带着侄子八思巴（1235～1280）亲赴凉州（今甘肃武威），会见阔端，并写信说服西藏各派高僧和贵族接受了元朝的对藏条件，表示归顺。1260年，忽必烈即大汗位，立即赐八思巴"灌顶国师"玉印，"命统天下释教"。1264年（至元元年），忽必烈自蒙古上都（位于今内蒙古自治区锡林郭勒盟正蓝旗境内，多伦县西北闪电河畔）迁都金中都（今北京）后，即在朝廷内设立总制院，掌管全国的佛教事务和藏族地区的行政事务，并授命八思巴以国师身份兼管总制院院务。1271年，忽必烈改国号为大元，称帝。不久，忽必烈即封八思巴为帝师、大宝法王。1288年，总制院改名宣政院，同枢密院、中书省、御史台并列，是皇帝直接控制下的元朝中央四大机构之一。此后，元朝历代皇帝均选封萨迦教派有学识的大喇嘛为帝师，形成定制。八思巴遵忽必烈所嘱，在西藏清查户口，制定法律，于1268年在萨迦正式建立起与中国其他行省相同结构的地方政权，八思巴成为隶属于元朝中央政府的西藏地方行政长官，萨迦派达到鼎盛时期，成为统治全藏的强势教派。萨迦派对发展藏族文化起过重要的作用。萨迦派协助元朝中央政府统领西藏时期，西藏结束了400多年的战乱局面，经济、社会得到发展，文化艺术出现繁荣。萨迦派的一些高僧，留下了不少文史译著和作品，如萨迦班智达的《萨迦格言》、八思巴的《彰所知论》等。特别值得提出的是，八思巴曾经奉忽必烈之命创制蒙古新字，也称"八思巴字"，虽然没有被广泛使用，但在中国文字史上占有重要地位。元朝初期的许多印文，都用的是"八思巴字"。

对萨迦寺，我一直心向往之，但由于交通不便，前几年到日喀则采访，没能前去探访。这次纯粹是沾了"钦差"的光，我终于实现了夙愿，来到了萨迦县。

萨迦寺建在仲曲河两岸，河北侧的完全依山而建，称为"北寺"，拥有金顶的经堂、佛殿内，有大量佛像和精美的壁画，以及数以万计的经书典籍。"乌则"藏书室，据说在八思巴以前就放满了图书，八思巴时代也有少量的珍本藏入该室。该室除藏有大量古藏文抄本外，还有为数不少的梵文贝叶经和汉文经卷。这些经书全都是用金汁、银汁、朱砂或墨汁精工手写而成。"古绒"藏书室除收藏经书外，还有天文、历算、医药、文学、历史等方面的藏文书籍3000函，其中很多是宋、元、明各代的手抄本和稿本，而且多为历代法王批注校释过的珍本。为此，这里有"第二敦煌"之称。不幸的是，辉煌的北寺，曾经风光一时的西藏地方政权所在地，虽然早在1961年就被国务院列为第一批全国重点文物保护单位，但也在"破四旧"狂潮中，遭遇了"灭顶之灾"。我们隔着河所能看到的，只有依稀的断壁残垣和山崖上一片片破损的痕迹。"北寺"已经荡然无存，没什么可看的了。

不幸中的万幸是，位于河南侧的萨迦"南寺"，基本没有受到损毁，巍峨城墙环抱着的大佛殿，以压倒性的气势，"统领"着小小的萨迦县城。南寺是1268年八思巴委托萨迦地方政府主持兴建的，据说一些汉族工匠也参加了施工。南寺呈正方城堡式，不仅有规整的城墙，而且有"护城河"环抱。围墙内为殿堂僧舍。主建筑大经堂总面积达近6000平方米。正殿10米高的殿顶，由40根巨大木柱支撑，最粗的直径约1.5米，细的也有1米。其中前排中间的4根，被称为四大名柱，分别为："元朝皇帝柱"（据传为忽必烈所赐）、猛虎柱（相传由一猛虎负载而来）、野牛柱（相传为一野牦牛用角顶载而来）、黑血柱（相传是海神送来的流血之柱)。这几根巨柱，着实令人震撼！它们"通天彻底"，犹如守卫佛祖的四大金刚。时隔几十年，我依然清晰记得它们不着丝毫漆饰，原木真身，结疤毕露，雄浑粗犷的风貌。在它们的脚下，最多时有近万名喇嘛诵经。

大殿供奉着三世佛、萨迦班智达及八思巴等诸多塑像。给我留下特别印象的有两样，一是佛前香案上陈放的"镇寺之宝"——当年忽必烈送给八思巴的一只硕大的白色海螺。据说几百年来，寺中僧人代代相传，对其无比珍视，只有在宗教吉日才开启特制木匣，捧出海螺由高僧吹奏。另一样宝物则是大殿左右和佛像背侧幔帐后的巨量藏经。三面都是通壁的大木书架，架上分格摆满了经文典籍，据说有两万余函。其中最大一部名为"八千颂铁环本"经书，长1.31米，宽1.12米，上下是十来厘米厚的两块大木板，中间夹着一尺来厚的纸质经页。四条粗铁链把它悬空吊在书架底层。据说翻阅时，需要七八个人"伺候"。而与这一"巨无霸"佛典相伴的，还有异常纤薄的贝叶经书。以往只从书中知道有贝叶经，但实物什么样，从来没有见过。在大殿的书架旁，有关人员小心翼翼地展示那些薄薄的贝叶经页时，我们连大气都不敢出，生怕"惊"飞、"吹"碎那些微微泛黄的经片。写在贝叶上的都是纤细、隽秀的梵文。

在南寺另一座重要殿堂——欧东拉康里，排列着11座萨迦法王的灵塔，殿墙上绘有八思巴早年的画像和记述修建萨迦寺过程的壁画，殿的后堂有一幅反映西藏历史上重要事件即萨迦班智达与阔端会晤的壁画。

作为西藏地方和中央政权关系的历史见证，萨迦寺保存有元代中央政府给萨迦地方官员的封诰、印玺、冠戴、服饰；有宋元以来的各种佛像、法器、刺绣、供品、瓷器以及法王遗物等。其中不少佛像、器物上标有"大明永乐年施""成化二十一年九月礼部造"等款识。唐卡就存有3000余幅，据鉴定，其中300多幅是宋、元、明时期的珍贵作品。除此之外，萨迦寺还存有大量历史档案文件，据说其中有不少是萨迦派执政时期的重要文件，还有记录乌拉差役、税收、封赠、民间诉讼之类的文书，是研究西藏封建农奴制度的珍贵资料。

作为政教合一的地方政权，占据萨迦法王位置的昆氏家族发生过激烈的权势斗争，一度分裂为四支，轮流行使法王职权。严重的内耗，使萨迦派辉煌了几十年后迅速走向衰落，为后起的格鲁派（黄教）所取代，丧失"统领全藏"的地位，沦为藏传佛教的一个小教派。但它毕竟开创了西藏与中原王朝紧密关系的新纪元，建立的丰功伟绩将彪炳史册。

在寺内一个修葺现场，我们目睹了一幕"惊心动魄"的场景，几个农民模样的工匠，正拿着排刷、粗笔之类的简单工具，用五颜六色的涂料，修补、描填墙上的"陈旧"破损壁画，那些已经完工的部分，色彩艳丽，俗陋不堪，壁画原来的神韵尽失，"新"得刺目！"钦差"立即叫停了这种拙劣的修复性破坏。之后的多年中，在专用巨资的支持下，萨迦北寺得到了修复。也许几百年后，人们可以在那里凭吊遥远的历史伤痛。

远眺珠穆朗玛，近观希夏邦马

告别萨迦，路经拉孜、昂仁，掠过定日、聂拉木，我们的下一站是喜马拉雅山南麓的小镇樟木。

在拉孜和昂仁，我们都听了当地领导的汇报，进一步了解到一些落实政策、发展经济等方面的情况。在昂仁停留时，当地农民拿着从县城边湖畔捉来的野鸭向我们兜售，一只活蹦乱跳的鸭子才要一角钱。而在拉孜的藏毯厂，我们观看了制毯的过程，通体用藏羊毛手工编织而成，染色使用的都是就地采集的植物、矿物。一条长2米、宽60厘米的卡垫，一个织工要编织三四个月，但只卖60元钱！在极度封闭的经济环境下，物力、人力就是这样低廉。

从拉孜到樟木，只有一天路程，但基本都在海拔4000米以上行走，要翻越几个山垭，其中加措拉山口最高，海拔5300米。特别幸运的是，半途中，我们远眺、近观了世界的两大"巨人"。从拉孜到樟木镇的公路，有一段在定日县境内，而举世闻名的世界第一高峰珠穆朗玛峰就在定日县正南方的中尼边境上；另一位"巨人"是全球14座海拔8000米以上高峰中的"老幺"——希夏邦马峰，它则干脆就站立在聂拉木县境内一段公路的西侧，汽车可以说是紧贴着它的脚边行走。珠峰兀然傲立，只要天气晴朗，百公里外也能看到它那金字塔形的巍峨峰巅。我们就幸运地赶上了这样的好天气，在驾驶员的指点下，我们的视线"穿越"莽莽群山，直击"世界第三极"，阳光下积雪覆盖的峰巅，呈现一抹神奇的奶白色。

希夏邦马峰是唯一一座完全在中国境内的8000米以上的山峰，距东南方的珠穆朗玛峰约120公里。藏语"希夏邦马"，为"气候严寒、天气恶劣多变"之意。希夏邦马由三个高度相近的姐妹峰组成，主峰峰尖两侧分别有8008米、7966米的两个峰尖。相比珠峰，希夏邦马峰山势要陡峭许多，常年积雪从峰巅直泻而下，形成几个超过10公里长的巨大冰川，其中最大的富曲冰川长达16公里，从海拔8000米峰巅直抵4500米的灌木林带，好像一面倚天斜立的硕大冰板。据说，覆盖在希夏邦马周边的冰川和永久积雪面积有上千平方公里，而在海拔5000—5800米之间的冰塔区里，矗立着无数大大小小、形态各异的冰塔。它们之间，就是登山健儿们最难对付的冰雪裂缝，内中暗藏着无声的杀机。也正是这种特殊的形态，使希夏邦马成为14个"8000米姊妹"中最难征服的一个。直到1964年5月2日，中国登山队10名运动员首登希夏邦马峰成功，人类才第一次征服这座8000米级的高峰，它也是14座顶级高峰中最后被征服的一座。

远眺珠峰一缕神圣感油然而生；近观希夏邦马，只感到冷峻逼人。也许是因为太过接近，那巨大而呆板的冰雪脸庞，分明辐射出了一股强大的推力。车子急匆匆地沿着山脚的公路南行，我们静静地侧目打量"近在咫尺"的希夏邦马，它居高临下的神态，给人明显的压抑感，连呼吸都不大顺畅。其实，这不完全是心理作用，正在翻越喜马拉雅山脉最后一道山梁的我们，已经在海拔5000米地带"爬行"了一段时间，头晕、胸闷正是高原反应的典型症状。直到把希夏邦马甩在身后，汽车开始向下轻松地溜滑，我们才先后长长舒气，俯视前方的新景，一片片薄薄的白云从那边深深的沟壑里升起，薄云下则是郁郁葱葱的密林。

沿着贴壁的蜿蜒公路，我们飞快滑行，左侧是人工凿筑的山崖，右边是深不见底的山谷。飞泻的山泉，时而顺着山崖，钻进路底的涵洞，时而干脆从车顶飞喷而下，直落深谷，形成一道道珠帘水幔。越往下走，车窗外的光线越暗，因为地势越来越低，山体的植被越来越好。也就半个多小时，我们终于翻越了世界屋脊，来到了喜马拉雅山的南坡。刚冲出峡谷那一刻，只觉得豁然开阔，天地一新！下午三四点的灿烂阳光，毫不吝啬地迎面"喷洒"了过来。定神俯视，一栋栋建筑鳞次栉比地散布在陡坡的林木之间，樟木，就在脚下啦！

樟木偶遇"小叛匪"

从行政级别讲，当时的樟木属于聂拉木县管辖，是比一般的公社（乡镇）高半级的副县级单位，因为这里是中国通向尼泊尔的重要口岸，设有边防、海关等机构。樟木，古称"塔觉嘎布"，藏语的意思是"邻近的口岸"。镇的所在地海拔2200多米，下行十多公里的中国—尼泊尔边界的友谊桥头，就只有海拔1000米出头了。1965年，从拉萨经日喀则到樟木再到加德满都的中尼公路修通后，樟木就成为中尼交往的重要口岸，就是在"文革"期间，这种交往也没有中断。改革开放以后，除了两国政府间的商贸往来，民间的小额边境贸易也快速发展起来。更特殊的是，这里成为流亡境外的藏族同胞返乡探亲的最大通道。

由于山势陡峭，位于半山的樟木镇，其实就是沿着中尼公路几个弯道的一片房子。镇中心也没有一片像样的平展空场。这里的人们只能看露天电影，夜幕降临，在穿镇公路最宽的那段，横拉起幕布，公路就成了观众席，而且有自然的坡度，看客互不影响，还能正反两面坐人观看。这种特殊的地形，也决定镇上的建筑不能"高大、宏伟"，因为底盘狭窄，上部建筑只能小巧、轻简。我们在樟木时，四层高的樟木宾馆正在加紧内装修，据说是按三星级设计的。

"钦差"不辞长途奔波之累，亲莅樟木，主要就是要实地察看返乡藏胞的有关情况。在樟木镇的招待所，我发现在这里住宿的客人多为藏族，但从衣着和肤色，就能看出他们与常见西藏百姓的区别。其中几位喇嘛，引起了我的特别注意。他们身着绛紫色的细毛料僧衣，赤裸着右臂，鼻梁上架着考究的金丝眼镜，腕上戴着明晃晃的手表，脚上穿着"空前绝后"的皮凉鞋，尤其是那高高的方鞋跟，我以前还从没见到过。其余藏胞除了穿着整洁、肤色稍浅以外，与西藏本地百姓没有太多不同。他们都是借道尼泊尔回乡探亲的流亡藏胞，在这里办妥了入境手续，等待搭乘定期班车前往日喀则，然后再分赴各自目的地。

在饭厅吃晚饭时，我发现堂食的只有我们几个"异类"，藏胞客人都是买了饭菜后回客房吃。我们快吃完了，一个精瘦、黝黑的小伙子，买好饭后在邻桌坐下，自顾自地埋头吃了起来。与诸多探亲藏胞不同，他一身现代打扮，直立的短发，合身的休闲T恤，紧身牛仔裤，时尚的运动鞋。我好奇地上前与他打招呼。他有些诧异地回应了一声，大概是对汉人长相的我会说藏话感到奇怪。听了我简单的自我介绍之后，他也自报了"家门"。24岁的他，好像叫罗桑益西（因时间太久，记不太清了），康巴地区类乌齐宗人，是1959年跟随父母一起逃亡到印度的；一直生活在流亡藏胞的主要聚居地——印度西北的达兰萨拉，除了小学、中学，他还考取了英国牛津大学的函授生，已经通过了严格的毕业考试，取得了学位证书。我问他在那边生活怎样，他说，一般生活还可以，就是心理上总有"漂泊"和寄人篱下之感。他还告诉我，他们那边很重视教育，完成大学学业的大约有4000人。在10万流亡的藏胞中，有4000名大学生，比例不算小。他们都像他一样，藏、英、印地，三语皆通。

大概就是因为语言相通，他很快把我当成朋友，从饭厅邀请我到他的房间继续"聊"。我没有拒绝，跟随他进了一个宽敞的大房间。没想到的是，这间房子是个"集体宿舍"，而且不分男女，住了至少三四个家庭的十几口人，还有几位喇嘛。对我这个陌生的汉人，他们并无敌意，简单打过招呼之后，就各自忙各自的了。我和罗桑坐在一角的沙发上继续聊天，其他人则一圈圈地围坐在卡垫地铺上说说笑笑。在他们身边，放着当时西藏还很少见的双卡立体声录放机。

大约晚8点，几位喇嘛开始打坐诵经，地铺上的人也都面朝喇嘛盘腿而坐，双手合十地跟着低声念了起来。我赶忙起身准备告辞，却被罗桑拦住了："别急着走啊！""开始念经了，别影响他们。""影响不了，他们念他们的，咱们聊咱们的。"我确信那些人并无反感后，又坐了下来，轻声继续交谈。这次干脆就谈宗教了。

"罗桑，你怎么不念啊？""我不信教。""藏族不信教的不多吧？""是很少，我们家就我一个。他们喜欢念经、做功课，我喜欢读书。""家里老人不管你吗？""开始管，我不听，后来就不管了。"他接着说："我不信，但我也不反对他们信。那边喇嘛很多，多数年轻力壮，不念经干什么？闲着没事就该胡思乱想啦！"说着，他冲那几位闭目诵经的喇嘛努努嘴："你看他们养得肥头大耳、白白胖胖的，不念经，就该成天想着哪家的姑娘漂亮啊，哪家的小媳妇风骚啊，就盘算着去勾引人家啦！"听他这么一说，我看看那几位喇嘛，差点笑出声来。罗桑说："除了吃饭，他们大多时间用于念经，每天还得像现在这样做晚课，反省今天做没做坏事，有没有坏念想。这多好，减少了不少麻烦。"由于是定时供电，9点前我匆匆告辞，回房安歇。30年前的这次交谈给我留下了深刻印象。

在镇政府，听取地方领导和相关部门的汇报，使我们了解了当地政治、经济、社会等大致情况，接待探亲藏胞、边境贸易和夏尔巴人，则是调查工作的重中之重。那时，人们阶级斗争的弦还绷得很紧，汇报中不少是"防特防谍""防渗透"等内容。前来口岸搞交换的主要是尼泊尔边民，他们送来当地的农副产品，换回胶鞋、蜡烛、手电筒、电池等日用工业品，整体数量非常有限。那几天，我们在街道上看到了一些背着背篓、背包的尼泊尔百姓，他们有的是徒步攀山而来，有的是搭乘花花绿绿的尼泊尔大篷车来的。在贸易公司门市部，我看到了小粒紫红色的花生米和硕大的新鲜菠萝，那都是尼泊尔人背来的。

我们还造访了十多公里外山坡上的一个夏尔巴村落。据说，村子下方，隔一条小溪，就是尼泊尔的一个居民点。夏尔巴人，其实是跨境而居的民族，在我国只有樟木镇生活着1000多人。之所以没称"族"而只称"人"，就是因为人口太少，而且没有自己的文字。那时夏尔巴人的生活，与西藏其余地方没什么大的差别，温饱问题尚未能完全解决，因此不少社员处于"两边游走"状态，哪边生活好些就到哪边去，"就算哪国人"。

与喜马拉雅山北面不同，这里的房子基本是木头搭建的，屋前山坡上矗立的那些木瓜树让人觉得新奇，这是西藏其他地方见不到的，证明了此地气候的优越，但由于体制束缚和交通闭塞，好气候也没能给百姓带来好日子。

从樟木镇政府所在地到中尼边境的友谊桥，虽然只有十多公里山路，但两地的海拔却相差有近千米！汽车下行，完全可以放空档，一溜到底。从海拔两千多米，降到一千多米，明显感觉更热了。小广场上，迎风飘扬的五星红旗，无言地告诉你，这里是我们与友好邻邦尼泊尔的分界处。而象征和平友谊的大象雕塑，绿叶常青的柑橘树，却溢发着静谧、安详的和气。走过那座不长的小桥，沿着对岸的公路，只需两个小时车程，就可以抵达加德满都。

一天，我们从早到晚一直在外面活动，回到招待所已是傍晚时分。吃过晚饭后，我来到接待室前的空地，那里三三两两地聚集着几堆闲谈的客人。刚刚走近，我就发现罗桑正在与一位解放军军官激烈地争吵。

罗桑看到我，就像发现了"救星"，急着招手，请我给评判是非。那位军官看我是汉族，就抢先用汉语对我说："这个小叛匪真反动！就不承认西藏自古就是中国的一部分，我说至少从唐朝文成公主嫁到西藏，就表明西藏正式并入中国版图了。他却说这不能说明什么。"原来这位军官是西藏军区专门负责返乡流亡藏胞联络工作部门的，他会印地语，刚才就是用印地语与罗桑对话并发生了争执。我用汉语对他说："来这儿的藏胞，肯定不会一下子就接受西藏是中国一部分的说法，而且用文成公主出嫁当并入中国版图的证据，确实不妥当。工作得慢慢做，别动不动就扣叛匪的大帽子。"看话不投机，那军官没再说什么，就悻悻地走开了。

一旁的罗桑，默默听完我们的对话后，急切地说："他根本不讲道理，如果说文成公主嫁给松赞干布就代表西藏是中国的一部分，那尺尊公主算什么？她嫁给松赞干布在文成公主之先，难道能证明西藏属于尼泊尔的一部分？"我静静地听他的诉说，因为在前一天晚上，我们虽然聊了近一个小时，但对西藏归属这一敏感问题，都没主动触及。现在，是他与军官的争执，把我们引进了这个敏感区。

我说，先不说"并入版图"问题，但文成公主的出嫁，至少说明从一千几百年前，中原和西藏的交往和联系就很紧密了，而早在和亲之前很久，这种关系就存在了。罗桑没有反驳，点头认同我的说法。接着我"现炒现卖"，把几天前在萨迦看到的、听到的，详详细细地给罗桑讲了一遍，这位牛津的函授生显然是闻所未闻，一直默默地听着。最后，我建议他最好也能挤时间亲自到萨迦去看看。他说，这次时间太紧，只能以后再找机会。接着，他主动讲述了自己的想法，他说，我们在外面，从小听到的都是另外一种说法，说西藏不属于中国，自古就是独立的国家，还列出了很多证据。而读大学以后，又接触到了"西藏属于中国"的观点。在达兰萨拉，是问不出确切结果的。于是我就有了亲自到西藏来看看的念头。我就是要回去看看，到拉萨，到昌都，到类乌齐，去看看究竟是什么样，那里的人们会怎么说。我赞同他这种认真求证的态度，并告诉他，西藏 20 多年来发生了很大变化，但由于"文化大革命"的祸害，也确实存在很多问题,群众的生活水平还很低。希望他能客观对待。他也表示理解。此外我还告诉他,类乌齐现在不叫"宗"了,叫"县"。到那里,还要在日喀则、拉萨、昌都转好几次车,有两千多公里远呢。

在边境小镇樟木,我与"小叛匪"罗桑益西进行了坦诚的交流。我想,罗桑是听进去了,至少当时没有表示排斥。心灵的沟通、情感的融合,只能潜移默化。

离藏前的忧思

近一个月伴随"钦差"调研,使我看到许多平时看不到的东西,听到许多一般情况下听不到的东西。所有有价值的内容,都被尽可能详细地整理成文字材料上报,这活儿,大多由我操刀,老S他们审定。大约7月中,我完成了协助工作,与"钦差"一起回到拉萨。

在拉萨,我还经常受到召唤,到招待所、到区党委,帮助做一些辅助性工作。在这期间,老S再次"单刀直入"地问我:"你愿不愿意调到中央统战部工作?"这次把我问得有点蒙,愣在那儿不知怎么回答。老S接着说:"不是开玩笑,是真的想调你!"我缓过神来低声说:"谢谢您的看重,当然我很愿意去统战部工作,但有个情况得跟您说明,就是我已经参加今年的研究生考试了。现在还不知道结果……"没等我说完,他就笑着说:"这没问题!考上,你就先念书;没考上,我们就调你。还有,就是考上了,读完书,你想来统战部,我们也欢迎,位子给你留着。"这几句掷地有声的干脆话,真让人打心底里痛快。

老S又提出一个要求:推荐一两个"像你一样"的年轻人,供考察、选择,到中央统战部工作。小H也跟着说,也给国家民委推荐一两个。我仔细想了想,迅速以水平、能力、人品为标准,搜寻脑海中储存的熟人,片刻之后,我郑重推荐了朱晓明、王文成。介绍了他俩的基本情况后,老S、小H都感到满意。很快,在我的引见下,他们见了面。朱晓明几年后调到了中央统战部;王文成由于当时不是党员，进了国家民委。在各自的岗位上，他们都做出了骄人的业绩。

回到拉萨没多久，我得到了考取中国社会科学院研究生院新闻系的消息，进入等待录取通知的特殊日子。就在我为离藏做准备期间，一场意外的风波，对我的心灵产生了强烈的震撼。

经中央批准，达赖从5月到7月间先后派他的亲属、亲随分批到国内参观。7月下旬，达赖亲属一行来到拉萨，住进位于市中心、当时西藏条件最好的自治区第一招待所，离自治区党委、政府不足200米。出人意料的是，这几个人在到达的第二天早晨，就向闻讯聚集到招待所楼前的300多群众发表讲演，上午到大昭寺时，又对聚集在广场上朝佛的几千僧众喊话，说什么"不管康巴、安多、前藏、后藏都是藏族，要团结一致，为共同目标而奋斗"，叫嚷"不在嘴上喊'独立'，要放在心里"。27日他们临时改变行程，去了几十公里外的甘丹寺。该寺上午聚集了三四千人，搭帐篷，挂经幡。这伙人去后，举行了宗教活动，煽动一些人唱"西藏独立"歌。

达赖亲属的到来，打破了拉萨的平静。那几天，我在拉萨大街上行走时，感到了一种进藏十多年从没有过的"特殊气氛"，明显增多的外地人，不时投来不和善的目光。一天下午我路过第一招待所时，竟发现往日停放车辆的大广场上，席地坐满了藏族群众，黑压压、静悄悄，外出的达赖亲属一行还没回来，人们提前到这里"占位"等待，为的就是能看到站在客房凉台上的达赖亲属向他们招招手、说几句话。此时的鸦雀无声，远比嘈杂喧闹更令人不安。在达赖亲属们的鼓动下，有人竟然在拉萨街头多次散发反动传单；有的爱国人士、藏族干部还接到了恐吓信。由于对方行为严重"出轨"，经中央批准，自治区政府果断发出了"逐客令"，7月29日宣布终止达赖亲属一行的参观活动，限其于30日前离开拉萨。

其实，这种"出轨"情况，在几个月前已经发生过一次，1979年9月底到11月初，达赖集团图登朗吉、彭措扎西（达赖姐夫）、洛桑三旦（达赖三哥）、扎西多吉、洛桑达杰五人经中央批准到西藏参观，先后到了拉萨、那曲、日喀则、江孜、泽当、林芝、昌都等地。他们在多地高调招摇,引人围观,发表出轨言论,造成恶劣影响。当时我还在昌都,听说一些边远地方的牧民竟步行数日,赶到他们可能经过的路段等候,只要看到从拉萨方向的吉普车驶来,便凑到路边双手捧着哈达,跪地膜拜。为此拜错了不少。

前往"围观"的,都是死不改悔的反动领主、代理人、上层僧尼吗?不是,绝大多数是普通藏族群众。前往"围观",是因为对达赖集团怀有深厚的情感吗?不是,绝大多数群众与达赖一伙非亲非故,素不相识。前往"围观",是因为眷恋封建农奴制度、妄图复辟变天吗?更不是,绝大多数群众属于旧时代最底层的奴隶、农奴,他们不可能愿意重归非人的生活。那么是什么力量驱使他们去那么恭敬而虔诚地"围观"达赖的亲属们呢?一位藏族朋友告诉我说,是宗教信仰。他给我讲了最近发生的一些情况。随着宗教政策的落实,前来拉萨朝佛的人越来越多,其中不少来自西藏以外的藏族聚居区。他们多数历经数月,步行、磕长头沿青藏、川藏公路而来,也有少数搭车甚至乘飞机进藏。

不久前,大昭寺就发生了这样一幕:一位朝拜的信徒,在大经堂里跪拜时,趁人不注意钻到了香案底下,一动不动地直等到朝拜结束、清院关门。夜深人静,他确认经堂里的喇嘛都回房休息后,才从案下爬出。借着佛前的长明灯光,脱下宽大的藏袍,抽出锁边线,将袍子缝成一个不规则的大口袋。然后又用自己的藏帽当扫帚,在经堂地板上爬行着,细细地扫了一遍,佛像底座边、香案下,各个柱脚,都没放过,竟然扫出了几十斤细细的尘土。将尘土全部装进"袍袋"后,他又密密实实地缝紧了袋口。忙活了一整夜的他,再次躲进香案底下,一直等到天明寺院开门,朝拜的信众涌入经堂,他才趁乱爬出。寺院的巡查人员发现他的"异常"盘问时,他才道出真情。原来他来自青海牧区,一个多月前,他卖掉了家里近几年饲养、繁育的所有牲畜,揣着两万多元巨款,搭车进藏朝佛,以实现自己多年的夙愿。到达拉萨后,他随众在八廓街转经,到哲蚌寺、色拉寺朝拜,在大昭寺前磕了多日长头。经过仔细"实地勘察",他萌生了给家乡父老从圣地带回圣物的奇想,于是就有了昨天的行动。

讲完自己的"故事"后，他掏出怀里的所有钱，留下少部分用于航空寄运"圣土"和购买自己返程的车票，其余全部捐给寺院当作"香火钱"。管理人员相信了他的述说，为之深深感动，不仅没为难他，还再三对他的善举表示感谢。当然，感谢归感谢，从那以后，寺院有针对性地加强了管理和安保工作，至少在每天关门清寺时加了查看香案底下的程序。而那位青海的虔诚朝佛者，寄运佛前"圣土"后兴冲冲地搭车回家了。虽然已是两手空空、家财散尽，但多年夙愿得偿，此时的他感到心满意足，精神世界异常充实。而回到家乡之后，向乡亲们分赠来自拉萨大昭寺佛前的"圣土"时，他还会得到更热烈的精神享受和发自内心的深深祝福。

这段故事，引发了我长时间的深思。是啊，在中国的五个民族自治区里，西藏有很多独特的地方。近乎单一民族聚居，信仰同一宗教——藏传佛教，就是最主要的一点。而这一点又包含着多重内容。一、不像其余四个自治区那样，早在新中国成立以前很久，就呈现多民族杂居状态，一些地方的汉族人数甚至超过少数民族；而西藏在1950年以前，几乎没有长期定居的汉族，全区藏族占95%以上，门巴族、珞巴族人数不多，而且信仰、习俗方面与藏族相近，回族、僜人、夏尔巴人的数量更是微不足道。二、藏传佛教是全民信仰，尽管分了格鲁（黄）、噶举（白）、宁玛（红）、萨迦（花）、苯（黑）几大派系，但都没脱离藏传佛教之宗，表现了宗教的高度同一性。三、政教合一的政体维系了几百年，达赖、班禅一直被奉为最高的政治、精神领袖，被视为佛祖的代表。四、宗教信仰渗透到深山、牧区每个家庭，可谓代代相传，"与生俱来"。1982年夏，恢复职位与名誉的班禅大师到西藏视察。这是时隔近20年后，大师的再次来藏。西藏信众的朝拜热情几近狂热。班禅所到之地，人如潮涌。在拉萨、日喀则两地，受大师摩顶祝福的信众达30万人次。连日的长时间以手轻轻摸顶，竟把大师累得胳膊肿痛，后来不得不以木架托支。而在大昭寺的一次活动中，还发生了严重踩踏事故，造成一人死亡、十多人受伤。

这就是西藏，既是历史的，也是现实的。任何忽略这一实际的举动,都会引发严重的后果;长时间的完全背离,所造成的恶果实在难以估量!

平心而论,1959年民主改革直到1980年,西藏广大群众的实际生活状况,绝对要好于旧时代。但1960年代急于"一步登天"式的集体化,"文革"十年的极左肆虐,"触及灵魂"的"破四旧",劳民伤财的学大寨,尤其是1969年以后持续多年的"复叛"整肃,深深地伤害了广大翻身农奴。缺乏"新旧对比"的年轻人,更是对极左之害,感受深切。

压抑多年的宗教情感,与极左迫害造成的强烈愤恨合流,在"佛爷代表"来访时,找到了宣泄的机会。这就是达赖亲属们得以"风光"的主要缘由。

在西藏逗留的最后日子,我第一次感受到西藏宗教力量的强大,它不是极少数人能够鼓动起来的,而是深深地隐藏在藏族民众的心底;我也再一次体察出极左路线对西藏的危害之深,消除它的影响、抚平它造成的伤痛,可能需要很长时间。

9月初,收到录取通知书的我,托运了铺盖、书籍等行李,留下了本不属于我的"西藏物件",依依不舍地告别了同甘共苦多年的藏汉族朋友,登上了飞往成都的班机。透过小小的舷窗,俯视着生活了12年的西藏大地,那一道道蜿蜒的江河,那一座座终年积雪的山峰,将要化为永远的记忆。只想多看几眼,好让它们在脑海中刻得更深更深。飞机执着地径直东行,雪山渐渐消退,西藏慢慢远去。

1980年9月离藏,距1968年9月离京,正好12年。1948年5月出生的我,把20岁到32岁的年华放在了雪域高原。难忘西藏,难忘西藏的白云、蓝天、雪山、大河,难忘西藏同甘共苦的阿爸阿妈、兄弟姐妹,难忘西藏4000多个日夜的对错荣辱、苦辣酸甜。

为改革开放鼓与呼

1980年春天,人民日报社从北京王府井旧址,迁到朝阳路北侧的金台西路2号大院。而也是在那年的秋天,我走进了这个大院。在这里,我从在读的研究生,变为中央党报的资深记者,从三十出头的大龄青年,变为年逾古稀的退休老人。其间经历了《人民日报》最为辉煌的年月,熬过了黯淡无光的日子,见证了媒体行业前所未有的大变局。几十年中,我多数时间是亲历者,少部分年月是旁观者。键盘打出的这些文字,不是《人民日报》的历史,只是我在中央党报工作与生活的一些片段,它们仅是《人民日报》报史"总拼图"边缘中的一些碎片,相对整个中国历史来说,只能算是几粒沙尘。

我是在一个绝佳时点进入人民日报社的,得以与创办《人民日报》的老一辈共事了一段异常珍贵的时光,在他们的"熏蒸"下成长,在他们的引领下为改革开放事业鼓与呼。我为此感到无比幸运。

"辍学"12年的学生们

中国社会科学院研究生院新闻系,是时任中国社会科学院院长胡乔木、《人民日报》总编辑胡绩伟与当时的新华社负责人,为解决"文革"后新闻专业队伍"青黄不接"问题,于1978年一起商定开办的,由三家合办。社科院出"名"(机构编制,经费随编制),人民日报社出"地"(课堂、宿舍),新华社、人民日报社两家出

"人"（师资等）。

时隔整整12年，我又回到了北京，回到了阔别14年的课堂，既熟悉又陌生。熟悉的是变化不大的市容市貌、纯正的京腔，陌生的是年龄参差、来自十多个省区市的同班同学，还有课堂。新闻系就设在人民日报社大院里，住和上课都在院子里，组织人事关系在研究生院，我的工资关系还在西藏日报社。那时大部分研究生都是像我这样的"三栖人"。

由于"文革"的耽搁，我们这些早该大学毕业并在各自岗位上工作多年的成年人，在"辍学"十多年后，重回课堂，年龄相对比较小的我们这一届（1980年入学，1983年毕业）新闻系的29个学生，多一半已经为人父母。因此，大家都十分珍惜这重新获得的学生身份、失而复得的学生生活。

当然，除了认真学习、认真进行选题研究外，我们积极参与研究生院组织的各种社会、文体活动。新闻系的业务研讨会，总是"人满为患"，各种观点激烈碰撞，从来不愁会出现冷场。

1978年之后的一段时间里，社会的民主气氛很浓。1980年底前后，北京市各区酝酿召开人民代表大会，随之展开了广泛的竞选活动。高我两级的新闻系学长孙旭培参与其中，面对广大市民发表演说、阐述政见，竞选朝阳区人民代表。在位于西郊的北京师范学院，竞选搞得更热闹，两位最热的竞选者，都是我北京四中的校友，一位是与我同年级的蒋效愚，另一位是比我低两届的刘源（刘少奇之子）。

对于这些活动，我基本都是"看客"，睁大眼睛看，竖着耳朵听，开动脑子想，很少出声。刚从雪山高原下来"恍如隔世"的我，对许多事情还是懵懵懂懂的。

对于读书，我倒是从不落后，总是如饥似渴。伤痕类的作品、新出的武侠小说、一些解禁不久的文学名著，以及《万历十五年》一类的历史政论书籍，我是拿到就读，名副其实的"废寝忘食"。记得看《天龙八部》，班里的"金迷"们照例采用了人歇书不歇的流水制，为了按时"交接"，厚厚的一大本，我居然捧着看了整整一夜！不光没合眼，没上卫生间，连看书的姿势都没怎么变，迷到了完全忘我的地步。除了读书，打牌也是一项重要课外活动。新闻系有一帮桥牌爱好者，课余的切磋使我的牌艺由"初级"上升到了"中下级"。

最放松的，是那几个难得的假期，我先后到向往已久的承德、雁荡山、杭州、黄山等名胜"穷游"。尽管经常吃在路边店，住防空洞改造的简易旅社，睡大通铺，累得两腿酸痛难忍，但如此畅快地游览，着实让人兴奋。

当然，三年的学生生活并不都是玫瑰色，也有"荆刺"扎人。极少数同学还莫名其妙地保持着"文革"得势时养成的"优越感"，动不动就给意见相左的同学"上纲上线"。虽然这类极左遗风并没有多大市场，但令人膈应是真的。吃尽极左之苦的我和多数同学，与这种人话不投机是很自然的。但极左残余有时还真能坏事。毕业前，支部讨论一位同学入党问题时，有人居然以"这么长时间没能加入组织，这本身就说明他有问题"而坚决反对，好像他根本不知道"文革"时期的党是处在一种非正常的状态。

"春意盎然"的报社大院

人民日报社是 1980 年春天从王府井搬到朝阳门外红庙附近新址的。那个院子很大，"文革"前是北京机械学院，"文革"中，该校与陕西机械学院合并后就撤销了，空院子给了准备建设彩色印刷厂、逐步实现彩色印刷的人民日报社。

恢复高考之后社科院研究生院招收的前三届研究生，被称为"黄埔三期"，大多数学生是"文革"前的老大学生；少数是同等学力者，其中有的是刚刚考取大学就又考了研究生，有的则是像我这样的"文革"前的中学生，没上过大学，直接进研究生院了。新闻系第一届学生的年龄差距很大，最年长的艾丰，报名时未满 40 岁（允许报考的年龄上限），上学时已经 40 多了。他是人民大学 1961 年的毕业生，在北京广播电台已经工作快 20 年啦！同班的陈力丹，却只有 26 岁。差距不光是年龄，知识基础也参差不齐，外语考试成绩，高的八九十分，低的只有个位数。

相比之下，我们第三届的年龄差别缩小了一些，全班29人，大哥36岁，"文革"前北京大学中文系的老大学生，小弟24岁，复旦大学刚毕业一年的"工农兵"大学生，年龄也差了"一轮"。

解放思想、拨乱反正是当时的主流，大环境宽松，研究生院的民主气氛浓厚。在新闻理论课中，老师和同学争论激烈，持不同观点者，可以毫无顾忌地各抒己见，甚至争得面红耳赤。我也开始学着独立思考一些重大的理论问题。

给我们上课的老师，多数是新华社、《人民日报》的资深记者、编辑，但也有一些从高校、文化单位请来的专家。许多老师给我留下了终生难忘的印象。比如人民大学讲新闻史的方汉奇，讲课像说书，极其生动有趣；商务印书馆的周振甫，浓重的浙江口音，比他讲的古汉语还"佶屈聱牙"；曾经陪毛主席读书的芦荻，真是口若悬河、滔滔不绝，她对韩柳文风的评价"韩文重气势、柳文若抽丝"，至今记忆犹新；而人民大学《资本论》专家俞明仁，明确要求"死记硬背"，实在令人头痛。中美"两头吃"的原《中央日报》记者、美籍华人学者赵浩生，用一美国女青年穿着鞋底前高后低的异形鞋在大街上吃力行走的例子，生动诠释了中国重"求同"、美国爱"追异"的文化差别。

对于我这个非科班出身、已经干了8年新闻工作的"老记者"来说，系统的专业学习是非常必要的，因此最枯燥的理论课，最费劲的外语课，我都认真听、仔细记。每天清晨，大院的小树林里，除了晨练的，就是背外语单词的同学。其中就有比我高一届的薄熙来，他曾经是我北京第二实验小学、北京四中的学弟，现在成了高我一级的学长。第一届的舒小骅、张铮，第二届的刘晓陆、张克宁、董焕亮，也都是四中的校友。

身处人民日报社大院，我们绝非"两耳不闻窗外事，一心只读圣贤书"。那几年，《人民日报》也正经历着一次脱胎换骨的大嬗变，人民日报社大院给我们的熏陶，比研究生课堂的教育更重要。读研期间，我对于《人民日报》的历史和现实，有了具体而切实的了解。

1940年代中后期创办于晋冀鲁豫解放区，1948年先后成为华北中央局、中共中央机关报的《人民日报》，1950年代初的几年工作较为正常。从 1954 年开始，批判《红楼梦》研究、批判《武训传》、讨伐"胡风反革命集团"、反右，党报成为"左"倾路线的工具，冲锋在前；"大跃进""放卫星"公社化，更是加足马力推波助澜。于是有了 1961 年刘少奇对《人民日报》副总编辑胡绩伟等说的那几句重话："《人民日报》应该好好总结一下三年来办报的经验。三年来，报纸在宣传生产建设成就方面的浮夸风，在推广经验方面的瞎指挥风，在政策宣传和理论宣传方面的片面性，对实际工作造成了很大恶果。你们宣传了很多高指标，放'卫星'，《人民日报》提倡错误的东西，大家也以为是中央提倡的。"① 1960 年代中期以后，直到粉碎"四人帮"，《人民日报》起了很多不好的作用，直到 1976 年 10 月，才获得新生。也是从那时开始，一些在历次运动中被"清除"的人，开始陆续归队。

重生的《人民日报》，突破重重干扰，紧跟中央坚持改革的领导力量，积极参与平反冤假错案，勇敢推动破除"两个凡是"的思想解放，助力"实践是检验真理唯一标准"的大辩论，热情支持以"大包干"为突破口的农村改革……很快赢得广大老百姓的欢迎与信任。老同志自豪地说，1970 年代末的人民日报社大门口（北京王府井大街原址），信访的民众经常排起长龙，感谢"青天"的大字报贴上了报社围墙；报社最多时一天收到的群众来稿来信达 6000 件！报纸的订阅数达到空前绝后的 640 万份！

进入报社大院后，我感受到的第一波冲击是，在不长的一段时间里，《人民日报》连续发表了多篇震动全国的批评报道，其中有有关"渤海二号"钻井平台翻沉，分管副总理、石油部长受处分的系列报道；有北京丰泽园饭庄厨师陈爱武举报原任北京市副市长、时任商业部长王某"吃特权餐"的报道……就在这之前不久，一资深记者采写的长篇报告文学《人妖之间》发表于《人民文学》，在全国引起了强烈的反响。至于针对基层阻挠政策落实、干扰经济建设

---

① 金冲及主编，中共中央文献研究室编《刘少奇传：1898—1969》下，中央文献出版社，2008，第 799 页。

为中心、抵制改革开放种种行径的批评报道,报纸几乎是天天不断。

那是一个思想开放的年代,也是一个可以冲破禁忌、自由争论的年代。报纸上既有批评,也有反批评。记得有这样一件"官司":曾任职解放军总政治部文化部的某领导,发表了一篇对战争题材影片的批评文章,认为反映激战后的场面过于血腥、死尸太多,有渲染战争恐怖论的副作用。不久报纸又登了一篇反驳文章,认为战争原本就是残酷的,战场死尸横陈是正常场景。其中一句反问令人忍俊不禁。作者问:照某某的说法,陈尸过多是渲染战争恐怖,那么该摆多少具尸体合适?十几,几十?才不是渲染战争恐怖?

按照上方指令,报纸上也开展了对《苦恋》等的批判,但在报社大院里,各种不同意见照常争论,并不存在谁必须压倒谁的问题。争论者中既有无名小卒,也有引人瞩目的名人,例如1950年代初因挑战俞平伯而受到毛泽东表扬的"两个小人物"李希凡、蓝翎,著名记者田流、纪希晨、刘时平、金凤、柏生……作为"准"报社人,我们时时感受着这种宽松、自由、勇于思考的气氛。

当然,熏陶是多面的。比如,一次听时任《人民日报》副总编辑兼社科院新闻所所长的安岗讲课,就有些令人迷糊。这位从创办初期就担任报社副总编辑的老记者,以反应快、点子多、笔头劲著称。在讲课中,他说,不仅新闻要短些再短些,评论也应短些再短些。比如,最近陈云同志对猪肉供应问题有个重要批示,说猪肉问题很重要,因为人是要吃肉的(大意)。这句话讲得多好,我认为《人民日报》可以就此发一篇一句话的社论。听讲的学生报以笑声,就是点子多,名不虚传!但这个大胆的点子有操作性吗?从创办到现在,几十年了,报社从没发过"一句话"社论,也没见、没听其他报纸发过。从那时到现在,我始终没有想明白,安岗的点子是创新的表现还是"唯上"的表现。

一个流传很广的"段子",更令人哭笑不得。一位大报的资深编辑准备给新入学的研究生讲授评论课,还没进入正题,一个学生就举手要求发言,他问道:老师,我觉得报纸的评论,不就是把中央有关文件、讲话中的那些标准词语汇集起来,然后每次根据不同的主题,选取不同词语进行不同的排列组合吗?没想到,老师闻言后,竟一脸严肃地说:请你出去,不要听我的课了!全场愕然,但老师接着又补了一句:因为你已经掌握了撰写本报评论的真谛,所以用不着再听了。显然,这是一个杜撰的"段子",但两三年的变化,的确还难以消除人们对一段时期以来报纸的印象:反右时的《文汇报的资产阶级方向应当批判》,是进了中学课本的;1966年夏天的《横扫一切牛鬼蛇神》,更是在全国人民心中留下了刻骨铭心的记忆。

国内政治部的"政治"

由于硕士论文选题是"党报的少数民族报道",1982 年上半年的实习,我就选择到了分管民族报道的国内政治部。那时的部主任是一位 1936 年参加革命的"老资格";还有三位副主任,傅真同样是"老资格",另外两位分别是 1940 年代后期参加革命的林某和 1960 年代初毕业的史学研究生周某某。

实习主要是学习选稿、约稿和编稿,也参加少量的采访活动。与《西藏日报》比较,编辑程序基本相同,不一样的是,由于来稿数量的巨大差异,在西藏主要是"尽力挽救",而在这里主要是"找碴枪毙"。因为来稿实在太多,版面有限,百里挑一地选用都很难做到,绝大多数只能丢进麻袋。当然也有"冷门",少数民族报道就是弱项之一,来稿不光量少而且质低,相应的,采用量也很少。这一状况,我写进了论文。

一次部例会,很让我"长见识"。会上,林、周两位副主任围绕一个问题发生了激烈争执,全然没把主持会议的正主任放在眼里。争论甚至夹杂了个人攻击的意味,一位指责另一位"保守派思想僵化",另一位则以"新贵得意忘形"回敬。这种场面,既反映了报社内部的开放，也暴露了"文革"派性的残留。

记得实习期间，我单独参加过两次民族宗教方面的会议采访，借机结识、访问了一些相关名人，为撰写论文征求意见、收集资料。其中有1950年代担任过中共西藏工作委员会副秘书长、后来成为民族宗教专家的牙含章（1960年代《达赖喇嘛传》的作者）。

利用会议间隙，我造访了设于北京法源寺内的中国佛学院，看到了几位面对佛殿山墙背记英语单词的年轻学僧，还曾贸然"闯"进净室探访方丈。当时的法源寺住持是明真法师，80多岁的他兼任中国佛教协会副会长。原籍湖南的老人没有怪嗔我的莽撞，很客气地请我吸烟、饮茶。我婉拒吸烟后，他有礼貌地问我，他可不可以吸烟。我有些惶恐地说，请便请便。随后请教他，佛教那么多戒条，怎么没有戒烟呢。他轻声答道，中国佛教戒条形成于汉唐，那时烟还没流传到中国呐！烟是元末以后才流传进来的，所以"没赶上"被戒。我恍然大悟，以前虽然知道烟草流传进来的时间，但从没把它与佛教相联系。由此可见，什么知识都有融会贯通的问题，吸烟这类生活小事也不例外。

保山"新伤"引旧痛

1982年3月，一场声势浩大的严厉打击经济领域犯罪的运动在全国范围展开。根据各地上报的情况，中纪委将案值超过30万元的列为大案要案，全国共30多件，然后责成各地方严肃查办，人民日报社负责"督办"其中的两件，都在贵州。我跟随国内政治部的编辑谷嘉旺担负了这一特殊任务。

第一宗案情很简单，基本属于"职务犯罪"性质。大概情况是，位于黔东南凯里山区的一个隶属于中央四机部的无线电工厂，为了给工厂寻求活路，参照同类兄弟厂当时的做法，通过"关系"找到一名境外的香港合作者，按照对方的要求，在内地采购了价值80万元的兔毛，发到深圳。如果不出问题，对方设法把兔毛运出境、脱手后，就可以按合同约定为工厂采购等值的收录机等电子元器件，发回国内；工厂组装成品后出售。境外商人赚的是兔毛差价，工厂赚的是组装利润。但没想到运作过程中出了意外，贪心的港商为了赚得更多，竟然绕过海关，私运兔毛出境，结果被查扣了。港商人在境外，一分钱没掏，可以说是毫发未损；这边工厂可惨了，不仅多方拼凑的 80 万元垫支货款打了水漂，而且还要承担"勾结不法港商走私、套汇"等罪名。此外在广东与合作者洽谈时，还有"违规公款吃喝、受贿"等行为。涉案人员主要是厂长等少数人员。我们到贵阳时，案情已经基本调查清楚，听过案情通报后，公安人员即前往凯里履行批捕手续。

在离市区十多公里外山沟沟里的工厂执行逮捕，本来就是一个很快能完成的简单形式，但大量闻讯前来"送行"的群众，围住了我们这两个来自党中央机关报的"督办大员"，为厂长鸣不平、"评功摆好"。我们不得不坐下来倾听意见。"厂长也是为了救工厂，如果他什么也不干，就不会出事。""厂长他们那叫什么公款吃喝？在广州请港商吃一顿饭，好几个人才用了一百来块钱，喝的茅台酒是自己带去的，只喝了不到一瓶，剩下的一瓶半还带回来了。""那能算是受贿吗？一人一件普通圆领背心、一支圆珠笔，都是大路货。""如果港商不出事，元器件买回来了，就根本没事，其他厂早就这么干了。"……总之一句话，在群众眼里，他们的厂长是想干事的好厂长，是清官不是贪腐分子！是由于没经验犯了错误，是急于带领厂子摆脱困境，因此给企业、给国家财产造成损失，不该按贪腐治罪。

案情、民情，使我们陷入矛盾。几经商量、斟酌后，谷嘉旺决定采取"两面处理"的手法。一方面，按照"中央大案"的口径，对案情和处理举措做了简短的客观报道；一方面，根据工厂群众反映的情况和表达的意见，写了一份内参材料，客观叙述事情发生的背景、细节，以及群众的看法与情绪。这一不公开的文字材料，字数大大超过了公开的新闻稿。后续的事实证明，"内参"产生了一定作用，虽然未能阻止"从快从重"大原则下的法律制裁，但对相关人员的处理是比较轻的，而且不久后就得到了纠正。另一宗案子则因"所反映情况"基本失实而销案。

由此，我第一次真切地了解到《人民日报》记者肩负的责任。

"督办"工作告一段落后，我们前往云南少数民族地区采访。在昆明走访省民委，在大理采访"五朵金花"的故乡后，来到了更边远的瑞丽。没想到在那里，遇上了同是报社国内政治部的老记者习平大姐，她是随同中纪委副书记张策率领的调查组，专程来滇查"毒"的。在习大姐的斡旋下，我们暂时加入了查"毒"的队伍。

由于地处偏远、交通闭塞，泰北、缅北的经济都很落后。独特的自然、历史、社会条件，使这一带成为臭名昭著的"金三角"。一些云南边境少数民族地区也受其感染，形成了种罂粟、吸鸦片的恶习。"文革"的无政府状态、开放初期的疏于管理，使种毒、制毒、吸毒有蔓延之势。中央正是了解到这方面的情况，才严令地方和有关部门认真查处，并派中纪委领导亲自带队赴一线督办的。我们与调查组一道听取地方、公安部门的相关汇报；实地察看山间那些已经被铲平的罂粟田；走村串户地访问少数民族村寨，了解他们恢复正常农业生产，开辟新增收门路的情况。记得在一个山寨，向一位生产队长询问情况时，蹲在土墙脚的他，突然哈欠连连、涕泪双流。在场的人都心知肚明：这位瘦骨嶙峋的队长是位瘾君子，此时是犯了烟瘾！谈话没法继续了，陪同的地方领导严肃地说了几句"要认真吸取教训""千万不能放松"之类的话，就带着我们告辞了。新中国成立初期就曾担任了省委书记的张策同志无奈地摇摇头，说出一句肺腑之言："没想到共产党执政几十年后的今天，我们还要做一百多年前林则徐所做的事情！"

陪同中纪委调查组的云南省纪委王副书记是一位老革命，在保山地委招待所，他接待了一位从缅甸归国不久的女知青。她是十多年前，与一群北京、昆明的知青一起私自越境，参加缅共，"支援世界革命"的，后来嫁给了一位曾经留学北京大学的缅共领导人。十多年间，他们经历了多轮反"扫荡"战斗，冒着枪林弹雨，出生入死。她的一位战友正是省纪委副书记的儿子王某，在多年前的一次激战中，他已"壮烈牺牲"了。由于信息有限，王书记只得知儿子的死讯，却未能了解详细情况。女知青知道王书记来到保山，特地登门看望已故战友的父亲，并在老人一再"追逼"下讲述了详情。在那次激战中，已经是中层军事指挥员的小王，承担了带人炸掉敌方军列的任务，但就在成功爆炸的那一刻，走在撤离尾部的他，不幸被一大块从天而落的车窗玻璃打中，尖利的玻璃像一片大刀，"切"断了他脖颈大动脉，喷涌的热血染红了异邦的土地。闻此，已经老泪横流的王书记悲痛得晕了过去……

缅共军事连连失利，渐渐丧失民众支持，处境越来越困难。那位女知青的丈夫为此陷入悲观状态不能自拔。眼看前路惨淡，为几个孩子的未来着想，他们经过痛苦的思想斗争，决定离婚，女方带着孩子返回中国。据说，就在送别妻儿后不久，那位缅共干部绝望地饮弹自毙。女知青回国后，得到妥善安置，但心中的伤口永远无法愈合。她的讲述也使一位年迈老人添了"新伤"。

由王书记的不幸，1940年代十五六岁就投身革命的习平大姐想起自己的旧痛。在"反右"运动中，刚满30岁的她和有着从上饶集中营逃脱经历的"年轻的老革命"丈夫季音，双双"落网"。降级、下放，使他们不得不将几个未成年的孩子分散托付给亲友抚养。家境的剧变，深深伤害了孩子们脆弱的心灵；"文革"中他们又全部失学，有的孩子做出了"越轨"的举动。习大姐动情地说，我们那时多单纯、多幼稚啊！组织说你犯了严重错误，开始想不通，经过"批评教育"，很快就"想通了"。在表决开除我的党籍时，我自己还举了手，认为自己是"真反党"了。而说到孩子们的境遇，50多岁的她竟失声痛哭着说，政治运动不光害了我们这一代，而且坑害了我们的下一代！在"反右"中，当时只有几百人的人民日报社，共划了30多个"右派"，其中像季音、习平这样的老革命夫妇还有几对。1978年，这些蒙冤的同志全部得到改正，但一些人已经含冤逝去，受害家庭的伤痛更是难以愈合。

随着基层查"毒"工作的结束，我们又失去交通的便利，重回全自理状态。唯一一次享受"派车"，是到附近一个崩龙族（即德昂族）山寨访问，因为到那里既无公交车，也无便车可搭。那是一个名副其实的赤贫山寨，高踞山头的崩龙族山民，男男女女、老老少少衣着很少，几乎都是赤身裸体；刀耕火种的少量坡地，提供不了足够的口粮，相当多一部分需要国家救济。骄阳下木呆呆围观的老少民众，把我们当成了发放救济物资的干部。光秃秃的山，顶壁残破的房，衣不蔽体的人，呆滞的神情，令人心酸心痛。相比一"包"就活的安徽凤阳农村，边远民族地区的转变要艰难得多。

无声巨浪迎面来

由于在西藏已经搞了多年农村报道，在《人民日报》正式入职后，我选择去了报社的农村部。

刚刚离休的部主任李克林，是新闻界带有传奇色彩的杰出人物；接任的季音，是习平大姐的先生，1940年代的新四军战士，1950年代任《人民日报》驻上海首席记者，而后20多年的"右派分子"，1978年归队归位。两位副主任，一位是姚力文，1940年代在晋冀鲁豫参与创办《人民日报》的老资格，1958年被调到中共中央办公厅担任刘少奇同志的秘书，"文革"中受牵连受迫害，1978年归队；另一位安子贞，是1950年代人大新闻系毕业的调干生。

时隔3年，获取法学硕士学位（那时还没设新闻学位）的我，又回到熟悉的农村报道领域，在中国顶级新闻单位，在资深专业者们的指导下，开始了新的业务生涯。

当年与我一起被分配到人民日报社的除了十多位研究生，还有十来位应届大学毕业生。正式到各个部门上班之前，我们先参加了两个月的实习，除到十三陵莽山林场劳动两周外，主要是在报社熟悉出报的全流程。由于在《西藏日报》干过多年，我对排字、制版、铸字、印刷等并不陌生，而在群众工作部的两周，让我眼界大开。那时的群工部有六七十人，其中近二十人专门"拆信"：把邮局送来的群众来稿来信打开，用曲别针将稿纸和信封别在一起，逐一登记后分类送往相关编辑部门。每天要处理的来信来稿三四千件，听老同志说，粉碎"四人帮"后的高峰期，一天来信来稿达 6000 件！1970 年代我在《西藏日报》工作时，一年的来信来稿才 3000 多。《人民日报》的一天"相当于"《西藏日报》的两年啊。

正式上班没多久，报社就发生了一件大事：社长胡绩伟辞职，副总编辑王若水被免职。记得那是 1983 年 10 月 30 日（星期天）的下午，编辑部全体党员被召集到 5 号楼（编辑部办公楼）顶层大会议室开会。时任中央政治局委员胡乔木、书记处书记兼中宣部部长邓力群到会，代表中央宣读了批准胡绩伟辞去人民日报社社长职务的决定，同时决定免去王若水《人民日报》副总编辑职务。原总编辑秦川任社长，副总编辑李庄任总编辑。

胡绩伟辞职后，报社的政治倾向并未发生大转变，因为改革开放的大气候没变，报社多数人的理念没变。相比老胡的"硬顶"，在中央高层"人脉"深厚的秦老板（报社内部都这样称呼秦川）身段要灵活许多。被免职的副总编辑王若水，给我的印象是一直沉默、忧郁、忧心忡忡的，我没见他笑过。他所写的文章曾经得到毛泽东的赏识，但也与邓拓一道聆听过毛泽东严厉的训斥。

据说胡的被迫辞职表面是因为他"违规"发表周扬那篇关于人道主义的文章；王若水被免职是因为关于"异化论"、马克思主义与人道主义的系列阐述，"引起了严重的思想混乱"；而实际上，一些高层领导早已对报社长期"右倾"不满，终于借"清理精神污染"的时机采取了行动。

1983 年 10 月中旬举行的中共第十二届二中全会提出"思想战线不能搞精神污染"，一场"清污"运动随即展开，并有从"思想战线"向所有领域蔓延之势。《人民日报》不得不发出动员"清污"的评论。当时，社会各界对这一运动十分不解，担心"刚过了几年不搞运动的太平日子，就又要折腾了"。几位主持改革开放和经济工作的高层领导也有不同意见。

在农村部，我真切地感受到了"清污"的影响，专业户、承包大户等带头致富的"尖子"成为"关注"的对象。很多人为方兴未艾的农村改革捏一把汗。此时，部领导显示出了高出一筹的政治水平和勇于承担的职业精神，决定撰写一篇安定民心的评论，防止农村出现思想混乱，鼓励农民继续勤劳致富。起草初稿的任务竟然落到了我这个小青年身上。部主任交代任务时特别强调了一句，让你起草，就是看你年轻，条条框框少，放开胆子写吧！有这句话垫底，我打消了顾虑，放开思路写了起来，把大家议论和自己听到的"不当说法"，都列进了"批驳"行列。目的很明确：挡住"清污"对农村的干扰，给农民吃"定心丸"，鼓励他们继续大胆闯大胆试，大胆勤劳致富。

由于思路清晰，"靶向"明确，初稿很快就完成了。我做了反复修改甚至推倒重来的充分思想准备，但没想到竟然没打回票，指导业务的资深编辑、部主任、总编辑"一路绿灯"，当然其间不断融进了他们的心血和智慧。就在评论将要刊发的前一天，部领导得知了一位中央领导关于农村"清污"的明确表态，于是在评论中加进了一句"点睛"之笔，消除了大家"不能明说"的遗憾。这句话是"在农村中要加强社会主义精神文明的建设，不宜把精神污染这一概念扩大用于农村"。尽管口气很委婉，但无疑是对热衷"清污"者的棒喝。这篇主要为农民安心、撑腰、打气的评论，发表在《人民日报》1983年12月9日一版，标题《鼓励农民放手勤劳致富》使用了大黑体字。评论不仅在国内引起强烈反响，而且受到国际舆论的广泛关注，有的外国媒体评论说，这篇重要评论代表了中国的权威声音。

随着中央的"急刹车"，"不宜把精神污染扩大使用"这一精神从农村扩展到多个领域。大有席卷全国之势的"清污"运动迅速冷却。后来知道是胡耀邦等领导及时进行了干预，他们明确指出：一、不要因为整党和"清除精神污染"而影响对内搞活、对外开放的经济政策的实行,更不能把它们对立起来。二、"清除精神污染"有它特定的概念(含义),要研究分析各种具体情况,注意界限,注意政策,不能简单化。当年12月20日,胡耀邦在中央书记处会议上总结说:"关于清除精神污染,小平同志提出这个问题是完全正确的。……后来由于我们自己的失误,工作出了漏洞:一是扩大到社会上去了;二是把'不能搞'弄成'要清除了';三是一哄而起,造声势,后来我们刹车了。这个问题以后不要提了。"就是在这样的大背景下,当时改革开放的主阵地农村,避免了一场大震荡。我参与写作的那篇评论发挥了传递"佳音"的重要作用。《人民日报》的这支笔,上承中央决策,下关百姓命运,分量岂止千钧!

谦和、睿智的老李

李庄,一位谦和的老领导。从中央到报社,从编辑部到印刷厂、行政部门,上上下下,像他这样赢得广泛极佳口碑的报社领导,可谓绝无仅有。我进报社时,农村部就归这位副总编辑分管,他是我顶头上司的上司。他的小女儿李东东,是我研究生的同班同学。因此,在我心目中,他既是德高望重的领导,也是和蔼可亲的长辈。

由于中间隔的层次太多,我与老李(报社内部都这样称呼他)的直接交往并不多,但有数的几次,却给我留下了极深的印象。

他接任总编辑职务后不久,有关农村的评论,依旧是送他修改、审定。按照当时的编辑程序,确定评论(本报评论员、社论)选题后,编辑先根据主任、组长及部分编辑集体讨论的意见,起草初稿,然后交给组长修改,发排出小样(当时还是铅字排版,1990年左右才改为电子照排);分管副主任、主任,分别在铅字打印的小样上进一步修改,综合后,发出清样,送分管总编辑修改、审定。至此,一般的本报评论员文章就可以安排上版了;重要的本报评论员文章和社论,还要根据总编辑的意见,修改、打印出大字的送审样，以报社名义呈送政治局或国务院分管领导审阅、签发。

那次我承担了一篇本报评论员文章的起草任务，经过部内修改后，样子送给了老李审改。大约一天后吧，我正在办公室编改群众来稿，由于办公室在一楼、窗户又朝北，加上阴天，光线较差，白天都开着台灯。那时改稿是用毛笔蘸红墨水，我正低头写字，感觉有人进了门，轻轻地来到我的身后，没回头也没抬头地说："请稍等等，我写好这个字。"那人没吭声，我写好字，放下笔，扭头一看，啊？！只见老李正笑盈盈地站在我的椅子旁边，我赶忙站起身说："不知道是您，真不好意思！"老李还是笑着说："有什么不好意思的？我怕打扰你，把字写坏了。"接着又说："是给你送评论样子的，写得挺好！我只改了几个字。"我一边接过他手中的样子，一边急着说："怎么能让您（他的办公室在三层）楼上楼下地跑呢？您打个电话，我去取就行了。"他依然笑着说："举腿之劳，也正好借机活动活动。你看看，如果觉得我改得不合适，可以再改回去。忙你的，不耽误你了。"说着就转身出门了。

离这次"送稿"没多久，我去采访一个有关农村的会议，老李也应邀参加开幕式。意外的是，由于主办方不清楚《人民日报》总编辑（正部级）和新华社总编辑（当时新华社总编辑一般是正局级，如果由副社长兼任就是副部级）的差别，在安排主席台座位时，把老李的名签放到了第二排，新华社总编辑却坐在了第一排。会议开始后发现"问题"的我，在台下坐立不安，可台上的老李却安之若素，静静地听发言人讲话。好容易盼到会议中间休息了，我赶到后台，连连向老李说："对不起，他们弄错了，我让他们调一调。"新华社的总编辑也对老李表示歉意，可老李却说："跟你们有什么关系啊？别调别调，别麻烦人家了！这是常事，在第二排更自在，更自在。"

1994年夏，我奉命到上海去筹办《人民日报·华东版》。临行前，我到老李家去辞行加请教。已经退下多年的他，笑得更爽朗，嗓音也更洪亮。这大概是因为一生谨慎的他，已经彻底"离岗"的缘故吧。对我这个即将走上《华东版》总编辑岗位的后辈，久经政治风云历练的老总编辑说了三句话。

一是，作为总编辑，"不写好，少写更好，多写不好"。怎么讲？我有点儿蒙。老李解释说，作为总编辑，主要职责是出好题目、用好人，不是写稿子；不断出好题目，选择适合的人采写出来，你自己不写稿子，也算称职了。而你偶尔露峥嵘地写上一两篇，必是用心之作，起到业务带头示范作用，就更好。为什么多写不好？因为精力有限，只顾自己写稿，其他方面就必然顾不上。你写的，谁敢多改，谁好意思不用？挤占版面不说，还会因多而粗制滥造，产生负面的示范效应。

第二句是，"经过'文革'，悟出一个原则，就是假话不能说，真话不能一下都说完"。说假话的害处就不用多说了，为什么真话也不能一下子都说完？因为要考虑听者的承受能力，不管什么话，只要是真的，就一股脑全倒出来，你倒是痛快，但实际效果可能很差。人家听不进去，甚至引起极大反感，干脆剥夺你的发言权。再说了，真话如果一次全说完了，你还有什么用啊？

第三句："不管你承认不承认，办《人民日报》，只按新闻规律不行，还得遵循政治规律。"这政治规律是什么？就是党的宣传纪律。作为党报，必须受党纪国法的约束，否则寸步难行。这也是毛泽东强调不能书生办报，要政治家办报的含义。正是由于深谙此道，老李才成为《人民日报》创办后，"完全平安着陆的第一位总编辑"。而那句"我们报上的有些东西，是既怕人家看不见又怕人家看清楚"准确反映了这位老报人，更确切说是老党报人的真实心态。总是笑盈盈的老李，不光为人谦和，而且满腹政治智慧。

新兵也"通天"

到农村部没多久，我这个新兵就有了几次"通天"的经历。

一次是1983年12月的一天，部领导指令我跟随视察北京郊区农场的一位中央政治局委员、副总理采访。这是我第一次如此近距离地采访国家领导人，难免有些紧张。视察安排在下午，就是到北郊的一个农场了解推进改革的情况。车队在冬日的田间车道上缓缓行驶，中途停了一两次，中央领导在农业部和北京市有关领导陪同下，先看了已经干青了的冬小麦田，又看了一处养牛场。

在场部会议室，市农场局和农场的领导向"老部长"做了汇报后，请他做指示。领导几十年乡音不改，他的话我一半也听不懂，但频繁夹杂其间的国骂"他妈的"听得清清楚楚。还有就是对前段"清污"的表态，算是勉强听明白了，不让重复"文革"初期那些"剪喇叭裤""批烫发"之类的行径。但他的话，几乎都是不完整的，有前半句，没后半句，记下的内容实在不足以写成稿子。这可怎么办啊？我发愁地向一同随访的新华社同行请教。那位有经验的老大姐很轻松地对我说，哎，着什么急呀？与往常一样，根据中央这方面的最新精神和他讲话的大意，写好稿子，交给秘书审改就是啦。秘书不仅会"把关"，还会"补充"的。我有些愕然：他没说的内容也能加进去？尽管不十分情愿，但我还是"照方抓药"了，秘书审改、退回的稿子果然"增色"不少。

另一次是在一段时间后，在一个全国性的农村专业户座谈会上，我新结识了几位来自陕西的农民朋友。这几位老乡邀请我一起去探望时任中央政治局委员、书记处书记的乡亲习仲勋，我既感意外又很兴奋。

那天晚饭后，我们如约叩开锣鼓巷附近习宅的大门，被引进里院正房的客厅。看得出来，习老一家人刚吃过晚饭，聚在客厅里轻松地谈话。见客人进门，主人们都站起来热情地打招呼。在相互介绍、简短寒暄中，我从习远平口中证实了他哥哥已担任河北正定县委书记的传闻。接着，几位陕西农民便"直奔主题"，向习仲勋同志讲起了家乡农村改革的最新进展和存在的一些问题。习家的小辈们适时而有礼貌地"退场"了。老乡们讲了什么，早已经记不清了，而习仲勋同志和夫人悉心倾听的神态，至今历历在目。二老身后客厅正中悬挂的那幅吴作人的熊猫图,也一直未忘。

习仲勋同志在听乡亲们讲话的过程中,不时提问,最后叮嘱大家,陕西长期比较闭塞,思想观念比较保守,希望大家多向沿海地区学习,继续大胆解放思想,转变小富即安观念,多想些增收致富的路子。不知不觉,一个多小时过去,大家起身告辞。习仲勋夫妇同大家一一握手,依依不舍地送出房门。在习家,只有浓浓的老乡情,没有一点儿被中央领导"接见"的那种感觉。虽然我不是陕西老乡,但因父母曾经在陕西咸阳工作、生活了20年,弟弟又曾经在陕北插队、在西安读书,我对陕西、对习仲勋同志也多了几分亲切感。这一晚的"零距离"接触,进一步加深了这种特别的情感。

还有一次在京西宾馆参加农村工作会议,我在楼道里遇到一位"熟人"(我认识他,他不认识我)——纪登奎,这位"文革"中担任过中央政治局委员、副总理的名人,居然就住在我的对门。他很和气地主动与我打招呼,还走进我的房间与我交谈。原来,他现在是中央农村政策研究室的研究员。与我这个年轻后生聊了片刻后,他向我推荐一本他正在读的书《短缺经济学》(作者是匈牙利经济学家科尔内),认为其中不少观点很有价值。

前辈的"熏蒸"

林语堂曾说,学问是像熏火腿一样"熏"出来的。从1980年进入人民日报社大院起,我是在前辈们的"熏蒸"中成长的。

1984年1月下旬,我到陕西关中地区采访基层传达、贯彻中央一号文件情况。素有八百里秦川之称的关中,不光是陕西,也是整个西北的富庶宝地,虽然与其他很多地方一样,富地方并没过上富日子,但维持温饱是可以的。因此,这里的农民不像安徽凤阳小岗村那样常年靠外出乞讨生存,他们搞"大包干"动力没那么强。由于地方传统与开放的长三角、珠三角不同,这里开拓致富门路的闯劲也相对弱些。"油泼辣子,(biangbiang)面"是当地的一句老话,意思是能经常吃上油炸辣椒面调拌的嚼劲十足的面条,就是上等日子。因此,引导农民破除"温饱即安"观念,大胆解放思想、开展多种经营,成为各级党政机关的首要任务,也是落实一号文件的关键所在。

那时的关中某县,除了一些小规模的养殖专业户,最被当地推崇的是一家日用化工厂。露天的几口大缸就是主要生产设备,油脂、香精等原料往里一倒,搅拌均匀后人工装瓶,瓶子外壁贴上某某牌护肤品的标签。

我的采访目标明确,就是要反映落实中央一号文件给农村带来的新气象,所以我费尽心思采集这方面的信息,写了一篇巡礼式的通讯《转变中的关中农村》。这是我第一次独立完成比较重要的采访任务,稿子受到部门领导的肯定,自己的感觉也不错。可是良好的感觉没持续多久,我就被前辈的一次"身教"击醒。刚刚离休不久的农村部老主任李克林和老编辑宋琤在我之后也去了一次关中农村。从报上读到她们采写的通讯后,我犹如醍醐灌顶,明白了《人民日报》记者应该怎样做。那篇通讯的题目是《在"转化"中看多数》,着墨点不是代表"转变"的那些表面新景,而是多数农户面对转变的迷茫,鲜明地提出"怎样才能把中央的新精神变成农村中多数人的行动?"这显然比我观察问题的基点高得多。我的稿子是平面的、表层的,前辈的稿子是立体的、深刻的。我真切地感受到什么叫"高人一等"。

李克林,富有传奇色彩,人称"李老太"。1937年七七事变以后,出身殷实家庭的她离开家乡,毅然加入抗日队伍,办过小报,当过县委宣传部部长,1940年代中后期,参与了《人民日报》的创办。新中国成立后,她成为《人民日报》专门从事农村报道的记者,与中央农村工作部的部长邓子恢、秘书长杜润生等建立了密切的工作关系。1950年代末,曾因质疑全民大炼钢铁、浮夸风、共产风而遭到批判。"文革"结束后,她担任了报社农村部的主任,成为推动农村改革的干将。她深入农村采访的经历,启发、影响了一大群编辑记者。

某次下乡采访，李老太照例不打招呼、不叫人陪；走进农户，盘腿坐在农家炕头，戴上老花镜，摊开采访本，她就和农民平和地唠起了家常。一双"解放脚"、一身半旧布制服、一点儿不打弯的短发、一口河南味儿的普通话，李老太分明就是一个稍显利索的农村老妇人。村里来了记者的消息，引来了围观的乡亲，也惊动了村队干部；干部就报告给公社，公社又报告到县。县领导连忙驱车赶来。在窗外探看屋里情景的老乡诧异地议论说："嘿，你看，那老婆儿还识字哩！"县领导闻言接了下茬："你以为那是不认字的农村老婆？！人家是北京来的大记者，级别比咱们县委书记、地委书记还高呐！"

李老太到下面采访，很少吃"招待饭"，经常在路边店解决，站在小摊前随便买点小吃填肚子也是常事。别人担心"不卫生"，她总不以为然地说："那么多老百姓能吃，我为啥不能吃？也从来没吃出毛病啊。"

晚年的李老太，回忆起极左时期对大寨的宣传，曾这样说："这个持续十年之久的宣传，在《人民日报》大部分时间都是我主持的。回顾这段历史，我常常有一种'负疚'之感。责任虽不在我们，却是积极的参与者和执行者。"1985年，离休后的李老太再访大寨，采写了反映农村深刻变化的通讯《今日大寨》，获得了第一届全国好新闻一等奖。

2003年，久遭病魔折磨的李老太临终前，《人民日报》资深记者蒋涵箴大姐问她："您认为当一名记者的首要条件是什么？"李老太回答："是良知，人的良知。良知包括人的理性、良心、本性、品格，如大公无私、疾恶如仇、爱憎分明、助人为乐等等，起码应该是个诚实、正直的人。"

1985年接任报社农村部主任（之前是副主任）的姚力文，夫人在中央党校工作，他们的家在党校大院里。为了减少往返奔波，老姚每周只回两次家，周三晚上回、周四早晨来，周六晚上回（那时没实行双休）、周一早晨来，其余几天都"以社为家"，一天三顿吃食堂、晚上睡在办公室的单人床上。身为局级干部，每周两次回家，他从不叫公车接送，总是分段搭乘报社、党校接送职工上下班的通勤车。春夏秋三季还好些，冬季昼短夜长，老姚得"两头摸黑"。在住办公室的那四天，他常常工作到深夜。

我1983年8月刚到农村部报到时，老姚就对我说了这样一句话："《人民日报》就像一棵枝叶浓密的大树，大树底下好乘凉，但树底下也养懒汉。什么意思？《人民日报》的独特优势，使我们能上'通天'、下'接地'，采写出一般新闻单位记者采不到、写不出的稿子，可以大展拳脚、大有作为；但也是这种特别的优势，会使人养成懒惰的习气，结果是有点成绩就不思进取，最终成为庸庸碌碌的懒汉。这完全取决于个人是否努力。我希望你成为前者。"老姚的言传身教，我记了几十年。

刘衡在报社可谓大名鼎鼎。"反右"初期，被视为"可信任"的她，感觉"不对头"，就向组织坦诚建言，认为那样划"右派"是错误的，因此被扣上了"右派"帽子。后因"态度顽固"，对她的处分一路升级：先是较轻的"撤销原有职务实行留用察看"，发配唐山柏各庄农场"劳动锻炼"；后因"不服罪"，把"留用察看""劳动锻炼"改为"监督劳动"，生活费也由每月60元降为26元；1961年，报社的几十个"右派"全部"摘帽"，唯独刘衡因"不服罪"不予"摘帽"。"文革"中，这位老"右派"再次声名大噪。造反派对她搞了一次"假处决"，没想到面对死亡威胁的她毫不服软。1978年得到改正后，刘衡说："我从来没有检讨、认罪，我只是向党说了真话，我不是'右派'，因不认罪，腿曾被打断，肋骨打断两根。"

年近花甲，刘衡重新拿起笔。身体多病，腿脚不好，但她坚持深入基层采访，写了不少生产一线的"小人物"，获得全国好新闻奖的《妈妈教我放鸭子》就是其中最有名的一篇。一次为采访一位山区乡邮员，年迈的刘衡竟不听劝阻，攀山爬坡，走了二十多里，三四个钟头，到那个山村时，天已经擦黑……

1990年，刘衡出版了一本人物通讯集，书名就叫《劳动者素描》。在前辈的影响下，我也写过一些反映基层劳动者的稿件。其中一篇写内蒙古某灌溉机构的稿子《"水官"》见报后，刘衡大姐不仅打来电话给予肯定,还专门来办公室对我说:"工作在最底层的这些人,很辛苦,事迹很感人,但很少有人关注,应该多写他们。你写得好!"

在新乡重逢刘源

1984年春天,还是为了了解中央一号文件的落实情况,部领导派我前往农业大省河南采访。我先到省里"挂号",然后到郊区的西藏干休所探望了两位老领导,第二天就到了黄河北岸的粮棉主产区新乡。

在新乡县委宣传部,我打听北京四中校友刘源的信息,得知他已经担任副县长了,当天到濮阳的中原油田出差去了,晚上才能回来。一年多之前,他从北京师范学院(首都师范大学的前身)毕业,自己要求到河南基层工作。1969年,他父亲刘少奇同志遭受残酷迫害,惨死在河南。1951年出生的刘源,比我小三岁,是我北京实验二小、北京四中的校友。"文革"中,他和姐姐妹妹被"逐出"中南海。受到同班、同宿舍同学的歧视,心情郁闷的他,一度躲避到教学楼的楼梯间住宿。作为学长,我曾经到楼梯间听他倾诉,并说服他回到同学中去。1968年9月,我去了西藏,不久后刘源也到山西插队。那之后我们再没联系。我对宣传部的同志说,刘源回来后,你就问他有个叫吴长生的《人民日报》记者认识不认识,如果他说不认识,你就别说什么了;如果说认识,你就告诉他我在县招待所的房间号。

当天晚上10点多,突然响起一阵咚咚的敲门声。我赶忙开门,刘源笑盈盈地站在门前。我问:"还认识吗?""怎么能不认识呐?!"我仔细端详已经33岁的他,大模样没变,只是头顶一侧露出了一绺白发。我问,怎么才三十出头就有这么大一绺白头发啊?"没办法,遗传呗。"是啊,印象中,少奇同志很早就是银发满头了。我们各自述说了1968年以后的经历,他兴致勃勃地介绍了来到新乡以后的情况。先是在七里营公社当管委会副主任,不久前当了副县长。得知我来新乡的目的后,他一定要陪我去七里营看看。

在刘源亲自建立的蚯蚓养殖场,他翻弄着铁锹撮出的肥土说:别小看它们,现在可俏啦!"多少钱一条?""不按条,按锹,就这一锹能卖好几块钱!"接着,他兴致勃勃地介绍起了蚯蚓的广泛用途和养蚓业的广阔前景,说这是优质高蛋白,可以制成干粉,作为加工饼干等食品的原料,还可以鲜食,用于做菜。养蚯蚓能很快致富。我不以为然地说,谁会吃这个呀?!"蚯蚓饼干",谁会买?鲜食?你先回家试试,炒一盘鲜蚯蚓,你看谁会下筷子?但他信心满满,认为只要引导人们改变旧观念,养成新习惯,就会打开蚯蚓养殖业的路子。我则不依不饶地说,改习惯,那得猴年马月呀?你现在繁育蚯蚓种,可以卖好价;真到大规模养殖,蚯蚓要进入消费领域时,恐怕就要成问题了,很可能出现前几年"君子兰热""长毛兔热"一类"一哄而起一哄而散"的状况。他很执着,坚持说,实在不行,可以当鸡饲料嘛。好家伙!当时干虾仁才七八块钱一斤,一锹连土带泥的湿蚯蚓要卖好几块,用它喂鸡,那鸡蛋、那鸡,得卖什么价才不亏本啊?

虽然我毫不退让,但对刘源干事的执着和热情,我欣赏有加。他十几岁就遭遇沉重精神打击,后来又历经了重重磨难,在中国的基层,一心一意为农民找寻致富的门路,为县里经济发展四处奔波。难能可贵!

从新乡回到北京后不久,听说刘源当上了县长。几年后,他在郑州市副市长任上,被代表提名、通过差额选举,当选河南省副省长。

也是在新乡,我还采访了刘志华,一位40来岁的农村妇女,她带领乡亲们开展做腐竹等农产品加工,取得了显著效益。30多年后,我再次遇到这位已经当了几届全国人大代表的著名"村官"时,她深情地告诉我,加工腐竹这个"起家产业",他们还没有放弃。不过,这一产业早就不是当地的经济支柱了,他们那里已经初步实现了城市化,成为新乡市的一个新型社区。

离开粮棉产区新乡,我又前往豫东南的沈丘,那里的乡镇企业很红火。相比新乡，沈丘可以说是"遍地开花"了，汽车维修、五金加工、塑料制品等企业星罗棋布，有些因陋就简的作坊式企业，几间旧房子，一小块空地，就开工生产了。大概就是因为远离省会、地委行署所在地，当地的管理相对松散，"能人"比较容易"出头"，各种旧体制下被视为"异端"的行为，在改革开放以后很快就成为受到推崇的致富正道了。这个地处偏远的贫困县，处处显示着旺盛的生机。

在家庭承包制的大潮中，河南农村像七里营那样还坚守着集体统一经营体制的是极少数。突破以粮为纲的束缚之后，解放了的农民，有尝试养蝎子、养蚯蚓发财的；也有从传统起步，靠磨豆腐、做腐竹赚稳钱的；还有跳出"农"门，以工致富的。这是1980年代中期河南农村多姿多彩的现实，也是当时全中国农村的缩影。

"逼"省委书记接受采访

1984年5月，部门领导将一封来自河南封丘县的群众来信交给我处理，来信反映当地政府为了落实乡村规划强迫农民拆房，限时拆完，否则强拆、罚款。按程序，我把信转给河南省委，希望地方核实，妥善处理，不久又电话追问，得到的答复是"已经转下去责成当地政府调查处理了"。可几天之后，一个告急电话就打到了编辑部，电话线那边的人焦急地说：村里一夜之间拆了几十户上百间房子，正处于麦收忙季的农民遭受日晒、雨淋、风餐露宿、麦子没处堆放……这是一个家在封丘、人在外地工作的干部打来的。部门派我和另一位年轻同事立即赴封丘调查。

从新乡下火车，我们马不停蹄，第二天搭乘一整天长途汽车，于傍晚赶到处于昔日"黄泛区"的封丘县。晚饭时，我们向县委书记说明了来意。可以看出，他已经有了思想准备，说是已经接到了省里转来的群众来信并派人下去查看了。但他自己还没去，这次一定认真配合调查，陪我们去出事的村子。出了这么大的事情，居然只是派人去看看。我当即表示这种做法不妥，并婉言拒绝了他亲自陪同的好意："县领导就不必亲自陪了，只要一部车、一位同志带路就行了。"书记明白了我的意思，没再坚持。

通往乡间的土路既窄又颠，吉普车一路颠簸，近中午才到黄河大堤内侧不远的乡政府。一边在伙房吃面条，一边向负责强拆的乡干部了解相关情况。他们委屈地说，我们也是按县里统一要求办的，不过是把最后期限"提前了一点"。与他们没多说，我们匆匆吃完饭，驱车赶往被强拆的村子，正午时分，到达了此行的目的地——苦村。

苦村，名副其实，原本就很穷的村子，像刚刚经历了激战的战场，满眼是残破不全的民房。走在静悄悄的村道上，我们能明显感到断壁残垣后投射过来的冷冷目光。在几处被拆的房子前，我们向孩子打听这房子是谁的、为什么被拆，孩子们指出房主，请他们回答我们的问题。村民得知我们是记者，便陆续围拢过来，引领着我们去看一处处被毁的房子：一个完整的院落，院门被拆，五间正房中间破开了一个大豁口，左右各剩一间半。这是为了给未来的"新村"让路。"路从中间穿过，这房子还怎么住啊?!"我没法回答房主的这一问题。不远处，一溜房子的后山墙与其余三面明显不一样，房主苦笑着说："规划的红线正好画到后山墙上，非让我把墙往里'挪'一尺，而且限期重新砌起来。我只好服从，先拆再砌。这不是折腾人嘛！"这两家算是好的，还有残房可住，最惨的是那些全拆户，连住人、堆东西的地方都没有。在村头的场院上，就挤着这么几家。人挤住在临时搭的狭小窝棚里，新收下的麦子只能露天堆放着，由于刚下过雨，苫盖的塑料布还没揭，边沿的麦子已经被雨水泡胀了。

闻讯而来的村民越来越多，都拉我们去看他们破碎的家。我的脑袋都木了，满眼都是破房、砖堆和七零八落的梁柱、檩条，满耳都是叽叽喳喳的诉苦声。实在听不清、记不下，我只好扯着嗓子请大家帮忙找个空场，集中诉说。

在一棵不大的树下，人群终于安静了下来。我坐在老乡搬来的一个条凳上，村民们都围着席地而坐。我向大家讲明身份和来意，恳请大家挨个一家家地说。村民们安静下来，开始诉说自家的情况，可是没几分钟，秩序就乱了，忍耐不住的村民又争先恐后地大声自说自话起来，我一句也听不清楚。中原大地，6月午后的骄阳，灼烤得人汗流浃背，口干舌燥的我嗓子都喊哑了，也止不住激动的人们。一位村民说着说着，突然情不自禁地痛哭失声，跑到我面前咕咚一下跪在地上，求我为他"做主"。我还没缓过神，空场上的村民竟然全都改坐为跪，痛哭着哀求起来。我赶忙请大家都起身，并表示一定把大家的情况都如实向上反映。我对陪同前来的那位县干部说，看看，你们干的这是什么事啊?!他沉默地低下了头。我又安抚了一阵村民，答应第二天还来，不过请他们都做些准备，一定按次序发言，讲明各自的主要情况。

第二天我们如约前往，又听了半天哭诉，实地察看了部分现场，弄清了苦村的"灾情"。处于黄河大堤内侧的滩地，原本是不准住人、耕种的，因为一旦遇到汛期黄河大涨水，这些地方就会被淹。但由于多年来黄河一直没出现大的涨水，农村人口又持续增加，从几十年前开始这些地方就不光有人居住，并逐渐形成了固定的村落，苦村就是其中的一个。在僵化的体制下，只靠耕种少量薄地为生的农户，与其他地方一样，难得温饱，长期靠国家救济过活，房子也大都是简陋的土坯房。实行"大包干"以后，这里迅速改观，吃饱了肚子的农民，第一件大事就是利用有限的余粮、剩钱，翻盖房子。村子原本就没什么规划，除宅基地面积受限制外，其余很随意。翻盖新房时，有的把"地盘"向外扩展一点儿，有的干脆在村边、村间的零碎闲地上盖了新屋。这中间，有的经过村干部的批准，有的虽是自作主张，但干部也睁眼闭眼地没制止。

吃饱肚子之后，就忙着盖房，不是苦村，不是封丘，也不是河南所独有，而是1980年代初中期"先吃饱肚子"地区农村普遍的现象。为了防止这种"随意"倾向蔓延，中央在1981年4月就发出了一份关于制止农村占用耕地建房的文件。但这一文件没有得到及时贯彻，直到1984年初，河南才决定限期清理1981年4月以后未经批准建起的房子，并要求年内完成清理工作。跟随省里的"清理令"，地区、县、乡逐级发出指令，并强调，没规划和不按规划落实，就不准新批宅基地，还要追究责任。所不同的是，中央精神在两方面被"创造性落实"：一、"最后期限"依次提前。省级的"年内"到乡级变成了"5月底麦收前"，整整提前了7个月；二、"清理"被理解为"一刀切"的"拆除"。在追责的压力下，基层干部别无选择，只能采取简单粗暴的硬手段：新村"规划"，其中不少是在现有的村貌图上划直线、打格子；纠正不规范，就是强迫村民拆旧建新，把人赶进"规划"的笼子。

　　乡里的指令发布后，苦村的村民普遍存在"法不责众"的侥幸心理，谁也不行动，一直拖到5月下旬。"督战"的乡工作组眼看就到"最后期限"了，就下了拆房的"死命令"，要求相关农户在规定的日子，自己把房梁卸下来。5月的最后一天到了，村民们依旧"抱团硬扛着"，工作组便在傍晚发出"最后通牒"：第二天早晨8点全村验收，凡要求拆除的房屋必须全部拆掉，连墙也不能剩，否则就重罚，剩一尺罚款一百。村民看乡里真要动硬了，只好忍痛拆房。几十家拆上百间房，本村人手不够，就到外村请亲友来帮着连夜拆。刚开始时，还小心地保护砖瓦、木材，后来怕来不及了，有的户就套上大绳，整面墙拉拽倒，还有的连粗重的家什都来不及搬出来……最后被拆的，是村里唯一一栋新盖的二层小楼，房主坚持不拆。工作组在本村叫不来帮手，就到外村"调兵"来强拆，许诺的"报酬"是：拆下的东西归己。结果不到一个小时，一栋楼就被"志愿兵"拆成了废墟！房主哭天抢地。就这样，一夜之间，苦村变成了满目疮痍的"战场"。

　　拆完后，工作组又按照"切块划方"原则"规划"新村，开新村道、给符合条件的农户重新划宅基地。被强拆的40来户中，30户得到新宅基地，其中有6户竟在平毁房屋的原地没动，4户划在别人刚拆过房的地方。还有的是平移了20米。在纸面上画出的"四横四竖"新的"村干道"，遇房拆房、遇墙破墙、遇坑"跃"坑、遇树刨树。我看到一条"干道"，已经"冲"破了一家农户的院墙，可前面一个几十米宽、七八米深的大坑，还等着填平。这些"新路"，

"冲"毁了14间房,"冲"倒300多棵树。如果完全照规划实施,全村90%的房子都得拆掉重盖。

在封丘,苦村是"灾情"最重的,但不是唯一"受灾"的。全县共600多个村,与苦村同时搞村镇规划的共有160个村。160个村中有89个搞的是依村就势规划方案,其余搞的是"切块划方"。一般搞"切块划方"的,实施起来都得大动。例如该县陈桥乡(就是北宋开国皇帝赵匡胤"黄袍加身"的地方)的后凤凰台村,全村60户,原有一条横贯全村的大道,只略有点弯,大卡车能够通行。如拆掉路北两三户的几段矮土墙,路面即可达到十来米宽。可规划工作组却决定弃老路不用,另用仪器测出了一条笔直的新"路",它恰恰从几幢房子中间穿过。

在河南,封丘也不是唯一的,据县领导说,他们是借鉴其他"先进县"的经验开展这项工作的。本来很穷的地方,长期靠国家返销粮、救济款过日子,改革开放实行"大包干"几年,农民刚吃饱肚子,有点余钱,新盖或修缮了房子,就在"严格按规划建设新农村"的旗号下被摧毁了。我意识到这可能是一个普遍问题,因此一定要履行中央媒体的职责,尽快制止、防范这种行为。于是在结束封丘的调查后,我们专门赶往省会郑州,争取向河南省委汇报。

在《河南日报》招待所的传达室,我迫不及待地拨通了省委办公厅的电话,向一位自称副主任的男士讲明了我们封丘之行的情况,并提出向省委领导汇报的要求(省委书记刘杰、主管农村工作的副书记刘正威都行)。他答应向领导请示报告,并请我次日早8点半在传达室等他的电话答复。第二天我按时来到电话旁,可直等到9点10分,也没等来答复。我再次拨通那个电话,对方正是那位副主任。得知是我,他和缓地说,对不起,省委领导很忙,没时间听你汇报。我不由生气地说,既然领导没时间见,你为什么不8点半通知我?!让我白白等了40多分钟。我告诉你,我也很忙,不是来河南闲逛的!是根据群众来信来调查问题的。今天下午6点多就坐火车回北京。对方无语。我又趁势问:请问省委秘书长在吗?请他听电话。可能对方被我的强硬态度"镇"住了,答应立刻报告秘书长,让我稍等。只一两分钟，自称秘书长的人就接电话了，听我简要说明情况后，他也让我稍等，说马上去请示。几分钟后，秘书长电话来了：刘杰书记很重视，决定下午两点半在省委见面，我会安排车去接你们。

下午，我们按时走进省委的小会议室。没想到，不大的房子里，已经围坐了几十人。握手寒暄之后，刘杰书记开门见山地说，现在先请《人民日报》记者介绍封丘的有关情况。我从接到群众来信一直讲到苦村惨状，在我们结束汇报之后，刘书记轻轻拍着桌子说，看看我们都干了些什么事啊？我们工作的失误，农民反映了，本来是应该我们自己调查、了解，自己纠正的，可我们没去，让人家《人民日报》记者去替我们调查、了解。我们得感谢人家啊！接着，刘书记说，当务之急是赶快解决那些农户的实际困难，制止类似情况发生。在他的主持下，相关部门负责人一起制定了数条紧急措施，主要是刹住强拆风，制止"一刀切"，认真做好善后工作等。

回到北京后，在部领导指导下，我们撰写了一组批评报道：消息和评论《切莫把好事办成蠢事》登在一版，调查报告《怎能这样折腾群众》放在二版。这组报道不仅对河南，对全国农村都起到了警示作用。此后，我陆续收到一些反映强拆的群众来信，都按程序转给地方调查处理，没有发生拖延、激化的问题。

那时的强拆，不像二三十年后的强拆，基本属于工作方法简单粗暴问题，不牵扯物质利益，农民也没什么维权意识，受了委屈和损失，就是给党报写信，向记者下跪、哭诉，没有抵制强拆的意识。而类似苦村的做法，完全归咎于基层也有失公平。正因为如此，我在向刘杰书记汇报时，最后专门强调，县、乡固然犯了严重错误，但这也有层层压力的因素。他们也是好心办坏事。刘杰同志认可我的看法，揽了省里的责任，没有过分追究基层责任。

这是我进入《人民日报》后第一次采写批评报道，由此既感受到"大树底下好乘凉"的优势，也体验了中央机关报在为百姓排忧解难方面所能发挥的巨大作用。

随行杜润生

1985年初春，部领导向我下达了一个特殊任务——随同中央农村政策研究室主任兼国务院农村发展研究中心主任杜润生到浙江考察。早就听说杜润生的大名，也曾在有关会议上"瞭望"过几次，能够随同这位仰慕已久的领导下基层考察，我既兴奋又紧张。

按原来的计划，我先行一步，到浙江采访几天后再与杜老一行汇合。从北京出发时，我已经脱掉了防寒的外衣，可到达浙江后，发现那边比北京还寒冷，不得不重新"武装"。感觉冷过北京，一是因为湿度大，二是因为没暖气，也极少有空调。在桐乡采访时，室外雨雪交加，室内异常阴冷，不光手脚冻僵，连指间的圆珠笔也被冻得写不出字。我不得不频频把笔杆放到身边临时安装的电热油汀上烤。回到招待所，我就用棉被围坐在床铺上整理笔记、写稿子。

在金华，我加入了杜老的考察队伍。这支队伍可谓兵强马壮，除杜老，还有时任林业部长杨钟、国务院农村发展研究中心副主任吴象两位部级干部；杜老的两位秘书是高文彬和刘伯镛，杨钟的秘书是范小克，另外三名随行是周其仁、白南生和高小蒙，他们都是研究农村问题的新生代。省里陪同的是省农村政策研究室主任钟伯荣。我们一行，除了杜老，全部住在市委招待所。尽管外面雨雪绵绵、阴冷难忍，但由于房间里有空调，还比较暖和。受到特殊照顾被请到半山上一栋别墅下榻的杜老，却遭了挨冻之苦。原本山上就比下面冷，再加上没有空调，杜老无法安睡。陪同人员夜间下山找来电热器，为老人增温，但宽敞的卧室短时间很难变暖。折腾了一夜，清晨杜老下山"归队"。早饭过后，尽管没休息好，但原定的行程不变，七十多岁的杜老裹着长长的羽绒服，六十多岁的吴象穿着棉大衣，兴致勃勃地和大家一起冒着雨雪、踏着泥泞，看越冬水稻，看初绽花朵的山地梅林，看利用本地所产梅子搞加工的青梅酒厂。

在金华，只停了两天，我们就经丽水前往这次考察的重点温州。

在丽水、温州交界处，前来迎接的浙江省委常委、温州市委书记袁芳烈上了我们乘坐的考斯特中巴，以便在路上向杜老介绍温州的情况。杜老听介绍时一言不发，袁书记汇报一段落后单刀直入地问道：袁书记，你能用一句最简单的话概括一下温州成功的经验吗？袁略略迟疑，就吐出了两个字：不管。大家还没缓过神来，杜老已经频频点头了：不管，好个不管啊。搞商品经济，我们都不懂；如果管，只能是胡管乱管，或者是按我们熟悉的老一套去管。那只会限制农民创造。不管，好啊！显然，杜老与袁芳烈是心有灵犀的，因为鼓励农民大胆、放手创造正是改革初期最重要的方针，也是杜老一直呼吁和倡导的。当时很流行的一句话是"先养孩子后起名"，就是不清楚、没把握时，先让农民干起来，然后各级政府再在实践的基础上加以总结、提高、推广。

在苍南、永嘉、乐清等地看农村蓬勃兴起的各类专业市场时，前店后厂的经营模式既让大家兴奋，也引起一些忧虑。看到一些十来岁未成年的孩子，伏案制作徽章或组装小电器配件，有人不禁质疑："这不是非法使用童工吗？"杜老愣了一下，既没应和也没反驳，而是问一个徒工从哪儿来，在家都做什么。孩子回答：家在几十里外的大山里，在家放羊。同样的问题，杜老又问了几个孩子，回答几乎是一样的。当地干部介绍说，温州除了沿海几个县经济稍好些外，多数县属于贫困县，有的还是国家级贫困县。就是沿海县，也只是沿海乡镇好一些，往山里就不行了。已经建了好几个专业市场的永嘉县，70%的山区还很穷，不少地方农民温饱还没解决，一家七八口人合盖两床旧棉絮，十七八岁大姑娘由于没裤子，大白天围棉絮坐在床上的不是个别现象。杜老这时才点着头说，贫困山区，温饱都成问题，孩子根本上不了学，到沿海地区来当童工，总比窝在家里当"童农"好些吧。至少可以挣点儿钱，学点儿本事，也开了眼界。这几句看似自说自话的表态，让当地干部和开店办厂的农民，大大松了一口气。

"地下钱庄"是温州的新生事物，也是一个敏感话题，杜老不但没"绕开"，还登门拜访。在"会头"新盖的小洋楼里，杜老看得仔细，也问得详细，在了解了"抬会"、借贷、还本付息等运作情况后，杜老表示，这是商品经济发展的客观需要，得承认它，利用它，农民要开店、办厂、搞运输，缺少本钱，向国家银行又贷不到，只好自己想办法。"钱庄"应运而生。不能急着禁，先看看，再商量怎么管。适当管是必要的，防止出大乱子。

在参观一个新建的专业市场商品一条街时，当地领导介绍说，这是由政府统一规划、统一组织、商家自己出资建设的，连市场的内部道路也由各家各户投资铺建。这种建设方式，得到了杜老的肯定，认为在政府经济实力还不够强的情况下，这是个筹资快、收益快的好办法。边走边看，杜老突然提出要"小方便"，没想到一下难住了众人。几百米长的商业街竟还没建一个公共厕所！无奈之下，只好转到街后的空地里去"办事"。杜老先打趣地说，没办法，只能撒泡"野尿"啦！接着又借势叮嘱当地领导：像这类公共设施是要政府统筹考虑修建的。

离开温州，我们过台州，进宁波，一路走一路看一路听。然后乘坐海军的快艇上了普陀山。第二天上午，杜老在盘陀庵古色古香的会议室里，听取舟山地委领导的汇报。彼时，舟山还是以海洋捕捞为主，养殖业尚未铺开，以船为单位的承包也在完善中。普陀山上还散住着不少农户，耕种着散碎的山地，也做些售卖土特产的小生意。

浙江之行，除最南端的衢州，杜老到了其余所有地市，考察范围很广，种植、养殖、加工、土地制度、私营企业雇工、市场建设、民间借贷以及政府作为等等，几乎无所不包。十多天的"零距离"相处，杜老给我留下了三点突出印象，一是真考察，不光听地方领导汇报，而且到实地去看，与最基层的民众交流，听多、看多、说少；二是善于调动各种积极性，每考察一地，都要碰头、小结，让所有成员都发表意见，"挑动"思想交锋，然后在充分民主的基础上，归纳总结，形成结论或提出问题；三是既睿智又平易近人，不乏幽默，经常寓"教"于"乐"。

乡镇企业:"十全大补丸"

每年年底例行的中央农村工作会议,是总结过去一年改革成果、部署下一年农村进一步深化改革的重头戏。《人民日报》农村部担负着会议报道和起草社论的重任。1985年年底,我随同姚力文同志参会,除一起商量社论的思路外,老姚让我根据会上了解到的丰富信息,撰写一篇会议侧记,综述一年来农村改革与发展的大势。从那年开始,写中央农村工作会议的年度综述成为《人民日报》农村部的"惯例",坚持了数年。

在1985年的中央农村工作会上,代表们反映,初兴的乡镇企业遇到了来自方方面面的非议和干扰,有些甚至来自中央高层。例如一位国务院领导同志针对乡镇企业很不以为然地说,农民不种地办工厂是不务正业;再如,有人说这是以工挤农,是与国营企业争市场、争资源、争人才,助长了不正之风……这些言论,给下面造成很大压力。而当时分管农村工作的万里副总理就在会议报告中,严词驳斥了这些观点,提出"无农不稳,无工不富,无商不活"的重要论断,理直气壮地为基层撑腰鼓劲。

但改革并非一帆风顺。河南就流行着这样一个顺口溜,"下面闯,上边放,中间横个顶门杠",这生动反映了农村改革的实际情况。好政策并不能尽如人意地"一竿子插到底"。1986年春天,为了让大家详细了解农村乡镇企业的发展情况,《中国乡镇企业报》副总编辑李尔健邀请几家中央新闻机构搞农村报道的同行,到苏州去看看,这个传统的江南鱼米之乡,现在是乡镇企业发展最红火的地方,当然也是受非议最多的地方。受邀的除了我,还有新华社马成广、中央电视台霍燕、中央广播电台徐潮江、《经济日报》丛锡印、《农民日报》汤恩厚,加上李尔健,一共七人。到达苏州那天正好是星期天,《中国乡镇企业报》苏州记者站站长杨晴初是"地陪"。

当晚,市委书记戴心思就接受了记者的集体采访。我第一个提问,问的是一个尖锐的问题:上上下下对苏州发展乡镇企业有不少议论，例如"不务正业""以工挤农""争资源、抢市场""助长不正之风"，不知您对这些议论怎么看？苏州的实际情况到底是什么样？戴书记显然是有备而来。他从历史、现状、人口、土地，农工关系等各个方面，详尽介绍了苏州的情况，用数据反驳了种种非议。最后还特别叮嘱一句，对于我所说的这些，大家到实地看看，听听基层同志和老百姓怎么说，就都清楚了。当然，我们的工作肯定还很不够，也希望大家批评，提出宝贵意见。到苏州的"第一课"，是令人满意的，大家都给戴书记的"答卷"打了高分。让人始料未及的是，也是这"第一课"引起了江苏省委书记的一场虚惊。

此后的一周中，我们依次采访了苏州下辖的六个县，吴县（已经撤销，并入市区）、吴江、常熟、沙洲（后改为张家港市）、太仓、昆山。那几天真是信息"大会餐"，每天都要看七八个厂，听十来场介绍，握上百次手。每到一县，我的例行"早课"是早餐前到住处附近的早市遛遛看看。江南农村早市的琳琅满目和青嫩鲜活，真让人眼馋。"官访"加"私访"，使我对苏州农村有了立体的了解。所到之处，无论基层干部还是普通百姓，没有说乡镇企业坏话的，都是交口称赞，细数好处，"收入增加""农闲有事干""治安状况变好""农产品增值""有钱补农、补教"……还有人干脆称它为"十全大补丸"。

行程中遭遇了一段小插曲，记得是从常熟到沙洲的上午，我们一行受到了苏州市委副书记黄俊度的迎接，他是专程赶来陪同省政策研究中心主任朱通华的，而朱通华又是省里派来"陪"我们一行来采访的。我们真有点儿"受宠若惊"了：几个记者的一次普通采访，省里怎么如此重视呢？而且开始并没反应，半路才杀出来？几次对乡镇领导、企业的采访后，朱主任给出了答案，我也向他"亮出底牌"。原来，是我们到苏州的"特殊"日子和我向戴心思书记提的那些"敏感问题"，惹出了"祸端"。朱通华说，那时江苏刚刚建立了"每日大事上报省委制度"，北京记者到苏州正好是星期天，市里没什么其他重要公务，就把"中央七家媒体记者联合到苏州采访"列为第一件上报的"大事"，而我提的那些问题，又被写在了最前面。结果引起了省委主要领导的"遐想",认为这次中央媒体的"联合行动"是上面刻意安排的,可能与上层对苏州乡镇企业发展的争论有关,于是在斟酌之后,采取了积极配合的行动,派朱通华前来一同调研。经过一天多的同行之后,朱通华发现记者没有任何找碴儿的意思,闲谈中,他透露出省里的猜测,我不由大笑起来并向他做了明确的解释,说这次"联合行动"纯属偶然,绝无"重要背景",请他赶快回南京去忙他的正事,并转告省委领导这一情况。朱通华看我不像说假话欺骗他,就连连道谢着回宁复命了。同伴们得知这一情况后,也都笑了。1980年代,改革开放初期的政治生态充满这种"意外"和"不确定性"。

一周的苏州之行,使我对万里同志"无工不富"的论断有了详细而实在的理解。经过反复琢磨之后,我撰写了两篇述评,《"挤"出来的新格局——苏州农村经济发展巡礼》和《兴工促农 开拓新路——苏州农村经济发展巡礼》,旗帜鲜明地把"兴工促农"做进大标题,这在《人民日报》是第一次,当时在全国也是少有的。第一篇于1986年4月28日在本报二版(当时的经济新闻版)头条位置刊出后,立刻引起总编辑谭文瑞的注意,他叫人调来第二篇,审阅后指示,把第二篇改登一版!次日,《人民日报》头版下半版登出第二篇《兴工促农 开拓新路》。头篇登一版、二篇登二版,是版面惯常的安排方式,颠倒成"头二""二一"可能从未有过。打破编辑"常规"的版面安排,是"谭老板"这位老报人(新中国成立前即任职于《大公报》,报社或直称其"老谭"或昵称"谭老板",1985年12月接任报社总编辑)拍的板儿。

离开苏州,我顺道去了安徽,采访了肥西县的三河镇和滁县的乌衣镇。历史悠久的三河古镇,虽然近年来也有不少变化,但随着水路交通的萎缩已经失去了往昔的辉煌。更令人忧心的是,特殊的地势,严重滞后的水利建设,使这里潜伏着巨大的水患危机。我在《冲破"壁垒"振兴"三河"——肥西县三河镇的调查》中,明确提出这一忧患,以期引起重视。但不幸的是,"隐患"往往没有现实发展更能吸引领导的注意力,仅仅几年之后,在一场特大洪灾中,三河遭遇了灭顶之祸。与之形成鲜明对照的是素有安徽"南大门"之称的乌衣镇，它隔江便是江苏南京，为了跟上苏南的快速发展步伐，这里积极推行农民进镇落户行动。可有了新街、新房，却没"如愿"地形成新市、新业。显然，这种"超前"的推动和引导，违背了经济发展的规律。我在《"南大门"敞开以后》中，提出了这一问题，希望农村的领导者们不要再一厢情愿地干劳民伤财的蠢事。而那个和我一起吃中饭的镇领导，一杯接一杯地喝白酒，我劝他"别喝了，下午还要在大会上讲话呐"，他却说："别担心，我是喝得越痛快，讲得越带劲儿。"这种状况下做出的决策，能科学吗？肯定不是"滞后"就是"超前"。

就在这一年，新闻界的专业职称评定试点工作也在全国改革的大潮中开始。人民日报社是第一批四个试点单位之一。经过上下多次反复，第一批"评定"的新闻专业高级记者（编辑）、主任记者（编辑）产生。记者部的孟晓云、国际部的郭伟城、新闻系的王武录和经济部的我，因为年龄不满40而被"破格"评为属于"副高"的主任记者（编辑）。那年评上正高职称的基本都是老资格，最年轻的是年近五十的艾丰。

两岸"三通"始于民

改革开放后，第一家落户福建的中外合资企业是哪家？是1981年6月投产的福建与日本日立公司合资兴办的福建日立电视机有限公司。对于这一新生事物，中央到地方看法不一，据说一位副总理竟把它定性为"殖民地性质的厂子"，时任福建省委书记项南则毫不犹豫地给予有力的支持。其实不只是对福日公司，几乎每一个大的引进项目都遇到这类争议，项南总是扛住非议，坚决力挺，推动包括厦门经济特区、福州在内的沿海多个港口城市，对外开放，红红火火。

木秀于林，风必摧之。冲在改革开放第一线的项南，遭遇到方方面面的压力和掣肘。1985年6月16日，《人民日报》刊登了一篇

《触目惊心的福建晋江假药案》的报道，终于给了这股反对力量彻底"倒项"的借口。

所谓"晋江假药案"，发生在福建省晋江县陈埭镇。该镇涵口村的一些村民为了打开白木耳饮料的销路，将它说成是可以医治感冒的冲剂，在省内外推销。用饮料冒充药品，就是这桩"假药案"的核心。那年年初，这一问题已经引起项南的高度重视。他及时向中央反映，同时采取果断措施严加处理。没想到，中央几大媒体一齐上阵，重头报道加配评论，把责任归到福建省委。为此，项南做了5次检讨，最终还被中纪委处以"党内警告"处分，不得不在次年春天卸任福建省委书记职务。据说，关于是否处分项南，中央曾有不同意见，但不同意给予处分的胡耀邦、胡启立、习仲勋等人的意见未被接纳。

随着项南的离任，福建一些地方开始"拨乱反正"，打击沿海的"走私"活动是其中之一。1986年秋天，我和几位同行受邀前往福州查看相关情况。在福州下辖的长乐县，我们采访外商投资企业，参观小商品交易市场，在传统渔村入户与渔民交谈，真切感受到民间蕴藏的巨大经济活力。那些企业，或者"两头在外"，或者用进口原材料加工内地紧缺的商品，或者从事本地土特产加工、养殖，将产品销往国际市场；那些市场上的小商品，多是本地渔民用鱼货或土特产在海上与台湾渔民交换回来的日用品、纺织品、小家电。昔日异常贫困的农民、渔民，日子得到明显改善。而这些"不规范"的经济行为，有些被扣上"资本主义"帽子，有些被视为"违法走私"行为，有的地方开始进行批判甚至与走私惯犯一道严厉打击。在与基层干部、普通百姓的交流中，虽然他们嘴上不明说，但我们明显感觉到强烈的不满情绪。

带着几分忧思，我们回到福州。在听取福建省委常委、福州市委书记袁启彤的全面介绍之后，我直言不讳地问这位因大胆推进改革开放而出名的袁书记："对长乐一些渔民在海上与台湾的交换产品这件事，您怎么看？"袁书记可能没理解我的本意，就按当时的"口径"做了"官样"回答。我不太以为然地接着问："我们不是一再呼吁对岸开放'三通'吗？但对方一直没有积极回应，看来官办'三通'一时很难实现。现在是官不通，民先通了，自发地在海上从事民间交换，这不正好可以从侧面冲击冲击嘛，为什么非得说是'非法走私'呢？咱们农村的改革，不也是先从底下干起来，上面才逐步认可、推广的嘛。'大包干'开始也被认为是非法啊。"一听这话，袁书记立马明白了："官不通，民先通！概括得好！其实我们对下面的情况，也没急着下结论，更没贸然出手。"接着，他兴致勃勃地讲了不少基层的新"创造"。显然，这位书记是明白的，一面对上应付、观察，一面为底下"扛着"压力，尽力呵护着难得的改革开放大好局面。

我在此次福建之行的成果之一，是一篇正面反映福州农村改革开放新景象的通讯《估不透的潜力——闽江口农村采访散记》，对"资本主义泛滥"之类的非议做出了明确回应。

"农""工"合组经济部

1970~1980年代，有两个党的"三中全会"在历史上留下深刻的印记，一个是1978年底拉开了中国改革开放大幕的十一届三中全会，另一个则是1984年秋的十二届三中全会。后者启动了城市改革，把改革主阵地从农村推向全国。

为适应新的形势，1986年，人民日报社内部机构进行了一次较大的调整。其中，农村部与工商部合并成新的经济部，引起了不少非议，两个编辑部都喜"分"而厌"合"。主张合的理由主要是，农村与城市改革发展趋于融合，编辑部门应主动适应这一大趋势。反对的主要出于两点：一是从《人民日报》创刊初期开始，农村报道几乎一直是由相对独立部门负责的；二是中国的改革开放，起步于农村，农村部发挥了突出的推动作用，在新形势下，农村报道只宜加强不能削弱，因此农村部应该保留。当然，最终结果是"胳膊没拧过大腿"，农、工两部撤销，合二为一，组建经济部。社科院研究生院新闻系1981届毕业生艾丰担任了部主任，原来农村部的第一副主任刘允洲（1982届社科院研究生院新闻系毕业生）改任经济部第一副主任。部领导还有副主任江世杰和主任助理戴玉庆。我担任经济部的第一任农村组组长。

那一年的早些时候，农村部主任姚力文离休。老姚出生于1926年4月，到1986年刚满60岁。一天，我到他办公室送稿子，他指着桌面上的一页纸说："今天是4月26日，我满60周岁，这是我向编委会打的离休报告。提前要求，有撂挑子之嫌；到日子不主动说，就是恋栈。正日子提出，正好。"老姚一脸轻松的微笑，接着说："卸下行政担子，可以比较随意地到各处走走，用心写点东西啦。"在报社，像老姚这样把官位淡看的人不少，仅农村部就有好几位，像宋琤，是1940年代后期参与创办《人民日报》的老资格，行政12级，但一辈子做编辑，连组长也没当过。还有郝洁、陈满正、尹韵秋等，也都是1940年代参加工作的老同志，同样在普通编辑的岗位上干了几十年。袁定乾曾担任过新华社分社、省报的领导，但1970年代末进人民日报社后，也一直是当普通编辑，直到离休。那时，老一辈报人持守的价值观，的确很纯净，令人敬佩。

报社分管经济部的领导是副总编辑陆超祺，一位参加过入朝报道的战地记者，担任副总编辑前是总编室主任。据说两部合并就是他力主的，因此无形中大家都对他有怨气，原农村部的人尤甚。可是没过多久，我们就改变了对这位并不熟悉的领导的"坏印象"，因为需要送给他审阅签发的农村稿件，几乎一路绿灯畅行无阻，包括鼓励农民突破"禁区"大胆创新的，也包括批评地方领导阻碍改革、损害农民利益的。而与之相反的是，老艾分管的工商方面的稿件却屡屡"卡壳"。记得一次，由老艾直接策划、精心组织撰写的一组系列评论，竟被枪毙并连"修改的余地都没有"。据说老艾为此落了泪。

老艾，是学长（早我两届），是兄长（长我10岁），是领导。对于他超人的精力、敏锐的思维和出色的演讲口才，我是十分佩服的。如果从1986年组建经济部算起，我们共事了整整8年（1989年以后，我担任经济部副主任，给他当助手）。合作总体是愉快的，配合也相当默契，其间我学到了不少东西。

陆超祺与艾丰的"不和谐",可能与之前的一些"旧账"有关,也与二人的性格有关。一个是性格内向又出奇的"倔",一个是自我感觉良好且时常外露。而在报社,平时的业务空气是很宽松的,允许不同意见充分表达,甚至激烈交锋,但事关稿件的取舍、版面安排,谁的官大就听谁的。老陆,老艾,两个个性很强的人,冲突在所难免。

农村、工商两部合并之后,经济部的第一个大动作是,以自己负责编辑的《人民日报》第二版为阵地,大胆进行版面编排改革。例如,不再把新闻图片当美化版面的"配饰",选用新闻性、视觉冲击力强的图片当头条;实行"厚题薄文",标题都用重磅黑字,像沈阳第二防爆器材厂破产的报道,标题所占面积大大超过正文面积;多用图片,用大图片,增强版面的视觉效果;灵活评论,多用"短枪匕首";精编稿件,尽量压缩"水分",增大信息量……

"出位"的改革,很快引起同行们的关注,有人好奇地问:"怎么《人民日报》二版的风格,与其他版不一样啊?"与当时全社会的改革一样,《人民日报》的版面改革,也"单兵突进"了。

漫行、漫记西双版纳

1987年春,我应农村部老主任姚力文之邀,陪退下领导岗位的他前往云南西双版纳采访。当了40多年新闻记者的老姚,还没去过那片充满诱惑的土地。

4月初的滇南已是山花烂漫,到版纳时,正赶上一年一度的泼水节,被浇个透湿。到州委、相关单位采访,全凭两条腿,没有车接送,顶着灼人的骄阳走了不少路。我们青壮年都觉得有些吃不消了,可年逾花甲的老姚却总是乐颠颠的,没有一点儿怨气,还不时说,走路正好可以仔细看看这里的特色风光。

虽然还是春天,但版纳的气温已经30多度了。没进入雨季涨水时节的澜沧江,只略略泛黄、发浑。当地人说,由于上游乱砍滥伐,丰水季节满江流的全是红泥汤。经过几次"面"上的采访,这次版纳行的主题——如何妥善处理自然保护与经济开发的关系，逐渐清晰起来。我们决定不写研究性的大块文章，而是以漫行、漫记的方式，用轻松的"豆腐块"，生动地反映这个大主题。勐龙、勐海、勐仑、勐养、勐腊、勐罕、打洛……我们"四处出击"、马不停蹄，半个月中几乎跑遍了当时全州下辖的所有县和重点乡镇；与地方领导交谈、向有关专家请教，更多是上山、进寨实地探看。官员、专家，讲述了取得的成绩，更列出现实的种种困难；车子穿行于崇山峻岭之间，山道两旁的景象验证了他们介绍的情况，一边是遮天蔽日的原始森林，那是"核心保护区"，一边是被砍烧后光秃秃的坡地，那是非保护区，之间几乎没有任何过渡带。

我们看到，傣族民众，有着在村寨道边、竹楼四围栽种"黑心木"，轮流砍枝杈当柴烧的好传统；而在基诺山，民众却嫌政府供应的粮食"不够新鲜""背粮路远"，不肯放弃刀耕火种的旧习惯。各个农场领导，为创造满山遍野橡胶林的伟绩而自豪，并兴致勃勃介绍在林下广种砂仁增加收入的新路子；环保、研究部门，则为以大面积"人工群落"替代"自然群落"而忧心忡忡，担心物种急速消减的趋势难以遏制。野象增多，既带来生态明显改善的喜悦，也增加了伤人、损财的困扰……

在那十来天里，我们大部分是住路边店、吃路边餐，也少不了品尝傣族、布朗、基诺等族群民众捧上的特色食物。记得有一次投宿在没电的路边客房，半夜摸黑到几十米外的山坡野厕去"方便"，实在让人有点儿战战兢兢。躺在傣家竹楼忽悠忽悠颤动的地板上，尽管没有城市的喧闹，但隔着满是空隙的一道竹篾，听着两三米外底层牛和猪的不同"动静"，也很难进入梦乡。在中缅边界的打洛江边，不仅可以看到独木成林的大榕树奇观，而且对岸丛林中的缅共营地和身着"国防绿"的军人也看得清清楚楚。

漫行，漫看，漫谈，漫议。与老姚第一次也是唯一一次到基层较长时间采访，使我"贴身"接受了一次好作风、好传统的集中熏陶。深入、细致、平等交流，勤于思索，不辞劳苦，不摆架子，乐观对待一切困难，始终以工作为第一原则……《人民日报》第一代记者的风貌，在老姚身上得到充分展示。那次"漫行"的成果是刊登在《人民日报》头版和二版的 7 篇"漫记"，题目分别是《布朗新章》《林海扁舟》《曼沙访绿》《景洪晨市》《胶林情深》《边寨谈商》和《茶乡新芽》。

农村遍地是"八仙"

继"大包干"之后，乡镇企业蓬勃兴起成为农村改革的第二波大潮。而随着这波浪潮，能人纷纷脱颖而出。几年之间，南北东西，各地都涌现出了一些颇有名气的农民企业家。他们理所当然成为媒体追逐的对象、报道的热点。《人民日报》经济部农村组同样高度关注这些农村的新人物。从 1986 年底到 1987 年初，几家中央媒体与政府部门合作，共同评选出"全国十大农民企业家"，激励广大农民向他们学习，锐意改革，勇于创新，带领乡亲们勤劳致富。

这"十大"是：以农工贸联合发展致富的吉林四平红嘴子村卢志民，打开服装制作新天地的辽宁大石桥李桂莲，靠工业迅速崛起的天津静海大邱庄禹作敏，从事钢铁行业的河北武吉龙，从纺织印染"一条龙"起步迈向航运的山东牟平常宗琳，从加工奶粉到生产乳品加工设备的陕西三原郭建民，带领残疾人创业的制鞋专家江苏吴江肖水根，身残志不残创办制衣大厂的湖北周作亮，开风气之先将汽车配件万向节推进美国市场的浙江萧山鲁冠球，最先创出自有品牌家电的广东顺德区鉴泉。

作为改革开放以来，其实也是中国有史以来的第一批知名农民企业家，他们在各自的家乡创造了辉煌的业绩，得到了普遍认可，通过评选、宣传，进而影响了全国。我与这"十大"均有交往，曾经采访报道过其中的郭建民、肖水根、鲁冠球，亲历了这些人物的沉沉浮浮。他们中，有人因得意忘形而折翅，如禹作敏；有人历经磨难稳立不倒，如鲁冠球、卢志民；多数则在引领风骚数年之后，归于平淡，在公众视野中消失。不管结局如何，在乡镇企业的破冰阶段，他们都发挥了不可磨灭的带头作用。

同一时期，农村组推出了一组系列报道——"蓬莱新八仙"，以山东蓬莱县"八仙过海"的神话故事为典故，反映当地农村能人从实际出发，各显神通，兴办企业翻身致富的事迹。1987年夏天，我应邀到胶东半岛的蓬莱，回访"八仙"。与十大农民企业家比，"八仙"只能算是"小打小闹"，但也都为本村百姓带来了看得见、摸得着的实惠。他们中有搞建筑的、汽修的、纺织的、农副产品加工的，但规模都不大。其中司家庄的振兴公司很有意思，几年之后，他们居然把"文革"中的风云人物、北京造反派"五大领袖"之一的蒯大富，聘到公司里当了总工程师。

"八仙"们都还保留着当地传统待客习俗，加上胶东豪爽的民风，每到一处，都少不了农家饭的款待，海鲜就近取材，敬酒盛情难却。好在是没有写稿压力的"回访"，可以与农民朋友轻松畅饮。在著名农民企业家常宗琳经营的麒麟宾馆，初次见面的常宗琳一定要我按当地"先干三杯"的乡规接受敬酒，否则就立马掀饭桌。无奈之下，我只好入乡随俗，结果本无酒量的我被"敬"得烂醉，连爱人、9岁的儿子，也都躺倒。

与蓬莱同属胶东的荣成民间的"酒俗"也不弱。在荣成成山头渔民家住的那几天，没出海的渔老大是从早饭开始就"哈酒"（胶东话，将"喝"念成"哈"）的，一天三顿、顿顿不落。我们只能一再婉拒。胶东语言很有特色，给我留下深刻印象的除了"哈"，还有"逮"和"站"。这里的"逮"是"夹"的意思，吃饭时，主人让客人夹菜，就频频地说"逮"。虽然发音完全不同，但也不会产生歧义，逮如同抓，与"夹"差不多。而那个"站"可就不一样了，据说还闹过笑话。一次当地驻军到村里开展爱民活动，官兵们抢着为百姓家挑水、扫院子……活动结束时，一位非胶东籍的新兵向老大娘告辞，没想到老大娘竟笑盈盈地对他说："别走，别走，再'站'会儿呗，再'站'会儿呗！"兵娃子一头雾水，赶忙行礼走出院子。回到营地后，他不解地问战友，这里是什么风俗啊？怎么白给干半天活儿，临走那老大娘还要罚我站啊？熟悉当地语言的老兵哈哈大笑。原来，在胶东话中，"站"是"玩耍"的意思。

成山头，位于山东半岛那个"骆驼嘴"的嘴尖部位，从我们住的渔村再往东就没有村落了，只有传说多多的景点"天尽头"。据说，当年徐福就是从这里带着三千童男童女出海去求"长生不老仙药"的；而秦始皇就是因为东巡到了这"天尽头"，才在回程中遭遇袭击、患病丧命的。在接近"尽头"的路边，矗立着一通石碑，上面镌刻着胡耀邦题写的"天尽头"三个大字。

　　渔村的夜晚，静谧异常，由于电视信号不好，我们就拿着小板凳，散坐在院子里乘凉，聊天，看星星。没有月光的干扰，天幕如墨，繁星若洗，晶亮的星星间，不时有闪烁的人造卫星缓缓"游过"。有生以来，我是第一次也是唯一一次，看到那么清澈的星空，那么清晰的卫星。事物就是如此矛盾，成山头的星空，得益于它偏于一隅，得益于乡镇企业的滞后；而那些沾了靠近大城市之光的地方，乡镇企业异军突起，但空气、土壤、水质污染问题也相伴而来。孰是孰非，只能放到特定的时空中去评价。

倔强的草根

　　经过近十年的改革发展，中国农村的经济呈现出旺盛的活力，挣脱人民公社旧体制的束缚之后，数年之间，接连实现一连串"突破"：从单一粮棉生产，到开展多种经营、专业户大批涌现；从固守农林牧，到种养加（工）齐抓、农工商并举。由于政策好、天帮忙、人努力，那几年可谓要风得风要雨得雨，不仅全国粮棉连续大丰收，不断创造历史新高，而且农民增产增收、万元户层出不穷。改革的率先突破，使亿万农民得到了巨大实惠，也为其他领域的改革提供了经验，激发了全民投身改革的热情。

　　在这一大背景下，经济部农村组精心策划了一组深度报道，力所能及地总结、评述中国农村改革的主要成果和经验。这组报道从1987年10月底推出，一个月中，连续5篇，引起的强烈反响，超出了农业界。第一篇是陈健执笔的《亿万农民　亿万机会——中国农村经济变革大趋势之一》，不光占据了《人民日报》头版头条的位置，而且使用了超大的黑字标题。文中第一次把农民获得经营自主权问题，提到了"实现经济民主"的高度，认为是制度的深刻变革，使亿万农民得到"第二次解放"，自主选择发展方式和机会，从而实现了生产力的大解放和大发展。陈健本科毕业于四川的西南农大，研究生就读于中国农科院农经所，是个聪明、帅气的四川小伙子。由于是学经济的，比我们这些学新闻的，陈健在思想深度方面更有优势，经常能够跳出新闻的圈子进行观察和思考。

由我和凌志军采写的《倔强的"草根"——中国农村经济变革大趋势之二》，占据了10月31日《人民日报》第二版上半版位置，文章集中评述了乡镇企业发展的艰难历程和活力所在。大标题来自采访中瞬间得到的灵感。在农业部乡镇企业司，负责人向我们详尽介绍了乡镇企业的蓬勃发展，从主管部门的角度，梳理出若干条主要经验。因为事实本身就是丰富多彩的，他们提供的素材也很充分。就在交谈接近尾声之时，我照例提出那个进行成绩采访时的"压轴"问题：除了乡镇企业发展已经取得的巨大成绩和宝贵经验外，您认为有哪些不足吗？那位负责人直言不讳，列出了一大串"不足"和困难，包括政策的限制、一些部门的歧视、人财物的匮乏、市场销售的艰难，等等。我又问："既然有这么多困难和不足，可从您刚才介绍的那些情况怎么一点儿也看不出来呢？""要看主流，要鼓劲嘛！"我再问："那么多乡镇企业，有关门倒闭的吗？""怎么没有？！可以说每天都有一些企业'关停并转'。""大概有多少？""太具体的数字说不准，但比例是清楚的，大约占总数的5%左右吧。"啊？！照刚刚介绍的数字，1986年，全国乡镇企业大约是1400万家，5%，可就是70万家呀！"差不多，就是这个数。"

得到负责人的这一肯定之后，我突然想起1986年底经济版"超常"重点推出的一篇稿子。那天正好我在值夜班，发现沈阳地方媒体上刊登的一篇小稿，报道的是沈阳第二防爆器材厂破产的事情，并指明这是国内第一家宣布破产的城市大集体企业。虽然只有100多字，虽然那个厂子只有百十人，但我们认为这是城市深化改革的一个重大突破，于是就打破常规，把这个"豆腐丝"放在了二版头条位置,重磅黑字主题、大字副题所占的面积远远超过了薄薄的几行正文。经此制作,这条短短的消息也的确引起了巨大反响,"关门"的沈阳第二防爆器材厂因"破产"而名声远播,这一事件也成为城市企业——实际是国有企业改革的一个里程碑。

没想到就在一个城市小厂的破产引起举国关注的同一年里,中国农村竟有70万乡镇企业静悄悄地消失了!没人报道,也没人留意!借着这一鲜明的对比,我们与乡镇企业司的领导展开了探讨,是否正是这种"后退无路"的机制,"逼"出了乡镇企业的顽强活力?是不是因为有70万倒闭的"反面样板",才促成了1400万的勃兴?乡镇企业司领导点头认同了我们的结论。就这样,完全由市场决定生死的机制,是乡镇企业这些"草根"生命力"倔强"的根本原因,成为这篇稿件的灵魂。

文章发表后,引起了意料之中的强烈反响。在1980年11月就在《人民日报》上发表长篇文章《阳关道与独木桥》、大声为农村"大包干"呼喊的三农专家、国务院农村发展研究中心副主任吴象,专门打来电话,一是问:"一年有70万乡镇企业倒闭的情况是从哪儿得到的?"二是"责问":"为什么不把这一重要新闻拎出来,作为独立的稿件单独发表?"不愧是曾经担任过《山西日报》《北京日报》主要领导的新闻前辈,果然高出一筹!

这组报道后来出版了单独的一本小册子。而这些选题,都是刘允洲带领农村组几位年轻人,在下午工间休息打桥牌时"侃"出来的。在我们这组报道之前,《人民日报》10月6日、7日在头版连续发表了由科教部罗荣兴、曹焕荣、祝华新撰写的《中国改革的历史方位》和《改革阵痛中的觉悟》两篇通讯。这两篇带有政论色彩的通讯,纵横捭阖,古今中外,虚实结合,给人一种高屋建瓴、极目眺望的通达感,堪称阐述中国改革的少有佳作。

体验下乡"收猪难"

从1987年春夏开始,城市里的肉食供应开始紧张,猪肉价格一路领涨,百姓怨气越来越大,政府的压力随之越来越大。

刚刚解决了吃饱饭问题,"手中有粮"的农民开始积极找寻"挣钱"的门路,养猪,自然成为最现实的一条,几乎家家户户驾轻就熟。农户养猪,有几大好处,一是不需要专门的大场地,一般都有现成的猪圈,多一头少一头,关系不大;二是可以充分利用粮油加工的余料、野生的杂草和残汤剩饭,不用专门购买饲料;三是不用专人照管,剩余劳力、零碎时间或留家老人都能承担。因此,继1980年代初粮棉连年大增产之后,农村养猪业也迅猛发展,促使肉食供应形势很快改观。一些曾经长期缺油少肉的地区,几年间就发生大翻转,出现卖猪难、卖肉难问题,政府不得不出面号召居民多吃"爱国肉"。这是多少年来,中国从来没有遇到过的新鲜事。

而紧跟其后的,便是"卖猪难"、价格连跌导致农户减少饲养量,宰杀母猪。当时全国8亿多农民,两亿多农户,一家平均减少一头,全国就减掉了两亿头!大面积分散饲养格局的最突出特点"上得快、下得也快",得到充分展现。1987年中的肉食供应紧张,正是前一年生猪饲养从峰巅跌到谷底的结果。

为了寻找改革开放后第一次养猪业剧烈波动的成因,探讨减小波幅的方法,我们农村组沿着猪肉供应的产业链,搞了一次溯源式踏访。我们先看市场,打问猪肉的来源。那时,北京市场的猪肉,主要货源渠道还是国有屠宰场,一是供应稳定,二是检疫严格。相比零散的肉摊,居民更倚重国营菜市场。市区的个体肉摊还极少。商店和摊贩出售的猪肉,价格尽管有少许差别,但总体都不低,已经比几个月前涨了近五成。接着,我们深入位于通州区的北京某大型屠宰加工企业了解情况。企业领导叫苦连连,主要是收购难、价格高、开工不足、成本提升。我们看到,职工眼巴巴盼回来的收猪汽车,拉来半车活猪,不光毛色混杂,而且大小、肥瘦不一。当时最先进的屠宰线不得不处于半歇状态。进价高、开工不足、售价受限,使企业陷入亏损困境。

为了实地体验"收猪难",我们专门跟着企业的收购员,驱车前往20多里外的一个有"猪讯"的村子去碰运气。汽车缓慢地在村间的土路上颠簸，收购员频繁"有猪卖吗"的打问，换来的是一次次的摇头。终于，在一个"老关系户"处，我们得到"可以卖一头"的回答。在谈好价格之后，主人从街上赶回了自己寻食的猪宝宝。上秤吧！且慢，"我还得再喂喂它。"收购员苦笑着点头说："喂吧喂吧。"当着我们一行人的面，那口一百多斤的猪，"吧唧吧唧"地吃下去了一大盆汤水，足有二三十斤。猪吃饱了，可以上秤了，一阵捆绑、挣扎、嚎叫之后，售卖双方按毛重结算了货款。看看天色已晚，今天再不会收到第二头了，我们拉着猪回厂。这趟总算没有白跑。收购员说，看着那猪"吧唧吧唧"地吃食，我心疼啊！一斤就是两块钱，20斤就是40块，屠宰时全都得清出去……但不让吃，他就不卖。有啥法子？现在是求着人家卖。据他说，前几个月，卖前喂食还是背着人的，后来就变成"当面锣对面鼓"啦，成了双方都认可的"明规矩"。

可就在一年多前，收购员是"大爷"，养猪户是"三孙子"。那时，不光价格是企业说了算，而且农民得自己把养肥的猪送上门，还不能马上过秤，得空上半天一天的，等它拉空了肚子再称分量，然后按实际斤两结算。

大面积分散饲养，必然陷入"多拉多少拉少"的恶性循环。但从当时的国情看，分散饲养格局短时间还很难改变。现实如此，如何打破恶性循环，尽量减小振动的波幅？各方都在探索，但一时都提不出有效的办法。一段时间后，上海郊区的"公司＋农户"的养鸡模式，打开了人们的思路，即公司负责"两头"——集中提供鸡苗、饲料，负责收购成鸡；中间的饲养环节则由农户承担。公司还向"签约"农户提供防疫等技术服务。数年间，这种模式在不少地方得到推广，使肉鸡市场渐趋稳定，实现了公司、农户双赢。但在养猪方面始终没有显著的进展，此后的二三十年间，猪肉市场经历了几次大的波动，直到2020年也没能彻底解决。但有一点基本没变，就是农民、养殖户一直处于弱势地位，最近的一次"猪肉危机"，一个主要原因是许多地方为了环保"一刀切"地禁养，挨刀的依然是农民。像1987年冬我亲历的那种农民"扬头挺胸当大爷"的好日子，再也没见过。

市场经济和"饭票新闻"

林毅夫,一个充满传奇色彩的人物。1970年代末,这个台湾的"模范青年"抱着篮球从金门游水投奔大陆,而后赴美国深造,回国后加入王岐山主持的国务院农研中心发展所,与陈锡文(先后任国务院发展研究中心副主任、中农办主任)一起担任副所长。1988年初春的一次活动中,我与他邂逅,从此开启了几十年的交往。

相识后不久,我们就农村改革与城市改革的衔接问题,进行了一次深入的交谈。记得那是初夏的一个晚上,我应邀到林毅夫黄寺附近的宿舍聊天。我就农村改革第一轮突破后遇到"瓶颈"、剪刀差、亿万农户如何与市场衔接等问题,不断发问,还列举了诸如"下乡收猪"等实例。林则有问必答,毫不保留地阐述自己的看法。当时的政策还是"计划经济为主、商品经济为辅",他有关市场作用的观点,令人耳目一新。从傍晚一直聊到晚上10点多,没有沙发、空调,坐在板凳上的我俩,都脱得只剩背心、短裤。公交末班车快没啦!我急匆匆地告辞跑向公交车站,但只赶上一段末班车,后面的一段就步行了。

一晚畅谈,改变了我向经济学家请教的单纯初衷,按捺不住写作的冲动,我把与林毅夫对话的精华,一气呵成,写了一篇访谈。写稿时,我尽量保持林的"原汁原味",并穿插了几段编者点评。像这类访谈,一般都用在二版(经济新闻版),这篇也循例发到了经济部夜班,准备安排在经济版。但出乎我的意料,6月29日,这篇题为《新的观察点:城乡改革的汇合——国务院农研中心发展所副所长林毅夫谈物价改革》的稿子竟被刊登在了《人民日报》头版,占据了下八栏的位置!原本准备用在二版的稿子怎么意外"提格"了?我一打问,得知又是总编辑谭文瑞"拍的板"。一个崭露头角的"小人物"谈物价改革大主题的报道,就这样在《人民日报》头版堂堂皇皇地占了那么大的一块寸金宝地!这种极少见的"超规格"处理,引起轰动可想而知。

1992年夏，我再次采访林毅夫，主题很明确，就是"发育市场深化农村改革的主线"。那年早春，小平南方视察，为市场经济正了名，这个话题不再敏感，林毅夫也已不是四年前的林毅夫了。

1993年11月，《人民日报》第三次刊登我对林毅夫的专访，针对为减少粮食生产波动而实行的"省长米袋子工程"，他提出人为分割市场弊大于利，应抓住机遇，支持各地发挥自己的资源比较优势，用市场机制促进农业结构调整的观点。文章的标题是《关键在于发育市场——访林毅夫》。

20多年后，林毅夫已经是世界知名的专家。有一次，老谭微笑着对我说，怎么样？老头子还有点儿眼光吧？我是只认稿子和内容，不认人。

大约也是在1988年，我与老谭还有另一段"稿缘"：我写的一篇300来字的"饭票新闻"，竟意外地获得了好稿奖。那是参加一个很普通的产品获奖新闻发布会后，我写的一篇小稿。主题是赵章光101毛发再生精在欧洲获得某个奖项。我不满足于"照发"主办方预先准备的新闻稿，利用会议间隙，采访了赵章光本人，获得最有吸引力的信息是赵章光在欧洲的颁奖仪式上公开承诺：用他的药对症治疗脂溢性脱发、斑秃，三个月不见效，可以退赔全部药费、治疗费。我把这一承诺写进了导语。本来，我就是想把这条带有广告色彩的小消息，写得与众不同点儿，有些"个性"。没想到引起了总编辑的注意。老谭竟把当天的"好新闻奖"，给了这条"藏"在二版"肚子"中间的"豆腐干"！让我颇感意外。

当时，计划经济刚被打开缺口，商品经济如破堤之水滚滚而来，商业大潮把新闻界与企业界推到一起，双方走得很近。各种大大小小的发布会接连不断，不光有地方招商引资、介绍成就的，更多的是企业产品介绍等公关活动。编辑、记者们，疲于应付，也有人乐于此道，终日"赶场"、吃喝拿要。而这些活动，最终都要设法到版面上去"落地"。于是，就催生了一种广告性很强的稿件，我称其为"饭票新闻"。有时一个版上要安排七八条，甚至更多这类垃圾货。

说实话，我对这种现象很不以为然，但有时碍于兄弟单位同事热情邀请的面子，也不得不到场应付。但我一般"丑话在先"——不保证一定用稿，完全视实际内容而定。

一次北京某知名化妆品企业的活动，终于使我按捺不住反感，发出杜绝"饭票新闻"的呼声。在那次活动后的饭桌上，那个企业的老总在议论到外单位的某记者时，竟这样说，他算什么？也就值几瓶护肤霜。给几瓶，叫他说什么他就得说什么。这几句话，像抽在脸上的几记耳光，我感到又气又羞。我当即起身退场，并对那人说，原来在您眼里记者就这么不值钱，对不起，我告辞了。说完就扬长而去。那人意外地愣住了……

出于对报纸质量的担忧，轮流担任夜班主编的我，联合另两位主编——一版的李济国、三版的曹焕荣，郑重其事地当面向社长钱李仁提出了杜绝"饭票新闻"等"关系稿"的意见。报社为此做了专门研究，决定采取编采分开、严把"出口"等措施，拦截这类新闻垃圾。虽然得罪了一些热衷"赶场"的记者，但净化了版面，对修复媒体形象产生了一定积极作用。

创刊纪念会上的尴尬

1948年6月15日，《人民日报》在河北省邯郸市创刊，由《晋察冀日报》和晋冀鲁豫《人民日报》合并而成，为华北中央局机关报，同时担负党中央机关报职能。1949年3月15日，人民日报社随中央机关迁入北平。同年8月1日，中共中央决定《人民日报》为中国共产党中央委员会机关报，并沿用1948年6月15日的期号。

1988年，适逢《人民日报》创刊40周年，6月中，报社举行了隆重的纪念大会，除代表中央来祝贺的时任中央政治局委员、书记处书记胡乔木，书记处书记邓力群外，还请来了历任老领导。其中有第一任社长张磐石、1976年粉碎"四人帮"后接管报社的迟浩田上将，还有胡绩伟、秦川、安岗、孙轶青等老同志。

按既定程序的系列讲话，没有引起什么"轰动"，也没给人留下丝毫印象；而胡绩伟的即席发言，却造成了难忘的尴尬场面，令人至今记忆犹新。他发言的主要内容，是1980年代初中期围绕"党性""人民性""异化"和"人道主义"等问题，与一些人的争论经过。他依然坚持自己的观点，毫不避讳地说那次"整肃"，对王若水的处理不公平，王是代他受过。在这么重要的喜庆日子、庄重场合，发生这样一幕，我没经历过，也绝没想到。

当时，几年前与胡绩伟争执的那些人都坐在主席台。如此当众被胡绩伟"数落""扫面子"，包括他们在内的所有人恐怕都没有丝毫精神准备。坐在台下的我，听着胡绩伟的那些硬话，除了吃惊，也有一丝"有点儿过分"的感觉。而台上的会议主持人和其他人，也都陷入了难堪的窘境，劝阻不是，安慰也不是。

而胡绩伟这种特立独行的行事方式，我则是第一次也是唯一一次亲身领教。难怪作为"老上级"的胡耀邦会评价他"有时真是既可爱，又可气"。

"规模经营"乱象与杜润生的智慧

喜欢听好话，是人的天性。1950年代中期那场"阳谋"之后，中国媒体成了"歌德派"，《人民日报》充当了不光彩的"排头兵"角色。"文革"结束，全党恢复了鼓励"讲真话"的传统，《人民日报》也在中央领导的支持下，增加了批评性报道的数量与分量。尽管招惹了不少麻烦，承受了不小的压力，但报社领导没有退缩，坚守真理的底线。围绕北京顺义县（今顺义区）农村工作某些做法的一段公案，就是一个典型的案例。

话还得从前一年（1987年）初冬说起。一天，报社传达室来电话说有人找我。我并不认识来人。对方说是因为在报纸上经常看到我写的"为农民说话"的文章才来找的。我赶忙去见这些陌生的客人。他们是京郊顺义县的农民，声称"是到《人民日报》来找中央政策"的。为什么不去北京市委？"因为县里说，就是根据市里的统一要求，在农村搞规模经营的"，于是县里下文件，乡里、村里撕毁与农户签订的果树承包合同，强行搞统一的专业队，搞规模经营。究竟是怎么回事？几天后，包括《北京日报》郊区版记者在内的几位媒体同行，一起前往顺义了解情况。

按程序，我们先到县委"报到"，听了县农工部领导的介绍后，就驱车前往十多里外的那个村去实地察看。一进果园，就感觉到明显的对立气氛，两拨人都在果树间忙活，但互不搭理。听说来了城里的记者，其中一拨立即围拢过来，激愤地诉说起了"撕毁合同""投入白费""损失严重"之苦。说着说着，一位年过七旬的老汉就跪在众人面前，哭咧咧地恳求为他们"做主"。我们赶忙扶起老人，要求闻讯赶来的村书记找个"能说话"的地方，把两拨人一起请过去说说。

在一间没有几个凳子的简陋会议室，村民、干部七嘴八舌地表达了各自的意见。集中起来就是对立的两种观点，一方是强调搞规模经营完全是按上级要求办的，有利于提高效率，增强集体经济实力；另一方则强调签订的承包合同是3年，如今还不到两年就撕毁是违法行为，也让前期的劳力、物力投入都白费了，这是因为"眼红"而"归大堆"。一位村民还直截了当地指着村支书说："不是眼红，想白捞好处，你干嘛指定你爹当果园的专业队队长？！"

情况基本清楚了，我们请村民退场，和专门赶过来的几位乡领导商量解决矛盾的办法。我首先声明：一、我们来是来了解情况的，不是来"找茬"搞批评报道；二、理解乡、村干部的难处，因为这的确是市、县都有明确要求。但我也谈了个人的看法，一是能不能缓一缓，等承包合同到期再说；二是建议与原承包农户平心静气地商量，给予适当的经济补偿；三是村支书连避嫌都不懂，怎么能让自己的亲爹当专业队长呢？应该在村里充分讨论，甚至在原来的承包户中选队长，这样矛盾就要小得多。最后我对乡领导说，我们来是了解情况帮助解决问题的，不是为了搞批评报道。只要乡里能把事情摆平，别让承包的农民吃亏，再进城去

"找中央政策",我们就不做报道了。乡领导当众爽快地答应,一定把事情处理好;并批评了村支书。一场承包纠纷,就这样暂时平息了。

个别事件是暂时平息了,但矛盾并没真正解决。因为问题的根子在上面。据后来一位"知情"的朋友说,事后县领导向市里汇报,一位主管农村工作的市领导听后,竟然问:吴长生是不是顺义人、那里有没有亲戚,怎么了解得那么清楚?得到否定的回答后,他又说,别再去得罪他们,可以搞搞公关嘛。我听后,只能一笑了之。后来,真有顺义的人来公关了,表示可以送来丰富的冬储蔬菜,还邀请去那边的高尔夫球场打球。我都婉言谢绝了。

此后,我们通过来信、来稿、来电,不断获知一些与顺义类似的情况:一些地方政府用行政手段强迫农民搞规模经营。这些信息,不断强化我们对这种反常现象的关注。显然,这是以搞规模经营为借口,动摇刚刚建立的以联产承包为主的家庭经营责任制。这种行为,使本来就担心政策变化的农民心里更没着落,陷于观望、迟疑状态,无心向农田、果园投入,不能集中精力种田。那时的农民还没有明确的维权意识,只知道埋怨当地干部不执行党的农村政策,写信向上级反映情况,别无他法。令人可笑而又无奈的是,一些地方搞现代意义的规模经营,采用的却是很原始的办法:"抓阄儿"确定合并成大块的土地或果园由谁承包经营。其结果是真正的种田能手有可能因抓不到"阄儿"包不到地,而抓到"阄儿"的"幸运儿"可能又无力扩大土地经营规模或不是管理果树的行家。我向中央农村政策研究室主任杜润生汇报了这些情况,认为打着新旗号、重回老路子的这一动向值得注意。

汇报后没多久,我接到参加农研室会议的通知。由于时间没把握好,那天赶到西皇城根9号院时,迟了几分钟。会议室里已经坐满了人,有七八十位。坐在会议桌中间的杜老招呼刚进门的我坐到他身旁的一个空座上。本来这个座位是不该我坐的,但杜老发话,只好遵命。还没从迟到的歉意中缓过神,杜老说,现在开会,因为今天这个会是《人民日报》的吴长生同志建议召开的，就请他先讲。我一时没反应过来，但没有退路了，只好硬着头皮，把近期了解到的一些有关搞规模经营的情况向大家做了简要报告。

接着杜老请大家发言，讲情况、谈看法。话音刚落，与会者就争着说开了，有同意的，有反对的，有轻声细语陈述的，也有言辞激烈抗争的。我留意看了一下，在京搞农村政策研究的重量级人物基本都到了，其中不少是资历很深的老同志。情况很多，信息丰富，但意见明显分成了正反两种。最极端的是把分歧提到了方向、道路高度。

杜老一直静静地倾听，饶有兴趣地看着大家争论。直到会议接近尾声，杜老才在大家的请求下做了简短的总结讲话。他说，今天本意就是想让大家谈谈情况，我没想讲什么，也没想做什么结论，听了大家的意见，就谈几点不成熟的看法。杜老讲得好像很随意，语气像是与大家商量。给我留下深刻印象的大约是这么几点：一、家庭联产承包制才搞了短短几年，农民尝到了甜头，吃饱肚子了，也有了点余钱，现在就是怕好政策变。因此我们要发出信号，给农民政策稳定的预期，不能折腾。二、随着经济的发展，农村多种产业的兴起，土地经营规模扩大是一种必然趋势，过于细碎化不利于生产力提高，但中国的地方实在太大，情况太复杂，我们不能再犯"一刀切"的老毛病。规模经营将是一个漫长过程，需要很多条件。三、少数条件成熟的地方可以先走一步，但也不能采取以往那种行政命令的方式"拼大堆"，要充分尊重农民的意愿，不能再干强迫农民、违背农民意愿的事情。

会议没有结论，争论没有结果，尽管分歧依然存在，但对杜老的这些看法，绝大多数是认同的。开"神仙会"的目的达到了，这一问题引起了大家的充分重视与研究。恰恰是在这个时候，顺义那边又有了新情况。

1988年夏收后，前一年来报社"找政策"的顺义农民又带着人来找我了，这次反映的不是个别果园，而是顺义在更大范围里强行收地、搞规模经营。

这次是《经济日报》先开了"炮",发表了批评顺义的稿件,如实记述了当地如何拖开躺在拖拉机前意欲阻拦的承包农民,强行翻掉责任田界线、统一翻耕土地的场景。《人民日报》转载了这篇报道。但顺义根本不理。来报社的农民还反映,县里为了证明几个试点乡村强推规模经营的好处,竟然采用强迫农民虚报产量,到外地购粮补"差额"等办法,凑"高产"数字,造丰收假象。这些新动向引起了我们的警觉,于是决定再进顺义,查明相关情况。考虑到我已引起对方的特别注意,部里就安排一位更年轻的同事、记者蒋亚平去采访。由于县里早下达了"未经批准不许接受记者采访"的通知,蒋亚平只能像"搞地下工作"似的,以"避开眼线""昼伏夜出"等方式走村串户地暗访,主要是想尽量不给或少给民众添麻烦。因为意识到这次采访,肯定要惹麻烦,所以我要求记者采访时,能录音就录音,不能录音,就详细写采访记录;采访结束后,一定把记录念给被采访人听,然后请他签字或按手印。

记者在农民的引领下,前后多次前往顺义,避开"眼线",到田间进农户,面对面地听当事人诉说,取得大量第一手材料。为了取得造假的证据,还到了相邻的河北某县,查到买(卖)粮的单据并复印。经过近3个月的艰难、曲折调查,在充分掌握确凿材料的基础上,终于写成两千多字的、内容扎实的调查报告《丰收的折扣》,在《人民日报》二版刊发。记者非常辛苦,精神上的压力也很大,但在"为农民说话""维护既有改革成果"理念的支撑下,出色地完成了这次任务。

稿子见报当天就引起强烈反应,先是顺义县的领导,县长亲自把电话打到报社责问,大声指责报道失实(个别地名有错,比如大孙各庄,记者按当地农民发音写成了"大顺张")后,威胁说:明天会有20万顺义农民进城到人民日报社门前游行抗议……

反应,意料之中,但这么强烈有些想不到。经过一番商量,我决定到顺义去看看。次日清晨,我约上一位跑政法战线的记者直奔顺义公安局,亮明身份后提出见局长了解情况的要求。足足等了 40 分钟后，局长来了，与我们一样，也把一个收录机摆放在桌子上。我们先说明《人民日报》除报道新闻外，还担负为中央收集、提供有关"情况"的责任，就"20 万顺义农民要进城游行"一事，我们提出了准备好的一串问题：《人民日报》刚刚登出报道，县里最快也得中午才能见到报纸，到农村就更晚，顺义广大农民怎么那么快就都知道了？怎么这么快就组织起了 20 万农民，是谁、怎么组织起来的？县里又是怎么知道"有 20 万农民要进城游行"的？……局长很紧张地回答：农民已经接受劝阻，不去了。然后翻来覆去只说一句话：无可奉告。显然，"20 万农民要进城游行"是地方领导编造的，目的是要挟报社，施加压力。没想到我们会反"将一军"，令他们陷入被动。因为根子在北京市，所以我们做好了进一步应对的准备。回到报社后，我们把这一情况整理成文字，如实上报。而就在那几天，的确有少数顺义的农民、基层干部也来到报社"抗议报道失实"，寻找蒋亚平"理论"……

一段时间之后，时任报社社长钱李仁同志（1985 年 12 月由中联部部长调任人民日报社社长）打电话问有关顺义报道的事情，我回答，采访很扎实，证据俱全。接着我就把所有材料全都送了过去。两天后，社长把我叫到他办公室，对我只说了一句话：元旦（1989 年 1 月 1 日）我值班，用一整天细看了材料，如果打官司，我钱李仁上法庭。这就是当时报社主要领导的态度，在事实面前，敢承担，不退缩。作为一线的记者，最需要这样的精神支持！

很快，北京市领导与人民日报社领导就这件事当面"商榷"了。钱李仁坦然赴会。一边是政治局委员、北京市委书记，一边是中央委员、人民日报社社长。双方各执一词，针锋相对。报社方面认为报道基本事实准确，应该重视顺义的情况，严格执行中央政策，维护合同的严肃性，保持家庭联产承包制稳定，保护农民合法权益，切实纠正不当做法；北京一方坚持报道失实，给顺义乃至北京农村发展带来困难，要求刊登更正报道。

"商榷"无果，对方自行采取"反击"行动，一边向上告状，认为《人民日报》明知顺义是"总书记抓的改革试验点，还公开批评，这是……"；一边在《北京日报》刊登长篇报道，称顺义的行为是"京东大地的一声春雷"，充分肯定相关做法，并上升到方向、道路高度。但《人民日报》的报道已经在全国大范围产生了作用，地方再高调，也难以抵消其影响。更何况那种脱离实际、违背农民意愿的做法，根本不得人心。

僵持之下，杜润生主任奉命出面"调解"。他对我说：长生啊，总书记让我处理这件事，你看怎么办啊？我说，情况和是非曲直您都清楚，您得主持公道。杜老笑着说，怎么主持公道？一边是政治局委员、北京市委，一边是中央委员、中央党报，我只好和和稀泥啦！怎么和稀泥？杜老接着说，北京方面别坚持让你们更正；你们也别搞后续的批评报道了，以后他们确实做得好时适当做些正面报道。两边都"退一步"怎么样？我说，这个我决定不了，得向社领导报告，估计我们可以做到，希望北京也能做到。杜老说，那就这样，北京方面我去说。大约是1989年初春，围绕《丰收的折扣》的风波，就这样暂时被杜老"抹平"了。

为什么说是"暂时"抹平？因为仅仅几个月后，随着中国政局的大变化，顺义"官司"再起波澜。自以为平息风波"有功"的北京市旧账重提，对换了主要领导的《人民日报》实施报复，又以上报书面材料形式给《人民日报》扣上了恶意攻击顺义经验的帽子。

20多年后，中国的城市人口超过了农村人口，土地，主要是比较发达的地区，出现了土地流转、扩大经营规模的趋势，这是发展的必然结果。但在1988年，广大农民挣脱僵化公社体制才短短几年，刚刚尝到"大包干"、吃饱饭的甜头，就被强迫着用抓阄儿等原始手段，搞所谓的土地规模经营，重新"归大堆"，这显然是对改革开放的变相否定，是在"姓社姓资"僵化思维下的逆势而动，是违背民心、农心的。如果推广这种"经验"，就会引起全国性的大混乱，使方兴未艾的改革事业遭遇严重挫折，甚至半途而废。在这样的大是大非面前，报社作为一个战斗整体，从上到下，坚守住了真理的底线。

1992年,邓小平南方谈话之后,姓社姓资争论终于有了历史性结论,家庭联产承包为主的经营责任制,也被确定为我们国家需要长期坚持的一项基本制度;后来还被写入了《宪法》。从此中国的改革开放进入又一个新阶段。

1989年,我和共和国先后迈入"不惑之年"。四十年的人生记忆,到此告一段落。而后如何再次陷入"困惑"、重新走出"困惑"的记忆,希望能在适当的时候,与大家继续分享。

图书在版编目（CIP）数据

凝固的浮云：一个共和国同龄人的四十年人生回忆／吴长生著.－－北京：社会科学文献出版社，2022.1（2024.12 重印）
（年轮）
ISBN 978－7－5201－9424－2

Ⅰ.①凝…　Ⅱ.①吴…　Ⅲ.①吴长生－自传　Ⅳ.①K825.42

中国版本图书馆 CIP 数据核字（2021）第 240928 号

·年轮·
凝固的浮云
一个共和国同龄人的四十年人生回忆

著　　者／吴长生
出 版 人／冀祥德
责任编辑／邵璐璐　石　岩
责任印制／王京美

出　　版／社会科学文献出版社·历史学分社（010）59367256
　　　　　地址：北京市北三环中路甲 29 号院华龙大厦　邮编：100029
　　　　　网址：www.ssap.com.cn
发　　行／社会科学文献出版社（010）59367028
印　　装／三河市龙林印务有限公司
规　　格／开本：787mm×1092mm　1/16
　　　　　印　张：25.5　插页：0.5　字　数：362 千字
版　　次／2022 年 1 月第 1 版　2024 年 12 月第 2 次印刷
书　　号／ISBN 978－7－5201－9424－2
定　　价／70.00 元

读者服务电话：4008918866

版权所有 翻印必究